中華古籍保護計劃

ZHONG HUA GU JI BAO HU JI HUA CHENG GUO

·成 果·

中國民族圖書館古籍普查登記目録

全國古籍普查登記目録

國家圖書館出版社
National Library of China Publishing House

圖書在版編目(CIP)數據

中國民族圖書館古籍普查登記目録/本書編委會編. --北京:國家圖書館出版社,2016.6
(全國古籍普查登記目録)
ISBN 978-7-5013-5800-7

Ⅰ.①中… Ⅱ.①本… Ⅲ.①古籍—圖書館目録—中國 Ⅳ.①Z838

中國版本圖書館 CIP 數據核字(2016)第 063836 號

書　　名 中國民族圖書館古籍普查登記目録
編　　者 本書編委會 編
責任編輯 張珂卿

出　　版 國家圖書館出版社(100034 北京市西城區文津街 7 號)
(原書目文獻出版社 北京圖書館出版社)
發　　行 010-66114536 66126153 66151313 66175620
66121706(傳真),66126156(門市部)
E-mail nlcpress@nlc.cn(郵購)
Website www.nlcpress.com ——→投稿中心
經　　銷 新華書店
印　　裝 河北三河弘翰印務有限公司
版　　次 2016 年 6 月第 1 版第 1 次印刷

開　　本 787 毫米×1092 毫米 1/16
印　　張 21.5
字　　數 460 千字

書　　號 ISBN 978-7-5013-5800-7
定　　價 200.00 圓

#《全國古籍普查登記目録》

工作委員會

主　任：周和平

副主任：張永新　詹福瑞　劉小琴　李致忠　張志清

委　員（按姓氏筆畫排序）：

于立仁	王水喬	王　沛	王紅蕾	王筱雯
方自今	尹壽松	包菊香	任　競	全　勤
李西寧	李　彤	李忠昊	李春來	李　培
李曉秋	吳建中	宋志英	努　木	林世田
易向軍	周建文	洪　琰	倪曉建	徐欣禄
徐　蜀	高文華	郭向東	陳荔京	陳紅彥
張　勇	湯旭巖	楊　揚	賈貴榮	趙　嫄
鄭智明	劉洪輝	歷　力	鮑盛華	韓　彬
魏存慶	鍾海珍	謝冬榮	謝　林	應長興

《全國古籍普查登記目録》

序　言

全國古籍普查登記工作是“中華古籍保護計劃”的首要任務，是全面開展古籍搶救、保護和利用工作的基礎，也是有史以來第一次由政府組織、參加收藏單位最多的全國性古籍普查登記工作。

2007年國務院辦公廳發佈《關於進一步加强古籍保護工作的意見》(國辦發[2007]6號)，明確了古籍保護工作的首要任務是對全國公共圖書館、博物館和教育、宗教、民族、文物等系統的古籍收藏和保護狀況進行全面普查，建立中華古籍聯合目録和古籍數字資源庫。2011年12月，文化部下發《文化部辦公廳關於加快推進全國古籍普查登記工作的通知》(文辦發[2011]518號)，進一步落實了全國古籍普查登記工作。根據文化部2011年518號文件精神，國家古籍保護中心擬訂了《全國古籍普查登記工作方案》，進一步規範了古籍普查登記工作的範圍、内容、原則、步驟、辦法、成果和經費。目前進行的全國古籍普查登記工作的中心任務是通過每部古籍的身份證——“古籍普查登記編號”和相關信息，建立古籍總臺賬，全面瞭解全國古籍存藏情況，開展全國古籍保護的基礎性工作，加强各級政府對古籍的管理、保護和利用。

《全國古籍普查登記工作方案》規定了全國古籍普查登記工作的三個主要步驟：一、開展古籍普查登記工作；二、在古籍普查登記基礎上，編纂出版館藏古籍普查登記目録，形成《全國古籍普查登記目録》；三、在古籍普查登記工作基本完成的前提下，由省級古籍保護中心負責編纂出版本省古籍分類聯合目録《中華古籍總目》分省卷，由國家古籍保護中心負責編纂出版《中華古籍總目》統編卷。

在党和政府領導下，在各地區、各有關部門和全社會共同努力下，古籍普查登記工作得以扎實推進。古籍普查已在除臺、港、澳之外的全國各省級行政區域開展，普查内容除漢文古籍外，還包括各少數民族文字古籍，特别是於2010年分别啓動了新疆古籍保護和西藏古籍保護專項，因地制宜，開展古籍普查登記工作；國家古籍保護中心研製的“全國古籍普查登記平臺”已覆蓋到全國各省級古籍保護中心，並進一步研發了“中華古籍索引庫”，爲及時展現古籍普查成果提供有力支持；截至目前，已有11375部古籍進入《國家珍貴古籍名録》，浙江、江蘇、山東、河北等省公佈了省級《珍貴古籍名録》,古籍分級保護機制初步形成。

《全國古籍普查登記目録》是古籍普查工作的階段性成果,旨在摸清家底,揭示館藏,反映古籍的基本信息。原則上每申報單位獨立成册,館藏量少不能獨立成册者,則在本省範圍内幾個館目合併成册。無論獨立成册還是合併成册,均編製獨立的書名筆畫索引附於書後。著録的必填基本項目有:古籍普查登記編號、索書號、題名卷數、著者(含著作方式)、版本、册數及存缺卷數。其他擴展項目有:分類號、批校題跋、版式、裝幀形式、叢書子目、書影、破損狀況等。有條件的收藏單位多著録的一些擴展項目,也反映在《全國古籍普查登記目録》上。目録編排按古籍普查登記編號排序,内在順序給予各古籍收藏單位較大自由度,可按分類排列古籍普查登記編號,也可按排架號、按同書名等排列古籍普查登記編號,以反映各館特色。

此次全國古籍普查登記工作,克服了古籍數量多、普查人員少、普查難度大等各種困難,也得到了全國古籍保護工作者的極大支持。在古籍普查登記過程中,國家古籍保護中心、各省古籍保護中心爲此舉辦了多期古籍普查、古籍鑒定、古籍普查目録審校等培訓班,全國共1600餘家單位參加了培訓,爲古籍普查登記工作培養了大量人才。同時在古籍普查登記工作中,也鍛煉了普查員的實踐能力,爲將來古籍保護事業發展奠定了良好的基礎。

《全國古籍普查登記目録》的出版,將摸清我國古籍家底,爲古籍保護和利用工作提供依據,也將是古籍保護長期工作的一個里程碑。

國家古籍保護中心
2013年10月

《全國古籍普查登記目録》

編纂凡例

一、收録範圍爲我國境内各收藏機構或個人所藏，産生於1912年以前，具有文物價值、學術價值和藝術價值的文獻典籍，包括漢文古籍和少數民族文字古籍以及甲骨、簡帛、敦煌遺書、碑帖拓本、古地圖等文獻。其中，部分文獻的收録年限適當延伸。

二、以各收藏機構爲分冊依據，篇幅較小者，適當合併出版。

三、一部古籍一條款目，複本亦單獨著録。

四、著録基本要求爲客觀登記、規範描述。

五、著録款目包括古籍普查登記編號、索書號、題名卷數、著者、版本、冊數、存缺卷等。古籍普查登記編號的組成方式是：省級行政區劃代碼—單位代碼—古籍普查登記順序號。

六、以古籍普查登記編號順序排序。

七、編製各館藏目録書名筆畫索引附於書後，以便檢索。

#《中國民族圖書館古籍普查登記目録》

編委會

《中國民族圖書館古籍普查登記目録》

前　言

中國民族圖書館是一所全國性的少數民族專業中心圖書館,承擔着提供民族文獻服務的重要職責與使命,是向全社會開放的公共圖書館。1959 年建成,原爲民族文化宫圖書館。1989 年 4 月,經中華人民共和國國家民族事務委員會和文化部批准,改稱“中國民族圖書館”。

中國民族圖書館以藏書豐富、獨具民族特色而著稱。作爲中國少數民族古籍收藏最豐富的圖書館,古籍保護工作得到了黨和政府的高度重視。1958 年 11 月 21 日,按照國務院發佈的《關於搜集民族文化宫所需展品和圖書的通知》的精神,全國各地民族事務委員會組織人力,投入資金,通過多種渠道搜集了大量古籍。近年來又在民族文化宫支持下搜集到大量民族古籍,古籍藏量初具規模,現藏有古籍文獻 20 餘萬册,其中有不少國内外罕見的各種民族文字寫本、刻本、金石拓片及輿圖,還有年代久遠的貝葉寫本、菩提葉寫本等稀世珍品。漢文古籍中有大量地方志、民族史志、年譜、傳記,并有部分孤本古籍。

中國民族圖書館藏書中不乏珍本佳槧,《中華大藏經》漢文部分的底本之一元初補雕的《趙城金藏》,甚爲珍貴。明白文無注本《孔子家語》,爲明代著名徽州黄氏家族刻工頂峰時期的作品,該本是目前中國大陸僅存的明刊白文無注本,又經過明清多位著名藏書家和其他藏書愛好者收藏,共有鈐印 90 方,實属精品。較爲珍貴的刻本還有明萬曆五年(1577)刻本《弇州山人四部稿》,全書由名家軟體寫刻上版,版式開闊,字體飄逸舒朗、端莊俊秀,放眼望去,古拙風雅,有唐風宋韻之美,其版刻工藝充分展現了明代私家刻書多精品的特點;明萬曆十五年(1587)刻本《大明會典》,寫刻精妙,版式疏朗;清雍正元年(1723)年氏刻本《陸宣公集》,字體刊刻整飭,用紙考究,紙白墨堅;清乾隆五十四年(1789)武英殿刻本《皇清職貢圖》,全書以最直觀、最簡明的圖文并茂的方式呈現,畫法極爲寫實,氣韻生動,形式精美。

中國民族圖書館收藏有 10 餘種少數民族文字的古籍,共 9 萬餘册。如:藏文《四部醫典》、蒙古文《格斯爾汗傳》、彝文《西南彝志》、東巴文《燒天香》、水文《正七》、察合台文《伊瑪目艾山與伊瑪目玉賽音傳》、滿文《大學衍義》、傣文《青年國王》、壯文《渡人滿材》、布依文《占念救苦經》、朝鮮文《校刊柳氏諺文志》等。

經過多年的努力，中國民族圖書館編纂了《藏文典籍目録》（一至三輯）、《北京地區蒙古文古籍總目》（一至二輯）等書，社會反響良好。參與編輯了《中國地方志綜録》《中國家譜總目》《中國少數民族古籍總目提要》《世界滿文文獻目録》《中國蒙古文古籍總目》《北京地區滿文圖書總目》《北京地區藏文古籍總目》等大型古籍書目。從2007年起，本館還先後參與了第一批至第五批《國家珍貴古籍名録》的申報工作，截至2016年1月，已有84部古籍被收入《國家珍貴古籍名録》。蒙古文《格斯爾汗傳》、察合台文《和卓傳》與《聖經》等參加了"國家珍貴古籍特展""西域遺珍——新疆歷史文獻暨古籍保護成果展"。2009年6月，中國民族圖書館被國務院批准列爲"全國古籍重點保護單位"。後又受中華人民共和國國家民族事務委員會和文化部委托，起草國家標準《中國少數民族文字古籍定級》。

中國民族圖書館豐富而獨特的藏書體系不僅赢得了"民族典籍之宫"的美譽，而且爲對外弘揚中華各民族的古老文化，對内開展多層次、高品質的讀者服務工作提供了堅實的物質基礎。自1981年以來，我館爲開發館藏文獻資源做出了努力，陸續影印出版了《國朝耆獻類徵初編》《八旗通志》《丹珠爾》《妙法蓮華經》《聲聞地》《百苗圖》《奉使圖》《古蘭經》等30餘種古籍，遠銷海内外。《察哈爾格西洛桑楚臣傳略》（蒙古文）、《蒙古文文法詮釋》（蒙古文）、《逢井》（水文）、《伊瑪目艾山與伊瑪目玉賽音傳》（察合台文）、《鐵匠手冊》（察合台文）等5部少數民族文字珍本古籍被選入《中華再造善本》（續編）影印出版。

2009年，在國家古籍保護中心和民族文化宫的大力支持下，中國民族圖書館古籍特藏部古籍修復室成立，古籍保護工作步入科學化、全面化、規範化軌道。2011年起，正式對館藏古籍進行了摸底登記和審校工作，歷時四年，在人員少、任務重的情況下，克服重重困難，完成了《中國民族圖書館古籍普查登記目録》一書。

本書的編纂遵循《全國古籍普查登記手冊》要求，按照簡明扼要、客觀著録原則，收録了1912年以前，具有文物價值、學術價值和藝術價值的漢文文獻典籍，未收録本館所藏少數民族文字古籍。

《中國民族圖書館古籍普查登記目録》一書著録項有：普查編號、索書號、題名卷數、著者（含著作方式）、版本、冊數、存缺卷等。

最後，我們對爲本書的編輯、出版給予大力支持的國家古籍保護中心的全體工作人員和國家圖書館出版社領導、編輯表示衷心的感謝！

由於編者水平有限，加之時間倉促，疏漏之處在所難免，祈請方家指正。

中國民族圖書館
2016年2月17日

目　　録

110000－3194－0000001　000001
[欽定]篆文六經四書不分卷　(清)李光地等編　清康熙武英殿刻本　十四册

110000－3194－0000002　000412
[欽定]篆文六經四書不分卷　(清)李光地等編　(清)張廷玉等校閲　清光緒九年(1883)石印本　十册

110000－3194－0000003　000002
禹貢古今注通釋六卷　(清)侯楨纂　清光緒六年(1880)刻本　二册

110000－3194－0000004　000003
讀詩一得一卷　(明)鍾惺輯　明嘉靖刻本　一册

110000－3194－0000005　000004
禮記集説十卷　(元)陳澔集説　明刻本　十册

110000－3194－0000006　000468
禮記集説十卷　(元)陳澔集説　清刻本　十册

110000－3194－0000007　000472
禮記集説十卷　(元)陳澔集説　清同治十一年(1872)刻本　十册

110000－3194－0000008　000005
薩爾圖氏家禮三卷　(清)英壽編　清光緒二十四年(1898)抄本　三册

110000－3194－0000009　000006
薩爾圖氏祭禮略十六卷　(清)英壽書　清光緒二十八年(1902)抄本　一册

110000－3194－0000010　000007
欽定春秋傳説彙纂三十八卷首二卷　(清)王掞等編　(清)趙之垣校刊　清康熙六十年(1721)刻本　二十四册

110000－3194－0000011　000008
孝經衍義一百卷首二卷　(清)葉方藹纂　清康熙二十九年(1690)刻本　十六册

110000－3194－0000012　000010
禹之鼎切音易解不分卷　(清)禹疇氏著　清稿本　一册

110000－3194－0000013　000011
西番譯語不分卷　(清)(□)□□撰　清抄本　一册

110000－3194－0000014　000012
東洋板韵法横直圖不分卷　(明)梅膺祚撰　清刻本　一册

110000－3194－0000015　000014
揚州方言韻語長短句不分卷　(清)夢雨老人撰　清抄本　一册

110000－3194－0000016　000015
蒙古雜話一卷　(□)□□撰　清抄本　一册

110000－3194－0000017　000256
書法三昧不分卷　(□)□□撰　清抄本　一册

110000－3194－0000018　000401
重校十三經不貳字不分卷　(清)李鴻藻輯　清光緒刻本　一册

110000－3194－0000019　000402
御纂周易折中二十二卷　(清)李光地撰　清光緒十四年(1888)石印本　四册

110000－3194－0000020　000403
監本易經全文四卷　(□)□□撰　清刻本　三册

110000－3194－0000021　000404
五經五十八卷　(□)□□撰　清刻本　三十册

110000－3194－0000022　000405
[欽定]詩經傳説彙纂二十一卷首一卷　(清)王鴻緒撰　清光緒十四年(1888)石印本　四册

110000－3194－0000023　000408
[欽定]詩經傳説彙纂二十一卷首二卷　(清)王鴻緒撰　清光緒十四年(1888)刻本　十六册

110000－3194－0000024　000406

四書五經文策論續編三卷　(清)陸鐘渭等撰　清光緒二十九年(1903)刻本　六册

110000－3194－0000025　000407
[欽定]禮記義疏八十二卷首一卷　(清)允祿纂　清光緒十四年(1888)刻本　三十二册

110000－3194－0000026　000409
[諏吉便覽]寶鏡圖不分卷　(清)俞榮寬編　清光緒五年(1879)刻本　六册

110000－3194－0000027　000411
[諏吉便覽]寶鏡圖不分卷　(清)俞榮寬編　清光緒十五年(1889)刻本　四册

110000－3194－0000028　000410
[諏吉便覽]寶鏡圖四卷　(清)俞榮寬編　清咸豐五年(1855)刻本　四册

110000－3194－0000029　000413
[欽定]禮記義疏八十二卷　(□)□□撰　清光緒十四年(1888)石印本　十册

110000－3194－0000030　000414
五經合纂大成四十四卷　(清)同文書局主人輯　清光緒十一年(1885)石印本　二十册

110000－3194－0000031　000415
易經四卷　(宋)朱熹本義　清刻本　二册

110000－3194－0000032　000416
周易四卷　(宋)朱熹本義　清光緒五年(1879)刻本　二册

110000－3194－0000033　000418
周易四卷　(宋)朱熹本義　清刻本　二册

110000－3194－0000034　000423
周易四卷附圖一卷　(宋)朱熹本義　清光緒十一年(1885)刻本　四册

110000－3194－0000035　000417
周易本義十二卷　(宋)朱熹本義　清仿宋刻本　二册

110000－3194－0000036　000419
[欽定]書經傳說彙纂二十一卷　(清)王頊齡等纂　清光緒十四年(1888)石印本　二册　存十四卷(一至六、十四至二十一)

110000－3194－0000037　000448
[欽定]書經傳說彙纂二十一卷首二卷書序一卷　(清)王頊齡等纂　清光緒十四年(1888)刻本　十二册

110000－3194－0000038　000420
日講易經解義十八卷　(清)牛鈕等纂　清康熙二十二年(1683)刻本　八册

110000－3194－0000039　000421
周易鏡十二卷　(清)何毓福註釋　清光緒九年(1883)刻本　十册

110000－3194－0000040　000421
學易管鏡二卷　(清)何毓福著　清光緒九年(1883)刻本　二册

110000－3194－0000041　000422
易經旁訓三卷　(□)□□撰　清同治二年(1863)刻本　二册

110000－3194－0000042　000424
易例大全不分卷　(清)榕園書屋主人撰　清咸豐十一年(1861)刻本　一册

110000－3194－0000043　000425
易經精華六卷末一卷　(清)薛嘉穎撰　清光緒十一年(1885)刻本　三册

110000－3194－0000044　000426
老佛五經同函五種七卷　(清)鄧晅輯注　清嘉慶十二年(1807)刻本　四册

110000－3194－0000045　000427
御纂周易折中二十二卷首一卷　(清)李光地纂　(清)魏廷珍等校對　清光緒十四年(1888)刻本　十册

110000－3194－0000046　000428
讀易入門便鈔一卷　(清)樊錫貴撰　(清)曹士英校勘　清道光十年(1830)刻本　一册

110000－3194－0000047　000428
儀禮選要一卷　(清)孔傳性撰　清道光十年(1830)刻本　一册

110000－3194－0000048　000429
書經六卷　(宋)蔡沈集傳　清刻本　四冊

110000－3194－0000049　000446
書經六卷　(宋)蔡沈集傳　清光緒二十一年(1895)刻本　四冊

110000－3194－0000050　000447
書經六卷　(宋)蔡沈集傳　清光緒十三年(1887)刻本　四冊

110000－3194－0000051　000452
書經六卷　(宋)蔡沈集傳　清光緒二年(1876)刻本　四冊

110000－3194－0000052　000430
書經增訂旁訓四卷　(宋)蔡沈撰　清刻本　二冊

110000－3194－0000053　000431
書經增訂旁訓四卷　(宋)蔡沈撰　清刻本　二冊

110000－3194－0000054　000450
書經增訂旁訓四卷　(宋)蔡沈集傳　清刻本　一冊

110000－3194－0000055　000432
書經精華六卷　(清)薛嘉穎撰　清光緒九年(1883)刻本　四冊

110000－3194－0000056　000433
書經精華十卷首一卷　(清)王巨源編　清刻本　六冊

110000－3194－0000057　000434
尚書離句六卷　(清)錢在培輯解　清光緒四年(1878)刻本　四冊

110000－3194－0000058　000435
晉束著作補亡詩不分卷　(清)徐迪新書　清光緒四年(1878)刻本　一冊

110000－3194－0000059　000436
書傳音釋六卷首一卷末一卷　(宋)蔡沈集傳　(元)鄒季友音釋　清同治五年(1866)刻本　六冊

110000－3194－0000060　000437
禹貢錐指二十卷略例一卷圖一卷　(清)胡渭撰　清康熙四十四年(1705)刻本　六冊

110000－3194－0000061　000438
芥子園書經六卷　(宋)蔡沈集傳　清光緒十五年(1889)刻本　四冊

110000－3194－0000062　000439
書經體註大全合參不分卷書經六卷　(清)錢希祥纂輯　(宋)蔡沈集傳　清光緒十四年(1888)刻本　四冊

110000－3194－0000063　000440
附釋音尚書注疏四卷　(唐)孔穎達等撰　**校勘記四卷**　(清)阮元撰　清光緒十三年(1887)石印本　一冊

110000－3194－0000064　000441
書經集傳音釋不分卷　(元)鄒季友釋　清光緒十五年(1889)刻本　一冊

110000－3194－0000065　000442
禹貢易知編十二卷　(清)李慎儒輯　清光緒二十五年(1899)刻本　四冊

110000－3194－0000066　000443
[欽定]書經圖說五十卷　(清)孫家鼐等修　清光緒三十一年(1905)石印本　十六冊

110000－3194－0000067　000444
[欽定]書經圖說五十卷　(清)孫家鼐等修　清光緒三十一年(1905)石印本　十六冊

110000－3194－0000068　000445
日講書經解義十三卷　(清)庫勒納等纂　清康熙十九年(1680)刻本　七冊

110000－3194－0000069　000449
周易補注十一卷　(清)德沛輯　清刻本　八冊

110000－3194－0000070　000451
尚書讀本二卷　(清)吳汝綸勘定　清光緒三十四年(1908)鉛印本　二冊

110000－3194－0000071　000453
書古微十二卷首一卷　(清)魏源撰　清光緒

四年(1878)刻本　四册

110000－3194－0000072　000454
尚書十三卷　(漢)孔安國傳　清乾隆四十八年(1783)武英殿仿宋刻本　五册

110000－3194－0000073　000455
詩經喈鳳詳解不分卷　(清)陳抒孝輯解　(清)汪基增訂　**詩經繹傳八卷**　(清)陳抒孝撰　清嘉慶十四年(1809)刻本　四册

110000－3194－0000074　000456
毛詩品物圖考七卷　(日本)岡元鳳纂輯　清宣統二年(1910)石印本　二册

110000－3194－0000075　000457
詩比興箋四卷附簡學齋詩存一卷　(清)陳沆撰　清咸豐五年(1855)刻本　三册

110000－3194－0000076　000458
詩小序不分卷　(□)□□撰　清刻本　一册

110000－3194－0000077　000459
禹貢今注不分卷　(清)閻寶森編輯　清宣統三年(1911)鉛印本　一册

110000－3194－0000078　000460
禹貢今注不分卷　(清)閻寶森編輯　清宣統三年(1911)鉛印本　一册

110000－3194－0000079　000461
禹貢會箋十二卷目録一卷禹貢圖一卷　(清)徐文靖著　清乾隆十八年(1753)刻本　三册

110000－3194－0000080　000462
[欽定]詩經傳説彙纂二十一卷首二卷詩序二卷　(清)王鴻緒等纂修　清雍正五年(1727)刻本　二十四册

110000－3194－0000081　000463
詩經音韻譜五卷序説一卷附章句觸解一卷　(清)甄士林音釋　清道光五年(1825)刻本　五册

110000－3194－0000082　000464
詩經精華十卷首一卷　(清)薛嘉穎撰　清刻本　五册

110000－3194－0000083　000465
[監本]詩經八卷　(宋)朱熹集傳　清光緒十九年(1893)刻本(目録為抄配)　四册

110000－3194－0000084　000466
詩經增訂旁訓四卷　(□)□□撰　清刻本　二册

110000－3194－0000085　000478
詩經四卷　(清)徐立綱撰　清刻本　四册

110000－3194－0000086　000467
曲禮便蒙讀本二卷　(□)□□撰　清光緒八年(1882)刻本　一册

110000－3194－0000087　000469
呂新吾先生四禮翼不分卷　(明)呂坤撰　清光緒十四年(1888)刻本　一册

110000－3194－0000088　000470
讀禮通考一百二十卷　(清)徐乾學撰　清光緒七年(1881)刻本　三十册

110000－3194－0000089　000471
五禮通考二百六十二卷總目二卷首四卷　(清)秦蕙田撰　(清)方觀承訂　清光緒六年(1880)刻本　一百册

110000－3194－0000090　000473
禮記十卷　(元)陳澔集説　清光緒刻本　十册

110000－3194－0000091　000475
禮記二十卷　(漢)鄭玄注　清乾隆四十八年(1783)武英殿仿宋刻本　二十册

110000－3194－0000092　000484
禮記節本六卷　(清)學部編譯圖書局編纂　清宣統二年(1910)鉛印本　三册

110000－3194－0000093　000485
禮記省度四卷　(清)彭頤撰　清乾隆四十五年(1780)重刻本　四册

110000－3194－0000094　000474
春秋精義四卷首一卷　(清)黄淦纂　清嘉慶十二年(1807)刻本　二册

110000－3194－0000095　000474
周禮精義六卷首一卷　(清)黄淦纂　清嘉慶十二年(1807)刻本　二冊

110000－3194－0000096　000482
周禮精華六卷首一卷　(清)陳龍標輯　清嘉慶十一年(1806)古香閣刻本　四冊

110000－3194－0000097　000483
周禮六卷　(漢)鄭玄注　(唐)陸德明音義　清宣統元年(1909)影印本　六冊

110000－3194－0000098　000488
周禮政要二卷　(清)孫詒讓著　清光緒二十八年(1902)刻本　四冊

110000－3194－0000099　000489
周禮政要四卷　(清)孫詒讓著　清光緒二十八年(1902)刻本　四冊

110000－3194－0000100　000474
儀禮精義二卷補編一卷　(清)黄淦纂　清嘉慶十二年(1807)刻本　二冊

110000－3194－0000101　000479
儀禮韻言二卷　(清)檀萃纂　清光緒八年(1882)刻本　一冊

110000－3194－0000102　000480
儀禮十七卷　(漢)鄭玄注　(清)張爾岐句讀　清同治十三年(1874)刻本　六冊

110000－3194－0000103　000486
儀禮約編三卷　(清)汪基撰　(清)江永校纂　清康熙五十八年(1719)刻本　一冊

110000－3194－0000104　000476
考工釋車不分卷　(清)張象津輯　清嘉慶十六年(1811)刻本　一冊

110000－3194－0000105　000476
離騷經章句義疏不分卷　(清)張象津輯　清嘉慶二十二年(1817)刻本　一冊

110000－3194－0000106　000476
等韻簡明指掌圖不分卷　(清)張象津輯　清嘉慶二十年(1815)刻本　一冊

110000－3194－0000107　000477
改良繪圖禮記節本約編十五卷　(清)汪基鈔撰　清光緒三十四年(1908)石印本　六冊

110000－3194－0000108　000481
潄芳軒合纂禮記體注四卷　(清)范翔參訂　清康熙五十二年(1713)刻本　四冊

110000－3194－0000109　000487
[御製]月令七十二候詩不分卷　(清)高宗弘曆著　清乾隆刻本　四冊

110000－3194－0000110　000490
三禮喈鳳全編十九卷　(清)汪基撰　(清)江永纂　清雍正十年(1732)刻本　六冊

110000－3194－0000111　000491
[欽定]儀禮義疏四十八卷首二卷　(清)允祿等撰　清光緒十四年(1888)刻本　二十八冊

110000－3194－0000112　000492
禮書綱目八十五卷首三卷　(清)江永編　清嘉慶十五年(1810)刻本　二十冊

110000－3194－0000113　000493
春秋三傳十二卷　(□)□□撰　清抄本　六冊

110000－3194－0000114　000494
直隸省各縣城鄉禮俗一覽表不分卷　(清)直隸宣化府懷安縣等造　清光緒抄本　四冊

110000－3194－0000115　000495
春秋增訂旁訓四卷　(□)□□撰　清刻本　二冊

110000－3194－0000116　000496
春秋四傳四卷　(□)□□撰　清刻本　二冊

110000－3194－0000117　000497
春秋世論五卷　(清)王夫之撰　清刻本　一冊

110000－3194－0000118　000498
春秋精義四卷首一卷　(清)黄淦纂　清嘉慶九年(1804)刻本　二冊

110000－3194－0000119　000499

東萊博議四卷　(宋)吕祖謙撰　清光緒二十四年(1898)石印本　三册

110000－3194－0000120　000500
[欽定]周官義疏四十八卷首一卷　(清)允祿撰　清光緒十四年(1888)刻本　二十二册

110000－3194－0000121　000501
最新簫笛合譜不分卷　(□)□□撰　清光緒至宣統鉛印本　一册

110000－3194－0000122　000502
續春秋左氏傳博議二卷　(清)王夫之撰　清刻本　一册

110000－3194－0000123　000503
春秋謚法表不分卷　(清)陳延齡撰　清宣統二年(1910)石印本　一册

110000－3194－0000124　000504
[御纂]周易折中二十二卷首一卷　(清)李光地纂　清康熙五十四年(1715)内府刻本　十册

110000－3194－0000125　000506
[欽定]春秋左傳讀本三十卷　(清)英和等纂　清光緒十二年(1886)刻本　十二册

110000－3194－0000126　000507
曲江書屋新訂批註左傳快讀十八卷首一卷　(清)李紹崧選訂　清乾隆五十四年(1789)刻本　十六册

110000－3194－0000127　000508
春秋經傳集解三十卷春秋年表一卷春秋名號歸一圖二卷附考證一卷　(晉)杜預注　清乾隆四十八年(1783)武英殿仿宋刻本　三十二册

110000－3194－0000128　000509
讀左補義五十卷首一卷　(清)姜炳璋輯　清刻本　十六册

110000－3194－0000129　000510
左傳事緯十二卷　(清)馬驌編　(清)潘霨校訂　清光緒四年(1878)刻本　十二册

110000－3194－0000130　000511
春秋左傳五十卷　(晉)杜預註釋　(唐)陸德明音義　(明)鍾惺評點　清刻本　十册

110000－3194－0000131　000511
春秋列國圖説不分卷　(宋)蘇軾著　清刻本　一册

110000－3194－0000132　000512
[欽定]春秋傳説彙纂三十八卷　(□)□□撰　清光緒十四年(1888)石印本　五册

110000－3194－0000133　000513
新刻分類左腴二卷　(清)研經堂主人輯　清光緒二年(1876)刻本　二册

110000－3194－0000134　000513
春秋擬題集傳二卷　(清)研經堂主人輯　清光緒元年(1875)刻本　二册

110000－3194－0000135　000514
左傳易讀六卷　(清)司徒修選訂　清光緒十四年(1888)刻本　六册

110000－3194－0000136　000515
説左約箋一卷　(清)馮李驊撰　(清)夏大觀注　清咸豐元年(1851)刻本　一册

110000－3194－0000137　000515
春秋左傳分類對賦四卷　(清)夏大觀撰　清咸豐元年(1851)刻本　三册

110000－3194－0000138　000516
春秋繁露義證十七卷首一卷考證一卷　(漢)董仲舒撰　蘇輿注　清宣統二年(1910)刻本　六册

110000－3194－0000139　000517
公羊穀梁合傳二十四卷　(清)馮李驊較定　(清)遇五父裁注　清刻本　六册

110000－3194－0000140　000518
鄉黨圖考十卷　(清)江永修　清乾隆二十一年(1756)刻本　六册

110000－3194－0000141　000519
春秋大事表五十卷輿圖一卷附錄一卷　(清)顧棟高纂輯　清光緒十四年(1888)刻本　二十册

110000－3194－0000142　000520
春秋左傳五十卷　(晉)杜預註釋　(唐)陆德明音義　(明)鍾惺評點　清刻本　十二冊

110000－3194－0000143　000521
左繡三十卷　(清)馮李驊　(清)陸浩評輯　清康熙五十九年(1720)刻本　十二冊

110000－3194－0000144　000522
[春秋經傳]左繡讀本三十卷　(清)馮李驊　(清)陸浩評輯　清光緒十八年(1892)重刻本　十六冊

110000－3194－0000145　000523
增訂春秋世族源流圖考六卷　(清)陳厚耀著　(清)常茂徠增訂　清道光三十年(1850)刻本　三冊

110000－3194－0000146　000523
春秋女譜不分卷　(清)常茂徠編輯　清道光三十年(1850)刻本　一冊

110000－3194－0000147　000524
左傳人名備考不分卷　(清)趙宗侃著　(清)舒亨熙參定　清道光二十九年(1849)刻本　一冊

110000－3194－0000148　000525
春秋三傳十六卷首一卷　(晉)杜預注　**陸氏三傳釋文音義十六卷**　(唐)陆德明撰　清同治十年(1871)刻本　十四冊

110000－3194－0000149　000526
春秋三十卷　(宋)胡安國撰　清刻本　五冊

110000－3194－0000150　000527
[欽定]春秋傳說彙纂三十八卷首二卷　(清)王掞等輯　清光緒十四年(1888)刻本　二十冊

110000－3194－0000151　000536
[欽定]春秋傳說彙纂三十八卷首二卷　(清)王掞輯　清光绪刻本　三冊　存七卷(一至三、十二至十五)

110000－3194－0000152　000528
孝經不分卷　(清)王相箋注　清刻本　一冊

110000－3194－0000153　000529
忠孝經讀本三十六篇　(清)王相箋注　清刻本　一冊

110000－3194－0000154　000530
忠孝經讀本不分卷　(清)王相箋注　清刻本　一冊

110000－3194－0000155　000531
監本四書十九卷　(宋)朱熹集注　清刻本　六冊

110000－3194－0000156　000532
四書經注詳讀十九卷　(宋)朱熹集注　清光緒二年(1876)重刻本　六冊

110000－3194－0000157　000533
御注孝經不分卷　(清)世祖福臨撰　清順治十三年(1656)刻本　一冊

110000－3194－0000158　000534
四書集注正蒙十九卷　(宋)朱熹集注　清光緒十四年(1888)刻本　六冊

110000－3194－0000159　000535
四書人物類典串珠四十卷　(清)臧志仁輯　清同治十二年(1873)刻本　十二冊

110000－3194－0000160　000537
詩韻全璧五卷　(清)暢懷書屋主人編　清光緒二十一年(1895)石印本　六冊

110000－3194－0000161　000539
詩韻全璧五卷　(□)□□撰　清光緒二十二年(1896)石印本　六冊

110000－3194－0000162　000538
孝經不分卷　(清)賀長齡輯注　清光緒二十二年(1896)刻本　一冊

110000－3194－0000163　000540
增補四書精繡圖像人物備考十二卷　(明)薛應旂輯　(明)陳仁錫增定　清道光二年(1822)刻本　六冊

110000－3194－0000164　000541
衛道圖說不分卷　(清)劉錫祚輯　清宣統元年(1909)鉛印本　一冊

110000－3194－0000165　000542
監本四書十九卷附四書字辨一卷　(清)何焯訂　清道光十六年(1836)刻本　六冊

110000－3194－0000166　000543
四書集註直解說約二十七卷　(明)張居正撰　(清)顧夢麟輯　清光緒刻本　十二冊

110000－3194－0000167　000553
四書集註直解說約二十七卷　(明)張居正著　(清)顧夢麟輯　清光緒刻本　十二冊

110000－3194－0000168　000544
四書章句集註二十一卷　(宋)朱熹集註　清內府刻本　十冊

110000－3194－0000169　000545
翰苑十三經集字不分卷　(清)李鴻藻編　清光緒刻本　一冊

110000－3194－0000170　000547
溫故錄不分卷　(清)長賡撰　清光緒三十三年(1907)刻本　一冊

110000－3194－0000171　000548
四書論經正篇二卷首一卷　(□)□□撰　清光緒二十七年(1901)石印本　四冊

110000－3194－0000172　000549
論語讀注隅見錄二卷　(清)沈近思講解　清刻本　三冊

110000－3194－0000173　000550
四書人物類典串珠四十卷　(清)臧志仁輯　清嘉慶六年(1801)刻本　八冊

110000－3194－0000174　000551
四書章句集注二十六卷　(宋)朱熹集注　清仿宋刻本　九冊

110000－3194－0000175　000552
四書集註正蒙十九卷　(宋)朱熹集註　清光緒十四年(1888)刻本　六冊

110000－3194－0000176　000554
十三經集字摹本四卷　(清)彭玉雯撰　清道光二十九年(1849)刻本　八冊

110000－3194－0000177　000555
四書五經類典集成三十四卷　(清)戴兆春輯　清光緒十四年(1888)石印本　二十四冊

110000－3194－0000178　000556
宋本十三經注疏附校勘記四百十六卷　(清)阮元撰　清光緒十三年(1887)石印本　三十二冊

110000－3194－0000179　000557
宋本十三經注疏附校勘記四百十六卷　(清)阮元撰　清光緒十三年(1887)石印本　三十二冊

110000－3194－0000180　000558
宋本十三經注疏附校勘記四百十六卷　(清)阮元撰　清光緒十三年(1887)石印本　三十二冊

110000－3194－0000181　000559
愛日堂四書體注合講十七卷　(清)翁復編　清刻本　六冊

110000－3194－0000182　000560
經書字音辨要四卷　(清)楊名颺編輯　清道光二十七年(1847)刻本　一冊

110000－3194－0000183　000561
五經音韻考五卷　(清)劉柏輯　清刻本　一冊

110000－3194－0000184　000562
新訂四書補注備旨十卷　(明)鄧林著　清光緒二十五年(1899)石印本　六冊

110000－3194－0000185　000563
經讀考異八卷補經讀考異一卷附翟晴江四書考異內句讀一卷　(清)武億著　清乾隆刻本　四冊

110000－3194－0000186　000563
句讀敘述二卷補句讀敘述一卷　(清)武億著　清乾隆刻本　一冊

110000－3194－0000187　000564
經字正蒙八卷　(清)李文沂著　清光緒十八年(1892)刻本　八冊

110000－3194－0000188　000565
易經增訂旁訓三卷　（□）□□撰　清刻本　一冊

110000－3194－0000189　000566
皇清經解一百八十五種一千四百八卷首一卷　（清）阮元輯　清咸豐十一年（1861）刻本　三百六十冊

110000－3194－0000190　000567
皇清經解續編二百九種一千四百三十卷　王先謙輯　清光緒十四年（1888）刻本　三百二十冊

110000－3194－0000191　000568
五經繪圖注不分卷　（清）張成弼編　清道光十一年（1831）彩繪抄本　四冊

110000－3194－0000192　000569
七經精義二十九卷首六卷　（清）黄淦纂　清嘉慶十三年（1808）同文堂刻本　十四冊

110000－3194－0000193　000570
［增補］五經備旨萃精四十五卷　（清）鄒聖脈纂輯　清光緒五年（1879）重刻本　十六冊

110000－3194－0000194　000571
述學内篇三卷外篇一卷　（清）汪中撰　清刻本　二冊

110000－3194－0000195　000572
［欽定］七經綱領七種　（□）□□撰　清宣統元年（1909）鉛印本　一冊

110000－3194－0000196　000573
五經標題詳解不分卷　（清）張問安輯　清嘉慶十二年（1807）刻本　五冊

110000－3194－0000197　000578
四書章句集注十九卷　（宋）朱熹集注　清刻本　五冊

110000－3194－0000198　000580
千字文圖說不分卷　（□）□□撰　清光緒至宣統石印本　一冊

110000－3194－0000199　000581
經籍纂詁一百六卷首一卷　（清）阮元撰　清光緒六年（1880）刻本　四十冊

110000－3194－0000200　000582
說文通檢十四卷首一卷末一卷　（清）黎永椿編　清光緒十四年（1888）石印本　一冊

110000－3194－0000201　000584
金壺精萃不分卷　（清）郝在田編　清光緒二年（1876）刻本　二冊

110000－3194－0000202　000585
英字指南六卷　（清）楊勳輯譯　清光緒五年（1879）刻本　六冊

110000－3194－0000203　000586
增補虛字賦不分卷　（□）□□撰　清光緒十五年（1889）刻本　一冊

110000－3194－0000204　000587
集韻考正十卷　（清）方成珪撰　清光緒五年（1879）刻本　十冊

110000－3194－0000205　000588
急救篇四卷附踐阼篇一卷　（宋）王應麟集釋　清刻本　二冊

110000－3194－0000206　000589
爾雅便讀便摹二卷　（□）□□撰　清光緒元年（1875）刻本　二冊

110000－3194－0000207　000590
爾雅正義二十卷　（清）邵晉涵撰　清乾隆五十三年（1788）刻本　七冊

110000－3194－0000208　000590
爾雅釋文三卷　（唐）陸德明撰　清乾隆五十三年（1788）刻本　一冊

110000－3194－0000209　000591
增注字詁義府合按四卷　（清）黄生撰　清光緒三年（1877）刻本　四冊

110000－3194－0000210　000592
象形字譜二卷　（清）蔣和撰　清嘉慶刻本　一冊　存卷上

110000－3194－0000211　000593
釋字百韻不分卷　（清）陳勱著　清光緒二年

(1876)刻本　一冊

110000－3194－0000212　000594
滿漢字清文啓蒙四卷　(清)舞格著　(清)程明遠校刊　清刻本　四冊

110000－3194－0000213　000595
說文解字十五卷　(漢)許慎記　(宋)徐鉉等校定　清刻本　六冊

110000－3194－0000214　000596
韻字鑑四卷　(清)翟云升輯　清道光二十二年(1842)刻本　四冊

110000－3194－0000215　000597
韻字鑑四卷　(清)翟云升輯　清道光二十六年(1846)刻本　四冊

110000－3194－0000216　000598
新纂五方元音全書二卷　(清)樊騰鳳著　(清)年希堯增補　清光緒十年(1884)刻本　四冊

110000－3194－0000217　000599
新纂五方元音全書二卷　(清)樊騰鳳著　(清)年希堯增補　清光緒十二年(1886)重刻本　四冊

110000－3194－0000218　000600
越言釋二卷　(清)茹敦和著　清刻本　二冊

110000－3194－0000219　000602
虛字說不分卷　(清)袁仁林著　(清)熊羅宿校勘　清宣統刻本　一冊

110000－3194－0000220　000603
客話本字不分卷　(清)楊恭桓著　清光緒三十三年(1907)刻本　一冊

110000－3194－0000221　000604
五經全圖不分卷　(清)牟欽元編輯　(清)周應運校閱　清道光十一年(1831)刻本　六冊

110000－3194－0000222　000605
釋字百韻不分卷　(清)陳勱著　(清)張岳年校刊　清光緒三年(1877)刻本　一冊

110000－3194－0000223　000606
[剔弊廣增分韻]五方元音二卷首一卷　(清)樊騰鳳著　(清)趙培梓編　清光緒元年(1875)刻本　一冊

110000－3194－0000224　000607
五經類編二十八卷　(清)周世樟輯　清刻本　十四冊

110000－3194－0000225　000608
字音考異一卷　(□)□□撰　清光緒八年(1882)刻本　一冊

110000－3194－0000226　000609
韻籟四卷　(清)華長忠撰　清光緒十五年(1889)刻本　二冊

110000－3194－0000227　000610
廣韻五卷　(□)□□撰　清康熙四十三年(1704)刻本　五冊

110000－3194－0000228　000611
古今中外音韻通例不分卷　(清)胡垣撰　清光緒十四年(1888)刻本　四冊

110000－3194－0000229　000612
證俗文十九卷　(清)郝懿行撰　清光緒十年(1884)刻本　六冊

110000－3194－0000230　000613
輶軒使者絕代語釋別國方言箋疏十三卷　(清)錢繹撰　(清)王文韶校刊　清光緒十六年(1890)刻本　六冊

110000－3194－0000231　000614
[增注]字類標韻六卷　(清)華綱輯　(清)范多玨重訂　清刻本　一冊

110000－3194－0000232　000615
問奇齋智燈難字二卷　(□)□□撰　清嘉慶十一年(1806)刻本　一冊

110000－3194－0000233　000616
[校補]龍文鞭影四卷　(明)蕭良有纂輯　(明)楊臣諍增訂　(清)李恩綬校補　清光緒十一年(1885)刻本　四冊

110000－3194－0000234　000617
龍文鞭影初集二卷二集二卷三集三卷　(明)

蕭良有著　(明)楊臣諍增訂　清光緒十九年(1893)刻本　六册

110000－3194－0000235　000618
龍文鞭影五卷　(明)蕭良有著　(明)楊臣諍增訂　(清)劉有廉重輯并注　清光緒十三年(1887)刻本　六册

110000－3194－0000236　000619
韻歧五卷　(清)江昱輯　清乾隆二十六年(1761)刻本　二册

110000－3194－0000237　000620
經餘必讀八卷　(清)雷琳　(清)錢樹棠輯　清光緒二十年(1894)刻本　六册

110000－3194－0000238　000621
經餘必讀續編八卷　(清)雷琳　(清)錢樹棠輯　清光緒二十年(1894)刻本　四册

110000－3194－0000239　000622
經餘必讀三集四卷　(清)趙在翰纂　清光緒二十年(1894)刻本　二册

110000－3194－0000240　000623
欽定同文韻統六卷　(清)允祿監纂　(清)章嘉呼土克圖纂修　清刻本　六册

110000－3194－0000241　000624
蒙學舉隅六卷附詩經駢括一卷　(清)劉翰棻撰　清光緒二十九年(1903)刻本　一册

110000－3194－0000242　000625
虚字解不分卷　(□)□□撰　清刻本　一册

110000－3194－0000243　000626
虚字解不分卷　(□)□□撰　清刻本　一册

110000－3194－0000244　000627
清文虚字指南編二卷　(元)萬福厚田編　(清)鳳山訂　清光緒二十年(1894)重刻本　二册

110000－3194－0000245　000628
澄衷蒙學堂字課圖説四卷首一卷　(清)劉樹屏編注　清光緒二十九年(1903)石印本　八册

110000－3194－0000246　000629
澄衷蒙學堂字課圖説四卷首一卷　(清)劉樹屏編注　清光緒二十九年(1903)石印本　八册

110000－3194－0000247　000630
復古編二卷　(宋)張有編　清光緒八年(1882)刻本　二册

110000－3194－0000248　000631
説文解字十五卷　(清)段玉裁注　清刻本　八册　存七卷(二、六至七、十二至十五)

110000－3194－0000249　000632
龍文鞭影四卷　(明)蕭良有纂輯　(明)楊臣諍增訂　(清)李恩綬校補　清光緒十一年(1885)刻本　四册

110000－3194－0000250　000633
問奇典注六卷　(清)唐英增釋　清乾隆十三年(1748)刻本　六册

110000－3194－0000251　000634
説文解字十五卷　(漢)許慎記　(宋)徐鉉等校定　清嘉慶十二年(1807)刻本　八册

110000－3194－0000252　000635
千文六書統要二卷　(明)胡正言輯　(清)李香巖定　(清)李仲卿鑒定　清康熙刻本　四册

110000－3194－0000253　000636
龍文鞭影二卷　(明)蕭良有撰　(明)楊臣諍增訂　清同治十二年(1873)刻本　四册

110000－3194－0000254　000637
鐘鼎字源五卷　(清)汪立名輯　清康熙五十五年(1716)刻本　四册

110000－3194－0000255　000638
欽定同文韻統六卷　(清)允祿監纂　(清)章嘉呼土克圖纂修　清刻本　五册

110000－3194－0000256　000639
宜略識字二卷　(清)林春溥編　清嘉慶二十二年(1817)刻本　一册

110000－3194－0000257　000640

讀書作文譜父師善誘法合刻十四卷　(清)唐彪輯著　清刻本　四册

110000－3194－0000258　000641
六書通十卷　(明)閔齊伋撰　(清)畢弘述篆訂　清光緒四年(1878)刻本　五册

110000－3194－0000259　000642
篆字彙十二集　(清)佟世男編　清康熙刻本　六册

110000－3194－0000260　000643
龍龕手鑑四卷　(遼)釋行均撰　清刻本(正文第一葉、卷四尾葉為手抄補配)　三册

110000－3194－0000261　000644
四書五經集字備校不分卷　(清)楊錫隆輯　清嘉慶二十五年(1820)刻本　一册

110000－3194－0000262　000645
六書分類十二卷首一卷　(清)傅世堯手輯　(清)傅世磊參訂　清康熙四十四年(1705)刻本　十四册

110000－3194－0000263　000646
説文解字注三十二卷附説文通檢三十卷　(清)段玉裁注　(清)黎永椿編　清光緒十四年(1888)石印本　八册

110000－3194－0000264　000647
説文解字注匡謬八卷　(清)徐承慶撰　清光緒十四年(1888)石印本　一册

110000－3194－0000265　000648
説文解字字訓先聲不分卷　(清)蕭岳崧編輯　清光绪三十二年(1906)石印本　一册

110000－3194－0000266　000649
字學三種三卷　(清)傅雲龍輯　清同治十三年(1874)刻本　一册

110000－3194－0000267　000650
新鐫六言雜字不分卷　(□)□□撰　清光緒二十五年(1899)刻本　一册

110000－3194－0000268　000682
六言雜字不分卷　(□)□□撰　清刻本　一册

110000－3194－0000269　000651
三合便覽十卷補編二卷　(清)敬齋公手輯　清乾隆五十七年(1792)刻本　十二册

110000－3194－0000270　000652
説文解字注三十二卷　(清)段玉裁注　清同治六年至十一年(1867－1872)刻本　十六册

110000－3194－0000271　000653
增補會海字彙十二卷首一卷末一卷　(明)梅膺祚音釋　清光緒四年(1878)刻本　十四册

110000－3194－0000272　000654
字學舉隅不分卷　(清)龍光甸　(清)龍啓瑞輯　清光緒十二年(1886)刻本　一册

110000－3194－0000273　000655
字學舉隅續編不分卷　(清)汪敘疇編　清光緒二年(1876)刻本　一册

110000－3194－0000274　000659
普通百科新大辭典十二集總目一卷分類目錄一卷附異名補遺一卷　黄人編輯　清宣統三年(1911)鉛印本　十五册

110000－3194－0000275　000505
康熙字典十二集檢字一卷等韻一卷辨似一卷備考一卷補遺一卷　(清)張玉書等纂　清刻本　二十六册　存十卷(辰至亥、備考一卷、補遺一卷)

110000－3194－0000276　000656
康熙字典十二集檢字一卷等韻一卷辨似一卷備考一卷補遺一卷　(清)張玉書等纂　(清)李瀚章等校刊　清光緒元年(1875)刻本　四十册

110000－3194－0000277　000657
康熙字典十二集檢字一卷等韻一卷辨似一卷備考一卷補遺一卷　(清)張玉書等纂　(清)奕繪等重修　清道光七年(1827)重刻本　四十册

110000－3194－0000278　000658
康熙字典十二集檢字一卷等韻一卷辨似一卷備考一卷補遺一卷　(清)張玉書等纂　清刻

本　四十册

110000－3194－0000279　000672

康熙字典十二集檢字一卷等韻一卷辨似一卷備考一卷補遺一卷　(清)張玉書等纂　清宣統三年(1911)銅板印本　七册

110000－3194－0000280　000695

康熙字典十二集檢字一卷等韻一卷辨似一卷備考一卷補遺一卷　(清)張玉書等纂　清光緒三十三年(1907)石印本　六册

110000－3194－0000281　000696

康熙字典十二集檢字一卷等韻一卷辨似一卷備考一卷補遺一卷　(清)張玉書等纂　清光緒十三年(1887)石印本　八册

110000－3194－0000282　000660

兆注千字文六卷　(清)兆蘭注　清光绪三十年(1904)石印本　六册

110000－3194－0000283　000661

千字文注不分卷　(□)□□撰　清刻本　一册

110000－3194－0000284　000662

説文經典異字釋不分卷　(清)高翔麟著　清光緒九年(1883)刻本　一册

110000－3194－0000285　000663

臨文便覽二卷　(清)龍光甸輯　(清)龍啟瑞增輯　清光緒五年(1879)刻本　二册

110000－3194－0000286　000664

臨文便覽二卷　(清)龍光甸輯　(清)龍啟瑞增輯　清光緒二年(1876)刻本　二册

110000－3194－0000287　000665

學韻紀要二卷　(清)劉紹攽撰　(清)鄭方成校　清乾隆五年(1740)刻本　二册

110000－3194－0000288　000666

音韻逢源四集　(清)裕恩撰　(清)禧恩校　清道光二十年(1840)刻本　四册

110000－3194－0000289　000667

聲律啓蒙撮要二卷　(清)車萬育著　(清)聶銑敏重訂　清光緒九年(1883)刻本　一册

110000－3194－0000290　000668

經韻集字析解二卷首一卷　(清)彭良敞集注　(清)熊守謙參訂　清道光二十四年(1844)刻本　二册

110000－3194－0000291　000669

虚字韻藪五卷　(清)潘維城輯　清光緒二年(1876)刻本　二册

110000－3194－0000292　000670

正音咀華四卷　(清)莎彝尊著　清咸豐三年(1853)刻本　三册

110000－3194－0000293　000671

學庸脈解串珠六卷　(清)臧志仁纂輯　清道光五年(1825)刻本　六册

110000－3194－0000294　000673

詩韻集成十卷　(清)余照輯　清光緒十二年(1886)刻本　四册

110000－3194－0000295　000674

四書音韻四卷　(清)劉柏編輯　清道光刻本　一册

110000－3194－0000296　000675

考證南北音應用何韻拼字大略表不分卷　(□)□□著　清刻本　一册

110000－3194－0000297　000676

度鍼篇十篇　(清)謝光綺重訂　清光緒七年(1881)刻本　一册

110000－3194－0000298　000677

四書論二卷　(清)王伊輯　清光緒二十四年(1898)刻本　二册

110000－3194－0000299　000680

音韻記號不分卷　劉世恩著　清宣統元年(1909)鉛印本　一册

110000－3194－0000300　000681

新鐫參補重訂世事通考增廣雜字二卷　(清)王相增訂　(清)鄭漢校梓　清刻本(正文前有補抄目錄)　二册

110000－3194－0000301　000683

新刻校正通用六言雜字不分卷　(□)□□撰

清刻本　一冊

110000－3194－0000302　000684
越諺三卷　（清）范寅輯　清光緒八年（1882）刻本　三冊

110000－3194－0000303　000685
越諺三卷　（清）范寅輯　清光緒八年（1882）刻本　三冊

110000－3194－0000304　000686
越諺三卷　（清）范寅輯　清光緒八年（1882）刻本　三冊

110000－3194－0000305　000687
詩雙聲疊韻譜不分卷　（清）鄧廷楨撰　清道光十八年（1838）刻本　一冊

110000－3194－0000306　000688
和文漢譯讀本八卷　（日本）坪内雄藏輯　清光緒三十二年（1906）鉛印本　一冊

110000－3194－0000307　000689
五車韻瑞一百六十卷目錄一卷　（清）凌稚隆編輯　明萬曆十九年（1591）刻本　五十冊

110000－3194－0000308　000691
毛詩註疏二十卷　（漢）毛亨傳　（漢）鄭玄註　（唐）孔穎達疏　清刻本　七冊　存七卷（十三至十九）

110000－3194－0000309　000692
東文易解後編不分卷　（日本）大矢透著　清光緒三十一年（1905）鉛印本　一冊

110000－3194－0000310　000693
十三經策案二十二卷首一卷　（清）王謨彙輯　清乾隆刻本　六冊　存十一卷（十二至二十二）

110000－3194－0000311　000694
得一錄八卷　（清）余治輯　清光緒十一年（1885）刻本　六冊　存六卷（一至六）

110000－3194－0000312　000697
繪圖一字數音解釋課本二卷　（清）求是學社編輯　清光緒三十四年（1908）鉛印本　二冊

110000－3194－0000313　000698
中國小豪傑二卷　（清）王仁俊編　清光緒三十二年（1906）刻本　一冊　存一卷（上）

110000－3194－0000314　000699
說文解字韻譜五卷附錄一卷　（五代）徐鍇撰（清）李調元輯　清乾隆三十五年至四十九年（1770－1784）刻本　一冊　存二卷（一至二）

110000－3194－0000315　000700
欽定周官義疏四十八卷首一卷　（清）鄂爾泰等撰　清同治刻本　六冊　存十四卷（二至三、九至二十）

110000－3194－0000316　000701
欽定儀禮義疏四十八卷首二卷　（清）朱軾等著　清同治刻本　十一冊　存二十三卷（一至八、十五至十八、三十二至四十，首二卷）

110000－3194－0000317　000702
欽定禮記義疏八十二卷首一卷　（□）□□輯　清同治刻本　三冊　存六卷（六十五至六十八、七十二至七十三）

110000－3194－0000318　000703
四書合講十九卷　（清）翁復編　清咸豐十年（1860）刻本　六冊

110000－3194－0000319　000704
［欽定］書經傳說彙纂二十一卷首二卷書序一卷　（清）王頊齡等纂　清同治刻本　二冊　存五卷（六至十）

110000－3194－0000320　000705
佩文詩韻不分卷　（清）□□編　清刻本　一冊

110000－3194－0000321　000579
張謇批選五經新義六卷　（清）張謇批選　清光緒三十年（1904）石印本　八冊

110000－3194－0000322　000706
張謇批選五經新義六卷　（清）張謇批選　清光緒石印本　一冊　存二卷（三至四）

110000－3194－0000323　000707
張謇批選續四書義六卷　（清）張謇批選　清

光緒石印本　三冊　存三卷(三至四、六)

110000－3194－0000324　000708
四書經義策論啟蒙四卷　(□)□□輯　清光緒石印本　四冊

110000－3194－0000325　000709
評點春秋綱目左傳句解彙雋六卷　(清)韓菼訂　清宣統石印本　六冊

110000－3194－0000326　000710
論語最豁集四卷　(清)劉珍輯　清刻本　二冊

110000－3194－0000327　003070
穀梁傳不分卷　(清)俞長城評點　清刻本　一冊

110000－3194－0000328　003070
公羊傳不分卷　(清)俞長城評點　清刻本　一冊

110000－3194－0000329　003886
佩文詩韻五卷　(□)□□撰　清同治九年(1870)刻本　二冊

110000－3194－0000330　004857
四書五經義策論初編不分卷　(清)林迪臣鑒定　清光緒二十七年(1901)刻本　五冊

110000－3194－0000331　000013
大清一統本紀不分卷　(□)□□撰　清抄本　一冊

110000－3194－0000332　000016
李氏藏書六十八卷續藏書二十七卷　(明)李贄著　明萬曆刻本　三十二冊

110000－3194－0000333　000017
季漢書六十卷　(明)謝陛撰　(明)鍾人傑校　明萬曆刻本　十四冊

110000－3194－0000334　000018
昭代典則二十八卷　(明)黄光昇編輯　明萬曆二十八年(1600)萬卷樓刻本　十六冊

110000－3194－0000335　000019
皇清職貢圖九卷　(清)傅恒編　清乾隆五十四年(1789)武英殿刻本　九冊

110000－3194－0000336　000020
御定歷代紀事年表一百卷　(清)王之樞纂　清康熙五十四年(1715)刻本　六十冊

110000－3194－0000337　000021
大清世祖章皇帝實錄八卷　(□)□□撰　清抄本　八冊

110000－3194－0000338　000022
史緯三百三十卷　(清)陳允錫刪修　清康熙六十年(1721)刻本　一百二十冊

110000－3194－0000339　000023
編年考十卷　(清)沈球輯　清康熙十一年(1672)刻本　十冊

110000－3194－0000340　000024
西夏志略四卷載記二卷　(□)□□撰　清抄本　六冊

110000－3194－0000341　000025
起居註冊不分卷　(清)富炎泰等撰　清乾隆四十四年(1779)寫本　一冊

110000－3194－0000342　000026
武塘野史不分卷　(□)□□撰　清抄本　一冊

110000－3194－0000343　000027
關於回民反抗清統治者的資料不分卷　(□)□□撰　清同治稿本　一冊

110000－3194－0000344　000028
欽定剿平粵匪方略四百二十卷首二卷　(清)奕訢等撰　清同治十一年(1872)鉛印本　一百四十二冊

110000－3194－0000345　000030
路史前紀九卷後紀十三卷　(宋)羅泌撰　明萬曆三十一年(1603)刻本　十冊

110000－3194－0000346　000031
吾學編六十九卷　(明)鄭曉撰　明嘉靖四十五年(1566)刻本　二十四冊

110000－3194－0000347　000032

臺陽筆記不分卷 (清)翟灝著 清嘉慶抄本 一冊

110000－3194－0000348 000033
餘生錄一卷 (清)邊大綬撰 清乾隆三十五年(1770)重刻本 一冊

110000－3194－0000349 000035
尤菴先生事實記不分卷 (朝鮮)金平默書 清光緒二十九年(1903)刻本 一冊

110000－3194－0000350 000036
芝湖逸史一卷 (朝鮮)東方故實撰 清抄本 一冊

110000－3194－0000351 000038
大清世祖章皇帝聖訓六卷首一卷 (清)世祖福臨撰 清末鉛印本 六冊

110000－3194－0000352 000040
金陵靖逆紀略不分卷 (□)□□撰 清同治三年(1864)江寧狀元境刻本 一冊

110000－3194－0000353 000041
滿洲實錄八卷 (□)□□撰 清末抄本 一冊

110000－3194－0000354 000042
鴉片戰爭雜鈔不分卷 (□)□□撰 清道光抄本 一冊

110000－3194－0000355 000043
清朝奏摺不分卷 (清)□□撰 清抄本 一冊

110000－3194－0000356 000044
任邱邊大綬虎口餘生記不分卷 (清)邊大綬著 清抄本 一冊

110000－3194－0000357 000045
宣靖備史四卷 (清)陳霆著 清抄本 一冊

110000－3194－0000358 000047
東田先生奏稿四卷首一卷 (明)張羽撰 清抄本 八冊

110000－3194－0000359 000048
大清太祖高皇帝聖訓四卷首一卷 (清)聖祖玄燁撰 清末鉛印本 四冊

110000－3194－0000360 000048
大清太宗文皇帝聖訓六卷首一卷 (清)太宗皇太極撰 清末鉛印本 六冊

110000－3194－0000361 000049
元朝史註十五卷 (清)李文田註 清抄本 四冊

110000－3194－0000362 000051
太師王端毅公奏議十五卷 (明)王恕著 清嘉慶十一年(1806)刻本 八冊

110000－3194－0000363 000052
平番奏議四卷輿圖一卷 (清)那清安等著 清咸豐三年(1853)刻本 四冊

110000－3194－0000364 000057
平番奏議四卷輿圖一卷 (清)那清安等著 清咸豐三年(1853)刻本 四冊

110000－3194－0000365 000053
新疆龍堆奏議四卷 (清)薩奕著 清抄本 四冊

110000－3194－0000366 000054
南征疏稿六卷 (明)于謙疏 清抄本 四冊

110000－3194－0000367 000055
南征疏稿六卷 (明)于謙疏 清抄本 六冊

110000－3194－0000368 000056
撫夏奏議二卷 (明)□□撰 清抄本 二冊

110000－3194－0000369 000058
海東名臣錄九卷 (朝鮮)□□撰 明刻本 四冊

110000－3194－0000370 000059
魏鄭公諫錄五卷 (唐)王綝輯 清道光九年(1829)刻本 二冊

110000－3194－0000371 000059
魏鄭公續錄二卷 (元)翟思忠撰 清光緒刻本 二冊

110000－3194－0000372 000060
表忠錄不分卷 (明)楊繼盛撰 清順治十三年(1656)刻本 一冊

110000－3194－0000373　000061
劉氏傳忠錄四卷　(宋)劉學衮輯　清光緒十二年(1886)活字印本　二册

110000－3194－0000374　000063
明瑺彰癉錄不分卷　(明)顧爾邁編輯　清抄本　二册

110000－3194－0000375　000064
甘省便覽不分卷　(□)□□撰　清抄本　一册

110000－3194－0000376　000067
錫金團練始末記不分卷　(清)華翼綸撰　清抄本　一册

110000－3194－0000377　000067
錫金團練始末記不分卷　(清)華翼綸撰　清抄本　一册

110000－3194－0000378　000068
請纓日記十卷　(清)唐景崧撰　清光緒十九年(1893)刻本　四册

110000－3194－0000379　000069
米氏宗譜二卷　(清)米俊明撰　清光緒二十九年(1903)重刻本　二册

110000－3194－0000380　000070
薩爾圖氏家乘二卷　(清)英壽撰　清光緒二十六年(1900)抄本　二册

110000－3194－0000381　000071
欽定八旗氏族通譜輯要不分卷　(清)阿桂等撰　清抄本　一册

110000－3194－0000382　000072
欽定八旗氏族通譜輯要不分卷　(清)阿桂等撰　清抄本　二册

110000－3194－0000383　000073
京屯旗富琛分管佐領下人丁戶口總檔不分卷　(清)□□撰　清光緒八年(1882)抄本　一册

110000－3194－0000384　000073
盛京富琛分管佐領下人丁戶口總檔不分卷　(清)□□撰　清光緒八年(1882)抄本　一册

110000－3194－0000385　000073
京屯旗富琛分管佐領下人丁戶口總檔不分卷　(清)□□撰　清光緒十一年(1885)抄本　一册

110000－3194－0000386　000073
盛京富琛分管佐領下人丁戶口總檔不分卷　(清)□□撰　清光緒十一年(1885)抄本　一册

110000－3194－0000387　000074
臺灣雜記不分卷　(清)黄逢昶輯　清抄本　一册

110000－3194－0000388　000075
六合紀事四卷　(清)周長森撰　清抄本　二册

110000－3194－0000389　001032
六合紀事四卷　(清)周長森撰　清宣統鉛印本　一册

110000－3194－0000390　000076
皇朝國史大臣列傳二十卷　(清)涂慶瀾編　清抄本　二十册

110000－3194－0000391　000077
金氏宗譜五卷　(清)金全漢等纂　清光緒十六年(1890)世耕堂活字印本　六册

110000－3194－0000392　000078
福建通志山川古跡訂訛二卷　(清)魏本唐校勘　清同治九年(1870)抄本　二册

110000－3194－0000393　000079
京屯旗三甲喇阜成佐領下人丁戶口總檔不分卷　(清)□□撰　清光緒八年(1882)抄本　一册

110000－3194－0000394　000079
京屯旗三甲喇阜成佐領下人丁戶口總檔不分卷　(清)□□撰　清光緒十一年(1885)抄本　一册

110000－3194－0000395　000079
盛京三甲喇阜成佐領下人丁戶口總檔不分卷　(清)□□撰　清光緒八年(1882)抄本　一册

110000－3194－0000396　000079

盛京三甲喇阜成佐領下人丁戶口總檔不分卷 （清）□□撰 清光緒十一年（1885）抄本 一冊

110000－3194－0000397 000080
盛京頭甲喇恒貴佐領下人丁戶口總檔不分卷 （清）□□撰 清光緒八年（1882）抄本 一冊

110000－3194－0000398 000080
京屯旗頭甲喇恒貴佐領下人丁戶口總檔不分卷 （清）□□撰 清光緒八年（1882）抄本 一冊

110000－3194－0000399 000080
京屯旗頭甲喇恒貴佐領下人丁戶口總檔不分卷 （清）□□撰 清光緒十一年（1885）抄本 一冊

110000－3194－0000400 000080
盛京頭甲喇恒貴佐領下人丁戶口總檔不分卷 （清）□□撰 清光緒十一年（1885）抄本 一冊

110000－3194－0000401 000081
河南通省現任文職正裸各官簡明履歷手鏡不分卷 （清）□□撰 清抄本 一冊

110000－3194－0000402 000081
豫省候補試用正裸各官簡明履歷手鏡不分卷 （清）□□撰 清抄本 一冊

110000－3194－0000403 000082
月令廣義二十四卷首一卷 （明）馮應京纂 明萬曆三十年（1602）刻本 六冊

110000－3194－0000404 000083
佛國記不分卷 （宋）釋法顯撰 （明）胡震亨 （明）毛晉訂 清順治刻本 一冊

110000－3194－0000405 000084
皇清職貢圖九卷 （清）董誥等撰 清乾隆二十八年（1763）刻本 一冊 存一卷（九）

110000－3194－0000406 000085
北游錄不分卷 （清）談遷著 清抄本 六冊

110000－3194－0000407 000086
恩安輿圖不分卷 （□）□□撰 清抄本 一冊

110000－3194－0000408 000087
畿輔形勝摘要不分卷 （□）□□撰 清抄本 一冊

110000－3194－0000409 000087
畿輔山川古跡摘要不分卷 （□）□□撰 清抄本 一冊

110000－3194－0000410 000088
帝京景物略八卷 （明）劉侗 （明）于奕正修 明崇禎八年（1635）刻本 四冊

110000－3194－0000411 000089
欽定日下舊聞考一百六十卷目錄一卷 （清）于敏中纂 清乾隆刻本 四十冊

110000－3194－0000412 000090
齊乘六卷 （元）于欽纂 清抄本 四冊

110000－3194－0000413 001586
齊乘六卷 （元）于欽纂修 清乾隆四十六年（1781）刻本 四冊

110000－3194－0000414 000091
西北域記不分卷 （清）謝濟世著 （清）祝心淵校 清抄本 一冊

110000－3194－0000415 000092
西北域記不分卷 （清）謝濟世著 （清）祝心淵校 清抄本 一冊

110000－3194－0000416 000093
越中名地記不分卷 （□）□□撰 清抄本 二冊

110000－3194－0000417 000094
異域瑣談四卷 （清）七十一著 清抄本 二冊

110000－3194－0000418 001601
異域瑣談四卷 （清）七十一著 （清）周宅仁編輯 清嘉慶八年（1803）刻本 四冊

110000－3194－0000419 000095
西域瑣談四卷 （清）七十一著 清嘉慶十九

年(1814)抄本　二冊

110000－3194－0000420　000096
大明一統志九十卷　(明)李賢等修　明刻本(卷九十尾葉有手抄補配)　三十六冊

110000－3194－0000421　000097
[道光]定遠縣誌八卷　(清)李德生纂修　清抄本　五冊

110000－3194－0000422　000098
連陽八排風土記八卷　(清)李来章撰　清抄本　四冊

110000－3194－0000423　000099
西藏小識四卷　(清)單毓年著　清抄本　四冊

110000－3194－0000424　000100
麼陶續志采訪事实原編不分卷　(清)夏子鎏編輯　清抄本　四冊

110000－3194－0000425　000101
楚雄縣誌述輯十二卷　(清)崇謙修　(清)沈宗舜纂修　清宣統二年(1910)抄本　十二冊

110000－3194－0000426　000102
吉林誌略不分卷　(清)袁昶撰　清光緒稿本　二冊

110000－3194－0000427　000103
[光緒]安定縣鄉土誌不分卷　(清)王輔堂編　清光緒三十一年(1905)抄本　一冊

110000－3194－0000428　000104
[康熙]河州誌六卷　(清)王全臣纂修　清抄本　六冊

110000－3194－0000429　000105
[光緒]甘肅新通志一百卷首五卷　(清)升允纂修　清宣統元年(1909)刻本　八十冊

110000－3194－0000430　000106
[乾隆]甯陽縣志八卷　(清)李夢雷等纂修　清乾隆八年(1743)刻本(目錄、第六冊為抄配)　八冊

110000－3194－0000431　000107
[嘉慶]回疆通志十二卷　(清)和寧纂修　清抄本　十二冊

110000－3194－0000432　000108
大明會典二百二十八卷　(明)申時行等修　(明)趙用賢等纂　明萬曆十五年(1587)刻本　一百冊

110000－3194－0000433　000109
皇朝禮器圖式十八卷首一卷　(清)允祿等修　(清)王浩存等纂　清乾隆刻本　十四冊

110000－3194－0000434　000110
[道光]續修會寧縣志二卷　(清)徐敬纂修　清抄本　二冊

110000－3194－0000435　000111
[道光]兩當縣新志十二卷首一卷　(清)德俊纂修　清抄本　五冊

110000－3194－0000436　000112
[康熙]吳江縣志四十六卷首一卷　(清)郭琇纂修　(清)葉燮等編輯　清康熙刻本　十二冊

110000－3194－0000437　000114
中外和戰議十六卷　(清)王棻撰　清抄本　十六冊

110000－3194－0000438　000115
[光緒]平望續志十二卷首一卷　(清)黃兆檉纂修　清光緒抄本　二冊

110000－3194－0000439　000116
內政輯要二十章　(清)世祖福臨撰　清順治刻本　一冊

110000－3194－0000440　000117
閩鹺情形彙紀不分卷　(□)□□撰　清宣統抄本　一冊

110000－3194－0000441　000118
外火器營八旗房間官兵總清冊不分卷　(□)□□撰　清抄本　一冊

110000－3194－0000442　000119
[嘉靖]通州志六卷　(明)顧磐編考　(明)林穎重修　清抄本　四冊

110000－3194－0000443　000120
造呈蘇屬人名清冊不分卷　(□)□□撰　清光緒抄本　六冊

110000－3194－0000444　000121
大南國史演歌不分卷　(□)□□撰　清光緒三十四年(1908)刻本　一冊

110000－3194－0000445　000122
八旗通志初集二百五十卷目錄二卷　(清)鄂爾泰等纂修　清乾隆四年(1739)刻本　八十冊

110000－3194－0000446　000123
欽定八旗通志三百四十二卷首十二卷目錄二卷　(清)鄂爾泰纂　清嘉慶刻本　二百九十五冊

110000－3194－0000447　000124
唐市志三卷　(清)倪賜纂　清抄本　三冊

110000－3194－0000448　000125
白蒲鎮志十卷　(清)姚鵬春撰　清抄本　六冊

110000－3194－0000449　000126
連山綏瑤廳志不分卷　(清)姚柬之編集　清抄本　一冊

110000－3194－0000450　000127
濰縣鄉土志不分卷　(清)宋朝楨纂　清光緒三十三年(1907)石印本　一冊

110000－3194－0000451　000131
[康熙]荔浦縣志四卷　(清)許之豫纂修　清抄本　六冊

110000－3194－0000452　000132
[光緒]章谷屯志略不分卷　(清)章谷屯務採輯　清光緒三十四年(1908)抄本　一冊

110000－3194－0000453　000133
噶瑪蘭志略　(清)柯培元纂　清抄本　一冊

110000－3194－0000454　000134
[乾隆]將樂縣志十六卷首一卷　(清)李永錫等修　(清)徐觀海等纂　清乾隆三十一年(1766)刻本　十冊

110000－3194－0000455　000135
[正德]朝邑縣誌二卷　(明)王道修　(明)韓邦靖纂　清刻本　一冊

110000－3194－0000456　000136
[嘉靖]秦安志九卷　(明)亢世英修　(明)胡纘宗纂　明嘉靖十四年(1535)刻本　四冊

110000－3194－0000457　000137
國子監則例不分卷　(□)□□撰　清抄本　一冊

110000－3194－0000458　000140
[嘉慶]汶志紀略四卷　(清)李錫書纂述　清抄本　四冊

110000－3194－0000459　000141
西域聞見錄八卷　(清)七十一撰　清嘉慶七年(1802)抄本　四冊

110000－3194－0000460　003088
西域聞見錄八卷　(清)七十一撰　清光緒刻本　四冊

110000－3194－0000461　003089
西域聞見錄八卷　(清)七十一撰　清刻本　四冊

110000－3194－0000462　003090
西域聞見錄四卷　(清)七十一撰　清刻本　一冊　存四卷(一至四)

110000－3194－0000463　003091
西域聞見錄八卷　(清)七十一撰　清刻本　二冊

110000－3194－0000464　003092
西域聞見錄八卷　(清)七十一撰　清刻本　二冊

110000－3194－0000465　003093
西域聞見錄八卷　(清)七十一撰　清刻本　二冊

110000－3194－0000466　003094
西域聞見錄八卷　(清)七十一撰　清刻本　一冊

110000－3194－0000467　000142

[康熙]西江志二百六卷　(清)白潢輯　(清)查慎行等纂修　清康熙五十九年(1720)刻本　八十冊

110000－3194－0000468　000143
詞林典故八卷　(清)張廷玉等撰　清乾隆十三年(1748)武英殿刻本　八冊

110000－3194－0000469　000144
[康熙]雲南通志三十卷　(清)范承勳修　清康熙刻本(凡例第五葉、卷三十為抄配)　二十八冊

110000－3194－0000470　000145
[萬曆]祁門縣志四卷　(明)謝存任纂　清順治十年(1653)刻本　二冊

110000－3194－0000471　000146
[嘉慶]新都縣志不分卷　(□)□□撰　清抄本　一冊

110000－3194－0000472　000147
[康熙]陽曲縣志十四卷首一卷　(清)戴夢熊修　(清)李方蓁等纂　清康熙二十一年(1682)刻本　八冊

110000－3194－0000473　000148
[康熙]天柱縣誌二卷　(清)王復宗纂輯　清康熙刻本(凡例第五葉、卷三十為抄配)　二冊

110000－3194－0000474　000149
名山勝概記四十六卷目錄一卷附圖一卷　(明)何鏜纂　(明)張縉彥補輯　明刻本　三十八冊

110000－3194－0000475　000150
吏部銓選漢官則例六卷　(清)吏部編　清抄本　三冊

110000－3194－0000476　000151
東西洋考十二卷　(明)張燮纂修　清刻本　四冊

110000－3194－0000477　000152
籌海圖編十三卷　(明)胡宗憲輯　(明)胡維極重校　明天啟四年(1624)刻本　十冊

110000－3194－0000478　000153
暹羅載記二十卷　羅振常撰　清宣統二年(1910)稿本　六冊

110000－3194－0000479　000154
錢幣考九篇　(清)華南林校勘　清抄本　一冊

110000－3194－0000480　000155
大清會典二百五十卷　(清)允祿等纂修　清雍正十年(1732)武英殿刻本　一百冊

110000－3194－0000481　000156
軍務大略不分卷　(□)□□撰　清抄本　二冊

110000－3194－0000482　000157
靳史三十卷　(明)查應光輯　明天啟五年(1625)刻本　十二冊

110000－3194－0000483　000158
新疆道里表不分卷　(□)□□撰　清抄本　一冊

110000－3194－0000484　000160
秦邊紀略四卷　(□)□□撰　清抄本　四冊

110000－3194－0000485　000161
荊州事宜不分卷　(□)□□撰　清抄本　一冊

110000－3194－0000486　000161
考試事宜五卷　(□)□□撰　清抄本　五冊

110000－3194－0000487　000161
摘要便覽五卷　(□)□□撰　清抄本　十冊

110000－3194－0000488　000162
史懷十七卷　(明)鍾惺述　(明)陶珽評　明刻本　四冊

110000－3194－0000489　000164
江南野史十卷　(宋)龍袞撰　清抄本　二冊

110000－3194－0000490　000165
龍門問答不分卷　(□)□□撰　清抄本　一冊

110000－3194－0000491　000166
東海更言不分卷　(清)忠滿撰　清抄本

一册

110000－3194－0000492　000167
班書地里志校注十三卷　(清)魏起補　清抄本　十三册

110000－3194－0000493　000168
南征錄彙不分卷　(金)李天民輯　清抄本　一册

110000－3194－0000494　000169
靖康稗史不分卷　(宋)耐庵輯　清抄本　一册

110000－3194－0000495　000177
金昌截鐙圖不分卷　(清)侯之典繪　清道光七年(1827)彩繪稿本　一册

110000－3194－0000496　000181
馬政事宜不分卷附補錄馬政一卷　(□)□□撰　清抄本　二册

110000－3194－0000497　000238
敖漢紀程不分卷　(清)蘊秀撰　清咸豐七年(1857)刻本　一册

110000－3194－0000498　000731
漢書引經異文錄證六卷　(清)繆佑孫撰　清光緒十一年(1885)刻本　四册

110000－3194－0000499　000732
元史譯文證補三十卷　(清)洪鈞撰　清光緒二十三年(1897)刻本　四册

110000－3194－0000500　000733
元史譯文證補三十卷　(清)洪鈞撰　清光緒二十三年(1897)刻本　四册

110000－3194－0000501　000734
元史譯文證補三十卷　(清)洪鈞撰　清光緒二十三年(1897)刻本　四册

110000－3194－0000502　000736
元史譯文證補三十卷　(清)洪鈞撰　清光緒二十三年(1897)刻本　四册

110000－3194－0000503　000738
金源劄記五卷　(清)施國祁撰　清嘉慶二十一年(1816)刻本　三册

110000－3194－0000504　000739
隋書地理志考證九卷附補遺一卷　楊守敬撰　清光緒二十三年(1897)刻本　四册

110000－3194－0000505　000740
史記一百三十卷　(漢)司馬遷撰　(南朝宋)裴駰注　清光绪五年(1879)刻本　二十八册

110000－3194－0000506　000807
史記一百三十卷　(漢)司馬遷撰　清同治十一年(1872)刻本　二十六册

110000－3194－0000507　001001
史記一百三十卷　(漢)司馬遷撰　(南朝宋)裴駰注　清光緒四年(1878)刻本　十六册

110000－3194－0000508　000808
史記集解一百三十卷　(漢)司馬遷撰　(南朝宋)裴駰集解　清同治九年(1870)刻本　二十四册

110000－3194－0000509　000741
漢書一百二十卷　(漢)班固撰　(唐)顏師古注　清同治八年(1869)刻本　十六册

110000－3194－0000510　000742
後漢書一百卷附續漢書志三十卷　(南朝宋)范曄撰　(唐)李賢注　(南朝梁)劉昭注補　清同治八年(1869)刻本　十六册

110000－3194－0000511　000743
三國志六十五卷　(晉)陳壽撰　(南朝宋)裴松之注　清光緒十三年(1887)刻本　十二册

110000－3194－0000512　000847
三國志六十五卷　(晉)陳壽撰　(南朝宋)裴松之注　清光緒二十八年(1902)石印本　四册

110000－3194－0000513　000848
三國志六十五卷　(晉)陳壽撰　(南朝宋)裴松之注　清光緒十三年(1887)刻本　八册

110000－3194－0000514　003191
三國志六十五卷　(晉)陳壽撰　清康熙三十九年(1700)補刻本　九册　存四十八卷(一

至三、二十一至六十五)

110000－3194－0000515　000744
晉書一百三十卷附音義三卷　(唐)太宗李世民撰　清同治十年(1871)刻本　二十八册

110000－3194－0000516　000745
梁書五十六卷　(唐)姚思廉撰　清同治十三年(1874)刻本　八册

110000－3194－0000517　000842
梁書五十六卷　(唐)姚思廉撰　(明)余有丁校正　清康熙三十九年(1700)刻本　八册

110000－3194－0000518　000746
宋書一百卷　(南朝梁)沈約撰　清同治十二年(1873)刻本　二十册

110000－3194－0000519　000747
南齊書五十九卷　(南朝梁)蕭子顯撰　清同治十三年(1874)刻本　八册

110000－3194－0000520　000843
南齊書五十九卷　(南朝梁)蕭子顯撰　(明)趙用賢　(明)張一桂校　清康熙三十九年(1700)刻本　十册

110000－3194－0000521　000748
北齊書五十卷　(唐)李百藥撰　清同治十三年(1874)刻本　六册

110000－3194－0000522　000871
北齊書五十卷　(唐)李百藥撰　清康熙三十九年(1700)補刻本　八册

110000－3194－0000523　000749
五代史記七十四卷　(宋)歐陽修撰　(宋)徐無黨原注　(清)彭元瑞補注　(清)劉鳳誥排次　清道光八年(1828)刻本　四十册

110000－3194－0000524　000750
五代史記七十四卷　(宋)歐陽修撰　(宋)徐無黨原注　(清)彭元瑞補注　(清)劉鳳誥排次　清同治十三年(1874)刻本　四十册

110000－3194－0000525　000876
五代史記七十四卷　(宋)歐陽修撰　清光緒三十三年(1907)鉛印本　六册

110000－3194－0000526　000877
五代史記七十四卷　(宋)歐陽修撰　(宋)徐無黨注　清康熙三十九年(1700)補刻本　八册

110000－3194－0000527　000751
隋書八十五卷　(唐)魏徵撰　清同治十年(1871)刻本　十六册

110000－3194－0000528　000862
隋書八十五卷　(唐)魏徵撰　(明)季道統校閲　清康熙三十九年(1700)補刻本　二十册

110000－3194－0000529　000752
陳書三十六卷　(唐)姚思廉撰　清同治十二年(1873)刻本　四册

110000－3194－0000530　000841
陳書三十六卷　(唐)姚思廉撰　(明)趙用賢校正　清康熙三十九年(1700)補刻本　四册

110000－3194－0000531　000753
周書五十卷　(唐)令狐德棻撰　清同治十三年(1874)刻本　六册

110000－3194－0000532　000870
周書五十卷　(唐)令狐德棻撰　清康熙三十九年(1700)補刻本　八册

110000－3194－0000533　000754
魏書一百十四卷　(北齊)魏收撰　清同治十二年(1873)刻本　二十四册

110000－3194－0000534　003186
魏書一百十四卷　(北齊)魏收撰　清康熙三十九年(1700)補刻本　二十二册　存一百二卷(四至二十一、二十四至四十五、五十三至一百十四)

110000－3194－0000535　000755
南史八十卷　(唐)李延壽撰　清同治十二年(1873)刻本　十八册

110000－3194－0000536　000840
南史八十卷　(唐)李延壽撰　(明)趙用賢校正　清康熙三十九年(1700)補刻本　二十册

110000－3194－0000537　000756

北史一百卷　(唐)李延壽撰　清同治十二年(1873)刻本　三十冊

110000－3194－0000538　000857
北史一百卷　(唐)李延壽撰　清同治十二年(1873)刻本　二十冊

110000－3194－0000539　000858
北史一百卷　(唐)李延壽撰　(明)鄧以讃　(明)劉應秋校正　清康熙三十九年(1700)補刻本　三十冊

110000－3194－0000540　000757
舊唐書二百十四卷　(五代)劉昫撰　清同治十一年(1872)刻本　四十八冊

110000－3194－0000541　000758
唐書二百七十三卷　(宋)歐陽修　(宋)宋祁撰　清同治十二年(1873)刻本　四十八冊

110000－3194－0000542　000759
舊五代史一百五十卷目錄二卷　(宋)薛居正等撰　清同治十一年(1872)刻本　十六冊

110000－3194－0000543　000760
五代史七十四卷　(宋)歐陽修撰　(宋)徐無黨注　清同治十一年(1872)刻本　八冊

110000－3194－0000544　000761
宋史四百九十六卷目錄三卷　(元)脫脫等撰　清光緒元年(1875)刻本　八十冊

110000－3194－0000545　000815
宋史四百九十六卷目錄三卷　(元)脫脫等纂修　清康熙三十九年(1700)補刻本　九十九冊　存四百九十四卷(一至一百十三、一百十九至四百九十六,目錄三卷)

110000－3194－0000546　000868
宋史四百九十六卷目錄三卷　(元)脫脫修　清光緒十年(1884)影印本　一百冊

110000－3194－0000547　000762
遼史一百十五卷　(元)脫脫等修　清同治十二年(1873)刻本　十二冊

110000－3194－0000548　000763
金史一百三十五卷　(元)脫脫等修　清同治十三年(1874)刻本　二十四冊

110000－3194－0000549　000987
金史一百三十五卷目錄二卷　(元)脫脫修　清康熙三十九年(1700)補刻本　二十冊

110000－3194－0000550　000764
元史二百十卷附元史藝文志四卷元史氏族表三卷　(明)宋濂等修　(清)錢大昕補纂　清同治十三年(1874)刻本　五十冊

110000－3194－0000551　000765
明史三百三十二卷　(清)張廷玉等撰　清光緒三年(1877)刻本　八十冊

110000－3194－0000552　000766
朝鮮近世史二卷　(日本)北總林泰輔編　劉世珩譯　清光緒二十九年(1903)石印本　一冊

110000－3194－0000553　000767
埃及史八章　(日本)北村三郎編著　趙必振譯　清光緒二十九年(1903)鉛印本　一冊

110000－3194－0000554　000768
土耳機史四編　(日本)北村三郎編述　趙必振譯　清光緒二十八年(1902)鉛印本　一冊

110000－3194－0000555　000769
世界近世史二卷　(日本)松平康國編著　(清)梁啟�譯述　梁啟超案語　清光緒二十九年(1903)鉛印本　二冊

110000－3194－0000556　000770
亞美利加州通史十編　(清)戴彬編譯　清光緒二十八年(1902)鉛印本　二冊

110000－3194－0000557　000771
歐洲族類源流略五卷　王樹枏著　清光緒二十八年(1902)刻本　二冊

110000－3194－0000558　000772
歷代地理志韻編今釋二十卷　(清)李兆洛輯　清光緒二十九年(1903)石印本　六冊

110000－3194－0000559　000773
泰西各國史略四卷　(□)□□撰　清光緒石印本　二冊

110000－3194－0000560　000774
越事備考十三卷　(清)劉名譽編輯　(清)黃維鈞校　清光緒二十一年(1895)刻本　六冊

110000－3194－0000561　000775
日本源流考二十二卷　王先謙撰　清光緒二十八年(1902)刻本　十冊

110000－3194－0000562　000777
歐洲列國戰爭本末二十二卷　王樹枏著　清光緒二十八年(1902)刻本　六冊

110000－3194－0000563　000778
西史彙函二十二卷　(英國)慕維廉譯　清光緒二十三年(1897)刻本　十六冊

110000－3194－0000564　000781
東洋史要二卷　(日本)桑原騭藏著　樊炳清譯　清光緒二十五年(1899)石印本　二冊

110000－3194－0000565　000784
東洋史要二卷　(日本)桑原騭藏著　樊炳清譯　清光緒二十五年(1899)鉛印本　四冊

110000－3194－0000566　000782
埃及近世史二十六章　(日本)柴四郎著　(□)麥鼎華譯　清光緒二十八年(1902)鉛印本　一冊

110000－3194－0000567　000783
各國時事類編十八卷　(清)沈純輯　清光緒二十一年(1895)石印本　四冊

110000－3194－0000568　000785
世界讀本不分卷　(清)文明書局編譯　清光緒三十一年(1905)鉛印本　一冊

110000－3194－0000569　000786
西被考略六卷　(清)金永森著　清光緒二十九年(1903)刻本　五冊

110000－3194－0000570　000787
泰西十八周史攬要十八卷　(英國)雅各偉德著　(英國)季理裴成章譯　(清)李鼎星述　清光緒二十八年(1902)鉛印本　六冊

110000－3194－0000571　000788
日本維新政治彙編十二卷　(清)劉慶汾集譯　清光緒二十八年(1902)刻本　六冊

110000－3194－0000572　000789
羅馬史二卷　(日本)占部百太郎撰　(清)陳時夏等譯著　清光緒二十九年(1903)鉛印本　二冊

110000－3194－0000573　000790
節本泰西新史攬要八卷　(英國)李提摩太譯本　(清)周慶雲節錄　清光緒二十七年(1901)刻本　二冊

110000－3194－0000574　000791
西史彙函續編三十九卷　(□)□□撰　清光緒二十二年(1896)刻本　八冊

110000－3194－0000575　000792
歐美政體通覽五章　(日本)上野貞吉著　(清)出洋學生編輯所編　清光緒二十八年(1902)鉛印本　一冊

110000－3194－0000576　000793
亞剌伯史二篇　(日本)北村三郎編著　趙必振譯　清光緒二十九年(1903)鉛印本　一冊

110000－3194－0000577　000794
印度史攬要三卷　(英國)寶星亨德偉良撰　(清)任廷旭譯　(英國)李提摩太鑒定　清光緒二十七年(1901)鉛印本　三冊

110000－3194－0000578　000795
意大利獨立戰史六卷附錄一卷　(日本)東京留學生譯　清光緒二十八年(1902)鉛印本　一冊

110000－3194－0000579　000796
法國革命戰史八編　(日本)澀江保著　(清)國民叢書社譯　清光緒二十九年(1903)鉛印本　一冊

110000－3194－0000580　000797
日本維新三十年史十二編附錄一編　(日本)東京博文館編輯　(清)上海廣智書局譯　清光緒二十九年(1903)鉛印本　六冊

110000－3194－0000581　000798
西史輯覽十卷　(清)陳維新譯　清光緒二十

四年(1898)石印本　六冊

110000－3194－0000582　000799
外國歷史歌不分卷　(清)袁桐輯　清光緒三十年(1904)鉛印本　一冊

110000－3194－0000583　000800
希臘史二卷　(日本)桑原啓一纂譯　(清)國民叢書社重譯　清光緒二十九年(1903)鉛印本　一冊

110000－3194－0000584　000801
二十二史感應錄二卷　(清)彭希涑編輯　(清)王貽穀重校　清光緒十二年(1886)刻本　一冊

110000－3194－0000585　000802
晉書輯本四十八卷　(清)湯球輯　清光緒刻本　十冊

110000－3194－0000586　000803
舊唐書二百卷　(五代)劉昫撰　**校勘記六十六卷逸文十二卷**　(清)羅士琳撰　清同治十一年(1872)刻本　六十冊

110000－3194－0000587　000804
史漢求是五十五卷附尚書文義一卷　(清)楊琪光著　清光緒十八年(1892)刻本　十六冊

110000－3194－0000588　000805
前漢補注一百卷首一卷　(漢)班固撰　(唐)顏師古注　王先謙補注　清光緒二十六年(1900)刻本　三十二冊

110000－3194－0000589　000806
七家後漢書二十卷附失名氏後漢書一卷　(清)汪文臺輯　清光緒八年(1882)刻本　六冊

110000－3194－0000590　000737
元史氏族表三卷　(清)錢大昕撰　清嘉慶十一年(1806)刻本　二冊

110000－3194－0000591　000810
元史氏族表三卷　(清)錢大昕撰　清嘉慶十一年(1806)刻本　二冊

110000－3194－0000592　000947
元史氏族表三卷元史藝文志四卷　(清)錢大昕撰　清嘉慶十一年(1806)刻本　一冊

110000－3194－0000593　000948
元史氏族表三卷元史藝文志四卷　(清)錢大昕撰　清嘉慶十一年(1806)刻本　三冊

110000－3194－0000594　000811
續漢書八志三十卷　(南朝梁)劉昭注補　清刻本　二冊

110000－3194－0000595　000812
欽定遼史語解十卷　(□)□□撰　清道光四年(1824)刻本　二冊

110000－3194－0000596　000812
欽定金史語解十二卷　(□)□□撰　清道光四年(1824)刻本　二冊

110000－3194－0000597　000812
欽定元史語解二十四卷　(□)□□撰　清道光四年(1824)刻本　四冊

110000－3194－0000598　000883
欽定元史語解二十四卷　(□)□□編　清刻本　六冊

110000－3194－0000599　000814
文光堂增訂課兒鑑略妥注善本五卷　(明)李廷機著　(明)張瑞圖校正　(清)鄒聖脈補　清道光十二年(1832)刻本　四冊

110000－3194－0000600　000816
歷代世系紀年編不分卷　(清)沈炳震撰　清刻本　一冊

110000－3194－0000601　000817
續弘簡錄元史類編四十二卷　(清)邵遠平撰　清康熙刻本　十四冊

110000－3194－0000602　000818
南唐書三十卷　(宋)馬令編　清嘉慶十八年(1813)刻本　四冊

110000－3194－0000603　000819
歷代通鑑纂要九十二卷　(明)李東陽纂　清光緒二十三年(1897)刻本　四十八冊

110000－3194－0000604　000820
前漢匈奴表三卷附錄一卷　(清)沈惟賢述　清光緒十九年(1893)刻本　二册

110000－3194－0000605　000821
遼史一百二十六卷　(元)脱脱修　(明)江汝璧校刊　清康熙三十九年(1700)補刻本(卷首有修版補刊)　八册

110000－3194－0000606　000822
遼史拾遺二十四卷補五卷　(清)厲鶚撰　清光緒元年至三年(1875－1877)刻本　十册

110000－3194－0000607　000823
遼史拾遺二十四卷補五卷　(清)厲鶚撰　清光緒元年至三年(1875－1877)刻本　十册

110000－3194－0000608　000824
新舊唐書合鈔二百七十九卷　(清)吴煦輯　清同治十年(1871)刻本　八十册

110000－3194－0000609　000825
元史九十五卷　(清)魏源撰　清光緒三十一年(1905)刻本　三十二册

110000－3194－0000610　000826
通志二百卷　(宋)鄭樵撰　清咸豐九年(1859)刻本　一百五十册　存一百九十八卷(一至一百三十、一百三十二至一百五十一、一百五十三至二百)

110000－3194－0000611　002750
通志二百卷　(宋)鄭樵撰　清光緒二十二年(1896)刻本　二百册

110000－3194－0000612　000827
前漢書一百二十卷　(漢)班固撰　(唐)顔師古注　清康熙三十九年(1700)補刻本　二十四册

110000－3194－0000613　000828
前漢書一百二十卷　(漢)班固撰　(唐)顔師古注　清同治十年(1871)刻本　三十二册

110000－3194－0000614　000829
[國史四傳]七卷　(清)國史館編　清刻本　四册

110000－3194－0000615　000830
漢書西域傳補注二卷　(清)徐松撰　清道光九年(1829)刻本　二册

110000－3194－0000616　000852
漢書西域傳補注二卷　(清)徐松撰　清光緒二十九年(1903)石印本　二册

110000－3194－0000617　000853
漢書西域傳補注二卷　(清)徐松撰　清光緒十九年(1893)石印本　二册

110000－3194－0000618　000854
漢書西域傳補注二卷　(清)徐松撰　清光緒十九年(1893)石印本　二册

110000－3194－0000619　000855
漢書西域傳補注二卷　(清)徐松撰　清道光九年(1829)刻本　二册

110000－3194－0000620　001529
漢書西域傳補注二卷　(清)徐松撰　清道光九年(1829)刻本　二册

110000－3194－0000621　001555
漢書西域傳補注二卷　(清)徐松著　清道光九年(1829)刻本　二册

110000－3194－0000622　000831
後漢書注補正八卷　(清)周壽昌著　清光緒八年(1882)刻本　四册

110000－3194－0000623　000832
漢書地理志校本二卷　(清)汪遠孫輯　清道光二十八年(1848)刻本　二册

110000－3194－0000624　000833
東觀漢記二十四卷　(漢)劉珍著　(清)陸錫熊纂　清乾隆四十二年(1777)刻本　四册

110000－3194－0000625　000834
南北史識小錄二十八卷　(清)沈名蓀　(清)朱昆田輯　(清)張應昌補正　清同治十年(1871)刻本　八册

110000－3194－0000626　000835
東晉疆域志四卷　(清)洪亮吉著　清嘉慶元年(1796)刻本　四册

110000－3194－0000627　000836

晉書校文五卷　(清)丁國鈞著　清光緒二十年(1894)活字印本　二册

110000－3194－0000628　000836

補晉書藝文志四卷附錄一卷　(清)丁國鈞撰　(清)丁辰注　清光緒二十年(1894)活字印本　二册

110000－3194－0000629　000837

補三國疆域志二卷　(清)洪亮吉撰　清乾隆四十六年(1781)刻本　二册

110000－3194－0000630　000838

後漢書補注二十四卷　(清)惠棟撰　清嘉慶九年(1804)刻本　四册

110000－3194－0000631　000839

晉書一百三十卷　(唐)太宗李世民撰　清康熙三十九年(1700)補刻本　七册　存二十卷(一至二十)

110000－3194－0000632　000844

後漢書一百二十卷考證一百二十卷　(南朝宋)范曄撰　(唐)李賢注　(南朝梁)劉昭補並注　清同治十年(1871)刻本　二十八册

110000－3194－0000633　000845

明史稿三百十三卷　(清)王鴻緒撰　清刻本　六十四册

110000－3194－0000634　000846

明史稿三百十三卷　(清)王鴻緒撰　清刻本　六十四册

110000－3194－0000635　000849

三國志證聞三卷　(清)錢儀吉著　清光緒十一年(1885)刻本　二册

110000－3194－0000636　000850

三國志補義十三卷　(清)康發祥撰　清咸豐十一年(1861)刻本　八册

110000－3194－0000637　000851

三國疆域志補注十九卷首一卷　(清)洪亮吉撰　(清)謝鍾英補注　清光緒二十四年(1898)刻本　八册

110000－3194－0000638　000856

漢書補注七卷　(清)王榮商撰　清刻本　二册

110000－3194－0000639　000859

魏書一百十四卷　(北齊)魏收撰　清同治十二年(1873)刻本　二十册

110000－3194－0000640　000860

西魏書二十四卷　(清)謝啟昆撰　清光緒九年(1883)刻本　八册

110000－3194－0000641　000861

明史稿三百十五卷　(清)王鴻緒撰　清刻本　八十册

110000－3194－0000642　000863

東都事略一百三十卷　(宋)王稱撰　清刻本　八册

110000－3194－0000643　000866

東都事略一百三十卷　(宋)王稱撰　清刻本　八册

110000－3194－0000644　000867

東都事略一百三十卷　(宋)王稱撰　清光緒九年(1883)刻本　八册

110000－3194－0000645　000864

欽定續通志不分卷　(□)□□撰　清刻本　一册

110000－3194－0000646　000865

甕洲廿四史讀本六卷　(□)□□輯　清光緒二十九年(1903)刻本　四册

110000－3194－0000647　003176

甕洲廿四史讀本六卷　(□)□□輯　清光緒二十九年(1903)刻本　四册

110000－3194－0000648　000869

元史本證五十卷末一卷　(清)汪輝祖撰　(清)汪繼培補　清光緒十五年(1889)重刻本　八册

110000－3194－0000649　000872

芸居樓明鑑易知錄十五卷　(清)吳乘權輯　清光緒四年(1878)刻本　六册

110000－3194－0000650　000873

南天痕二十六卷附錄一卷　(清)西亭凌雪纂修　清宣統二年(1910)鉛印本　六册

110000－3194－0000651　000874

元史二百十卷目錄二卷　(明)宋濂撰　(明)侯恪補　(明)謝德溥補刊　清康熙三十九年(1700)補刻本　五十册

110000－3194－0000652　000875

南疆繹史勘本三十卷首二卷卹謚攷八卷摭遺十八卷　(清)溫睿臨撰　(清)李瑤補勘　清道光十年(1830)活字印本　三十六册

110000－3194－0000653　000878

金史詳校十卷附史論五答一卷　(清)施國祁撰　清光緒六年(1880)刻本　十册

110000－3194－0000654　000879

竹書紀年集證五十卷首一卷　(清)陳逢衡撰　清嘉慶十八年(1813)刻本　二十册

110000－3194－0000655　000880

元史類編四十二卷　(清)邵遠平撰　(清)席世臣校刊　清乾隆六十年(1795)刻本　二十册

110000－3194－0000656　000881

元史類編四十二卷　(清)邵遠平撰　(清)席世臣校刊　清乾隆六十年(1795)刻本　十二册

110000－3194－0000657　000882

尺木堂明鑑易知錄十五卷　(清)吳乘權輯　清同治八年(1869)刻本　六册

110000－3194－0000658　000884

明史三百三十六卷　(清)張廷玉纂修　清光緒三年(1877)刻本　八十册

110000－3194－0000659　000885

御批歷代通鑑輯覽一百二十卷　(清)傅恒編　清光緒二十九年(1903)石印本　二十册

110000－3194－0000660　000886

御批歷代通鑑輯覽一百二十卷　(清)傅恒編　清光緒三十四年(1908)鉛印本　四十册

110000－3194－0000661　000887

御批歷代通鑑輯覽一百二十卷　(清)傅恒編　清同治十年(1871)朱墨套印本　四十八册

110000－3194－0000662　000888

御批歷代通鑑輯覽一百二十卷　(清)傅恒編　清刻本　六十四册

110000－3194－0000663　000889

御批歷代通鑑輯覽一百二十卷　(清)傅恒編　清同治十三年(1874)刻本　六十四册

110000－3194－0000664　000890

帝王廟謚年諱譜不分卷　(清)陸費墀輯　清乾隆四十年(1775)刻本　一册

110000－3194－0000665　000891

通鑑擘要前編二卷正編十九卷續編八卷　(清)姚培謙　(清)張景星輯　清嘉慶二十三年(1818)刻本　十六册

110000－3194－0000666　000892

明通鑑一百卷首一卷　(清)夏燮編　清光緒二十三年(1897)刻本　四十册

110000－3194－0000667　000893

資治通鑑目錄三十卷　(宋)司馬光編　清光緒十四年(1888)石印本　四册

110000－3194－0000668　000894

綱鑑正史約三十六卷附御撰資治通鑑鋼目三編二十卷　(明)顧錫疇編　(清)陳宏謀增訂　清光緒二十八年(1902)石印本　六册

110000－3194－0000669　000895

御撰資治通鑑綱目三編二十卷　(清)張廷玉纂　清乾隆十一年(1746)刻本　四册

110000－3194－0000670　000896

資治通鑑後編校勘記十五卷　夏震武撰　清光緒二十四年(1898)刻本　四册

110000－3194－0000671　000897

通鑑綱目分類策論檢題　(清)夢蝴生編　清光緒二十九年(1903)石印本　四册

110000－3194－0000672　000898

歷代帝王世系圖不分卷　(清)陸軍部刷印處

編　清宣統二年(1910)石印本　一冊

110000－3194－0000673　000899
歷代帝王世系圖不分卷　(清)陸軍部刷印處編　清宣統二年(1910)石印本　一冊

110000－3194－0000674　000900
歷代政要表二卷　(清)胡子清編　清光緒二十九年(1903)刻本　一冊

110000－3194－0000675　000901
綱鑑正史約三十六卷甲子紀元一卷　(明)顧錫疇編　(清)陳宏謀增訂　清同治八年(1869)刻本　二十冊

110000－3194－0000676　000902
綱鑑總論二卷　(□)□□撰　清光緒二十七年(1901)鉛印本　四冊

110000－3194－0000677　000903
綱鑑擇語十卷　(清)司徒修輯　清同治八年(1869)刻本　六冊

110000－3194－0000678　000904
綱鑑擇言十卷　(清)司徒修輯　(清)李嘉樹補注　清光緒二十八年(1902)刻本　六冊

110000－3194－0000679　000905
綱鑑擇言十卷　(清)司徒修輯　(清)李嘉樹補注　清光緒二十四年(1898)刻本　二冊

110000－3194－0000680　000906
重訂鑑略四卷　(清)王仕雲著　清光緒元年(1875)刻本　四冊

110000－3194－0000681　000907
御批資治通鑑綱目五十九卷續編二十七卷　(宋)朱熹纂　清康熙刻本　三十四冊

110000－3194－0000682　000908
御撰資治通鑑綱目三編二十卷　(清)張廷玉纂　清乾隆刻本　六冊

110000－3194－0000683　000909
御撰資治通鑑綱目三編二十卷　(清)張廷玉纂　清刻本　五冊

110000－3194－0000684　000908
尺木堂綱鑑易知錄九十二卷　(清)吳乘權輯　清康熙五十年(1711)刻本　四十二冊

110000－3194－0000685　000909
綱鑑易知錄九十二卷　(清)吳乘權等輯　清康熙五十年(1711)刻本　四十三冊

110000－3194－0000686　003128
綱鑑易知錄九十二卷　(清)吳乘權等輯　清光緒四年(1878)刻本　四十二冊

110000－3194－0000687　000910
資治通鑑二百九十四卷附釋文辯誤十二卷　(宋)司馬光編　清嘉慶二十一年(1816)刻本　一百冊

110000－3194－0000688　000911
資治通鑑二百九十四卷附釋文辯誤十二卷　(宋)司馬光編　(元)胡三省音注　清嘉慶二十一年(1816)刻本　一百冊

110000－3194－0000689　000912
資治通鑑補二百九十四卷　(宋)司馬光編　(元)胡三省音注　(明)嚴衍補　清光緒二年(1876)活字印本　八十冊

110000－3194－0000690　000913
資治通鑑目錄三十卷　(宋)司馬光編　清同治八年(1869)朱印本　十冊

110000－3194－0000691　000914
御批資治通鑑綱目前編十八卷舉要三卷外記一卷　(清)聖祖玄燁撰　清康熙刻本　八冊

110000－3194－0000692　000915
中興小紀四十卷　(宋)熊克撰　清光緒十七年(1891)刻本　十二冊

110000－3194－0000693　000916
續資治通鑑長編五百二十卷目錄二卷　(宋)李燾撰　清光緒七年(1881)刻本　一百二十冊

110000－3194－0000694　000917
三朝北盟彙編二百五十卷首一卷附校勘記二卷校勘記補遺一卷　(宋)徐夢莘編集　清光緒四年(1878)石印本　四十冊

110000－3194－0000695　000918
明紀六十卷　(清)陳鶴纂　清同治十年(1871)刻本　二十册

110000－3194－0000696　000919
重鐫朱青巖先生擬編明紀輯略十六卷　(清)朱璘纂　清康熙三十五年(1696)刻本　十二册

110000－3194－0000697　000920
欽定明鑑二十四卷首一卷　(清)托津纂　清嘉慶二十三年(1818)刻本　二十四册

110000－3194－0000698　000921
東華全錄四百二十五卷附咸豐續錄六十九卷　王先謙編　潘頤福續編　清光緒十三年(1887)刻本　一百八十八册

110000－3194－0000699　000922
東華續錄二百二十卷(光緒朝)　(清)朱壽朋編　清宣統元年(1909)鉛印本　六十四册

110000－3194－0000700　000923
東華錄一百九十五卷(天命朝至同治朝)東華續錄四百三十卷　王先謙編　周潤蕃校　清光緒十七年(1891)石印本　一百十六册

110000－3194－0000701　000924
東華錄一百九十五卷(天命朝至同治朝)東華續錄四百三十卷　王先謙編　周潤蕃校　清光緒十八年(1892)石印本　一百三十二册

110000－3194－0000702　000925
東華續錄一百七十卷　王先謙編　周潤蕃　周瀹蕃校　清光緒五年(1879)刻本　六十八册

110000－3194－0000703　000926
蜀鑑十卷　(宋)郭允蹈撰　清光緒五年(1879)刻本　二册

110000－3194－0000704　003150
清史攬要六卷　(日本)增田貢著　清光緒鉛印本　二册

110000－3194－0000705　000928
四裔編年表四卷　(美國)林樂知譯　(清)李鳳苞彙編　清刻本　四册

110000－3194－0000706　000929
建炎以來繫年要錄二百卷　(宋)李心傳撰　清光緒八年(1882)刻本　四十册

110000－3194－0000707　000930
紀元編三卷末一卷附皇朝輿地圖一卷　(清)六承如集錄　清光緒石印本　一册

110000－3194－0000708　000931
東華錄三十二卷(乾隆朝)貳臣傳十二卷逆臣傳四卷　(清)蔣良騏編　清光緒活字印本　二十四册

110000－3194－0000709　000946
東華錄三十二卷(乾隆朝)貳臣傳十二卷逆臣傳四卷　(清)蔣良騏編　清光緒活字印本　十册

110000－3194－0000710　000932
東華續錄四百二十五卷(雍正朝至同治朝)　王先謙編　清光緒二十五年(1899)石印本　十八册

110000－3194－0000711　000933
東華錄三十二卷(乾隆朝)　(清)蔣良騏纂修　清刻本　十六册

110000－3194－0000712　000934
續通鑑紀事本末一百十卷　(清)李銘漢編輯　清光緒三十二年(1906)刻本　三十二册

110000－3194－0000713　000935
繹史一百六十卷世系圖一卷年表一卷　(清)馬驌撰　清刻本　四十册

110000－3194－0000714　000936
繹史一百六十卷世系圖一卷年表一卷　(清)馬驌撰　清刻本　四十八册

110000－3194－0000715　000937
臺灣戰紀二卷　(清)洪棄父纂　清光緒鉛印本　二册

110000－3194－0000716　000938
臺灣戰紀二卷　(清)洪棄父纂　清光緒鉛印本　二册

110000－3194－0000717　001122
臺灣戰紀二卷　(清)洪棄父纂　清光緒鉛印

本　一册

110000－3194－0000718　000939
滇考二卷　(清)馮甦編　清道光刻本(後跋尾葉為王舟瑤抄配)　二册

110000－3194－0000719　000940
滇考二卷　(清)馮甦編　清刻本　二册

110000－3194－0000720　000941
欽定平定貴州苗匪紀略四十卷　(清)[奕訢]等纂　清光緒鉛印本　四十册

110000－3194－0000721　000964
欽定平定貴州苗匪紀略四十卷　(清)[奕訢]撰　清光緒鉛印本　十册

110000－3194－0000722　000942
淮軍平捻記十二卷　(清)周世澄撰　清光緒鉛印本　四册

110000－3194－0000723　003144
淮軍平捻記十二卷　(清)周世澄撰　清刻本　一册　存三卷(十至十二)

110000－3194－0000724　003233
淮軍平捻記十二卷　(清)周世澄撰　清光绪三年(1877)铅印本　二册

110000－3194－0000725　000943
遼史紀事本末四十卷首一卷末一卷　(清)李有棠編纂　清光緒二十九年(1903)刻本　八册

110000－3194－0000726　000944
皇清開國方略三十二卷首一卷　(清)阿桂撰　清乾隆五十一年(1786)内府刻本　十六册

110000－3194－0000727　000945
皇清開國方略三十二卷首一卷　(清)阿桂撰　清乾隆五十一年(1786)内府刻本　十六册

110000－3194－0000728　000949
吴中平寇記八卷　(清)錢明撰　清同治刻本　二册

110000－3194－0000729　000950
平臺紀略不分卷　(清)藍鼎元著　(清)王者輔評述　清雍正十年(1732)刻本　一册

110000－3194－0000730　000951
平臺紀略不分卷　(清)藍鼎元著　(清)王者輔評述　清雍正十年(1732)刻本　一册

110000－3194－0000731　000952
平定猺匪述略二卷　(清)周存義撰　清道光十四年(1834)刻本　一册

110000－3194－0000732　000953
平定猺匪述略二卷　(清)周存義撰　清道光十四年(1834)刻本　一册

110000－3194－0000733　000954
平定教匪紀事不分卷　(清)勒保撰　清嘉慶刻本　一册

110000－3194－0000734　000955
平定教匪紀事不分卷　(清)勒保撰　清嘉慶刻本　一册

110000－3194－0000735　000956
欽定平苗紀略五十二卷首四卷　(清)鄂輝等撰　清嘉慶武英殿活字印本　二十四册

110000－3194－0000736　000957
明朝紀事本末八十卷　(清)谷應泰編著　清順治刻本　二十册

110000－3194－0000737　000958
明史紀事本末八十卷　(清)谷應泰編著　清同治十三年(1874)刻本　二十册

110000－3194－0000738　000960
遼金紀事本末九十三卷　(清)李有棠編纂　清光緒十九年(1893)石印本　十册

110000－3194－0000739　000961
綏寇紀略十二卷　(清)吳偉業纂輯　清康熙刻本　六册

110000－3194－0000740　000962
綏寇紀略十二卷　(清)吳偉業纂輯　清抄本　四册

110000－3194－0000741　000963
綏寇紀略十二卷補遺三卷　(清)吳偉業纂輯

（清）張海鵬增訂　清嘉慶刻本　六冊

110000－3194－0000742　000965
續明紀事本末十八卷　（清）倪在田輯　清光緒二十九年（1903）鉛印本　六冊

110000－3194－0000743　000966
西夏紀事本末三十六卷　（清）張鑑著　清光緒十年（1884）刻本　一冊

110000－3194－0000744　000967
西夏紀事本末三十六卷　（清）張鑑著　清光緒十年（1884）刻本　四冊

110000－3194－0000745　000968
西夏紀事本末三十六卷　（清）張鑑著　清光緒十年（1884）刻本　四冊

110000－3194－0000746　000969
西夏紀事本末三十六卷　（清）張鑑著　清光緒十年（1884）刻本　四冊

110000－3194－0000747　000970
西夏紀事本末三十六卷首二卷　（清）張鑑著　清光緒十一年（1885）刻本　四冊

110000－3194－0000748　000971
續編綏寇紀略五卷　（清）葉夢珠纂輯　清光緒鉛印本　二冊

110000－3194－0000749　000972
前蒙古紀事本末二卷　（清）韓善徵輯　清光緒三十一年（1905）石印本　二冊

110000－3194－0000750　000973
前蒙古紀事本末二卷附後蒙古紀事本末二卷　（清）韓善徵編　清光緒三十一年（1905）石印本　四冊

110000－3194－0000751　000979
前蒙古紀事本末二卷附後蒙古紀事本末二卷　（清）韓善徵編　清光緒三十一年（1905）石印本　四冊

110000－3194－0000752　000974
平回詩不分卷　（清）高宗弘曆撰　清刻本　十三冊

110000－3194－0000753　000975
平浙紀略十六卷　（清）秦緗業撰　清同治十二年（1873）刻本　四冊

110000－3194－0000754　000976
平浙紀略十六卷　（清）秦緗業撰　清同治十二年（1873）刻本　四冊

110000－3194－0000755　000977
皇朝武功紀盛四卷　（清）趙翼纂　清光緒鉛印本　一冊

110000－3194－0000756　003742
皇朝武功紀盛四卷　（清）趙翼撰　清光緒二十七年（1901）石印本　一冊

110000－3194－0000757　000978
平定朔漠方略一卷　（清）[溫達]編　清抄本　一冊

110000－3194－0000758　000980
元史紀事本末二十七卷　（明）陳邦瞻輯　（明）張溥論　清同治十三年（1874）刻本　四冊

110000－3194－0000759　000981
左傳紀事本末五十三卷　（清）高士奇撰　清同治十二年（1873）刻本　十二冊

110000－3194－0000760　000982
明鑑紀事本末八十卷　（清）谷應泰編　清順治刻本　二十四冊

110000－3194－0000761　000983
通鑑長編紀事本末一百五十卷　（宋）楊仲良撰　清光緒十九年（1893）刻本　二十四冊
存一百四十二卷（一至五、八至一百十三、一百二十至一百五十）

110000－3194－0000762　000984
通鑑紀事本末二百三十九卷　（宋）袁樞編輯　（明）張溥論　清同治十二年（1873）刻本　八十冊

110000－3194－0000763　000985
宋史紀事本末一百九卷　（明）馮琦編　（明）陳邦瞻增訂　（明）張溥論　清同治十三年

(1874)刻本　二十冊

110000－3194－0000764　000986
金史紀事本末五十二卷首一卷末一卷　(清)李有棠編纂　清光緒二十八年(1902)刻本　十二冊

110000－3194－0000765　000988
平捻紀略不分卷　(清)李鶴年撰　清同治八年(1869)刻本　一冊

110000－3194－0000766　000989
大清一統史十一卷首一卷　(日本)佐藤楚材編　清光緒二十八年(1902)石印本　三十二冊

110000－3194－0000767　000990
大清一統史十一卷首一卷　(日本)佐藤楚材著　清光緒二十八年(1902)石印本　三十二冊

110000－3194－0000768　000991
欽定剿平捻匪方略三百二十卷　(清)奕訢等撰　清同治十一年(1872)鉛印本　一百十四冊

110000－3194－0000769　000992
欽定平定陝甘新疆回匪方略三百二十卷首一卷　(清)奕訢等撰　清光緒二十二年(1896)鉛印本　九十二冊

110000－3194－0000770　000993
欽定平定雲南回匪方略暨貴州苗匪紀略九十卷　(清)奕訢等撰　清光緒二十二年(1896)鉛印本　三十冊

110000－3194－0000771　000994
三省入藏程站紀一卷　(清)范壽金編輯　清光绪三十三年(1907)石印本　一冊

110000－3194－0000772　000995
歷代邊事匯鈔十二卷　(清)朱克敬編　清光緒二十八年(1902)石印本　四冊

110000－3194－0000773　000996
播變紀略不分卷　(清)宦懋庸編　清光緒二十年(1894)刻本　一冊

110000－3194－0000774　000997
庚子年教會記略二卷　(英國)季理斐譯　清光緒二十九年(1903)鉛印本　二冊

110000－3194－0000775　000998
湖防私記一卷　(清)宋韻初撰　清光緒十三年(1887)活字印本　一冊

110000－3194－0000776　000999
黑韃事略不分卷　(宋)彭大雅撰　(□)楊汶注校　清抄本　一冊

110000－3194－0000777　001000
清朝史略十一卷　(日本)佐藤楚材編輯　清光緒二十八年(1902)石印本　六冊

110000－3194－0000778　001002
岑大帥新政不分卷　(清)李新墀等集　清光緒二十九年(1903)刻本　一冊

110000－3194－0000779　001003
庚子海外紀事四卷　(清)呂海寰編　清光緒二十七年(1901)鉛印本　四冊

110000－3194－0000780　001004
征南輯略八卷　(清)馮子材撰　清光緒十五年(1889)刻本　八冊

110000－3194－0000781　001005
史學叢書二集四十二種　(□)□□輯　清光緒十九年(1893)石印本　二十四冊

110000－3194－0000782　001006
隴右紀實錄二十二卷　(清)彭英甲編　清宣統三年(1911)石印本　六冊

110000－3194－0000783　001007
國策地名考二十卷首一卷　(清)程恩澤纂　清道光二十年(1840)刻本　六冊

110000－3194－0000784　001008
文廟史典二十一卷　(清)莫瑞堂編輯　清道光九年(1829)刻本　八冊

110000－3194－0000785　001009
釣磯立談一卷附錄一卷　(清)鮑廷博輯　清刻本　一冊

110000－3194－0000786　001010
釣磯立談一卷附録一卷　(清)鮑廷博撰　清刻本　一册

110000－3194－0000787　001011
湘軍記二十卷　(清)王定安撰　清光緒十五年(1889)刻本　十二册

110000－3194－0000788　001012
湘軍記二十卷　(清)王定安撰　清光緒十五年(1889)刻本　十册

110000－3194－0000789　001019
湘軍記二十卷　(清)王定安撰　清光緒十五年(1889)刻本　八册

110000－3194－0000790　001021
湘軍記二十卷　(清)王定安撰　清光緒十五年(1889)刻本　二册

110000－3194－0000791　003215
湘軍記二十卷　(清)王定安撰　清光緒石印本　四册

110000－3194－0000792　001013
東方兵事紀略六卷　(清)姚錫光撰　清光緒二十三年(1897)刻本　五册　存五卷(一至五)

110000－3194－0000793　001014
東方兵事紀略六卷　(清)姚錫光撰　清光緒二十三年(1897)刻本　五册　存五卷(一至五)

110000－3194－0000794　001015
岡城枕戈記二卷　(清)陳殿蘭輯　清咸豐五年(1855)刻本　二册

110000－3194－0000795　001016
華陽國志十二卷　(晉)常璩撰　清嘉慶十九年(1814)刻本　四册

110000－3194－0000796　001017
餘生録不分卷　(清)邊大綬著　清順治刻本　一册

110000－3194－0000797　001018
黔南職方紀略九卷　(清)羅繞典輯　清道光二十七年(1847)刻本　一册

110000－3194－0000798　001020
甲申傳信録十卷　(明)錢軹著　清道光二十年(1840)刻本　八册

110000－3194－0000799　001022
平定關隴紀略十三卷　(清)易孔昭撰　清光緒十三年(1887)刻本　十册

110000－3194－0000800　001128
平定關隴紀略十三卷　(清)易孔昭撰　清光緒十三年(1887)刻本　十册

110000－3194－0000801　001023
聖武記十四卷　(清)魏源撰　清道光二十六年(1846)刻本　十二册

110000－3194－0000802　001024
聖武記十四卷　(清)魏源撰　清道光二十六年(1846)刻本　十二册

110000－3194－0000803　001025
聖武記十四卷　(清)魏源撰　清道光刻本　十二册

110000－3194－0000804　001026
聖武記十四卷　(清)魏源撰　清道光二十六年(1846)刻本　十二册

110000－3194－0000805　001027
聖武記十四卷　(清)魏源撰　清道光刻本　六册

110000－3194－0000806　001028
聖武記十四卷　(清)魏源撰　清道光刻本　十六册

110000－3194－0000807　001029
聖武記十四卷　(清)魏源撰　清道光二十六年(1846)刻本　十二册

110000－3194－0000808　003212
聖武記十四卷　(清)魏源撰　清光緒石印本　六册

110000－3194－0000809　001030
清嘉録十二卷　(清)顧禄撰　清光緒十七年

(1891)刻本　四册

110000－3194－0000810　001031
周行備覽六卷附都門彙纂一卷　(清)求放心齋輯　清同治刻本　一册

110000－3194－0000811　001033
平定南京逆匪詞不分卷　(□)□□撰　清光緒十六年(1890)刻本　一册

110000－3194－0000812　001034
明季稗史彙編二十七卷　(清)[留雲居士]輯　清光緒二十二年(1896)石印本　六册

110000－3194－0000813　001035
鴉片事略二卷　(清)李圭著　清光緒二十一年(1895)刻本　二册

110000－3194－0000814　001036
黎陽見聞録一卷　(清)[趙如椿]撰　清刻本　一册

110000－3194－0000815　001037
豫軍紀略十二卷　(清)尹耕雲纂　清同治十一年(1872)刻本　六册

110000－3194－0000816　001038
元朝秘史注十五卷　(清)李文田注　清光緒二十二年(1896)刻本　四册

110000－3194－0000817　001068
元朝秘史注十五卷　(清)李文田注　清光緒二十二年(1896)刻本　四册

110000－3194－0000818　001069
元朝秘史注十五卷　(清)李文田注　清光緒二十二年(1896)刻本　四册

110000－3194－0000819　001070
元朝秘史注十五卷　(清)李文田注　清光緒二十九年(1903)石印本　四册

110000－3194－0000820　001039
大金國志四十卷　(宋)宇文懋昭撰　清嘉慶二年(1797)刻本　四册

110000－3194－0000821　001040
大金國志四十卷　(宋)宇文懋昭撰　清刻本　三册

110000－3194－0000822　001041
大金國志四十卷　(宋)宇文懋昭撰　清嘉慶二年(1797)刻本　四册

110000－3194－0000823　001042
校正元親征録不分卷　(清)何秋濤撰　清光緒二十三年(1897)刻本　一册

110000－3194－0000824　001043
校正元親征録不分卷　(清)何秋濤撰　清光緒二十年(1894)刻本　一册

110000－3194－0000825　001078
校正元親征録不分卷　(清)何秋濤撰　清光緒二十年(1894)刻本　一册

110000－3194－0000826　001044
海東逸史十八卷　(清)翁洲老民著　清光緒十年(1884)刻本　二册

110000－3194－0000827　001045
先撥志始二卷　(明)文秉著　清同治二年(1863)刻本　二册

110000－3194－0000828　001046
海昌沈又亭孝廉隨軍目睹武功紀略不分卷　(清)沈兆元撰　清光緒十八年(1892)刻本　一册

110000－3194－0000829　001047
四會守城紀略不分卷　(清)張作彦撰　清同治刻本　一册

110000－3194－0000830　001048
大金弔伐録四卷　(金)□□撰　(清)錢熙祚校　清刻本　四册

110000－3194－0000831　001049
國史啟蒙問答十八章　(清)吳聿懷輯　清光緒三十二年(1906)鉛印本　一册

110000－3194－0000832　001050
虎口餘生不分卷　(清)邊大綬撰　清乾隆十一年(1746)刻本　一册

110000－3194－0000833　001051

蜀龜鑑七卷首一卷　(清)劉景伯輯　清宣統三年(1911)刻本　四册

110000－3194－0000834　001052
蜀事紀略一卷　(明)朱變元撰　清刻本　一册

110000－3194－0000835　001052
明朝紀事一卷　(清)谷應泰編　清刻本　一册

110000－3194－0000836　001052
乘城日錄不分卷　(明)周宇編次　清刻本　一册

110000－3194－0000837　001052
明特進左柱國少師兵部尚書恒岳朱公傳不分卷　(明)陳子龍撰　清刻本　一册

110000－3194－0000838　001053
兩朝剝復錄六卷首一卷附校證　(明)吳應箕輯　(清)夏燮校證　清同治二年(1863)刻本　四册

110000－3194－0000839　001054
兩朝剝復錄六卷首一卷附校證　(明)吳應箕輯　(清)夏燮校證　清同治二年(1863)刻本　六册

110000－3194－0000840　001055
平播全書十五卷　(明)李化龍著　清光緒五年(1879)刻本　十二册

110000－3194－0000841　001056
荊駝逸史五十一種附平臺紀略一種　(清)陳湖逸士編　清刻本　二十四册

110000－3194－0000842　001057
荊駝逸史五十一種附平臺紀略一種　(清)陳湖逸士編　清宣統三年(1911)石印本　十六册

110000－3194－0000843　001058
荊駝逸史五十一種附平臺紀略一種　(清)陳湖逸士編　清宣統三年(1911)石印本　十六册

110000－3194－0000844　001059
國語二十一卷札記一卷　(三國吳)韋昭注　(清)黃丕烈書　清嘉慶五年(1800)刻本　四册

110000－3194－0000845　001060
粵遊小識七卷　(清)張心泰撰　清光緒二十六年(1900)刻本　二册

110000－3194－0000846　001061
東還紀略不分卷　(清)史善長撰　清光緒刻本　一册

110000－3194－0000847　001062
吳越春秋六卷　(漢)趙曄撰　(明)吳琯校　清刻本　三册

110000－3194－0000848　001063
秦隴回務紀略八卷　(清)余澍疇撰　清光緒六年(1880)刻本　二册

110000－3194－0000849　001064
十國春秋一百十六卷　(清)吳任臣撰　(清)周昂輯　清刻本　二十册

110000－3194－0000850　001065
十國春秋一百十六卷　(清)吳任臣著　(清)周昂校刊　清乾隆五十八年(1793)刻本　二十四册

110000－3194－0000851　001066
關隴思危錄四卷　(清)王生吉輯　清光緒三十四年(1908)鉛印本　二册

110000－3194－0000852　001067
耿尚孔吳四王合傳一卷揚州十日記一卷　(□)□□撰　(清)王秀楚記　清刻本　一册

110000－3194－0000853　001071
元朝秘史十五卷　(清)李文田注　清光緒二十九年(1903)石印本　六册

110000－3194－0000854　001073
元朝秘史十五卷　(清)李文田注　清光緒二十九年(1903)石印本　四册

110000－3194－0000855　001074
元朝秘史十五卷　(清)李文田注　清光緒二十九年(1903)石印本　四册

110000－3194－0000856　001072
元朝秘史十卷續集二卷　(□)□□撰　清光緒三十四年(1908)刻本　六冊

110000－3194－0000857　001075
元朝秘史十卷續集二卷　(□)□□撰　清光緒三十四年(1908)刻本　六冊

110000－3194－0000858　001076
明季稗史彙編十六種　(清)留雲居士輯　清活字印本　十冊

110000－3194－0000859　001077
明季稗史彙編十六種　(清)留雲居士輯　清活字本　十六冊

110000－3194－0000860　001079
平叛記二卷　(清)毛霦編　清康熙五十五年(1716)刻本　二冊

110000－3194－0000861　001080
西巡回鑾始末記六卷　(日本)吉田良太郎彙錄　(清)八詠樓主人刊正　清光緒二十八年(1902)石印本　六冊

110000－3194－0000862　001081
元書一百二卷首一卷　曾廉撰　清宣統三年(1911)刻本　二十冊

110000－3194－0000863　001082
元書一百二卷首一卷　曾廉撰　清宣統三年(1911)刻本　二十冊

110000－3194－0000864　001083
五代史補五卷闕文一卷　(宋)陶岳撰　(宋)王禹偁撰　清刻本(五代史闕文前四葉為墨筆抄寫補配)　二冊

110000－3194－0000865　001084
吳越備史四卷補遺一卷雜考一卷　(宋)范坰　(宋)林禹撰　清光緒二十一年(1895)刻本　二冊

110000－3194－0000866　001085
契丹國志二十七卷　(宋)葉隆禮撰　清乾隆刻本　二冊

110000－3194－0000867　001086
契丹國志二十七卷　(宋)葉隆禮撰　清乾隆刻本　二冊

110000－3194－0000868　001087
觸藩始末三卷　(清)琴閣主人記　清光緒十一年(1885)刻本　一冊

110000－3194－0000869　001088
松漠紀聞一卷續一卷補遺一卷考異一卷　(宋)洪皓撰　清同治十二年(1873)刻本　一冊

110000－3194－0000870　001089
松漠紀聞一卷續一卷補遺一卷考異一卷　(宋)洪皓撰　清同治十二年(1873)刻本　一冊

110000－3194－0000871　001101
松漠紀聞一卷續一卷補遺一卷考異一卷　(宋)洪皓撰　清同治十二年(1873)刻本　二冊

110000－3194－0000872　001090
十六國春秋輯補一百卷年表一卷　(清)湯球撰　清光緒二十一年(1895)刻本　十冊

110000－3194－0000873　001091
十六國春秋一百卷　(北魏)崔鴻撰　(清)汪日桂重訂　清乾隆四十一年(1776)刻本　二十四冊

110000－3194－0000874　001092
十六國春秋一百卷　(北魏)崔鴻撰　清光緒十二年(1886)刻本　十二冊

110000－3194－0000875　001093
元朝征緬錄不分卷　(□)□□撰　清光緒二十五年(1899)抄本　一冊

110000－3194－0000876　003106
元朝征緬錄不分卷　(□)□□撰　清光緒朱印本　一冊

110000－3194－0000877　001094
歸廬譚往錄二卷　(清)徐宗亮撰　清光緒十二年(1886)刻本　一冊

110000－3194－0000878　001095

浣霞摸心記二卷　(清)金城撰　清道光十六年(1836)刻本　一册

110000－3194－0000879　001096
庭聞錄六卷附錄一卷　(清)劉健撰　清刻本　四册

110000－3194－0000880　001097
經略洪承疇奏對筆記二卷　(清)洪承疇撰　清光緒十三年(1887)鉛印本　一册

110000－3194－0000881　001098
湘軍志十六篇　[王闓運]撰　清刻本　四册

110000－3194－0000882　001099
欽定蒙古源流八卷　(清)小徹辰薩囊台吉撰　清刻本　四册

110000－3194－0000883　001100
欽定蒙古源流八卷　(清)小徹辰薩囊台吉撰　清刻本　一册

110000－3194－0000884　001102
勝朝遺事初編六卷　(清)吳彌光輯　清道光二十二年(1842)刻本　十二册

110000－3194－0000885　001103
勝朝遺事二編八卷　(清)吳彌光輯　清光緒九年(1883)刻本　十六册

110000－3194－0000886　001104
晉略不分卷　(清)周濟撰　清光緒二年(1876)刻本　十册

110000－3194－0000887　001105
晉略不分卷　(清)周濟撰　清光緒二年(1876)刻本　十册

110000－3194－0000888　001106
國語正義二十一卷　(清)董增齡撰　清光緒六年(1880)刻本　八册

110000－3194－0000889　001107
平定粵匪功臣戰蹟圖不分卷　(清)吳嘉猷繪　(清)艾颾春輯　清光緒二十年(1894)石印本　一册

110000－3194－0000890　001108
皇朝掌故二卷　(清)張一鵬著　(清)陳蔚文注　清光緒二十八年(1902)刻本　一册

110000－3194－0000891　001109
李秀成口供不分卷　(清)李秀成著　清刻本(首葉缺,有墨筆抄補)　一册

110000－3194－0000892　001110
粵匪南北滋擾紀略二卷　(清)姚憲之著　清咸豐五年(1855)刻本　二册

110000－3194－0000893　001111
平定粵匪紀略十八卷附記四卷　(清)杜文瀾撰　清同治九年(1870)刻本　十册

110000－3194－0000894　001113
平定粵匪紀略十八卷附記四卷　(清)杜文瀾著　清光緒七年(1881)刻本　六册

110000－3194－0000895　003159
平定粵匪紀略十八卷附記四卷　(清)杜文瀾撰　清同治十年(1871)刻本　六册　存十七卷(一至二、六至十六,附記四卷)

110000－3194－0000896　001112
戡靖教匪述編十二卷　(清)石香村居士編　清道光刻本　四册

110000－3194－0000897　001114
繡像剿逆圖考二卷　(□)□□撰　清光緒十八年(1892)石印本　二册

110000－3194－0000898　001115
繡像剿逆圖考二卷　(□)□□撰　清光緒十八年(1892)石印本　二册

110000－3194－0000899　001116
小腆紀傳六十五卷補遺五卷　(清)徐鼒撰　(清)徐承禮補遺　清光緒十三年(1887)刻本　十六册

110000－3194－0000900　001117
世本輯補十卷　(清)秦嘉謨輯　清嘉慶二十三年(1818)刻本　六册

110000－3194－0000901　001118
明季南北略四十二卷　(清)計六奇著　清光緒十三年(1887)鉛印本　十册

110000－3194－0000902　001119
明季南北略四十二卷　(清)計六奇著　清光緒十三年(1887)鉛印本　十冊

110000－3194－0000903　001120
明季三朝野史不分卷　(清)顧炎武編　清光緒三十四年(1908)石印本　一冊

110000－3194－0000904　001121
中日戰輯六卷　(清)王炳耀輯　清光緒二十二年(1896)石印本　一冊

110000－3194－0000905　001123
拳教析疑説不分卷　勞乃宣撰　清光緒刻本　一冊

110000－3194－0000906　001124
張文襄幕府紀聞二卷　(清)辜鴻銘撰　清宣統二年(1910)鉛印本　二冊

110000－3194－0000907　001125
藏輶隨記不分卷　(清)陶思曾撰　清宣統三年(1911)鉛印本　一冊

110000－3194－0000908　001126
兩淮戡亂記不分卷　(清)張瑞墀著　清宣統元年(1909)鉛印本　一冊

110000－3194－0000909　001127
庚子北京事變紀略不分卷　(清)鹿完天撰　清光緒二十七年(1901)刻本　一冊

110000－3194－0000910　001129
治臺必告録八卷　(清)丁曰健輯　清同治六年(1867)刻本　八冊

110000－3194－0000911　001130
皇朝政典挈要八卷　(日本)增田貢著　(清)毛淦補　清光緒二十八年(1902)鉛印本　四冊

110000－3194－0000912　001131
蕩平髮逆圖記二十二卷首一卷　(清)古瀛蓼花洲主人編　清光緒石印本　四冊

110000－3194－0000913　001132
光緒政要三十四卷　(清)沈桐生輯　(清)董沅　(清)董潤校　清宣統元年(1909)石印本　三十冊

110000－3194－0000914　001133
皇朝政典類纂五百卷目録六卷　(清)席裕福輯　清光緒二十九年(1903)鉛印本　一百十五冊　存五百卷(皇朝政典類纂五百卷)

110000－3194－0000915　001134
西征録不分卷　(清)李熾撰　清道光十三年(1833)刻本　一冊

110000－3194－0000916　001135
征西紀略四卷　(清)曾毓瑜撰　清光緒二十年(1894)鉛印本　一冊

110000－3194－0000917　001136
征西紀略四卷　(清)曾毓瑜撰　清光緒二十年(1894)鉛印本　一冊

110000－3194－0000918　001137
征西紀略四卷　(清)曾毓瑜撰　清光緒二十年(1894)鉛印本　一冊

110000－3194－0000919　001138
歷代史表五十九卷　(清)萬斯同編　清刻本　八冊

110000－3194－0000920　001139
歷代史表五十九卷　(清)萬斯同編　清光緒十五年(1889)刻本　六冊

110000－3194－0000921　001140
歷代史表五十九卷　(清)萬斯同編　清光緒十五年(1889)刻本　六冊

110000－3194－0000922　001141
重訂路史全本四十七卷　(宋)羅泌著　(明)吳弘基考訂　清嘉慶六年(1801)刻本　二十四冊

110000－3194－0000923　001143
東南紀事十二卷　(清)邵廷采撰　清光緒十年(1884)刻本　二冊

110000－3194－0000924　001144
西南紀事十二卷　(清)邵廷采撰　清光緒刻本　二冊

110000－3194－0000925　001145
西南紀事十二卷　(清)邵廷采撰　清光緒刻本　二册

110000－3194－0000926　001146
中東戰紀本末八卷首一卷末一卷　(美國)林樂知著譯　蔡爾康輯　清光緒二十二年(1896)鉛印本　八册

110000－3194－0000927　001147
中東戰紀本末八卷首一卷末一卷　(美國)林樂知著譯　蔡爾康纂輯　清光緒二十二年(1896)鉛印本　四册

110000－3194－0000928　001147
中東戰紀本末續編四卷首一卷末一卷　(美國)林樂知審訂　蔡爾康輯　清光緒二十三年(1897)鉛印本　二册

110000－3194－0000929　001147
中東戰紀本末三編四卷　(美國)林樂知審訂　清光緒二十六年(1900)鉛印本　四册

110000－3194－0000930　001148
法部奏定官犯發遣改發巴藏章程不分卷　(□)□□撰　清光緒石印本　一册

110000－3194－0000931　001149
上諭不分卷附疏議條款一卷　(□)□□撰　清咸豐刻本　一册

110000－3194－0000932　001150
上諭八旗不分卷　(清)允禄編　清雍正刻本(有抄配)　十册

110000－3194－0000933　001151
于山奏牘八卷　(清)于成龍著　清康熙二十二年(1683)刻本　十册

110000－3194－0000934　001152
諭行旗務奏議十三卷　(□)□□撰　清雍正刻本　一册　存一卷(十三)

110000－3194－0000935　001152
諭行旗務奏議十三卷　(□)□□撰　清雍正刻本　十二册

110000－3194－0000936　001153
林文忠公政書三集三十七卷　(清)林則徐撰　清刻本　二十册

110000－3194－0000937　001154
[清十朝聖訓]九百三十卷　(□)□□撰　清光緒五年(1879)鉛印本　二百八十七册

110000－3194－0000938　001155
大義覺迷錄四卷　(清)世宗胤禛撰　清雍正刻本　八册

110000－3194－0000939　001156
硃批諭旨不分卷　(清)世宗胤禛著　清乾隆三年(1738)朱墨套印本　一百十二册

110000－3194－0000940　001157
大清聖祖仁皇帝聖訓六十卷首一卷　(清)聖祖玄燁撰　清光緒鉛印本　二十四册

110000－3194－0000941　001158
大清世宗憲皇帝聖訓三十六卷首一卷　(清)世宗胤禛撰　清光緒鉛印本　二十册

110000－3194－0000942　001159
大清高宗純皇帝聖訓三百卷首一卷　(清)高宗弘曆撰　清光緒鉛印本　一百六十册

110000－3194－0000943　001160
大清仁宗睿皇帝聖訓一百十卷首一卷　(清)仁宗顒琰撰　清光緒鉛印本　八十册

110000－3194－0000944　001161
大清文宗顯皇帝聖訓一百十卷首一卷　(清)文宗奕詝撰　清光緒鉛印本　四十八册

110000－3194－0000945　001162
大清宣宗成皇帝聖訓一百三十卷首一卷　(清)宣宗旻寧撰　清光緒鉛印本　一百册

110000－3194－0000946　001163
道光上諭四卷　(清)宣宗旻寧撰　清道光二十二年(1842)刻本　四册

110000－3194－0000947　001164
宮門抄不分卷　(□)□□撰　清光緒十八年(1892)鉛印本　一册

110000－3194－0000948　001165

聖諭十六條附律易解不分卷 (清)聖祖玄燁撰 (清)夏炘繹 清同治七年(1868)刻本 一冊

110000－3194－0000949 001166
趙忠定奏議四卷 (宋)趙汝愚撰 葉德輝編輯 清宣統二年(1910)刻本 二冊

110000－3194－0000950 001167
孟忠毅公奏議二卷 (清)孟喬芳著 清刻本 二冊

110000－3194－0000951 001168
滇黔奏議十卷 (清)劉嶽昭著 (清)劉鎮楚編 清光緒十四年(1888)刻本 六冊

110000－3194－0000952 001169
內閣撰擬文字二卷 (清)鮑康輯 清同治七年(1868)刻本 二冊

110000－3194－0000953 001170
籌瞻疏稿三卷 (清)鹿傳霖著 清光緒二十六年(1900)刻本 二冊

110000－3194－0000954 001171
水流雲在館奏議二卷附詩抄六卷 (清)宋晉撰 清光緒十三年(1887)刻本 六冊

110000－3194－0000955 001172
水流雲在館奏議二卷附詩抄六卷 (清)宋晉撰 清光緒十三年(1887)刻本 四冊

110000－3194－0000956 001173
譚襄敏公奏議十卷遺集三卷 (明)譚綸著 (明)顧所有纂 清嘉慶二十四年(1819)活字印本 十二冊

110000－3194－0000957 001174
彭剛直公奏稿八卷附詩稿八卷 (清)彭玉麟撰 清光緒十七年(1891)刻本 八冊

110000－3194－0000958 001177
彭剛直公奏稿八卷 (清)彭玉麟撰 清光緒鉛印本 四冊

110000－3194－0000959 001175
皇清奏議六十八卷首一卷 (清)琴川居士編 清道光活字印本 三十六冊

110000－3194－0000960 001176
李文襄公奏議二卷奏疏十卷首一卷別錄六卷年譜一卷 (清)李之芳撰 (清)李鍾麟編 清康熙四十一年(1702)刻本 十冊

110000－3194－0000961 001178
戶部陝西司奏稿八卷 (清)世杰編 清光緒鉛印本 八冊

110000－3194－0000962 001179
劉中丞奏議二十卷 (清)劉蓉著 清光緒十一年(1885)刻本 十冊

110000－3194－0000963 001180
出使奏疏二卷 (清)薛福成撰 清光緒二十年(1894)刻本(卷下目錄為補抄) 二冊

110000－3194－0000964 001181
沈文肅公政書七卷首一卷 (清)沈葆楨撰 清光緒十八年(1892)刻本 七冊

110000－3194－0000965 001182
沈文肅公政書七卷首一卷 (清)沈葆楨撰 清光緒六年(1880)活字印本 八冊

110000－3194－0000966 001183
郭侍郎奏疏十二卷 (清)郭嵩燾撰 清光緒十八年(1892)刻本 十二冊

110000－3194－0000967 001184
左恪靖伯奏稿三十八卷 (清)左宗棠撰 清同治七年(1868)刻本 三十八冊

110000－3194－0000968 001185
代胞叔贖罪奏摺不分卷 (清)文燕撰 清同治七年(1868)抄本 一冊

110000－3194－0000969 001186
劉果敏公奏稿八卷 (清)劉典撰 清光緒刻本 八冊

110000－3194－0000970 001187
同治中興京外奏議約編八卷 (清)陳弢編 清光緒元年(1875)刻本 八冊

110000－3194－0000971 001188
古今治平彙要十四卷 (清)楊潮觀纂 (清)楊鴻觀校勘 清雍正七年(1729)刻本 二冊

110000－3194－0000972　001189
李忠武公奏疏不分卷　(清)李續賓撰　清光緒十七年(1891)刻本　一册

110000－3194－0000973　001190
御授攝政王洪大經略奏對日鈔筆記二卷　(清)洪承疇撰　清光緒十三年(1887)鉛印本　一册

110000－3194－0000974　001191
英軺日記十二卷　(清)載振著　清光緒二十九年(1903)鉛印本　四册

110000－3194－0000975　001192
方柏堂先生事實考略五卷　(清)陳澹然纂　清光緒十五年(1889)活字印本　四册

110000－3194－0000976　001193
岑襄勤公奏稿三十卷首一卷總目一卷　(清)岑毓英撰　清光緒二十三年(1897)刻本　三十二册

110000－3194－0000977　001194
丁文誠公奏稿二十六卷首一卷　(清)丁寶楨撰　清光緒十九年(1893)刻本　二十六册

110000－3194－0000978　001195
奏議輯覽初編十六卷　(清)李宗棠纂　清光緒二十七年(1901)刻本　十六册

110000－3194－0000979　001196
孫文定公奏疏十二卷　(清)孫嘉淦撰　清嘉慶刻本　十二册

110000－3194－0000980　001197
戶部陝西司丙戌年奏稿四卷　(清)鍾英等校勘　清光緒十二年(1886)鉛印本　四册

110000－3194－0000981　001198
戊戌奏稿一卷　康有為撰　清宣統三年(1911)鉛印本　一册

110000－3194－0000982　001199
張中丞奏議四卷　(清)張聯桂撰　清光緒二十六年(1900)刻本　四册

110000－3194－0000983　001200
長白先生奏議二卷　(清)寶廷撰　清宣統二年(1910)鉛印本　一册

110000－3194－0000984　001201
錢敏肅公奏疏七卷首一卷　(清)錢鼎銘撰　清光緒六年(1880)刻本　四册

110000－3194－0000985　001202
石林奏議十五卷　(宋)葉夢得撰　清光緒十一年(1885)刻本　二册

110000－3194－0000986　001203
端敏公奏議二十卷　(清)袁甲三撰　清宣統三年(1911)鉛印本　二十册

110000－3194－0000987　001204
左文襄公奏疏初編三十八卷續編七十六卷三編六卷　(清)左宗棠撰　清光緒刻本　五十六册

110000－3194－0000988　001205
蘭臺奏疏三卷　(明)馬從聘著　清光緒十三年(1887)刻本　一册

110000－3194－0000989　001206
桐城馬太僕奏略四卷　(明)馬孟禎纂　清道光十四年(1834)刻本　二册

110000－3194－0000990　001207
趙文毅公奏疏五卷　(明)趙用賢撰　清光緒二十二年(1896)刻本　一册

110000－3194－0000991　001208
駱文忠公奏議十六卷續刻四川奏議十一卷附錄一卷　(清)駱秉章撰　清光緒四年(1878)刻本　七册　存七卷(一至七)

110000－3194－0000992　001209
劉中丞奏稿八卷　(清)劉崐撰　清光緒二十一年(1895)鉛印本　八册

110000－3194－0000993　001210
皇朝道咸同光奏議六十四卷　(清)王延熙　(清)王樹敏編輯　清光緒二十八年(1902)石印本　二十八册

110000－3194－0000994　001211
三公奏議二十一卷　盛宣懷輯　清光緒二年(1876)刻本　二十册

110000－3194－0000995　001212
新刻奏對合編三卷　(清)洪承疇　(清)饒旬宣撰　清光緒十九年(1893)刻本　二册

110000－3194－0000996　001213
撫豫宣化録奏疏四卷首一卷　(清)田文鏡撰　清道光十一年(1831)刻本　十册

110000－3194－0000997　001214
凌忠介公奏疏六卷　(明)凌義渠著　清光緒四年(1878)刻本　二册

110000－3194－0000998　001215
皇朝紀略不分卷　(清)何琪編　清光緒二十七年(1901)鉛印本　一册

110000－3194－0000999　001216
皇朝紀略不分卷　(清)何琪編　清光緒二十七年(1901)刻本　一册

110000－3194－0001000　001217
國朝掌故不分卷　(清)[陳鴻緒]編　清光緒三十年(1904)石印本　一册

110000－3194－0001001　001218
國朝掌故不分卷　(清)[陳鴻緒]編　清光緒三十年(1904)石印本　一册

110000－3194－0001002　001219
卞制軍奏議十二卷　(清)卞寶第撰　清光緒二十年(1894)刻本　十二册

110000－3194－0001003　001220
歷代名臣奏議三百二十卷目録二卷　(明)張溥編次　明崇禎八年(1635)刻本(序第一葉缺損)　八十册

110000－3194－0001004　001221
李肅毅伯奏議十三卷　(清)李鴻章撰　(清)章洪鈞　(清)吳汝綸編輯　清光緒石印本　十三册

110000－3194－0001005　001222
宮門鈔不分卷　(□)□□撰　清宣統鉛印本　一册

110000－3194－0001006　001223
雍正上諭不分卷　(清)[允祿]編　清雍正刻本　三十八册

110000－3194－0001007　001224
陸宣公奏議二十二卷　(唐)陸贄撰　(明)吳繼武校刊　明萬曆三十四年(1606)刻本　六册

110000－3194－0001008　001225
使西紀程二卷　(清)郭嵩燾撰　清光緒刻本　一册

110000－3194－0001009　001226
出使美日秘崔日記十六卷　(清)崔國因撰　清光緒二十年(1894)鉛印本　十二册

110000－3194－0001010　001227
高士傳三卷　(晉)皇甫謐撰　清光緒三年(1877)刻本　一册

110000－3194－0001011　001228
劉宮太保大事記不分卷　(清)補留生撰　清宣統元年(1909)石印本　一册

110000－3194－0001012　001229
松滋王公循吏列傳不分卷　(清)吳庭芝纂輯　清宣統三年(1911)鉛印本　一册

110000－3194－0001013　001230
蜀録八卷　(北魏)崔鴻撰　清刻本　一册

110000－3194－0001014　001231
鄂國金佗稡編二十八卷　(宋)岳珂編　清光緒九年(1883)刻本　六册

110000－3194－0001015　001231
鄂國金佗續編三十卷　(宋)岳珂編　清光緒九年(1883)刻本　六册

110000－3194－0001016　001232
鄂國金佗稡編二十八卷　(宋)岳珂編　清光緒九年(1883)刻本　六册

110000－3194－0001017　001232
鄂國金佗續編三十卷　(宋)岳珂編　清光緒九年(1883)刻本　六册

110000－3194－0001018　001233
胡節母傳不分卷　(清)黄彭年撰　清光緒刻

本　一册

110000－3194－0001019　001234
求闕齋弟子記三十二卷　(清)王定安撰　清光緒二年(1876)刻本　十六册

110000－3194－0001020　001235
求闕齋弟子記三十二卷　(清)王定安撰　清光緒二年(1876)刻本　十六册

110000－3194－0001021　001236
列女傳補注八卷敘録一卷校正一卷　(清)王照圓撰　清嘉慶十七年(1812)刻本　四册

110000－3194－0001022　001237
列女傳校讀本八卷　(漢)劉向撰　(清)梁端校注　清宣統二年(1910)石印本　四册

110000－3194－0001023　001238
貳臣傳十二卷　(清)[國史館]編　清刻本　六册

110000－3194－0001024　001239
李鴻章十二章　梁啟超著　清光緒二十七年(1901)鉛印本　一册

110000－3194－0001025　001240
李鴻章十二章　梁啟超著　清光緒二十七年(1901)鉛印本　一册

110000－3194－0001026　001241
李鴻章十二章　梁啟超著　清光緒二十七年(1901)石印本　一册

110000－3194－0001027　001242
圣門諸賢輯傳不分卷　(清)查光泰輯　清光緒十四年(1888)刻本　一册

110000－3194－0001028　001243
圣門諸賢輯傳不分卷　(清)查光泰輯　清光緒十四年(1888)刻本　一册

110000－3194－0001029　001244
祖國女界文豪譜不分卷　(□)咀雪子編著　清宣統元年(1909)鉛印本　一册

110000－3194－0001030　001245
八旗滿洲氏族通譜三十九卷　(□)□□撰　清刻本　十三册

110000－3194－0001031　001246
畿輔人物考八卷　(清)孫奇逢輯　清同治八年(1869)刻本　八册

110000－3194－0001032　001247
疇人傳五十二卷　(清)阮元撰　(清)羅士琳補　清光緒八年(1882)刻本　十六册

110000－3194－0001033　001248
闕里文獻考一百卷首一卷末一卷　(清)孔繼汾輯　清乾隆二十七年(1762)刻本　八册

110000－3194－0001034　001249
九史同姓名略七十二卷補遺四卷　(清)汪輝祖録　清乾隆五十七年(1792)刻本　十六册

110000－3194－0001035　001250
史鑑姓氏便檢八卷　絳雪齋書局編　清光緒二十九年(1903)石印本　二册

110000－3194－0001036　001251
道齊正軌二十卷　(清)鄒鳴鶴纂　清光緒七年(1881)刻本　八册

110000－3194－0001037　001252
漢事會最人物志三卷　(清)惠楝輯　清光緒二十一年(1895)刻本　二册

110000－3194－0001038　001253
鶴徵録八卷後録十二卷　(清)李集輯　(清)李富孫　(清)李遇孫續　清同治十一年(1872)刻本　六册

110000－3194－0001039　001254
史傳三編初續不分卷　(清)天眉編　清光緒二十九年(1903)鉛印本　六册

110000－3194－0001040　001255
全明忠義别傳三十二卷首一卷　(清)汪有典纂　清同治六年(1867)刻本　八册

110000－3194－0001041　001256
桐城耆舊傳十二卷　(清)馬其昶著　清宣統三年(1911)刻本　六册

110000－3194－0001042　001257

微顯闡幽不分卷　(清)施炳撰　清咸豐活字印本　一冊

110000－3194－0001043　001258
越臺輿頌不分卷　(清)梁廷枏輯　清道光二十八年(1848)刻本　二冊

110000－3194－0001044　001259
樞垣題名不分卷　(清)吳孝銘編　(清)潘世恩增輯　清道光十八年(1838)刻本　一冊

110000－3194－0001045　001260
世篤忠貞錄不分卷　(清)榮祿編　清光緒刻本　二冊

110000－3194－0001046　001261
帝鑑圖說不分卷　(明)張居正著　(明)呂調陽輯　明萬曆刻本　四冊

110000－3194－0001047　001262
樞垣記略二十八卷　(清)梁章鉅纂　清光緒元年(1875)刻本　六冊

110000－3194－0001048　001263
國朝耆獻類徵初編四百八十四卷首二百四卷總目二十卷通檢十卷賢媛類徵初編十二卷　(清)李桓輯　清光緒十六年(1890)刻本　三百冊

110000－3194－0001049　001264
三不朽圖贊不分卷　(明)張岱撰　清刻本　一冊

110000－3194－0001050　001265
歷代名人小簡二卷　吳曾祺輯　清宣統二年(1910)鉛印本　二冊

110000－3194－0001051　001266
闕里誌二十四卷　(明)[陳鎬]撰　(清)[孔胤植]等增補　清補刻本　三冊　存十一卷(一至七、十一、十三、十六至十七)

110000－3194－0001052　001267
嫛書八卷　(明)吳之器著　清光緒二十六年(1900)刻本　四冊

110000－3194－0001053　001268
新出繪圖皖案徐錫麟十二節　(□)□□撰　清光緒三十三年(1907)石印本　一冊

110000－3194－0001054　001269
武威耆舊傳四卷　(清)潘挹奎撰　清嘉慶刻本(武威耆舊傳序、卷四後三葉為抄配)　一冊

110000－3194－0001055　001270
金陵通傳四十五卷補遺四卷韻編一卷續通傳一卷　陳作霖纂述　清光緒三十年(1904)刻本　八冊

110000－3194－0001056　001271
錦里新編十六卷首一卷　(清)張邦伸撰　清嘉慶五年(1800)刻本　四冊

110000－3194－0001057　001272
馮氏古今人物考二卷　(□)□□撰　清同治九年(1870)稿本　一冊

110000－3194－0001058　001273
萬姓集成不分卷　(清)王毓慶編輯　清道光二十七年(1847)刻本(卷尾為抄配)　一冊

110000－3194－0001059　001274
海岱史略一百四十卷　(清)王馭超編　清光緒二十三年(1897)刻本　二十四冊

110000－3194－0001060　001275
史姓韻編六十四卷　(清)汪輝祖撰　清光緒十年(1884)石印本　四冊

110000－3194－0001061　001276
史姓韻編六十四卷　(清)汪輝祖撰　清同治九年(1870)活字印本　二十四冊

110000－3194－0001062　001277
古品節錄六卷　(清)松筠撰　清嘉慶四年(1799)刻本　六冊

110000－3194－0001063　001278
增註千姓連珠二卷　(清)潘紉佩著　(清)楊宗楷增註　清道光十二年(1832)刻本　一冊

110000－3194－0001064　001279
吳郡名賢圖傳贊二十卷　(清)顧沅輯　(清)孔繼堯繪　清道光九年(1829)刻本　八冊

110000－3194－0001065　001280
爵秩全覽不分卷　(□)□□撰　清光緒二十八年(1902)刻本　六冊

110000－3194－0001066　001287
爵秩全覽不分卷　(□)□□撰　清道光二十八年(1848)刻本　四冊

110000－3194－0001067　001281
三史同名錄三十五卷總錄二卷附錄二卷敘錄一卷　(清)汪輝祖輯　(清)汪繼培補　清光緒刻本　六冊

110000－3194－0001068　001282
蘭閨寶錄六卷　(清)惲珠輯　清道光十一年(1831)刻本　六冊

110000－3194－0001069　001283
二十四史姓氏韻編六十四卷　(清)汪輝祖輯　(清)馮祖憲校　清光緒十年(1884)石印本　四冊

110000－3194－0001070　001284
八旗奉直同鄉齒錄不分卷　(□)□□撰　清光緒三十一年(1905)刻本　一冊

110000－3194－0001071　001285
滿漢名臣傳八十卷　(清)國史館編　清刻本　八十冊

110000－3194－0001072　001286
元朝名臣事略十五卷　(元)蘇天爵撰　清光緒五年(1879)刻本　四冊

110000－3194－0001073　001288
歷代名將事略一卷附演淺說一卷　(清)陸軍部鑒定　清光緒三十四年(1908)鉛印本　一冊

110000－3194－0001074　001289
歷代名將事略一卷　(清)陳光憲編　清光緒三十二年(1906)鉛印本　二冊

110000－3194－0001075　001290
增廣尚友錄統編二十二卷　(清)應祖錫輯　清光緒二十八年(1902)石印本　十四冊

110000－3194－0001076　001291
增廣尚友錄統編二十二卷　(清)應祖錫輯　清光緒二十八年(1902)石印本　十四冊

110000－3194－0001077　001292
聖諭像解二十卷　(清)梁延年編　清光緒二十九年(1903)石印本　十冊

110000－3194－0001078　001293
中外歷史名人分類問答二十卷　史雲書編纂　清光緒三十一年(1905)鉛印本　六冊

110000－3194－0001079　001294
滿洲名臣傳四十八卷　(清)國史館編　清刻本　四十八冊

110000－3194－0001080　001295
滿洲名臣傳四十八卷　(清)[國史館]編　清刻本　七十二冊

110000－3194－0001081　001296
歷代名賢列女氏姓譜一百五十七卷　(清)蕭智漢纂輯　(清)蕭秉信校　清嘉慶二十年(1815)刻本　一百四冊

110000－3194－0001082　001297
姓史人物考十五卷首一卷　(清)章履仁撰　清乾隆二十年(1755)刻本　八冊

110000－3194－0001083　001298
前守寶錄五卷後守寶錄二十卷　(清)魁聯撰　清同治十三年(1874)刻本　十二冊

110000－3194－0001084　001299
史外八卷　(清)汪有典著　清同治三年(1864)刻本　八冊

110000－3194－0001085　001300
國朝虞陽科名錄四卷首一卷　(清)王元鍾輯　清道光元年至宣統三年(1821－1911)遞修本　四冊

110000－3194－0001086　001301
地球一百名人傳一卷　(英國)李提摩太譯　清光緒二十九年(1903)鉛印本　一冊

110000－3194－0001087　001302
國朝名人小簡二卷　(清)吳增祺編纂　清宣統二年(1910)鉛印本　二冊

110000－3194－0001088　001303
東林列傳二十四卷末二卷　(清)陳鼎輯　清康熙五十年(1711)刻本　十六册

110000－3194－0001089　001304
聖學知統錄二卷　(清)魏裔介著　(清)魏荔彤編　清刻本　二册

110000－3194－0001090　001305
魏鄭公諫錄五卷續錄二卷拾遺三卷年譜一卷　(唐)王方慶集　(清)王先恭校注　清光緒九年(1883)刻本　五册

110000－3194－0001091　001306
文獻徵存錄十卷　(清)錢林輯　(清)王藻編　清咸豐八年(1858)刻本　十二册

110000－3194－0001092　001307
碑傳集一百六十卷首二卷末二卷　(清)錢儀吉纂錄　清光緒十九年(1893)刻本　六十册

110000－3194－0001093　001308
續碑傳集八十六卷首二卷　繆荃孫纂　清宣統二年(1910)刻本　二十四册

110000－3194－0001094　001309
三史同名錄三十五卷附錄五卷　(清)汪輝祖輯　清嘉慶刻本　四册

110000－3194－0001095　001310
廣西昭忠錄八卷首一卷　(清)蘇鳳文撰　清光緒十五年(1889)刻本　四册

110000－3194－0001096　001310
平桂紀略四卷　(清)蘇鳳文撰　清光緒十五年(1889)刻本　一册

110000－3194－0001097　001310
股匪總錄三卷　(清)[蘇鳳文]撰　清光緒十五年(1889)刻本　一册

110000－3194－0001098　001310
堂匪總錄十二卷　(清)[蘇鳳文]撰　清光緒十五年(1889)刻本　二册

110000－3194－0001099　001311
欽定勝朝殉節諸臣錄十二卷　(清)紀昀撰　清嘉慶二年(1797)刻本　六册

110000－3194－0001100　001312
劉武慎公行狀不分卷　(清)王定安撰　清光緒十六年(1890)刻本　一册

110000－3194－0001101　001313
昭代名人尺牘二十四卷　(清)吳修輯　清光緒至宣統石印本　二十四册

110000－3194－0001102　001314
昭代名人尺牘小傳二十四卷　(清)吳修編　清光緒三十四年(1908)石印本　二册

110000－3194－0001103　001315
風俗通姓氏篇不分卷　(漢)應劭纂　(清)張澍編輯　清道光元年(1821)刻本　一册

110000－3194－0001104　001316
凝香室鴻雪因緣圖記三集　(清)麟慶著　清光緒十年(1884)石印本　六册

110000－3194－0001105　001317
凝香室鴻雪因緣圖記三集　(清)麟慶撰　清道光二十七年(1847)刻本　六册

110000－3194－0001106　001319
凝香室鴻雪因緣圖記三集　(清)麟慶著　清光緒十二年(1886)石印本　三册

110000－3194－0001107　001318
敕封河神大王將軍傳不分卷　(清)李鶴年編　清光緒七年(1881)刻本　一册

110000－3194－0001108　001320
李相國論事集六卷遺文一卷　(唐)李絳著　清光緒十三年(1887)刻本　二册

110000－3194－0001109　001321
濂溪志七卷　(清)周誥輯　清道光十九年(1839)刻本　四册

110000－3194－0001110　001322
衍慶錄十卷附戰功一卷行略一卷　(清)愛必達纂　清嘉慶六年(1801)刻本　四册

110000－3194－0001111　001323
王靖毅公[懿德]年譜二卷列傳一卷行述一卷會試朱卷一卷公遺瑣言一卷　(清)王家勤編　清同治刻本　六册

110000－3194－0001112　001324
右軍[王羲之]年譜不分卷　(清)魯一同編　清咸豐五年(1855)刻本　一冊

110000－3194－0001113　001325
顧亭林[炎武]先生年譜一卷　(清)吳映奎輯　(清)潘道根校　(清)金吳瀾校刊　清光緒六年(1880)刻本　一冊

110000－3194－0001114　001325
朱柏廬先生編年毋欺録三卷　(清)金吳瀾編　(清)李祖榮輯　清光緒六年(1880)刻本　三冊

110000－3194－0001115　001325
歸震川[有光]先生年譜一卷　(清)孫岱編　(清)金吳瀾重刊　清光緒六年(1880)刻本　一冊

110000－3194－0001116　001325
觀復堂稿略一卷　(清)朱集璜著　(清)金吳瀾校刊　清光緒六年(1880)刻本　一冊

110000－3194－0001117　001326
漢諸葛忠武侯[亮]年譜一卷　(清)楊希閔撰　清光緒四年(1878)刻本　一冊

110000－3194－0001118　001326
唐李鄴侯[泌]年譜一卷　(清)楊希閔撰　清光緒四年(1878)刻本　一冊

110000－3194－0001119　001326
唐陸宣公[贄]年譜一卷　(清)楊希閔撰　清光緒四年(1878)刻本　一冊

110000－3194－0001120　001326
宋韓忠獻公[琦]年譜一卷　(清)楊希閔撰　清光緒四年(1878)刻本　一冊

110000－3194－0001121　001326
李忠定公[綱]年譜一卷　(清)楊希閔撰　清光緒三年(1877)刻本　一冊

110000－3194－0001122　001326
明王文成公[守仁]年譜節鈔二卷　(清)楊希閔撰　清光緒四年(1878)刻本　二冊

110000－3194－0001123　001327
漢徐徵士[稺]年譜一卷　(清)楊希閔編　清光緒四年(1878)刻本　一冊

110000－3194－0001124　001327
歐陽文忠公[修]年譜一卷　(清)楊希閔編　清光緒四年(1878)刻本　一冊

110000－3194－0001125　001327
曾文定公[鞏]年譜一卷　(清)楊希閔編　清光緒四年(1878)刻本　一冊

110000－3194－0001126　001327
王文公年譜考略節要四卷附存二卷　(清)楊希閔編　清光緒四年(1878)刻本　五冊

110000－3194－0001127　001327
黃文節公[庭堅]年譜一卷　(清)楊希閔編　清光緒四年(1878)刻本　一冊

110000－3194－0001128　001327
陸文安公[九淵]年譜二卷　(清)楊希閔編　清光緒四年(1878)刻本　一冊

110000－3194－0001129　001327
吳聘君[與弼]年譜一卷　(清)楊希閔編　清光緒四年(1878)刻本　一冊

110000－3194－0001130　001327
胡文敬公[居仁]年譜一卷　(清)楊希閔編　清光緒四年(1878)刻本　一冊

110000－3194－0001131　001327
晉陶徵士[潛]年譜一卷　(清)楊希閔編　清光緒四年(1878)刻本　一冊

110000－3194－0001132　001328
岑襄勤公[毓英]年譜十卷　(清)趙藩編　清光緒二十五年(1899)刻本　五冊

110000－3194－0001133　001329
歷代名人年譜十卷附存疑無攷一卷　(清)吳榮光撰　清咸豐刻本　十冊

110000－3194－0001134　001330
阿文成公[桂]年譜三十四卷　(清)那彥成纂　清嘉慶十八年(1813)刻本　三十四冊

110000－3194－0001135　001331

阿文成公[桂]年譜三十四卷　(清)那彦成纂　清嘉慶十八年(1813)刻本　二十四册

110000－3194－0001136　001332
左文襄公[宗棠]年譜十卷　(清)羅正鈞纂　清光緒二十三年(1897)刻本　十册

110000－3194－0001137　001333
左文襄公[宗棠]年譜十卷　(清)羅正鈞纂　清光緒二十三年(1897)刻本　十册

110000－3194－0001138　001334
成山老人[唐炯]自撰年譜六卷附録一卷　(清)唐炯撰　清宣統二年(1910)鉛印本　二册

110000－3194－0001139　001335
德壯果公[櫂泰]年譜三十二卷　(清)花沙納纂　清咸豐六年(1856)刻本　十六册

110000－3194－0001140　001336
王先謙自定年譜三卷　王先謙撰　清光緒三十四年(1908)刻本　三册

110000－3194－0001141　001337
高陽太傅孫文正公[承宗]年譜五卷　(明)孫銓編輯　(清)孫奇逢訂正　清刻本　五册

110000－3194－0001142　001338
明李文正公[東陽]年譜七卷　(清)法式善纂輯　(清)唐仲冕增補　清嘉慶十四年(1809)刻本　二册

110000－3194－0001143　001339
許魯齋[衡]先生年譜一卷　(清)鄭士範編集　清光緒六年(1880)刻本　一册

110000－3194－0001144　001340
澄懷主人[張廷玉]自訂年譜六卷　(清)張廷玉編　(清)張紹文重校　清光緒六年(1880)刻本　二册

110000－3194－0001145　001341
羅壯勇公[思舉]年譜二卷　(清)羅思舉編　清光緒三十四年(1908)刻本　二册

110000－3194－0001146　001342
仲升[徐廣縉]自訂年譜不分卷　(清)徐廣縉著　清宣統二年(1910)鉛印本　一册

110000－3194－0001147　001343
繼忠録一卷附世忠録一卷　(清)程端本等撰　清咸豐刻本　二册

110000－3194－0001148　001344
椒山[楊繼盛]先生自著年譜不分卷　(明)楊繼盛編　清道光二十一年(1841)刻本　一册

110000－3194－0001149　001345
曾文正公手書日記不分卷　(清)曾國藩著　清宣統元年(1909)石印本　四十册

110000－3194－0001150　001346
學古堂日記四十三種叢鈔六卷　(清)雷浚　(清)汪之昌輯　清光緒二十二年(1896)刻本　二十四册

110000－3194－0001151　001347
牛雪樵行述不分卷　(清)牛詒穀撰　清咸豐刻本　一册

110000－3194－0001152　001348
西行日記不分卷　(清)馮焌光撰　清光緒七年(1881)刻本　四册

110000－3194－0001153　001349
晉游日記三卷　(清)李燧撰　清道光十三年(1833)刻本　一册

110000－3194－0001154　001350
燕遊日記五卷　(清)雷國楫著　清乾隆三十六年(1771)刻本　二册

110000－3194－0001155　001351
西征日記不分卷　(清)汪振聲録　清光緒二十六年(1900)刻本　一册

110000－3194－0001156　001352
東游日記四卷　(清)袁大化撰　清宣統元年(1909)活字印本　一册

110000－3194－0001157　001353
歷代名臣言行録二十四卷　(清)朱桓編　清光緒二十四年(1898)石印本　八册

110000－3194－0001158　001382

歷代名臣言行錄二十四卷　(清)朱桓編　清同治四年(1865)刻本　三十二冊

110000－3194－0001159　001354
熙朝宰輔錄不分卷　(清)潘世恩撰　(清)麟書續編　清光緒二十二年(1896)刻本　一冊

110000－3194－0001160　001355
江表忠略二十卷　(清)陳澹然著　清光緒二十八年(1902)刻本　六冊

110000－3194－0001161　001356
碧血錄五卷　(清)莊仲方著　清光緒八年(1882)石印本　五冊

110000－3194－0001162　001357
國史館英果敏公傳不分卷　檀璣撰　清光緒十八年(1892)刻本　五冊

110000－3194－0001163　001358
多忠勇公勤勞錄四卷　(清)雷正綰撰　清光緒三年(1877)刻本　四冊

110000－3194－0001164　001396
多忠勇公勤勞錄四卷　(清)雷正綰撰　清光緒三年(1877)刻本　四冊

110000－3194－0001165　001359
劉襄勤史傳稿不分卷　(清)何維樸錄　清宣統二年(1910)石印本　一冊

110000－3194－0001166　001360
張中丞事實集錄三卷首一卷　(清)王德茂編　(清)陸嵩校　清光緒九年(1883)刻本　二冊

110000－3194－0001167　001361
姓氏尋源四十五卷　(清)張澍纂　清道光十八年(1838)刻本　十五冊

110000－3194－0001168　001363
姓氏尋源四十五卷　(清)張澍撰　清道光十八年(1838)刻本　八冊

110000－3194－0001169　001362
皇清誥授榮祿大夫江南河道總督庫倫辦事大臣候補四品京堂顯考見亭府君行述不分卷　(清)崇實等述　清刻本　一冊

110000－3194－0001170　001364
顧恕齋先生山右讞獄記不分卷　(清)顧麟趾撰　清光緒二十四年(1898)活字印本　一冊

110000－3194－0001171　001365
增訂廣日記故事詳注二卷　(清)王相增注　清光緒二十七年(1901)刻本　一冊

110000－3194－0001172　001366
歷代都江堰功小傳二卷　(清)錢茂撰　清宣統二年(1910)刻本　一冊

110000－3194－0001173　001367
典故列女傳四卷　(明)解縉撰　清同治二年(1863)刻本　四冊

110000－3194－0001174　001368
張忠武事錄四卷　(清)陳慶年撰　清光緒三十二年(1906)刻本　四冊

110000－3194－0001175　001369
列女傳八卷　(漢)劉向撰　(清)梁端校注　清同治十三年(1874)刻本　二冊

110000－3194－0001176　001370
善女人傳二卷　(清)彭際清述　清同治十一年(1872)刻本　一冊

110000－3194－0001177　001371
學宮譜不分卷　(清)孫錫疇著　清光緒十三年(1887)刻本　一冊

110000－3194－0001178　001372
列女傳二卷　(漢)劉向撰　(明)仇英補圖　清光緒十二年(1886)石印本　二冊

110000－3194－0001179　001373
張文襄公事略不分卷　(清)金潤庠撰　清宣統元年(1909)鉛印本　一冊

110000－3194－0001180　001374
四王傳二卷附錄一卷　(□)□□撰　清刻本　二冊

110000－3194－0001181　001375
咸豐以來功臣別傳三十卷　(清)朱孔彰撰　清光緒二十四年(1898)石印本　六冊

110000－3194－0001182　001376
歐洲八大帝王傳不分卷　(英國)李提摩太著　清光緒二十四年(1898)鉛印本　一册

110000－3194－0001183　001377
泰西政治學者列傳不分卷　(日本)杉山藤次郎編纂　(清)廣東青年述譯　清光緒二十八年(1902)鉛印本　一册

110000－3194－0001184　001378
黄太史臨皇甫碑　(清)黄自元臨摹　清光緒十年(1884)石印本　一册

110000－3194－0001185　001379
歷代節義名臣録十卷　(清)陳炳纂　清光緒十二年(1886)刻本　十册

110000－3194－0001186　001380
浙江八旗殉難録四卷　(清)徐圓成編輯　清光緒十三年(1887)刻本　一册

110000－3194－0001187　001381
中興名臣事略八卷　(清)朱孔彰撰　清光緒二十四年(1898)石印本　四册

110000－3194－0001188　001383
國朝名臣言行録十六卷　(清)王炳燮撰　清光緒十一年(1885)刻本　六册

110000－3194－0001189　001384
釋迦如來應化事蹟不分卷　(清)釋永珊編　清光緒二十三年(1897)石印本　四册

110000－3194－0001190　001401
釋迦如來應化事蹟不分卷　(清)釋永珊編繪　清光緒五年(1879)石印本　四册

110000－3194－0001191　001386
高僧傳初集十五卷首一卷　(南朝梁)釋慧皎撰　清光緒十年(1884)刻本　四册

110000－3194－0001192　001391
高僧傳初集十五卷首一卷　(南朝梁)釋慧皎撰　清光緒十年(1884)刻本　四册

110000－3194－0001193　001387
明州定應大師布袋和尚傳不分卷　(清)廣如撰　清同治十三年(1874)刻本　一册

110000－3194－0001194　001388
禪林僧寶傳三十卷補禪林僧寶傳一卷附臨濟宗旨一卷　(宋)釋惠洪撰　清光緒六年(1880)刻本　三册

110000－3194－0001195　001389
禪林僧寶傳三十卷補禪林僧寶傳一卷附臨濟宗旨一卷　(宋)釋惠洪撰　清光緒六年(1880)刻本　三册

110000－3194－0001196　001390
比丘尼傳四卷　(南朝梁)釋寶唱撰　清光緒十一年(1885)刻本　一册

110000－3194－0001197　001392
川主五神合傳不分卷　(清)陳懷仁編輯　(清)向時鳴校訛　清光緒三十二年(1906)刻本　一册

110000－3194－0001198　001393
銀臺周氏家乘不分卷　(清)周斯億纂修　清光緒二十五年(1899)刻本　一册

110000－3194－0001199　001394
智證傳一卷附寶鏡三昧一卷　(宋)釋惠洪撰　(宋)覺慈編　清光緒二年(1876)刻本　一册

110000－3194－0001200　001395
釋迦譜十卷　(北齊)釋僧祐撰　清光緒三十四年(1908)刻本　四册

110000－3194－0001201　001397
隨園八十壽言六卷　(清)袁枚輯　清刻本　二册

110000－3194－0001202　001398
五十三參圖贊不分卷　(清)李培楨繪　清光緒二十七年(1901)石印本　一册

110000－3194－0001203　001399
皇清誥授光禄大夫贈太子太保予謚勤肅頭品頂戴兵部尚書都察院右都御史兩廣總督顯考方之府君行述不分卷　(清)陶葆廉撰　清光緒刻本　一册

110000－3194－0001204　001400
劉忠誠事略不分卷　(□)□□撰　清光緒二

十九年(1903)石印本　一冊

110000－3194－0001205　001402

岳襄勤公行略不分卷　(清)岳炯撰　清嘉慶十七年(1812)刻本　一冊

110000－3194－0001206　001403

誥封昭武都尉國學生吴公墓表不分卷　(清)李英華撰　(清)吴魯書　清光緒二十一年(1895)拓本　一冊

110000－3194－0001207　001404

文文忠公事略四卷　(□)□□撰　清光緒八年(1882)刻本　四冊

110000－3194－0001208　001405

皇清誥封一品夫人晉封一品太夫人楊母田太夫人墓誌銘不分卷　(清)麟慶撰　(清)林則徐書　清道光十五年(1835)拓本　一冊

110000－3194－0001209　001406

岑襄勤公勛德介福圖不分卷　(清)包家吉等輯　清光緒十七年(1891)石印本　一冊

110000－3194－0001210　001407

正紅旗滿洲哈達瓜爾佳氏家譜不分卷　(清)恩齡修　清道光二十九年(1849)刻本　八冊

110000－3194－0001211　001408

正紅旗滿洲哈達瓜爾佳氏家譜不分卷　(清)恩齡修　清道光二十九年(1849)刻本　八冊

110000－3194－0001212　001409

武威達氏家譜不分卷　(清)達金選重修　清咸豐六年(1856)抄本　一冊

110000－3194－0001213　001410

汝南郡藍氏宗譜不分卷　(清)王華曾等纂修　清光緒三十年(1904)刻本　一冊

110000－3194－0001214　001412

汝南郡藍氏宗譜不分卷　(清)夏增榮等纂修　清光緒七年(1881)活字印本　一冊

110000－3194－0001215　001411

隴西郡李氏宗譜不分卷　(清)夏增榮等纂修　清同治五年(1866)活字印本　一冊

110000－3194－0001216　001413

吉林成氏家譜十卷　(清)成榮泰纂　(清)成多禄輯　清宣統元年(1909)石印本　二冊

110000－3194－0001217　001414

甘肅鄉試同年齒錄不分卷　(□)□□撰　清光緒十七年(1891)刻本　一冊

110000－3194－0001218　001415

甘肅鄉試同年齒錄不分卷　(□)□□撰　清光緒十五年(1889)刻本　一冊

110000－3194－0001219　001416

陝甘鄉試同門錄不分卷　(□)□□撰　清咸豐九年(1859)刻本　一冊

110000－3194－0001220　001417

江南鄉試硃卷不分卷　(清)慶安等撰　清光緒二十八年(1902)刻本　一冊

110000－3194－0001221　001418

殿試卷不分卷　(清)劉世安撰　清光緒石印本　一冊

110000－3194－0001222　001419

殿試卷不分卷　(清)曹詒孫撰　清光緒石印本　一冊

110000－3194－0001223　001420

詞科掌錄十七卷附餘話七卷　(清)杭世駿編輯　清雍正刻本　八冊

110000－3194－0001224　001421

縉紳錄不分卷　(□)□□撰　清道光刻本　四冊

110000－3194－0001225　001422

國朝御史題名不分卷　(清)黄叔璥編　清道光刻本　二冊

110000－3194－0001226　002681

國朝御史題名不分卷　(清)黄叔璥編　清宣統刻本　五冊

110000－3194－0001227　001422

國朝滿洲蒙古御史題名不分卷　(清)蘇芳阿撰　清咸豐八年(1858)刻本　一冊

110000－3194－0001228　001423
大清中樞備覽不分卷　(清)榮錄堂編　清光緒三十一年(1905)榮錄堂刻本　二册

110000－3194－0001229　001424
大清搢紳全書不分卷　(□)□□撰　清道光二十九年(1849)榮錄堂刻本　四册

110000－3194－0001230　001425
大清搢紳全書不分卷　(□)□□撰　清道光十三年(1833)榮慶堂刻本　三册　存三册(一至三)

110000－3194－0001231　001426
大清搢紳全書不分卷　(□)□□撰　清光緒五年(1879)榮華堂刻本　四册

110000－3194－0001232　001427
大清搢紳全書不分卷　(□)□□撰　清咸豐二年(1852)榮錄堂刻本　四册

110000－3194－0001233　001428
大清搢紳全書不分卷　(□)□□撰　清光緒三十二年(1906)榮錄堂刻本　四册

110000－3194－0001234　001429
大清搢紳全書不分卷　(□)□□撰　清光緒三十四年(1908)榮錄堂刻本　四册

110000－3194－0001235　001430
大清搢紳全書不分卷　(□)□□撰　清光緒二十八年(1902)榮寶齋刻本　二册

110000－3194－0001236　001431
大清搢紳全書不分卷　(□)□□撰　清道光二十三年(1843)貴文堂刻本　四册

110000－3194－0001237　001432
大清搢紳全書不分卷　(□)□□撰　清寶名堂刻本　三册　存三册(二至四)

110000－3194－0001238　001433
大清搢紳全書不分卷　(□)□□撰　清刻本　四册

110000－3194－0001239　001434
大清搢紳全書不分卷　(□)□□撰　清光緒刻本　四册

110000－3194－0001240　001435
大清搢紳全書不分卷　(□)□□撰　清光緒二十九年(1903)榮寶齋刻本　三册　存三册(一、三至四)

110000－3194－0001241　001436
大清搢紳全書不分卷　(□)□□撰　清道光二十九年(1849)榮錄堂刻本　三册　存三册(二至四)

110000－3194－0001242　001436
大清搢紳全書不分卷　(□)□□撰　清道光二十九年(1849)榮錄堂刻本　三册　存三册(二至四)

110000－3194－0001243　001437
大清搢紳全書不分卷　(□)□□撰　清光緒三十四年(1908)榮寶齋刻本　四册

110000－3194－0001244　001438
大清搢紳全書不分卷　(□)□□撰　清道光刻本　四册

110000－3194－0001245　001439
大清搢紳全書不分卷　(□)□□撰　清乾隆刻本　四册

110000－3194－0001246　001440
大清搢紳全書不分卷　(□)□□撰　清乾隆崇壽堂刻本　一册　存一册(三)

110000－3194－0001247　001440
大清搢紳全書不分卷　(□)□□撰　清乾隆崇壽堂刻本　一册　存一册(三)

110000－3194－0001248　001437
憲政增補最新職官全錄不分卷　(□)□□撰　清光緒三十四年(1908)榮寶齋刻本　一册

110000－3194－0001249　001441
宗室王公世職章京爵秩襲次全表十卷　(清)牟其汶編　清光緒三十三年(1907)石印本　十册

110000－3194－0001250　001442
史鑑節要便讀六卷末一卷　(清)鮑東里編輯　清光緒二十八年(1902)善成堂刻本　二册

110000－3194－0001251　001443
廿一史約編八卷首一卷　(清)鄭元慶述　清刻本　八冊

110000－3194－0001252　001450
廿一史約編八卷首一卷　(清)鄭元慶輯　清光緒十三年(1887)石印本　八冊

110000－3194－0001253　001444
兩漢策要十二卷　(宋)陶叔獻輯　清乾隆五十六年(1791)刻本　八冊　存十一卷(一至二、四至十二)

110000－3194－0001254　001445
宋遼金元菁華錄十卷　(清)納蘭常安輯　清光緒二十六年(1900)石印本　三冊

110000－3194－0001255　001446
兩漢雋言十六卷　(宋)林越輯　清光緒二十二年(1896)鴻寶齋石印本　一冊

110000－3194－0001256　001447
十七史詳節一百七十六卷　(宋)呂祖謙輯　清光緒二十八年(1902)石印本　三十二冊

110000－3194－0001257　001449
十七史詳節一百七十六卷　(宋)呂祖謙輯　清光緒二十八年(1902)石印本　三十二冊

110000－3194－0001258　001448
通鑑類纂四十卷　(清)松椿纂　清光緒二十四年(1898)刻本　四十冊

110000－3194－0001259　001451
前漢書鈔四卷　(清)高嵣集評　清乾隆五十三年(1788)刻本　四冊

110000－3194－0001260　001452
讀史四集四卷　(明)楊以任輯　清道光三十年(1850)刻本　四冊

110000－3194－0001261　001453
史學節要類編二卷　(清)李秀會著　清活字印本　二冊

110000－3194－0001262　001454
史學驪珠四卷　(清)周贇纂輯　清光緒七年(1881)刻本　四冊

110000－3194－0001263　001455
明史擥要八卷　(清)姚培謙　(清)張景星纂　清嘉慶二十三年(1818)刻本　四冊

110000－3194－0001264　001456
雪廬讀史快編六十卷　(明)趙維寰編　明天啟刻本　十八冊

110000－3194－0001265　001457
晉乘蒐略三十二卷　(清)康基田撰　清嘉慶十六年(1811)刻本　三十五冊

110000－3194－0001266　001458
歐陽文忠公五代史抄二十卷　(宋)歐陽修撰　(明)茅坤題　明萬曆刻本　十冊

110000－3194－0001267　001459
漢書鈔九十三卷　(明)茅坤撰　明萬曆十七年(1589)刻本(序後有刊記,卷一尾有抄配)　十冊

110000－3194－0001268　001460
史記鈔四卷　(清)高嵣集評　清乾隆五十三年(1788)刻本　四冊

110000－3194－0001269　001461
歷代史纂左編一百四十二卷　(明)唐順之編輯　明刻本(卷一、卷五等有補配)　八十冊

110000－3194－0001270　001462
廿四史三表二十卷　(清)段長基撰　(清)段搢書編　清光緒元年(1875)刻本　二十四冊

110000－3194－0001271　001463
庚辛之際月表不分卷　(清)王延釗著　清光緒三十三年(1907)鉛印本　一冊

110000－3194－0001272　001464
庚辛之際月表不分卷　(清)王延釗著　清光緒三十三年(1907)鉛印本　一冊

110000－3194－0001273　001465
燕京歲時記不分卷　(清)富察敦崇撰　清光緒三十二年(1906)刻本　一冊

110000－3194－0001274　001466
燕京歲時記不分卷　(清)富察敦崇撰　清光緒三十二年(1906)刻本　一冊

110000－3194－0001275　001467
歲時廣記四十卷首一卷末一卷　（宋）陳元靚編　清光緒刻本　八冊

110000－3194－0001276　001468
月令輯要二十四卷首一卷　（清）吳廷楨纂　清康熙五十四年（1715）武英殿刻本　十二冊

110000－3194－0001277　001469
月令粹編二十四卷圖說一卷　（清）秦嘉謨編　清嘉慶十七年（1812）刻本　六冊

110000－3194－0001278　001470
日涉編十二卷　（明）陳堦編輯　清乾隆三十四年（1769）刻本　十二冊

110000－3194－0001279　001471
蜀故二十七卷　（清）彭遵泗纂　清光緒二年（1876）刻本　八冊

110000－3194－0001280　001472
蜀故二十七卷　（清）彭遵泗纂輯　（清）彭端淑　（清）彭肇洙校　清道光十三年（1833）刻本　六冊

110000－3194－0001281　001473
蜀故二十七卷　（清）彭遵泗纂輯　清光緒二十四年（1898）刻本　六冊

110000－3194－0001282　001474
錫金鄉土歷史二卷　（清）侯鴻鑑纂輯　清光緒三十二年（1906）活字印本　二冊

110000－3194－0001283　001475
澳門紀略二卷首一卷末一卷　（清）印光任　（清）張汝霖纂修　清嘉慶五年（1800）刻本　一冊

110000－3194－0001284　001476
澳門紀略二卷首一卷末一卷　（清）印光任　（清）張汝霖纂修　清光緒六年（1880）刻本　二冊

110000－3194－0001285　001477
廣東圖說九十二卷首一卷　（清）毛鴻賓等修　（清）桂文燦等纂　清同治刻本　十八冊

110000－3194－0001286　001478
四川通志二百四卷首二十二卷　（清）常明修　（清）楊芳燦　（清）譚光祜編輯　清嘉慶二十一年（1816）刻本　一百六十冊

110000－3194－0001287　001479
［道光］肇慶府志二十二卷首一卷　（清）屠英等修　（清）江藩等纂　清光緒二年（1876）刻本（首至卷十一為本館複印補配）　二十三冊

110000－3194－0001288　001480
湖南通志二百八十八卷首八卷末十九卷　（清）李瀚章等纂修　清光緒十一年（1885）刻本　一百六十冊

110000－3194－0001289　001481
江西全省輿圖十四卷首一卷　（清）曾國藩等修　清同治七年（1868）刻本　十六冊

110000－3194－0001290　001482
雲夢縣志略十二卷首一卷末一卷　（清）呂錫麟等修　（清）程懷璟等纂　清道光二十年（1840）刻本　六冊

110000－3194－0001291　001483
河南通志八十卷　（清）田文鏡等修　（清）孫灝纂修　清雍正刻本　四十冊

110000－3194－0001292　001484
續河南通志八十卷首四卷　（清）阿思哈輯　清乾隆三十二年（1767）刻本　二十四冊

110000－3194－0001293　001485
皇朝藩屬輿地叢書六集一百四十四卷　（清）文瑞樓主人輯　清光緒二十三年至二十九年（1897－1903）石印本　四十八冊

110000－3194－0001294　001486
皇朝藩屬輿地叢書六集一百四十四卷　（清）文瑞樓主人輯　清光緒二十三年至二十九年（1897－1903）石印本　四十八冊

110000－3194－0001295　001487
皇朝藩屬輿地叢書六集一百四十四卷　（清）文瑞樓主人輯　清光緒二十二年至二十九年（1896－1903）石印本　四十八冊

110000－3194－0001296　001488

皇朝藩屬輿地叢書六集一百四十四卷　(清)文瑞樓主人輯　清光緒二十二年至二十九年(1896－1903)石印本　四十七册　存一百四十三卷(一至二、四至一百四十四)

110000－3194－0001297　001489
皇朝藩屬輿地叢書六集一百四十四卷　(清)文瑞樓主人輯　清光緒二十九年(1903)石印本　十二册

110000－3194－0001298　001490
臺灣輿圖二卷　(清)夏獻綸撰　清光緒六年(1880)刻本　二册

110000－3194－0001299　001491
歷代輿地沿革險要圖不分卷　楊守敬編　清宣統三年(1911)朱墨套印本　三十四册

110000－3194－0001300　001501
歷代輿地沿革險要圖不分卷　楊守敬　饒敦秩撰　清光緒五年(1879)朱墨套印本　一册

110000－3194－0001301　001665
歷代輿地沿革險要圖不分卷　楊守敬　饒敦秩撰　清光緒五年(1879)朱墨套印本　一册

110000－3194－0001302　001492
昌國州圖志七卷　(元)馮福京等撰　清咸豐四年(1854)刻本　一册

110000－3194－0001303　001493
臺海使槎錄八卷　(清)黄叔璥撰　清刻本　二册

110000－3194－0001304　001504
臺海使槎錄八卷　(清)黄叔璥撰　清刻本　二册

110000－3194－0001305　001494
大唐西域記十二卷　(唐)釋玄奘譯　(唐)釋辯機撰　清宣統元年(1909)刻本　四册

110000－3194－0001306　001495
大唐西域記十二卷　(唐)釋玄奘譯　(唐)釋辯機撰　清宣統元年(1909)刻本　四册

110000－3194－0001307　001496
大唐西域記十二卷　(唐)釋玄奘譯　(唐)釋辯機撰　清宣統元年(1909)刻本　四册

110000－3194－0001308　001497
大唐西域記十二卷　(唐)釋玄奘譯　(唐)釋辯機撰　清宣統元年(1909)刻本　四册

110000－3194－0001309　001498
赤雅三卷　(明)鄺露撰　清光緒三十年(1904)鉛印本　二册

110000－3194－0001310　001499
赤雅三卷　(明)鄺露纂　清刻本　一册

110000－3194－0001311　001500
嶺外代答十卷　(宋)周去非撰　清刻本　三册

110000－3194－0001312　001502
歷代輿地沿革險要圖説不分卷　楊守敬　饒敦秩撰　王尚德繪　清光緒二十四年(1898)鉛印本　一册

110000－3194－0001313　001503
金軺籌筆四卷　(□)□□撰　清光緒二十三年(1897)刻本　四册

110000－3194－0001314　002837
金軺籌筆四卷　(□)□□撰　清光緒十三年(1887)刻本　四册

110000－3194－0001315　001503
出使英法日記一卷　(清)曾紀澤著　清光緒二十三年(1897)刻本　一册

110000－3194－0001316　001503
使德日記一卷　(清)李鳳苞撰　清光緒二十三年(1897)刻本　一册

110000－3194－0001317　001503
西輶日記一卷　(清)黄楙材著　清光緒二十三年(1897)刻本　一册

110000－3194－0001318　001503
遊歷芻言一卷　(清)黄楙材著　清光緒二十三年(1897)刻本　一册

110000－3194－0001319　001503
印度劄記一卷　(清)黄楙材著　清光緒二十三年(1897)刻本　一册

110000－3194－0001320　001503
伯利探路記一卷　(清)曹廷杰著　清光緒二十三年(1897)刻本　一冊

110000－3194－0001321　001503
西征紀程四卷　(清)鄒代鈞撰　清光緒二十三年(1897)刻本　四冊

110000－3194－0001322　001505
鄂省州縣驛傳全圖不分卷　(□)□□撰　清朱墨套印本　二冊

110000－3194－0001323　001505
鄂省綠營汛地全圖不分卷　(□)□□撰　清朱墨套印本　一冊

110000－3194－0001324　001505
荊州駐防牧場全圖不分卷　(□)□□撰　清朱墨套印本　一冊

110000－3194－0001325　001506
廣西輿地全圖二卷　(清)北洋機械總局圖算學堂繪　清光緒三十一年(1905)石印本　二冊

110000－3194－0001326　001507
西北塞外諸地舊圖訂誤考今圖不分卷　(清)任壽華編　清光緒刻本　一冊

110000－3194－0001327　001508
辛卯侍行記六卷　(清)陶葆廉撰　清光緒二十三年(1897)刻本　六冊

110000－3194－0001328　001509
辛卯侍行記六卷　(清)陶葆廉撰　清光緒二十三年(1897)刻本　六冊

110000－3194－0001329　001511
辛卯侍行記六卷　(清)陶葆廉撰　清光緒二十三年(1897)刻本　四冊

110000－3194－0001330　001510
長安古蹟志二卷　(□)□□撰　清刻本　二冊

110000－3194－0001331　001512
滄浪小志二卷　(清)宋犖編　清光緒十年(1884)刻本　一冊

110000－3194－0001332　001513
西湖遊覽志餘五卷　(明)田汝成撰　清刻本　一冊

110000－3194－0001333　001514
宋東京考二十卷　(清)周城輯　清乾隆刻本(每卷都有補抄)　四冊

110000－3194－0001334　001515
春融堂襍記八種　(清)王昶撰　清嘉慶十三年(1808)刻本　二冊

110000－3194－0001335　001516
西域考古錄十八卷　(清)俞浩撰　清道光十七年(1837)刻本　十二冊

110000－3194－0001336　001517
天咫偶聞十卷　(清)震鈞撰　清光緒三十三年(1907)刻本　八冊

110000－3194－0001337　001518
宸垣識略十六卷　(清)吳長元輯　清咸豐二年(1852)刻本　八冊

110000－3194－0001338　001519
宸垣識略十六卷　(清)吳長元撰　清乾隆五十三年(1788)刻本　十冊

110000－3194－0001339　001520
蒙古遊牧記十六卷　(清)張穆撰　清同治六年(1867)刻本　四冊

110000－3194－0001340　001521
蒙古遊牧記十六卷　(清)張穆撰　清同治六年(1867)刻本　四冊

110000－3194－0001341　001522
蒙古遊牧記十六卷　(清)張穆撰　清同治六年(1867)刻本　四冊

110000－3194－0001342　001523
蒙古遊牧記十六卷　(清)張穆撰　清同治六年(1867)刻本　四冊

110000－3194－0001343　001524
蒙古遊牧記十六卷　(清)張穆撰　清同治六年(1867)刻本　四冊

110000－3194－0001344　001525
蒙古遊牧記十六卷　(清)張穆撰　清同治六年(1867)刻本　四册

110000－3194－0001345　001526
蒙古遊牧記十六卷　(清)張穆撰　清同治六年(1867)刻本　四册

110000－3194－0001346　001533
蒙古遊牧記十六卷　(清)張穆撰　(清)何秋濤校　清同治六年(1867)刻本　二册

110000－3194－0001347　001534
蒙古游牧記十六卷　(清)張穆撰　(清)何秋濤校　清光緒二十九年(1903)石印本　六册

110000－3194－0001348　001535
蒙古游牧記十六卷　(清)張穆撰　(清)何秋濤校　清光緒二十六年(1900)石印本　六册

110000－3194－0001349　001536
蒙古游牧記十六卷　(清)張穆撰　(清)何秋濤校　清光緒二十六年(1900)石印本　六册

110000－3194－0001350　001527
新校刻李氏歷代輿地沿革圖不分卷　(清)李兆洛編　清光緒十四年(1888)刻本　八十册

110000－3194－0001351　001528
江北運程四十卷首一卷　(清)董恂輯　清同治六年(1867)刻本　四十一册

110000－3194－0001352　001529
新疆賦不分卷　(清)徐松撰　清道光刻本　一册

110000－3194－0001353　001553
新疆賦不分卷　(清)徐松著　清道光刻本　一册

110000－3194－0001354　001554
新疆賦不分卷　(清)徐松著　清光緒十九年(1893)石印本　一册

110000－3194－0001355　001653
新疆賦不分卷　(清)徐松撰　清光緒七年(1881)刻本　一册

110000－3194－0001356　001698
新疆賦不分卷　(清)徐松撰　清道光刻本　一册

110000－3194－0001357　001699
新疆賦不分卷　(清)徐松撰　清光緒八年(1882)刻本　一册

110000－3194－0001358　001700
新疆賦不分卷　(清)徐松撰　清道光四年(1824)刻本　一册

110000－3194－0001359　001529
西域水道記五卷　(清)徐松撰　清道光刻本　五册

110000－3194－0001360　001553
西域水道記五卷　(清)徐松著　清道光刻本　五册

110000－3194－0001361　001554
西域水道記五卷　(清)徐松著　清光緒十九年(1893)石印本　五册

110000－3194－0001362　001555
西域水道記五卷　(清)徐松著　清光緒石印本　五册

110000－3194－0001363　001755
西域水道記五卷　(清)徐松撰　清光緒石印本　三册

110000－3194－0001364　001756
西域水道記五卷　(清)徐松撰　清光緒石印本　一册

110000－3194－0001365　003205
西域水道記五卷　(清)徐松撰　清刻本　一册　存一卷(三)

110000－3194－0001366　001531
廣西全省輿圖道里備覽不分卷　(清)嚴正圻纂輯　清同治三年(1864)刻本　一册

110000－3194－0001367　001532
廣西全省輿圖道里備覽不分卷　(清)嚴正圻纂輯　清同治三年(1864)刻本　二册

110000－3194－0001368　001537
西北邊界圖地名譯漢考證二卷　（清）許景澄著　清光緒二十二年（1896）刻本　二册

110000－3194－0001369　001538
皇朝藩部要略十八卷世系表四卷　（清）祁韻士纂　清光緒十年（1884）刻本　七册　存二十卷（一至十六、世系表四卷）

110000－3194－0001370　001539
皇朝藩部要略十八卷世系表四卷　（清）祁韻士纂　清道光十九年（1839）刻本　六册

110000－3194－0001371　001545
皇朝藩部要略十八卷世系表四卷　（清）祁韻士纂　清道光十九年（1839）刻本　八册

110000－3194－0001372　001546
皇朝藩部要略十八卷世系表四卷　（清）祁韻士纂　清光緒十年（1884）刻本　二册

110000－3194－0001373　003125
皇朝藩部要略十八卷世系表四卷　（清）祁韻士纂　清道光二十六年（1846）刻本　七册　存十九卷（一至二、六至十八，世系表四卷）

110000－3194－0001374　001540
衛藏通志十六卷首一卷　（清）和琳纂修　清光緒二十二年（1896）刻本　八册

110000－3194－0001375　001541
衛藏通志十六卷首一卷　（清）和琳纂修　清光緒二十二年（1896）刻本　八册

110000－3194－0001376　001542
衛藏通志十六卷首一卷　（清）和琳纂修　清光緒二十二年（1896）刻本　八册

110000－3194－0001377　001543
衛藏通志十六卷首一卷　（清）和琳纂修　清光緒二十二年（1896）刻本　八册

110000－3194－0001378　001544
衛藏通志十六卷首一卷　（清）和琳纂修　清光緒二十二年（1896）刻本　二册

110000－3194－0001379　001547
雲南地志三卷　（清）劉盛堂編　清光緒三十四年（1908）石印本　三册

110000－3194－0001380　001548
三省邊防備覽十八卷　（清）嚴如熤輯　（清）張鵬翂續輯　清道光九年（1829）刻本　八册

110000－3194－0001381　001549
三省邊防備覽十四卷　（清）嚴如熤輯　清道光二年（1822）刻本　六册

110000－3194－0001382　001550
三省邊防備覽十四卷　（清）嚴如熤輯　清道光二年（1822）刻本　十册

110000－3194－0001383　001551
［道光］遵義府志四十八卷首一卷　（清）平翰修　（清）鄭珍纂輯　清道光二十一年（1841）刻本　二十册

110000－3194－0001384　001552
［道光］遵義府志四十八卷首一卷　（清）平翰修　（清）鄭珍纂輯　清道光二十一年（1841）刻本　三十册

110000－3194－0001385　001556
地勢略解二十章　（美國）李安德著　清光緒十九年（1893）鉛印本　一册

110000－3194－0001386　001557
地理問答二卷　（清）王亨統著　清光緒二十八年（1902）石印本　二册

110000－3194－0001387　001558
中國通覽二編　（清）商務印書館編　清光緒二十九年（1903）鉛印本　一册

110000－3194－0001388　001559
輿圖總論注釋二卷　（清）謝蘭生注　清同治刻本　一册

110000－3194－0001389　001560
非園中外地輿歌十一篇　（清）瞿方梅編著　清光緒三十二年（1906）刻本　一册

110000－3194－0001390　001561
續黔書八卷　（清）張澍纂　清嘉慶九年（1804）刻本　一册　存三卷（一至三）

110000－3194－0001391　001562
黔書二卷　（清）田雯編　清嘉慶十五年（1810）刻本　一册

110000－3194－0001392　001744
黔書二卷　（清）田雯撰　清康熙三十年（1691）刻本　四册

110000－3194－0001393　001750
黔書二卷　（清）田雯編　清嘉慶十三年（1808）刻本　二册

110000－3194－0001394　001563
天下郡國利病書一百二十卷　（清）顧炎武輯　清光緒二十五年（1899）石印本　二十八册

110000－3194－0001395　001564
天下郡國利病書一百二十卷　（清）顧炎武輯　清光緒二十七年（1901）鉛印本　二十八册

110000－3194－0001396　001640
天下郡國利病書一百二十卷　（清）顧炎武輯　（清）龍萬育訂　清道光三年（1823）刻本　六十册

110000－3194－0001397　001565
行水金鑑一百七十五卷首一卷　（清）傅澤洪錄　清雍正三年（1725）刻本（卷一百七十五尾葉為手抄補配）　三十二册

110000－3194－0001398　001566
海疆要略必究不分卷　（清）李廷鈺校刊　清咸豐六年（1856）刻本　一册

110000－3194－0001399　001567
説嵩三十二卷例目一卷　（清）景日昣撰　清康熙六十年（1721）刻本　十册

110000－3194－0001400　001568
雞足山志十卷首一卷　（清）范承勛撰　清康熙三十一年（1692）刻本　七册

110000－3194－0001401　001569
新疆山脈圖志六卷　王樹枏撰　清宣統元年（1909）刻本　六册

110000－3194－0001402　001570
黄山志定本七卷首一卷　（清）閔麟嗣纂　清康熙二十五年（1686）刻本（敘一至二葉為手抄補配）　七册

110000－3194－0001403　001571
北徼彙編六卷　（清）何秋濤編錄　（清）陳必榮校刊　清同治四年（1865）刻本　六册

110000－3194－0001404　001572
北徼彙編六卷　（清）何秋濤編錄　（清）陳必榮校刊　清同治四年（1865）刻本　六册

110000－3194－0001405　001573
岱覽三十二卷目錄一卷首編七卷附錄一卷　（清）唐仲冕輯　清嘉慶刻本　十二册

110000－3194－0001406　001574
五洲地理志略三十六卷首一卷　王先謙撰集　清宣統二年（1910）刻本　十册

110000－3194－0001407　001575
瀛環志略十卷　（清）徐繼畬輯著　清道光三十年（1850）刻本　五册

110000－3194－0001408　003236
瀛環志略十卷　（清）徐繼畬撰　清光緒二十九年（1903）石印本　四册

110000－3194－0001409　003236
瀛環志略續集四卷末一卷續補一卷　（□）五大洲人撰　清光緒二十九年（1903）石印本　二册

110000－3194－0001410　001576
山東考古錄不分卷　（清）顧炎武著　清光緒八年（1882）刻本　一册

110000－3194－0001411　001577
續山東考古錄三十二卷首一卷圖考一卷　（清）葉圭綬撰　清光緒八年（1882）刻本　六册

110000－3194－0001412　001578
萬國地誌三卷　（日本）矢津昌永著　樊炳清譯　清光緒二十九年（1903）刻本　三册

110000－3194－0001413　001579
萬國地誌三卷　（日本）矢津昌永著　樊炳清譯　清光緒鉛印本　二册

110000－3194－0001414　003163
萬國地誌三卷　（日本）矢津昌永著　（清）出洋學生編輯所譯　清光緒二十八年（1902）鉛印本　一册　存一卷（中）

110000－3194－0001415　001580
欽定新疆識略十二卷首一卷　（清）松筠纂修　清道光元年（1821）刻本　十册

110000－3194－0001416　001581
欽定新疆識略十二卷首一卷　（清）松筠纂修　清道光元年（1821）刻本　十册

110000－3194－0001417　001582
欽定新疆識略十二卷首一卷　（清）松筠纂修　清道光元年（1821）刻本　十册

110000－3194－0001418　001583
欽定新疆識略十二卷首一卷　（清）松筠纂修　清道光元年（1821）刻本　八册

110000－3194－0001419　001584
欽定新疆識略十二卷首一卷　（清）松筠纂修　清道光元年（1821）刻本　十册

110000－3194－0001420　001585
山東通志三十六卷首一卷　（清）岳濬修　清乾隆元年（1736）刻本　四十二册

110000－3194－0001421　001587
續瀛環志略初編不分卷　（清）薛福成輯　清光緒二十八年（1902）石印本　四册

110000－3194－0001422　001588
寶慶四明志二十一卷　（宋）羅濬撰　清咸豐四年（1854）刻本　九册

110000－3194－0001423　001589
四明它山水利備覽二卷　（宋）魏峴撰　清咸豐四年（1854）刻本　一册

110000－3194－0001424　001590
［光緒］順天府志一百三十卷附錄一卷　（清）李鴻章修　繆荃孫纂　清光緒二十八年（1902）刻本　六十三册

110000－3194－0001425　001591
新疆圖志一百十六卷首一卷　（清）袁大化修　王樹枏纂　清宣統三年（1911）活字印本　六十册

110000－3194－0001426　001592
新疆圖志一百十六卷首一卷　（清）袁大化修　王樹枏纂　清宣統三年（1911）活字印本　六十册

110000－3194－0001427　001593
欽定皇輿西域圖志四十八卷首四卷　（清）傅恒等修　（清）褚廷璋等纂　清光緒鉛印本　二十四册

110000－3194－0001428　001594
欽定皇輿西域圖志四十八卷首四卷　（清）傅恒等修　（清）褚廷璋等纂　清光緒鉛印本　二十四册

110000－3194－0001429　001595
欽定皇輿西域圖志四十八卷首四卷　（清）傅恒等修　（清）褚廷璋等纂　清光緒鉛印本　二十四册

110000－3194－0001430　001596
欽定皇輿西域圖志四十八卷首四卷　（清）傅恒等修　（清）褚廷璋等纂　清光緒鉛印本　二十四册

110000－3194－0001431　001597
欽定皇輿西域圖志四十八卷首四卷　（清）傅恒等修　（清）褚廷璋等纂　清光緒十九年（1893）石印本　十二册

110000－3194－0001432　001598
吉林外記十卷　（清）薩英額撰　清光緒二十一年（1895）刻本　四册

110000－3194－0001433　001599
吉林外記十卷　（清）薩英額撰　清光緒二十六年（1900）刻本　一册

110000－3194－0001434　001599
黑龍江外記八卷　（清）西清撰　清光緒二十六年（1900）刻本　一册

110000－3194－0001435　001600
吉林外記十卷　（清）薩英額撰　清光緒二十

一年(1895)刻本　二冊

110000－3194－0001436　001598
甯古塔記略不分卷　(清)吳桭臣著　清光緒二十一年(1895)刻本　一冊

110000－3194－0001437　001600
甯古塔記略不分卷　(清)吳桭臣著　清光緒二十一年(1895)刻本　一冊

110000－3194－0001438　001669
甯古塔記略不分卷　(清)吳桭臣著　(清)顧沅校　清光緒刻本　一冊

110000－3194－0001439　001670
甯古塔記略不分卷　(清)吳桭臣著　(清)顧沅校　清光緒刻本　一冊

110000－3194－0001440　001602
黑龍江外記八卷　(清)西清撰　清光緒二十年(1894)刻本　二冊

110000－3194－0001441　001603
黑龍江外記八卷　(清)西清撰　清光緒二十年(1894)刻本　二冊

110000－3194－0001442　001604
[正德]武功縣志三卷首一卷　(明)康海撰　(明)孫景烈評註　清光緒十四年(1888)刻本　一冊

110000－3194－0001443　001605
皇輿表十六卷　(清)喇沙里纂修　(清)揆敘續修　清康熙四十三年(1704)刻本　二十四冊

110000－3194－0001444　001627
皇輿表十六卷　(清)喇沙里纂修　(清)揆敘續修　清康熙四十三年(1704)刻本　二十四冊

110000－3194－0001445　001606
日本國志四十卷首一卷　(清)黃遵憲編纂　清光緒十六年至二十二年(1890－1896)刻本　十四冊

110000－3194－0001446　001607
戡定新疆記八卷　(清)魏光燾撰　清光緒二十五年(1899)鉛印本　四冊

110000－3194－0001447　001608
十六國疆域志十六卷　(清)洪亮吉撰　清嘉慶三年(1798)刻本　四冊

110000－3194－0001448　001609
歷代沿革圖不分卷　(清)馬徵麟輯　(清)六嚴繪　清同治十一年(1872)刻本　二冊

110000－3194－0001449　001610
歷代沿革圖不分卷　(清)馬徵麟輯　清光緒二十二年(1896)刻本　一冊

110000－3194－0001450　001611
中國歷代疆域沿革考不分卷　(日本)河田羆著　(日本)重野安繹　清光緒二十八年(1902)鉛印本　一冊

110000－3194－0001451　001612
坤輿撮要問答不分卷　(清)孫文楨撰　清光緒二十八年(1902)鉛印本　一冊

110000－3194－0001452　001613
薄海番域錄十二卷　(清)邵大緯著　清道光刻本　六冊

110000－3194－0001453　001614
雲南勘界籌邊記二卷　(清)姚文棟撰　清光緒十八年(1892)刻本　二冊

110000－3194－0001454　001615
職方志六卷松厓文鈔續集六卷　(清)管幹珍撰　清乾隆五十九年(1794)刻本　二冊

110000－3194－0001455　001616
[乾隆]汾州府志三十四卷首一卷末一卷　(清)孫和相修　清乾隆刻本　八冊　存十九卷(一至十八、首一卷)

110000－3194－0001456　001623
[乾隆]汾州府志三十四卷首一卷末一卷　(清)孫和相修　清乾隆三十六年(1711)刻本　十六冊

110000－3194－0001457　001617
[乾隆]寧武府志十二卷　(清)周景柱修　(清)李維梓纂　清刻本　七冊

110000－3194－0001458　001618
山西通志一百八十四卷首一卷　(清)曾國荃修　(清)王軒纂　清光緒十八年(1892)刻本　九十六册

110000－3194－0001459　001619
欽定盛京通志一百三十卷首一卷　(清)阿桂修　(清)劉謹之　(清)程維嶽纂　清光緒鉛印本　六十四册

110000－3194－0001460　001620
盛京通志四十八卷　(清)呂耀曾修　(清)魏樞纂　清咸豐二年(1852)刻本　二十册

110000－3194－0001461　001621
盛京通志四十八卷　(清)呂耀曾修　(清)魏樞纂　清咸豐二年(1852)刻本　二十册

110000－3194－0001462　001622
縮地歌不分卷　(清)孔貞瑄著　清刻本　一册

110000－3194－0001463　001624
山西通志二百三十卷　(清)覺羅石麟修　(清)儲大文纂　清雍正十二年(1734)刻本　一百册

110000－3194－0001464　001625
輿地沿革表四十卷首一卷　(清)楊丕復著　清光緒十四年(1888)刻本　二十四册

110000－3194－0001465　001626
今古地理述十八卷首三卷末一卷　(清)王子音撰　(清)萬承風補　清嘉慶十二年(1807)刻本　二十二册

110000－3194－0001466　001628
方輿類纂二十八卷目次一卷輿圖一卷　(清)溫汝能纂　清嘉慶十三年(1808)刻本　二十四册

110000－3194－0001467　001629
七國地理考七卷　(清)顧觀光著　清光緒五年(1879)刻本　三册

110000－3194－0001468　001630
皇朝輿地略不分卷　(清)六承如編　清道光二十一年(1841)刻本　一册

110000－3194－0001469　001631
讀史方輿紀要十卷　(清)顧祖禹纂　清光緒刻本　二册

110000－3194－0001470　001635
讀史方輿紀要十卷　(清)顧祖禹輯　清光緒二十八年(1902)刻本　四册

110000－3194－0001471　001632
中國地理學二章　(清)京師大學堂編　清光緒三十年(1904)鉛印本　一册

110000－3194－0001472　001633
西史地理通釋三卷　(清)杜宗玉著　清光緒三十二年(1906)鉛印本　三册

110000－3194－0001473　001634
皇朝輿地通考二十三卷　(清)通文主人輯　清光緒二十九年(1903)石印本　四十册

110000－3194－0001474　001636
鮮虞中山國事表疆域圖說不分卷　王先謙撰　清光緒九年(1883)刻本　一册

110000－3194－0001475　001637
新斠注地理志集釋十六卷　(清)錢坫著　(清)徐松集釋　清同治十三年(1874)刻本　八册

110000－3194－0001476　001638
皇朝直省府廳州縣歌括不分卷　(清)蔣升撰　清光緒二十九年(1903)鉛印本　一册

110000－3194－0001477　001639
讀史方輿紀要一百三十卷附輿地總圖四卷　(清)顧祖禹輯著　(清)彭元瑞校定　清道光三年(1823)刻本　六十册

110000－3194－0001478　001641
讀史方輿紀要一百三十卷附輿地總圖四卷　(清)顧祖禹輯著　清光緒二十六年(1900)刻本　七十四册

110000－3194－0001479　001642
讀史方輿紀要六卷　(清)顧祖禹著　清道光三十年(1850)刻本　二册

110000－3194－0001480　001643
輿地廣記三十八卷校勘二卷　（宋）歐陽忞撰　清光緒二十一年（1895）刻本　八册

110000－3194－0001481　001644
輿地廣記三十八卷校勘二卷　（宋）歐陽忞撰　清光緒六年（1880）刻本　四册

110000－3194－0001482　001645
廣輿記二十四卷　（清）蔡方炳增輯　清嘉慶七年（1802）刻本　十二册

110000－3194－0001483　001646
廣輿記二十四卷　（清）蔡方炳增輯　清道光四年（1824）刻本　十六册

110000－3194－0001484　001647
元豐九域志十卷　（宋）王存撰　清光緒八年（1882）刻本　四册

110000－3194－0001485　001648
乾隆府廳州縣圖志五十卷　（清）洪亮吉撰　清乾隆五十三年至嘉慶八年（1788－1803）刻本　十六册

110000－3194－0001486　001649
大清一統志輯要五十卷　（清）洪亮吉撰　清光緒鉛印本　十二册

110000－3194－0001487　001650
黔語二卷　（清）吳振棫纂　清光緒刻本　一册

110000－3194－0001488　001651
參學知津二卷首一卷地輿名目一卷　（清）顯承集　清光緒二年（1876）刻本　二册

110000－3194－0001489　001652
光緒輿地韻編不分卷　（清）錢保塘編　清光緒十九年（1893）刻本　一册

110000－3194－0001490　001654
西石城風俗志不分卷　（清）陳慶年撰　清光緒三十四年（1908）鉛印本　一册

110000－3194－0001491　001655
輿地紀勝二百卷校勘記五十二卷補闕十卷（宋）王象之編　（清）岑塋等校刊　清道光二十九年（1849）刻本　十八册

110000－3194－0001492　001656
大清一統志四百二十四卷　（清）和珅等纂修　清光緒二十三年（1897）石印本　五十六册

110000－3194－0001493　001657
大清一統志四百二十四卷　（清）和珅等纂修　清光緒二十八年（1902）石印本　六十册

110000－3194－0001494　001658
大清一統志四百二十四卷　（清）和珅等纂修　清光緒二十八年（1902）石印本　六十册

110000－3194－0001495　001659
元和郡縣圖志四十卷　（唐）李吉甫撰　清光緒六年（1880）刻本　八册

110000－3194－0001496　001659
元和郡縣補志九卷　（清）嚴觀輯　清光緒八年（1882）刻本　二册

110000－3194－0001497　001660
元和郡縣圖志四十卷　（唐）李吉甫撰　清光緒六年（1880）刻本　六册

110000－3194－0001498　001661
方輿全圖總説五卷　（清）顧祖禹輯　（清）浦錫齡校訂　清光緒二十五年（1899）石印本　四册

110000－3194－0001499　001662
方輿全圖總説五卷　（清）顧祖禹輯　（清）浦錫齡校訂　清光緒二十五年（1899）石印本　四册

110000－3194－0001500　001663
皇朝中外壹統輿圖中一卷南十卷北二十卷首一卷　（清）鄒世詒等編　（清）李廷簫增訂　清同治二年（1863）石印本　十册　存十二卷（中一卷、南十卷，首一卷）

110000－3194－0001501　001664
皇朝直省地輿全圖不分卷　（清）湖北書局編　清光緒十五年（1889）石印本　一册

110000－3194－0001502　001666
太平寰宇記二百卷目録二卷附補闕一卷

(宋)樂史撰　清刻本　三十冊　存一百九十四卷(一至三、五至一百十二、一百二十至二百,目錄二卷)

110000－3194－0001503　001667
黔南識略三十二卷　(清)愛必達撰　清道光二十七年(1847)刻本　四冊

110000－3194－0001504　001668
黔南識略三十二卷　(清)愛必達撰　清道光二十七年(1847)刻本　十冊

110000－3194－0001505　001671
東槎紀略五卷　(清)姚瑩著　清道光十二年(1832)刻本　二冊

110000－3194－0001506　001672
東槎紀略五卷　(清)姚瑩著　清道光十二年(1832)刻本　二冊

110000－3194－0001507　001673
聽園西疆雜述詩四卷　(清)蕭雄撰　清光緒二十一年(1895)刻本　四冊

110000－3194－0001508　001677
聽園西疆雜述詩四卷　(清)蕭雄撰　清光緒二十一年(1895)刻本　四冊

110000－3194－0001509　001678
聽園西疆雜述詩四卷　(清)蕭雄撰　清光緒刻本　四冊

110000－3194－0001510　001674
南越筆記十六卷　(清)李調元輯　清乾隆刻本　四冊

110000－3194－0001511　001675
朝市叢載八卷　(清)楊靜亭編　(清)李虹若重編　清光緒十三年(1887)刻本　八冊

110000－3194－0001512　001676
苗疆聞見錄不分卷　(清)徐家榦述　清光緒四年(1878)刻本　一冊

110000－3194－0001513　001679
羊城古鈔八卷首一卷　(清)仇巨川輯　清嘉慶十一年(1806)刻本　五冊

110000－3194－0001514　001680
鑪藏道里最新考不分卷　(清)張其勤撰　清光緒三十三年(1907)鉛印本　一冊

110000－3194－0001515　001681
鑪藏道里最新考不分卷　(清)張其勤撰　清光緒三十三年(1907)鉛印本　一冊

110000－3194－0001516　001682
松潘記略不分卷　(清)何遠慶撰　清同治十二年(1873)刻本　二冊

110000－3194－0001517　001683
四川新設鑪霍屯志略不分卷　(清)李之珂撰　清光緒三十二年(1906)鉛印本　一冊

110000－3194－0001518　001684
四川新設鑪霍屯志略不分卷　(清)李之珂撰　清光緒三十二年(1906)鉛印本　一冊

110000－3194－0001519　001685
錫山景物略十卷　(清)王永積輯　(清)王淑高校　清光緒二十四年(1898)刻本　五冊

110000－3194－0001520　001686
三水關紀事和詩三卷　(清)高維寅輯　清光緒三十年(1904)刻本　三冊

110000－3194－0001521　001687
荊州記三卷　(南朝宋)盛宏之撰　清刻本　一冊

110000－3194－0001522　001688
光緒湖北輿地記二十四卷　(清)湖北圖書局編　清光緒二十年(1894)刻本　二十四冊

110000－3194－0001523　001689
湖南全省輿地圖表不分卷　(□)□□撰　清光緒二十二年(1896)石印本　八冊

110000－3194－0001524　001690
浙江通省志圖說不分卷　(清)沈德潛撰　(清)周準評點　清刻本　一冊

110000－3194－0001525　001691
東瀛識略八卷　(清)丁紹儀纂　清同治十二年(1873)刻本　二冊

110000－3194－0001526　001692
豫乘識小錄二卷　(清)朱雲錦撰　清同治十二年(1873)刻本　二册

110000－3194－0001527　001693
卜魁城賦不分卷　(清)英和撰　清光緒九年(1883)刻本　一册

110000－3194－0001528　001694
江城舊事十六卷　(清)朱欒纂　清道光二十五年(1845)刻本　八册

110000－3194－0001529　001695
新考海國風土志略二卷　(英國)慕維廉著　清光緒二十一年(1895)刻本　二册

110000－3194－0001530　001696
日下尊聞錄五卷　(□)□□撰　清咸豐二年(1852)刻本　四册

110000－3194－0001531　001697
日下尊聞錄五卷　(□)□□撰　清光緒十七年(1891)石印本　二册

110000－3194－0001532　001701
新疆紀略二卷　(清)椿園著　清刻本　一册

110000－3194－0001533　001702
圖開勝跡六卷　(□)□□撰　清光緒元年至二年(1875－1876)刻本　八册

110000－3194－0001534　001703
光緒府廳州縣歌不分卷　(清)金粟庵主人編　清光緒八年(1882)刻本　一册

110000－3194－0001535　001704
西行紀程二卷附西征集一卷　(清)孟傳鑄撰　清咸豐六年(1856)刻本　一册

110000－3194－0001536　001705
黔記四卷　(清)李宗昉編　清光緒十二年(1886)刻本　一册

110000－3194－0001537　001706
津門雜記三卷　(清)張燾輯　清光緒十年至十一年(1884－1885)刻本　三册

110000－3194－0001538　001707
吉林紀事詩四卷首一卷末一卷　(清)沈兆禔撰　清宣統三年(1911)鉛印本　一册　存三卷(一至二、首一卷)

110000－3194－0001539　001708
福建全省輿圖不分卷　(清)傅以禮等編　清光緒三十一年(1905)石印本　二册

110000－3194－0001540　001709
朔方備乘六十八卷首十二卷　(清)何秋濤撰　清光緒刻本　二十四册

110000－3194－0001541　001710
朔方備乘六十八卷首十二卷　(清)何秋濤撰　清光緒刻本　六册

110000－3194－0001542　001711
朔方備乘六十八卷首十二卷　(清)何秋濤撰　清光緒石印本　八册

110000－3194－0001543　001712
朔方備乘圖説不分卷　(清)何秋濤撰　清光緒刻本(序、目錄為墨筆抄補)　一册

110000－3194－0001544　001713
朔方備乘圖説不分卷　(清)何秋濤撰　清光緒三年(1877)刻本　一册

110000－3194－0001545　001713
朔方備乘表七卷　(清)何秋濤撰　清光緒六年(1880)刻本　二册

110000－3194－0001546　001714
西藏賦不分卷　(清)和寧撰　清光緒八年(1882)刻本　一册

110000－3194－0001547　001715
西藏圖考八卷首一卷　(清)黄沛翹輯　清光緒二十三年(1897)刻本　六册

110000－3194－0001548　001716
西藏圖考八卷首一卷　(清)黄沛翹輯　清光緒二十三年(1897)刻本　四册

110000－3194－0001549　001717
西藏圖考八卷首一卷　(清)黄沛翹輯　清光緒二十三年(1897)刻本　一册

110000－3194－0001550　001718
西藏圖考八卷首一卷　(清)黄沛翹輯　清光緒二十年(1894)刻本　四冊

110000－3194－0001551　001719
西藏圖考八卷首一卷　(清)黄沛翹輯　清光緒刻本　四冊

110000－3194－0001552　001720
西藏圖考八卷首一卷　(清)黄沛翹輯　清光緒二十年(1894)刻本　四冊

110000－3194－0001553　001721
西藏圖考八卷首一卷　(清)黄沛翹輯　清光緒十二年(1886)刻本　四冊

110000－3194－0001554　001722
西藏紀述不分卷　(清)張海撰　清光緒二十年(1894)刻本　一冊

110000－3194－0001555　001723
西藏考不分卷　(□)□□撰　清光緒刻本　二冊

110000－3194－0001556　001724
蜀景匯考十九卷　(清)鍾登甲輯　清光緒十一年(1885)刻本　四冊

110000－3194－0001557　001725
衛藏圖識五卷　(清)馬揭修　(清)盛繩祖纂　清乾隆五十七年(1792)刻本　四冊

110000－3194－0001558　001726
衛藏圖識五卷　(清)盛繩祖纂　清光緒九年(1883)刻本　四冊

110000－3194－0001559　001727
衛藏圖識五卷　(清)馬揭修　(清)盛繩祖纂　清刻本(第一冊為墨筆抄補)　四冊

110000－3194－0001560　001728
衛藏圖識五卷　(清)馬揭修　(清)盛繩祖纂　清乾隆五十七年(1792)刻本　四冊

110000－3194－0001561　001729
衛藏圖識五卷　(清)馬揭修　(清)盛繩祖纂　清乾隆五十七年(1792)刻本　八冊

110000－3194－0001562　001730
三國郡縣表補證八卷　(清)吳增僅撰　楊守敬補　清光緒三十三年(1907)刻本　四冊

110000－3194－0001563　001731
西陲要略四卷　(清)祁韻士輯　清光緒四年(1878)鉛印本　二冊

110000－3194－0001564　001732
秣陵集六卷　(清)陳文述輯　清光緒十年(1884)刻本　三冊

110000－3194－0001565　001733
廓軒竹枝詞不分卷　(清)志鋭撰　清宣統二年(1910)石印本　一冊

110000－3194－0001566　001734
新疆輿圖風土考五卷　(清)椿園撰　清光緒八年(1882)石印本　一冊

110000－3194－0001567　001735
新疆輿圖風土考五卷　(清)椿園撰　清光緒八年(1882)石印本　一冊

110000－3194－0001568　001736
瀋陽百詠不分卷　(清)太素生撰　清光緒四年(1878)刻本　一冊

110000－3194－0001569　001737
清涼山志十卷　(明)釋鎮澄修　清光緒十三年(1887)刻本　四冊

110000－3194－0001570　001738
滇繫不分卷　(清)師範纂修　清光緒十三年(1887)刻本　四十冊

110000－3194－0001571　001739
桂海虞衡志一卷　(宋)范成大撰　清刻本　一冊

110000－3194－0001572　001739
博異記一卷　(唐)谷神子纂　清刻本　一冊

110000－3194－0001573　001740
東三省沿革表六卷　(清)吳廷燮纂修　清宣統元年(1909)刻本　六冊

110000－3194－0001574　001741

滇雲歷年傳十二卷　(清)倪蜕輯　清道光二十六年(1846)刻本　十冊

110000－3194－0001575　001742
滇雲歷年傳十二卷　(清)倪蜕纂修　清道光二十六年(1846)刻本　十冊

110000－3194－0001576　001743
雲南備徵志二十一卷　(清)王崧編纂　清宣統二年(1910)鉛印本　八冊

110000－3194－0001577　001745
藏事舉要不分卷　(清)胡炳熊撰　清宣統鉛印本　一冊

110000－3194－0001578　001746
河防一覽十四卷　(明)潘季馴著　清乾隆十三年(1748)刻本　十冊

110000－3194－0001579　001747
三國郡縣表八卷　(清)吳增僅撰　清光緒二十二年(1896)刻本　四冊

110000－3194－0001580　001748
蜀典十二卷　(清)張澍編輯　清道光刻本　四冊

110000－3194－0001581　001749
蜀典十二卷　(清)張澍編輯　清道光十四年(1834)刻本　六冊

110000－3194－0001582　001751
西招圖略不分卷　(清)[松筠]撰　清刻本　二冊

110000－3194－0001583　001759
西招圖略不分卷附圖說一卷　(清)松筠撰　清嘉慶三年(1798)刻本　三冊

110000－3194－0001584　001752
萬山綱目二十一卷　(清)李誠纂　清光緒二十六年(1900)刻本　十冊

110000－3194－0001585　001753
蜀中名勝記三十卷　(明)曹學佺著　清宣統二年(1910)刻本　十冊

110000－3194－0001586　001754
龍井見聞錄十卷　(清)汪孟鋗纂　清乾隆刻本　五冊

110000－3194－0001587　001754
宋僧元淨外傳二卷　(清)汪孟鋗纂　清乾隆刻本　一冊

110000－3194－0001588　001757
滇南襍志二十四卷　(清)曹樹翹編　清光緒鉛印本　十冊

110000－3194－0001589　001758
滇南襍志二十四卷　(清)曹樹翹編　清光緒鉛印本　八冊

110000－3194－0001590　001760
蜀水考四卷　(清)陳登龍撰　(清)朱錫穀補注　(清)陳一津分疏　清光緒五年(1879)刻本　二冊

110000－3194－0001591　001801
蜀水考四卷　(清)陳登龍撰　(清)朱錫穀補注　(清)陳一津分疏　清光緒十六年(1890)刻本　四冊

110000－3194－0001592　001761
石柱記五卷　(唐)顏真卿撰　(清)朱彝尊補　(清)鄭元慶箋釋　清康熙四十一年(1702)刻本　一冊

110000－3194－0001593　001762
古香齋鑒賞袖珍春明夢餘錄七十卷　(清)孫承澤著　清光緒七年至八年(1881－1882)刻本　二十冊

110000－3194－0001594　001763
都門彙纂不分卷　(清)楊靜亭編輯　(清)李靜山增補　清同治三年(1864)刻本　一冊

110000－3194－0001595　001764
夢梁錄二十卷　(宋)吳自牧著　清嘉慶至道光刻本　四冊

110000－3194－0001596　001765
莫愁湖志六卷首一卷　(清)馬士圖輯　清光緒八年至十七年(1882－1891)刻本　二冊

110000－3194－0001597　001798

莫愁湖志六卷首一卷　(清)馬士圖輯　清光緒八年(1882)刻本　一册　存六卷(一至五、首一卷)

110000－3194－0001598　001799
莫愁湖志六卷首一卷　(清)馬士圖輯　清光緒八年(1882)刻本　一册　存二卷(五至六)

110000－3194－0001599　001800
莫愁湖志六卷首一卷　(清)馬士圖輯　清光緒八年至十七年(1882－1891)刻本　二册

110000－3194－0001600　001766
金陵瑣事四卷　(明)周暉著　清刻本　二册

110000－3194－0001601　001766
續金陵瑣事二卷　(明)周暉著　清刻本　一册

110000－3194－0001602　001766
二續金陵瑣事二卷　(明)周暉著　清刻本　一册

110000－3194－0001603　001767
欽定滿洲源流考二十卷　(清)阿桂　(清)于敏中修　(清)麟喜　(清)呈麟纂　清光緒十九年(1893)石印本　二册

110000－3194－0001604　001768
欽定滿洲源流考二十卷　(清)阿桂　(清)于敏中修　(清)麟喜　(清)呈麟纂　清刻本　八册

110000－3194－0001605　001769
欽定滿洲源流考二十卷　(清)阿桂　(清)于敏中修　(清)麟喜　(清)呈麟纂　清光緒三十年(1904)石印本　四册

110000－3194－0001606　001770
日本名山圖會不分卷　(日本)谷文晁繪　清同治元年(1862)刻本　一册

110000－3194－0001607　001771
補新疆方輿紀要論不分卷　吴向之撰　清光緒二十八年(1902)鉛印本　一册

110000－3194－0001608　001772
西招圖略一卷附錄二卷　(清)松筠撰　清道光二十七年(1847)刻本　一册

110000－3194－0001609　001773
西招圖略三種附圖說一卷　(清)松筠撰　清光緒二十四年(1898)石印本　三册

110000－3194－0001610　001774
西湖志四十八卷　(清)李衛修　(清)傅王露等纂　清雍正十三年(1735)刻本　二十册

110000－3194－0001611　001775
金山志十卷續志二卷　(清)盧見曾纂　(清)釋秋崖續纂　清光緒二十七年(1901)刻本　六册

110000－3194－0001612　001776
鼓山志十四卷　(清)黄任輯　(清)張伯謨參訂　清光緒二年(1876)刻本　六册

110000－3194－0001613　001777
鼓山志十四卷　(清)黄任輯　(清)張伯謨參訂　清光緒二年(1876)刻本　六册

110000－3194－0001614　001778
鼓山志十四卷　(清)黄任輯　(清)張伯謨參訂　清光緒二年(1876)刻本　六册

110000－3194－0001615　001779
華嶽志八卷首一卷　(清)李榕纂輯　(清)楊翼武評閲　清道光十一年(1831)刻本　四册

110000－3194－0001616　001780
畿輔安瀾志二卷　(清)王履泰纂　清刻本　一册

110000－3194－0001617　001781
木蘭陂集不分卷　(清)黄起有等輯　清刻本(有補配)　一册

110000－3194－0001618　001782
盤山志十六卷首五卷　(清)蔣溥等纂修　清乾隆二十年(1755)刻本　十册

110000－3194－0001619　001783
南通州五山全志二十卷　(清)劉名芳纂修　(清)徐嶺校梓　清光緒三年(1877)刻本　五册

110000－3194－0001620　001784
寶華山志十五卷首一卷　(清)劉名芳纂修　清刻本　四冊

110000－3194－0001621　001785
京口山水志十八卷首一卷末一卷　(清)楊棨撰　清宣統三年(1911)鉛印本　四冊

110000－3194－0001622　001786
崆峒山志二卷　(清)張伯魁纂修　清同治十一年(1872)刻本　二冊

110000－3194－0001623　001787
重刊麻姑山志十二卷首一卷　(清)黄家駒編訂　清同治五年(1866)刻本　六冊

110000－3194－0001624　001788
南嶽志八卷　(清)高自位重編　清乾隆十八年(1753)刻本　六冊

110000－3194－0001625　001789
烏石山志九卷首一卷　(清)郭柏蒼　(清)劉永松纂輯　清光緒九年(1883)刻本　八冊

110000－3194－0001626　001790
水經注四十卷首一卷末一卷　(北魏)酈道元撰　王先謙校　清光緒十八年(1892)刻本　十六冊

110000－3194－0001627　001791
水經注四十卷首一卷末一卷　(北魏)酈道元撰　王先謙校　清光緒二十三年(1897)刻本　十六冊

110000－3194－0001628　001792
水經注圖四十卷補一卷　楊守敬撰　清光緒三十一年(1905)刻本　八冊

110000－3194－0001629　001793
水道提綱二十八卷　(清)齊召南編錄　清光緒七年(1881)鉛印本　八冊

110000－3194－0001630　001794
水道提綱二十八卷　(清)齊召南編錄　清光緒四年(1878)刻本　八冊

110000－3194－0001631　001795
水經注匯校四十卷首一卷　(北魏)酈道元撰　(清)楊希閔校　清光緒七年(1881)刻本　十冊

110000－3194－0001632　001796
滴水巖紀略不分卷　(清)黄崇惺撰　清光緒二年(1876)活字印本　一冊

110000－3194－0001633　001797
畿輔水利議不分卷　(清)林則徐撰　清光緒二年至三年(1876－1877)刻本　一冊

110000－3194－0001634　001802
敕建弘慈廣濟寺新志三卷　(清)釋湛祐纂　(清)釋然叢編輯　清刻本　一冊

110000－3194－0001635　001803
敕建弘慈廣濟寺新志三卷　(清)釋湛祐纂　(清)釋然叢編輯　清刻本　一冊

110000－3194－0001636　001804
御製圓明園圖詠不分卷　(清)高宗弘曆撰　(清)鄂爾泰等注　清光緒十三年(1887)石印本　二冊

110000－3194－0001637　001805
潭柘山岫雲寺志一卷續志一卷　(清)神穆德纂　(清)釋義菴續輯　清光緒九年(1883)刻本　二冊

110000－3194－0001638　001806
官圩修防彙述四編舊制三十卷　(清)湖畔逸叟輯　清光緒二十五年(1899)活字印本　十一冊

110000－3194－0001639　001806
官圩修防述餘補編一卷　(清)湖畔逸叟撰　清光緒二十五年至二十六年(1899－1900)活字印本　一冊

110000－3194－0001640　001807
海道圖説十五卷附卷一卷　(英國)金約翰輯　(英國)傅蘭雅口譯　(清)王德均筆述　清光緒刻本　十冊

110000－3194－0001641　001808
山東運河備覽十二卷圖説一卷　(清)陸耀纂　清同治十年(1871)刻本　六冊

110000－3194－0001642　001809
海塘新志六卷　(清)瑯玕纂　清刻本　四冊

110000－3194－0001643　001809
續海塘新志四卷　(□)□□撰　清刻本　四冊

110000－3194－0001644　001810
鼎湖山慶雲寺志八卷首一卷　(清)釋成鷲纂　(清)丁易修　清康熙五十六年(1717)刻本　四冊

110000－3194－0001645　001811
臥龍崗志二卷　(清)羅景輯　清康熙五十一年(1712)刻本　二冊

110000－3194－0001646　001812
蒙寇志略不分卷　(清)胡壽昌著　清光緒十四年(1888)刻本　一冊

110000－3194－0001647　001813
蒙寇志略不分卷　(清)胡壽昌著　清光緒十六年(1890)刻本　一冊

110000－3194－0001648　001814
山東省保存古蹟表不分卷　(清)孫寶琦撰　清宣統二年(1910)石印本　一冊

110000－3194－0001649　001815
[宣統]臨安縣志八卷首一卷末一卷　(清)彭循堯修　(清)董運昌編輯　清宣統二年(1910)活字印本　六冊

110000－3194－0001650　001816
[光緒]菏澤縣志十八卷首一卷　(清)凌壽柏修　(清)葉道源纂　清光緒十一年(1885)刻本　六冊

110000－3194－0001651　001817
[嘉慶]備修天長縣志稿十卷　(清)張宗泰撰　清抄本　一冊　存一卷(二)

110000－3194－0001652　001818
孚化志略不分卷　(清)欽憲保達匯編　清咸豐至宣統抄本　一冊

110000－3194－0001653　001819
關中勝蹟圖志三十卷　(清)畢沅纂　清乾隆刻本　二十四冊

110000－3194－0001654　001820
[乾隆]濰縣志六卷首一卷末一卷　(清)張耀璧修　(清)王誦芬纂　清乾隆二十五年(1760)刻本　六冊

110000－3194－0001655　001821
[乾隆]曹州府志二十二卷　(清)周尚質修　(清)李登明　(清)謝冠纂　清乾隆二十一年(1756)刻本　十二冊

110000－3194－0001656　001822
[嘉慶]續掖縣志四卷　(清)張彤纂　清嘉慶十二年(1807)刻本　四冊

110000－3194－0001657　002424
[光緒]三續掖縣志四卷首一卷　(清)魏起鵬修　(清)王續藩纂　清光緒十九年(1893)刻本　二冊

110000－3194－0001658　001823
[光緒]嘉祥縣志四卷首一卷　(清)章文華　(清)官擢午纂修　清宣統元年(1909)刻本　四冊

110000－3194－0001659　001824
[康熙]臨淄縣志十六卷　(清)[鄧性]修　(清)李煥章等纂　清康熙十一年(1672)刻本(有補刻)　四冊　存十五卷(一至十五)

110000－3194－0001660　001825
[光緒]高密縣志十卷首一卷末一卷　(清)傅賚予修　(清)李勷運纂　清光緒二十二年(1896)刻本　八冊

110000－3194－0001661　001826
[道光]藤縣志十四卷首一卷　(清)王政修　(清)王庸立等纂　清道光二十六年(1846)刻本　八冊

110000－3194－0001662　001827
福建通志七十八卷首四卷　(清)郝玉麟修　(清)謝道承纂　清乾隆二年(1737)刻本(卷七十八第三十三至三十五葉為抄配)　六十冊

110000－3194－0001663　001828
[康熙]應山縣志七卷　(□)□□撰　清抄本　五冊

110000－3194－0001664　001829
[同治]安吉縣志十八卷首一卷　(清)劉薊植輯　(清)汪榮　(清)劉蘭敏重纂　清同治十二年(1873)刻本(卷二至卷四為抄配)　十五冊

110000－3194－0001665　001830
[光緒]雲南縣志十二卷　(清)項聯晉修　(清)黄炳堃等纂　清光緒十六年(1890)刻本　十冊

110000－3194－0001666　001831
廣雁蕩山誌二十八卷首一卷末一卷　(清)曾唯纂　清同治八年(1869)增修刻本　八冊

110000－3194－0001667　001832
招寶山志二卷　(清)陳景沛撰　(清)周道遵修校　清道光二十六年(1846)活字印本　二冊

110000－3194－0001668　001833
[光緒]餘杭縣志稿不分卷　(清)褚成博纂　清光緒三十二年(1906)刻本　一冊

110000－3194－0001669　001834
[嘉慶]安陽縣誌二十八卷首一卷　(清)貴泰修　(清)武穆淳纂　清嘉慶二十四年(1819)刻本　十冊

110000－3194－0001670　001835
[乾隆]嵩縣志三十卷首一卷　(清)康基淵纂修　清乾隆三十二年(1767)刻本　四冊

110000－3194－0001671　001836
[同治]淡水廳志十六卷附圖說一卷　(清)陳培桂纂修　清同治十年(1871)刻本　八冊

110000－3194－0001672　001837
[乾隆]彰德府志二十四卷首一卷　(清)黄邦寧修　(清)景鴻賓纂　清乾隆三十五年(1770)刻本　十冊

110000－3194－0001673　001838
[同治]增續長垣縣志二卷　(清)觀祜修　(清)齊聯芳纂　清同治十二年(1873)刻本　二冊

110000－3194－0001674　001839
[道光]續修長垣縣志二卷　(清)葛之鏞修　(清)蔣庸纂　清道光二十九年(1849)刻本　二冊

110000－3194－0001675　001840
[嘉慶]長垣縣志十六卷　(清)李于垣修　(清)楊元錫纂　清嘉慶十五年(1810)刻本　八冊

110000－3194－0001676　001841
[康熙]甯化縣誌七卷圖一卷　(清)祝文郁修　(清)李世熊纂　清同治八年(1869)刻本　八冊

110000－3194－0001677　001842
[康熙]甯化縣誌七卷圖一卷　(清)李世熊撰　清同治八年(1869)刻本　八冊

110000－3194－0001678　001843
[光緒]續修浦城縣志四十二卷首一卷　(清)翁天祜修　(清)翁昭泰纂　清光緒二十六年(1900)刻本　二十一冊

110000－3194－0001679　001855
[光緒]續修浦城縣志四十二卷首一卷　(清)翁天祜修　(清)翁昭泰纂　清光緒二十六年(1900)刻本　二十冊

110000－3194－0001680　001844
[乾隆]永福縣志十卷　(清)陳炎修　(清)俞荔　(清)陳雲客纂　清乾隆十三年至十四年(1748－1749)刻本　四冊

110000－3194－0001681　001845
[道光]順昌縣志十卷　(清)陸嗣淵　(清)賈懋功修　(清)謝鍾玿纂　清光緒七年(1881)刻本　四冊

110000－3194－0001682　001846
[康熙]開封府志四十卷　(清)管竭忠修　(清)張沐纂　清康熙三十四年(1695)刻本　十冊

110000－3194－0001683　001847
[乾隆]興化府莆田縣志三十六卷首一卷　(清)汪大經修　(清)廖必琦纂　清光緒五年(1879)刻本(有光緒間潘文鳳補刊)　三十二冊

110000－3194－0001684　001848
[乾隆]安溪縣志十二卷首一卷　(清)莊成修　(清)沈鍾纂　清乾隆二十二年(1757)刻本　六冊

110000－3194－0001685　001849
[乾隆]續修臺灣府志二十六卷首一卷　(清)余文儀纂修　清乾隆刻本　十六冊

110000－3194－0001686　001850
[道光]河内縣誌三十六卷　(清)袁通修　(清)方履籛　(清)吳育纂　清道光五年(1825)刻本　十冊

110000－3194－0001687　001851
[嘉慶]惠安縣志三十六卷首一卷　(清)吳裕仁纂修　清嘉慶八年(1803)刻本　十冊

110000－3194－0001688　001852
重纂福建通志二百七十八卷首六卷　(清)孫爾準重修　(清)陳壽祺重纂　(清)程祖洛續修　(清)魏敬中續纂　清同治七年至十年(1868－1871)刻本　一百四十八冊

110000－3194－0001689　001853
[道光]廈門志十六卷　(清)周凱纂修　清道光十九年(1839)刻本　十二冊

110000－3194－0001690　001854
[弘治]重刊興化府志五十四卷　(明)陳效修　(清)周瑛　(清)黄仲昭纂　清同治十年(1871)刻本　二十四冊

110000－3194－0001691　001856
閩都記三十三卷　(明)王應山纂輯　清道光十一年(1831)刻本　八冊

110000－3194－0001692　001857
[同治]中牟縣志十二卷首一卷末一卷　(清)吳若烺修　(清)路春林　(清)邢為翰纂　清同治九年(1870)刻本　六冊

110000－3194－0001693　001858
[乾隆]河南府志一百十六卷首四卷　(清)施誠等纂修　清刻本　三十二冊

110000－3194－0001694　001859
[乾隆]歸德府志三十六卷首一卷　(清)陳錫輅修　(清)查岐昌纂　清光緒十九年(1893)刻本　十冊

110000－3194－0001695　001860
[道光]修武縣誌十卷首一卷　(清)馮繼照修　(清)金皋纂　清道光十九年至二十年(1839－1840)刻本　十二冊

110000－3194－0001696　001861
[嘉慶]洛陽縣志六十卷　(清)魏襄修　(清)陸繼輅纂　清嘉慶十八年(1813)刻本　二十四冊

110000－3194－0001697　001862
[道光]尉氏縣志二十卷首一卷　(清)沈溎修　(清)王觀潮纂　清道光十一年(1831)刻本　八冊

110000－3194－0001698　001863
[乾隆]孟縣志十卷　(清)仇汝瑚修　(清)馮敏昌纂　清乾隆五十五年(1790)刻本　十冊

110000－3194－0001699　001864
[乾隆]鄧州志二十四卷首一卷末一卷　(清)蔣光祖修　(清)姚之琅纂　清乾隆二十年(1755)刻本　六冊

110000－3194－0001700　001865
[乾隆]杞縣志二十四卷　(清)周璣纂修　清乾隆五十三年(1788)刻本　十二冊

110000－3194－0001701　001866
[乾隆]重修固始縣志二十六卷首一卷　(清)謝聘修　(清)洪亮吉纂　清乾隆五十一年(1786)刻本　十六冊

110000－3194－0001702　001867
雄乘二卷　(清)姚文燮纂修　清抄本　一冊

存一卷（上）

110000－3194－0001703　001868
[光緒]續濬縣志八卷　（清）黄璟纂　清光緒十二年至十三年（1886－1887）刻本　二册

110000－3194－0001704　001869
[乾隆]新修懷慶府志三十二卷首一卷　（清）唐侍陛修　（清）布顔　（清）杜琮纂　清乾隆五十四年（1789）刻本　十六册

110000－3194－0001705　001870
[乾隆]獲嘉縣志十六卷首一卷　（清）吴喬齡修　（清）李棟纂　清道光二十五年（1845）刻本　六册

110000－3194－0001706　001871
[道光]禹州志二十六卷續志二卷　（清）朱煒修　（清）姚椿等纂　（清）宫國勳　（清）楊景純續纂　清同治九年（1870）刻本　十二册

110000－3194－0001707　001872
[乾隆]登封縣志三十二卷　（清）陸繼萼修　（清）洪亮吉纂　清乾隆五十二年（1787）刻本　八册

110000－3194－0001708　001873
[同治]滑縣志十二卷　（清）姚鋸修　（清）徐光第纂　清同治六年（1867）刻本　八册

110000－3194－0001709　001874
[康熙]陳留縣志四十二卷首一卷　（清）武從超修　（清）趙文琳纂　清宣統二年（1910）石印本　四册

110000－3194－0001710　001875
[光緒]施南府志續編十卷　（清）王庭楨　（清）李謙修　（清）雷春沼纂　清光緒十一年（1885）刻本　四册

110000－3194－0001711　001876
[同治]增修施南府志三十卷首一卷　（清）松林　（清）周慶榕修　（清）何遠鑒纂　清同治十年（1871）刻本　十二册

110000－3194－0001712　001877
[光緒]黄梅縣志四十卷首一卷　（清）覃瀚元　（清）袁瓚修　（清）宛名昌纂　清光緒二年（1876）刻本　十二册

110000－3194－0001713　001878
[光緒]荆州府志八十卷首一卷　（清）倪文蔚　（清）蔣銘勳修　（清）顧嘉蘅　（清）李廷鉽纂　清光緒六年（1880）刻本　三十六册

110000－3194－0001714　001879
[光緒]武昌縣志二十六卷首一卷末一卷　（清）鍾桐山修　（清）柯逢時纂　清光緒十一年（1885）刻本　十册

110000－3194－0001715　001880
[光緒]江陵縣志六十五卷首一卷　（清）蒯正昌修　（清）劉長謙纂　清光緒二年至三年（1876－1877）刻本　二十四册

110000－3194－0001716　001881
[同治]鄖陽志八卷首一卷　（清）吴葆儀修　（清）王嚴恭纂　清同治九年（1870）刻本　十二册

110000－3194－0001717　001882
[乾隆]襄城縣志十四卷首一卷　（清）汪運正增輯　清乾隆十一年（1746）刻本　十八册

110000－3194－0001718　001883
[乾隆]江陵縣志五十八卷首一卷　（清）崔龍見　（清）魏耀修　（清）黄義尊纂　清乾隆五十九年（1794）刻本（第一册為補配影印抄本）　二十册

110000－3194－0001719　001884
[光緒]黄岡縣志二十四卷首一卷　（清）戴昌言修　（清）劉恭冕纂　清光緒八年（1882）刻本　二十四册

110000－3194－0001720　001885
[同治]續輯漢陽縣志二十八卷　（清）黄式度　（清）王庭楨修　（清）王柏心纂　清同治七年（1868）刻本　二十册

110000－3194－0001721　001886
[同治]襄陽縣志七卷　（清）楊宗時修　（清）崔淦纂　（清）吴耀斗續修　清同治十三

年(1874)刻本　八冊

110000－3194－0001722　001887
[光緒]太平續志十五卷　(清)[陳汝霖]修　清光緒三十二年(1906)刻本　八冊

110000－3194－0001723　001888
四明續志十二卷　(宋)梅應發撰　清咸豐四年(1854)刻本　四冊

110000－3194－0001724　001890
四明續志十二卷　(元)王元恭撰　清咸豐四年(1854)刻本　六冊

110000－3194－0001725　001889
陋巷志八卷　(明)呂兆祥重修　(明)顏光魯參考　明萬曆二十九年(1601)刻本　四冊

110000－3194－0001726　001891
四明志二十卷　(元)袁桷撰　清咸豐四年(1854)刻本　十二冊

110000－3194－0001727　001892
三河創業記五卷三省入藏程站記一卷　(清)范壽金編輯　清光緒三十三年(1907)石印本　三冊

110000－3194－0001728　001893
[同治]瀏陽縣志二十四卷　(清)王汝惺修　(清)鄒焌杰纂　清同治十二年(1873)刻本　十三冊

110000－3194－0001729　001894
[嘉慶]平江縣志二十四卷首一卷末一卷　(清)陳增德修　(清)李如珪等纂　清嘉慶二十一年(1816)刻本　十冊

110000－3194－0001730　001895
[光緒]湘潭縣志十二卷　(清)陳嘉榆撰　清光緒十五年(1889)刻本　十冊

110000－3194－0001731　001896
[光緒]黃州府志四十卷首一卷　(清)英啟修　(清)鄧琛纂　清光緒十年(1884)刻本　三十二冊

110000－3194－0001732　001897
[光緒]歸州志十卷首一卷　(清)沈雲駿修　(清)劉玉森纂　清光緒八年(1882)刻本　六冊

110000－3194－0001733　001898
[同治]當陽縣志十八卷首一卷末一卷　(清)阮恩光修　(清)王柏心纂　清同治五年(1866)刻本　十冊

110000－3194－0001734　001899
[乾隆]襄陽府志四十卷首一卷　(清)陳鍔撰　清乾隆二十五年(1760)刻本(序二、九、十一至十五冊為本館複印補配)　十八冊

110000－3194－0001735　001900
湘陰縣圖志三十四卷首一卷末一卷　(清)郭嵩燾纂修　清光緒六年至七年(1880－1881)刻本　十四冊

110000－3194－0001736　001901
[道光]湘鄉縣志十卷首一卷　(清)胡鈞等修　(清)張承霨纂　清道光五年(1825)刻本　十冊

110000－3194－0001737　001902
[嘉慶]湘鄉縣志十卷首一卷　(清)翟聲煥　(清)李世經修　(清)朱祖恪纂　清嘉慶二十二年(1817)刻本　十冊

110000－3194－0001738　001903
[同治]茶陵州志二十四卷　(清)梁葆頤修　(清)譚鍾麟纂　清同治九年至十年(1870－1871)刻本　八冊

110000－3194－0001739　001904
[嘉慶]湘潭縣誌四十卷　(清)張雲璈修　(清)周系英纂　清嘉慶二十三年(1818)刻本　十八冊

110000－3194－0001740　001905
[同治]醴陵縣志十四卷首一卷末一卷　(清)徐淦修　(清)江晉光纂　清同治九年(1870)刻本　六冊

110000－3194－0001741　001906
[光緒]巴陵縣志六十三卷　(清)姚詩德修　(清)杜貴墀纂　清光緒十七年至二十六年

(1891－1900)刻本　十六册

110000－3194－0001742　001907
[同治]長沙縣志三十六卷首一卷　(清)劉采邦修　(清)張延珂纂　清同治十年(1871)刻本　二十册

110000－3194－0001743　001908
[同治]平江縣志五十五卷首二卷末一卷　(清)張培仁修　(清)李元度纂　清光緒元年(1875)刻本　十六册

110000－3194－0001744　001909
[同治]寧鄉縣志四十四卷首一卷　(清)郭慶颺修　(清)童秀春纂　清同治六年(1867)刻本　十八册

110000－3194－0001745　001910
[同治]桂陽直隸州志二十七卷　(清)[汪敩灝]修　[王闓運]纂　清同治七年(1868)刻本　十三册

110000－3194－0001746　001911
[同治]湘鄉縣志二十三卷首一卷末一卷　(清)齊德五修　(清)黄楷盛纂　清同治十三年(1874)刻本　二十四册

110000－3194－0001747　001912
[光緒]善化縣志三十四卷首一卷　(清)吳兆熙修　(清)張先掄纂　清光緒三年(1877)刻本　二十册

110000－3194－0001748　001913
[道光]寶慶府志一百四十三卷首六卷末三卷　(清)黄宅中修　(清)鄧顯鶴纂　清道光二十五年至二十九年(1845－1849)刻本　五十八册

110000－3194－0001749　001914
[光緒]興寧縣志十八卷首一卷末一卷　(清)郭樹馨修　(清)黄榜元纂　清光緒元年(1875)刻本　十二册

110000－3194－0001750　001915
[光緒]邵陽縣志十卷　(清)黄文琛纂修　清光緒二年至三年(1876－1877)刻本　六册

110000－3194－0001751　001916
[光緒]耒陽縣志八卷首一卷　(清)于學琴修　(清)宋世煦纂　清光緒十一年至十二年(1885－1886)刻本　十册

110000－3194－0001752　001917
[光緒]道州志十二卷首一卷　(清)李鏡蓉修　(清)許清源纂　清光緒三年至四年(1877－1878)刻本　六册

110000－3194－0001753　001918
[同治]武陵縣志三十二卷首一卷　(清)歐陽烈修　(清)楊丕復原輯　(清)楊彝珍續纂　清同治七年(1868)刻本　六册

110000－3194－0001754　001919
[同治]衡陽縣志十二卷　(清)羅慶薌修　(清)彭玉麟纂　清同治十三年(1874)刻本　七册

110000－3194－0001755　001920
[同治]清江縣志十卷首一卷　(清)潘懿修　(清)朱孫詒纂　清同治九年(1870)刻本　十册

110000－3194－0001756　001921
[同治]樂平縣志十卷首一卷　(清)董萼榮　(清)梅毓翰修　(清)汪元祥纂　清同治九年(1870)刻本　十二册

110000－3194－0001757　001922
[同治]樂安縣志十二卷首一卷　(清)朱奎章修　(清)胡芳杏纂　清同治十年(1871)刻本　八册

110000－3194－0001758　001923
[同治]永新縣志二十六卷首一卷　(清)蕭玉春修　(清)李煒纂　清同治十三年(1874)刻本　十二册

110000－3194－0001759　001924
[同治]臨江府志三十二卷首一卷　(清)德馨修　(清)朱孫詒纂　清同治十年(1871)刻本　六册

110000－3194－0001760　001925

[同治]南康縣志十四卷首一卷 (清)沈恩華修 (清)盧鼎峋纂 清同治十一年(1872)刻本 十二冊

110000－3194－0001761 001926
[乾隆]衡州府志三十三卷首一卷 (清)饒佺修 (清)曠敏本纂 清乾隆二十八年(1763)刻本 十八冊

110000－3194－0001762 001927
[光緒]江西通志一百八十卷首五卷 (清)劉坤一修 (清)趙之謙纂 清光緒七年(1881)刻本 一百二十冊

110000－3194－0001763 001928
[雍正]江西通志一百六十二卷首三卷 (清)謝旻等修 (清)陶成 (清)惲鶴生纂 清雍正十年(1732)刻本(卷八十五至九十為補配) 五十二冊

110000－3194－0001764 001929
[乾隆]贛州府志四十四卷 (清)朱扆修 (清)林有席纂 清乾隆四十七年(1782)刻本 二十四冊

110000－3194－0001765 001930
[道光]廣東通志三百三十四卷首一卷 (清)阮元等修 (清)陳昌齊等纂 清同治三年(1864)刻本 一百二十冊

110000－3194－0001766 001931
[光緒]潮陽縣志二十二卷首一卷 (清)周恒重修 (清)張其□纂 清光緒十年(1884)刻本 十冊

110000－3194－0001767 001932
[道光]新寧縣志十卷 (清)張深修 (清)曾釗纂 清道光十九年(1839)刻本 四冊

110000－3194－0001768 001933
[光緒]海陽縣志四十六卷首一卷 (清)盧蔚猷修 (清)吳道鎔纂 清光緒二十六年(1900)刻本 十二冊

110000－3194－0001769 001934
[道光]重修電白縣志二十卷 (清)章鴻等修 (清)邵詠等纂 清道光五年至六年(1825－1826)刻本 四冊

110000－3194－0001770 001935
[光緒]香山縣志二十二卷 (清)田明曜等修 (清)陳澧等纂 清光緒五年(1879)刻本 十二冊

110000－3194－0001771 001936
[乾隆]富順縣志五卷首一卷 (清)李芝 (清)段玉裁纂修 清光緒刻本 五冊

110000－3194－0001772 001937
[乾隆]富順縣志五卷首一卷 (清)李芝 (清)段玉裁纂修 清光緒八年(1882)刻本 五冊

110000－3194－0001773 001938
[道光]補輯石柱廳新志十二卷 (清)王槐齡纂修 清光緒十九年(1893)刻本 四冊

110000－3194－0001774 001943
[道光]補輯石柱廳新志十二卷 (清)王槐齡纂修 清光緒十九年(1893)刻本 四冊

110000－3194－0001775 001939
[嘉慶]夾江縣志十二卷首一卷 (清)王佐修 (清)涂崧纂 清嘉慶十八年(1813)刻本 四冊

110000－3194－0001776 001940
[嘉慶]夾江縣志十二卷首一卷 (清)王佐修 (清)涂崧纂 清光緒十四年(1888)刻本 四冊

110000－3194－0001777 001941
[光緒]富川縣志十二卷 (清)顧國誥修 (清)何日新纂 清光緒十六年(1890)刻本 六冊

110000－3194－0001778 001942
[乾隆]象州志四卷 (清)李宏湑修 (清)蔣日萊纂 清乾隆二十九年(1764)刻本 二冊

110000－3194－0001779 001944
[光緒]百色廳志八卷首一卷 (清)陳如金修

(清)華本松纂　清光緒十七年(1891)刻本　四册

110000－3194－0001780　001945
[光緒]灌縣鄉土志二卷　(清)徐昱　(清)高履和纂　清光緒三十三年(1907)刻本　二册

110000－3194－0001781　001969
[光緒]灌縣鄉土志二卷　(清)徐昱　(清)高履和纂　清光緒三十三年(1907)刻本　二册

110000－3194－0001782　001946
[光緒]慶符縣志五十五卷　(清)孫定揚纂修　清光緒二年(1876)刻本　二册

110000－3194－0001783　001947
[乾隆]潮州府志四十二卷首一卷　(清)周碩勳輯　清光緒十九年(1893)刻本　二十五册

110000－3194－0001784　001948
[道光]瓊州府志四十四卷首一卷　(清)明誼修　(清)張岳崧纂　清光緒十六年(1890)刻本　二十四册

110000－3194－0001785　001949
[道光]佛山忠義鄉志十四卷　(清)吳榮光纂修　清道光十年(1830)刻本　七册

110000－3194－0001786　001950
[光緒]廣州府志一百六十三卷　(清)戴肇辰修　(清)史澄纂　清光緒五年(1879)刻本(卷二十六至五十五、一百四十二至一百六十三為本館複印本)　七十九册

110000－3194－0001787　001951
[咸豐]嘉應州志增補考略四十卷首一卷　(清)文晟纂修　清咸豐三年(1853)刻本　六册

110000－3194－0001788　001952
[光緒]增修崇慶州志十二卷首一卷　(清)沈恩培修　(清)徐鼎元纂　清光緒三年(1877)刻本　八册

110000－3194－0001789　001953
廣西全省地輿圖說不分卷　(清)蘇鳳文編　清同治六年(1867)石印本　四册

110000－3194－0001790　001954
[道光]新會縣志十四卷首一卷　(清)林星章修　(清)黄培芳　(清)曾釗纂　清道光二十一年(1841)刻本(一、四至五、八至十三册為本館複印本)　十四册

110000－3194－0001791　001955
[光緒]容縣志二十八首一卷　(清)易紹悳修　(清)封祝唐纂　清光緒二十三年(1897)刻本　十册

110000－3194－0001792　001956
[同治]筠連縣志十六卷　(清)程熙春修　(清)[文爾炘]纂　清同治十二年(1873)刻本　三册

110000－3194－0001793　001957
[同治]會理州志十二卷　(清)[鄧仁垣]纂修　清同治十三年(1874)刻本　七册　存十一卷(一至十一)

110000－3194－0001794　001959
[同治]會理州志十二卷　(清)鄧仁垣　(清)楊昶纂修　清同治九年至十三年(1870－1874)刻本　八册

110000－3194－0001795　001960
[同治]會理州志十二卷　(清)鄧仁垣　(清)楊昶纂修　清同治十三年(1874)刻本　九册

110000－3194－0001796　001958
[光緒]直隸瀘州志十二卷　(清)田秀栗修　(清)華國清纂　清光緒八年(1882)刻本　十二册

110000－3194－0001797　001961
[光緒]秀山縣志十四卷首一卷　(清)王壽松修　(清)李稽勳纂　清光緒十七年(1891)刻本　四册

110000－3194－0001798　001962
[光緒]秀山縣志十四卷首一卷　(清)王壽松

修　(清)李稽勳纂　清光緒十七年(1891)刻本　四冊

110000－3194－0001799　001963
[光緒]秀山縣志十四卷首一卷　(清)王壽松修　(清)李稽勳纂　清光緒十七年(1891)刻本　四冊

110000－3194－0001800　001964
[光緒]廣西通志輯要十七卷首一卷　(清)蘇宗經纂修　(清)羊復禮續纂　清光緒十五年至十六年(1889－1890)刻本　十三冊

110000－3194－0001801　001965
[嘉慶]廣西通志二百七十九卷首一卷　(清)謝啟昆修　(清)胡虔纂　清嘉慶七年(1802)刻本　八十冊

110000－3194－0001802　001966
[同治]增修萬縣志三十六卷首一卷　(清)王玉鯨修　(清)范泰衡纂　清同治五年(1866)刻本　六冊

110000－3194－0001803　001967
[同治]合江縣志五十四卷首一卷　(清)瞿樹蔭增修　(清)羅增垣纂　清同治十年(1871)刻本　十二冊

110000－3194－0001804　001968
[光緒]續修敘永永寧廳縣合志五十四卷首一卷　(清)鄧元鏸修　(清)萬慎纂　清光緒三十四年(1908)鉛印本　十二冊

110000－3194－0001805　001970
[道光]茂州志四卷首一卷　(清)楊迦懌修　(清)劉輔廷纂　清道光十一年(1831)刻本(卷一為補刻)　四冊

110000－3194－0001806　001971
[道光]茂州志四卷首一卷　(清)楊迦懌修　(清)劉輔廷纂　清道光十一年(1831)刻本(有補刻)　四冊

110000－3194－0001807　001972
[道光]茂州志四卷首一卷　(清)楊迦懌修　(清)劉輔廷纂　清道光十一年(1831)刻本　四冊

110000－3194－0001808　001973
[同治]續修羅江縣志二十四卷　(清)馬傳業修　(清)劉正慧纂　清同治四年(1865)刻本　二冊

110000－3194－0001809　001974
[同治]續修羅江縣志二十四卷　(清)馬傳業修　(清)劉正慧纂　清同治四年(1865)刻本　二冊

110000－3194－0001810　001975
[嘉慶]羅江縣志十卷　(清)李調元纂修　清嘉慶七年(1802)刻本　二冊

110000－3194－0001811　001976
[嘉慶]羅江縣志三十六卷　(清)李桂林修　(清)鄧林纂　清同治四年(1865)刻本　四冊

110000－3194－0001812　001977
[嘉慶]羅江縣志三十六卷　(清)李桂林修　(清)鄧林纂　清同治四年(1865)刻本　四冊

110000－3194－0001813　001978
緜竹縣鄉土志歷史輿地物產全圖不分卷　(□)□□撰　清光緒三十四年(1908)刻本　一冊

110000－3194－0001814　001979
[道光]綿竹縣志四十六卷　(清)劉慶遠修　清道光二十九年(1849)刻本　十二冊

110000－3194－0001815　001980
[光緒]蓬州志十五卷　(清)方旭修　(清)張禮杰纂　清光緒二十三年(1897)刻本　六冊

110000－3194－0001816　001981
[嘉慶]溫江縣志三十六卷首一卷　(清)李紹祖修　(清)徐文賁　(清)車酉纂　清嘉慶二十年(1815)刻本　六冊

110000－3194－0001817　001982
[咸豐]簡州志十四卷　(清)濮瑗修　(清)陳治安　(清)黃樸纂　清咸豐三年(1853)刻本　十冊

110000－3194－0001818　001983
[咸豐]簡州志十四卷　(清)濮瑗修　(清)陳治安　(清)黄樸纂　清咸豐三年(1853)刻本　十冊

110000－3194－0001819　001984
[光緒]簡州續志十四卷　(清)易家霖修　(清)傅為霖纂　清光緒二十三年(1897)刻本　二冊

110000－3194－0001820　001985
[光緒]簡州續志十四卷　(清)易家霖修　(清)傅為霖纂　清光緒二十三年(1897)刻本　二冊

110000－3194－0001821　001986
[光緒]續修安岳縣志四卷　(清)陳其寬修　(清)鄒宗垣纂　清光緒二十三年(1897)刻本　四冊

110000－3194－0001822　001987
[道光]安岳縣志十六卷首一卷　(清)濮瑗修　(清)周國頤纂　清光緒二十三年(1897)刻本　八冊

110000－3194－0001823　001988
[道光]樂至縣志十六卷首一卷　(清)裴顯忠修　(清)劉碩輔纂　清同治八年(1869)刻本　四冊

110000－3194－0001824　001989
[道光]樂至縣志十六卷首一卷　(清)裴顯忠修　(清)劉碩輔纂　清同治八年(1869)刻本　四冊

110000－3194－0001825　001990
[道光]樂至縣志十六卷首一卷　(清)裴顯忠修　(清)劉碩輔纂　清同治八年(1869)刻本　四冊

110000－3194－0001826　001991
[同治]續金堂縣志八卷首一卷末一卷　(清)王樹桐　(清)徐璞玉修　(清)米繪裳纂　清同治八年(1869)刻本　四冊

110000－3194－0001827　001992
溫江縣鄉土志十二卷　曾學傳輯　清宣統元年(1909)刻本　四冊

110000－3194－0001828　001993
[咸豐]閬中縣志八卷　(清)徐繼鏞修　(清)李惺纂　清咸豐元年(1851)刻本　四冊

110000－3194－0001829　001994
[咸豐]重修梓潼縣志六卷　(清)張香海重修　(清)楊曦纂　清咸豐八年(1858)刻本　六冊

110000－3194－0001830　001995
[光緒]續增樂至縣志四卷首一卷　(清)胡書雲修　(清)鄧瑛纂　清光緒九年(1883)刻本　四冊

110000－3194－0001831　001996
[光緒]續增樂至縣志四卷首一卷　(清)胡書雲修　(清)鄧瑛纂　清光緒九年(1883)刻本　四冊

110000－3194－0001832　001997
[光緒]雷波廳志三十六卷首一卷　(清)秦雲龍修　(清)萬科進纂　清光緒十九年(1893)刻本　六冊

110000－3194－0001833　001998
[光緒]雷波廳志三十六卷首一卷　(清)秦雲龍修　(清)萬科進纂　清光緒十九年(1893)刻本　六冊

110000－3194－0001834　001999
新繁縣鄉土志十卷首一卷　(清)余慎修　(清)陳彥升纂　清光緒三十三年(1907)鉛印本　二冊

110000－3194－0001835　002000
[道光]蓬溪縣志十六卷首一卷　(清)吳章祁　(清)楊文保修　(清)顧士英纂　清道光二十五年(1845)刻本　八冊

110000－3194－0001836　002019
[道光]蓬溪縣志十六卷首一卷　(清)吳章祁　(清)楊文保修　(清)顧士英纂　清道光二十五年(1845)刻本　八冊

110000－3194－0001837　002001
[道光]滎縣志三十八卷首一卷　(清)王培荀纂修　清光緒三年(1877)刻本　八冊

110000－3194－0001838　002002
[光緒]增修灌縣志十四卷首一卷　(清)莊思恒修　(清)鄭珶山纂　清光緒十二年(1886)刻本　十二冊

110000－3194－0001839　002003
[嘉慶]眉州屬志十九卷　(清)涂長發修　(清)王昌年等纂　清嘉慶四年(1799)刻本　十二冊

110000－3194－0001840　002004
[乾隆]遂寧縣志十二卷首一卷　(清)張松孫修　(清)寇賚言　(清)李培峘纂　清乾隆五十二年(1787)刻本　十二冊

110000－3194－0001841　002005
[光緒]射洪縣志十八卷首一卷　(清)黃允欽修　(清)羅錦城纂　清光緒十二年(1886)刻本　十二冊

110000－3194－0001842　002006
[光緒]射洪縣志十八卷首一卷　(清)黃允欽修　(清)羅錦城纂　清光緒十二年(1886)刻本　十冊

110000－3194－0001843　002007
[嘉慶]洪雅縣志二十五卷首一卷　(清)王好音修　(清)張柱等纂　清嘉慶十八年(1813)刻本　七冊

110000－3194－0001844　002008
[嘉慶]洪雅縣志二十五卷首一卷　(清)王好音修　(清)張柱等纂　清嘉慶十八年(1813)刻本　六冊

110000－3194－0001845　002009
[光緒]洪雅縣志十二卷首一卷　(清)郭世棻修　(清)鄧敏修纂　清光緒十年(1884)刻本　四冊

110000－3194－0001846　002010
[光緒]洪雅縣志十二卷首一卷　(清)郭世棻修　(清)鄧敏修纂　清光緒十年(1884)刻本　五冊

110000－3194－0001847　002011
[光緒]洪雅縣志十二卷首一卷　(清)郭世棻修　(清)鄧敏修纂　清光緒十年(1884)刻本　五冊

110000－3194－0001848　002012
[光緒]名山縣志十五卷　(清)趙怡修　(清)趙懿纂　清光緒二十二年(1896)刻本　四冊

110000－3194－0001849　002013
[光緒]越巂廳全志十二卷　(清)馬忠良修　(清)馬湘　(清)孫鏘纂　清光緒三十二年(1906)鉛印本　六冊

110000－3194－0001850　002014
[光緒]越巂廳全志十二卷　(清)馬忠良修　(清)馬湘　(清)孫鏘纂　清光緒三十二年(1906)鉛印本　六冊

110000－3194－0001851　002015
[光緒]越巂廳全志十二卷　(清)馬忠良修　(清)馬湘　(清)孫鏘纂　清光緒三十二年(1906)鉛印本　六冊

110000－3194－0001852　002016
[道光]新都縣志十八卷首一卷　(清)張奉書修　(清)張懷泗纂　清道光二十四年(1844)刻本(卷八有墨筆抄補)　十二冊

110000－3194－0001853　002017
[乾隆]巴縣志十七卷首一卷　(清)王爾鑑纂修　清嘉慶二十五年(1820)刻本　十二冊

110000－3194－0001854　002018
[咸豐]開縣志二十七卷首一卷　(清)李肇奎修　(清)陳崑纂　清咸豐三年(1853)刻本　六冊

110000－3194－0001855　002020
[同治]南溪縣志八卷　(清)福倫修　(清)胡元翔纂　清同治十三年(1874)刻本　八冊

110000－3194－0001856　002021

[道光]新津縣志四十卷首一卷 (清)陳霽學修 (清)葉芳模纂 清道光九年(1829)刻本 十冊

110000－3194－0001857 002022
[光緒]敘州府志四十三卷首一卷末一卷 (清)王麟祥修 (清)邱晉成纂 清光緒二十一年(1895)刻本 二十八冊

110000－3194－0001858 002023
[光緒]奉節縣志三十六卷首一卷 (清)曾秀翹修 (清)楊德坤纂 清光緒十九年(1893)刻本 八冊

110000－3194－0001859 002024
[嘉慶]汶志紀略四卷 (清)李錫書輯 清嘉慶十年(1805)刻本 四冊

110000－3194－0001860 002025
[嘉慶]汶志紀略四卷 (清)李錫書纂修 清光緒刻本 三冊 存三卷(一至三)

110000－3194－0001861 002026
[宣統]峨眉縣續志十卷 (清)李錦成修 (清)朱榮邦纂 清宣統三年(1911)刻本 五冊

110000－3194－0001862 002027
[嘉慶]峨眉縣志十卷首一卷 (清)王燮 (清)張希縉纂修 清宣統三年(1911)刻本 六冊

110000－3194－0001863 002028
[嘉慶]邛州直隸州志四十六卷首一卷 (清)吳鞏修 (清)王來遴纂 清嘉慶二十三年(1818)刻本 十二冊

110000－3194－0001864 002029
[同治]劍州志十卷 (清)李榕編 清同治十二年(1873)刻本(卷末為補抄) 四冊

110000－3194－0001865 002030
[光緒]分水縣志十卷首一卷末一卷 (清)陳常鏵修 (清)臧承宣纂 清光緒三十二年(1906)刻本 六冊

110000－3194－0001866 002031
[嘉慶]漢州志四十卷首一卷末一卷 (清)劉長庚修 (清)張懷泗纂 清道光刻本 十六冊

110000－3194－0001867 002032
[同治]續漢州志八集二十四卷首一卷補志一卷 (清)張超修 (清)曾履中纂 清同治八年(1869)刻本 八冊

110000－3194－0001868 002033
浙志便覽十卷 (清)李應玨著 清光緒二十二年(1896)刻本 四冊

110000－3194－0001869 002034
[光緒]重修彭縣志十三卷首一卷末一卷補遺一卷 (清)張龍甲修 (清)呂調陽纂 清光緒六年(1880)刻本 十冊

110000－3194－0001870 002035
[光緒]重修彭縣志十三卷首一卷末一卷補遺一卷 (清)張龍甲修 (清)呂調陽纂 清光緒六年(1880)刻本 八冊

110000－3194－0001871 002036
[光緒]重修彭縣志十三卷首一卷末一卷補遺一卷 (清)張龍甲修 (清)呂調陽纂 清光緒六年(1880)刻本 八冊

110000－3194－0001872 002037
[道光]石泉縣志十卷 (清)趙德林修 (清)張沆纂 清道光十四年(1844)刻本 六冊

110000－3194－0001873 002038
[道光]重修昭化縣志四十八卷 (清)張紹齡纂修 清同治三年(1864)刻本 六冊

110000－3194－0001874 002039
[光緒]井研志四十二卷首一卷 (清)高承瀛等修 (清)吳嘉謨 (清)龔煦春纂 清光緒二十六年(1900)刻本 十二冊

110000－3194－0001875 002040
[道光]中江縣新志八卷首一卷 (清)楊霈修 (清)李福源 (清)范泰衡纂 清道光十九年(1839)刻本 五冊

110000－3194－0001876　002041
[光緒]梁山縣志十卷首一卷　(清)朱言詩纂修　清光緒二十年(1894)刻本　十二册

110000－3194－0001877　002042
[道光]德陽縣新志十二卷首一卷末一卷　(清)裴顯忠修　(清)劉碩輔纂　清道光十七年(1837)刻本　五册

110000－3194－0001878　002043
[光緒]德陽縣志續編十卷首一卷末一卷　(清)鈕傳善修　(清)李炳靈　(清)楊藻纂　清光緒三十一年(1905)刻本　三册

110000－3194－0001879　002044
[光緒]雙流縣志四卷首一卷　(清)彭琬等纂修　清光緒三年(1877)刻本　八册

110000－3194－0001880　002045
[嘉慶]太平縣志十八卷　(清)慶霖修　(清)戚學標纂　清光緒二十二年(1896)刻本　十册

110000－3194－0001881　002046
[光緒]太平續志十八卷首一卷　(清)陳汝霖修　(清)王棻纂　清光緒二十二年(1896)刻本　八册

110000－3194－0001882　002047
[嘉慶]太平縣志十八卷首一卷　(清)慶霖修　(清)戚學標纂　清光緒二十二年(1896)刻本　十册

110000－3194－0001883　002048
[咸豐]資陽縣志四十八卷首二卷　(清)范涞清修　(清)何華元纂　清咸豐十一年(1861)刻本　十册

110000－3194－0001884　002049
[咸豐]資陽縣志四十八卷首二卷　(清)范涞清修　(清)何華元纂　清咸豐十一年(1861)刻本　十册

110000－3194－0001885　002050
[嘉慶]成都縣志六卷首一卷　(清)王泰雲修　(清)衷以壎纂　清嘉慶二十年(1815)刻本　六册

110000－3194－0001886　002051
綿竹縣鄉土志不分卷　(清)田明理修　(清)黃尚毅纂　清光緒三十四年(1908)刻本　一册

110000－3194－0001887　002052
[光緒]奉化縣志四十卷首一卷　(清)李前泮修　(清)張美翊纂　清光緒三十四年(1908)刻本　十二册

110000－3194－0001888　002053
[乾隆]奉化縣志十四卷首一卷　(清)曹膏修　(清)陳琦纂　清乾隆三十八年(1773)刻本　六册

110000－3194－0001889　002054
[同治]重修成都縣志十六卷首一卷末一卷　(清)李玉宣等修　(清)衷興鑑纂　清同治十二年(1873)刻本　十六册

110000－3194－0001890　002055
[道光]巴州志十卷首一卷　(清)朱錫穀修　(清)陳一津等纂　清道光十三年(1833)刻本　四册

110000－3194－0001891　002056
[光緒]酆都縣志四卷首一卷附典禮備考八卷　(清)田秀栗　(清)徐濬鏞修　(清)徐緒昌纂　(清)蔣履泰增纂　清光緒二十年(1894)刻本　八册

110000－3194－0001892　002057
[同治]郫縣志四十四卷首一卷　(清)[陳慶熙]修　(清)高升之纂　清同治刻本　八册

110000－3194－0001893　002058
[同治]直隸理番廳志六卷首一卷　(清)吳羹梅修　(清)周祚嶧纂　清同治五年至七年(1866－1868)刻本　六册

110000－3194－0001894　002059
[光緒]威遠縣志三編四卷　(清)吳曾輝修　(清)吳榮纂　清光緒三年(1877)刻本　八册

110000－3194－0001895　002060

[同治]璧山縣志十卷首一卷末一卷　(清)寇用平　(清)彭際瀛修　(清)陳錦堂　(清)盧有徽纂　清同治四年(1865)刻本　六冊

110000－3194－0001896　002061

[光緒]新修潼川府志三十卷　(清)阿麟修　(清)王龍勳纂　清光緒二十三年(1897)刻本　十六冊

110000－3194－0001897　002062.

[同治]嵊縣志二十六卷首一卷末一卷　(清)嚴思忠修　(清)蔡以瑺纂　清同治九年(1870)刻本(卷十二至十四補抄)　十六冊

110000－3194－0001898　002063

[光緒]歸安縣志五十二卷首一卷　(清)李昱　(清)陸心源纂修　清光緒七年(1881)刻本　十六冊

110000－3194－0001899　002064

[道光]江北廳志八卷首一卷　(清)福珠朗阿纂修　(清)宋煊輯　清道光二十四年(1844)刻本　八冊

110000－3194－0001900　002065

[光緒]石門縣志十一卷首一卷　(清)余麗元纂修　清光緒五年(1879)刻本　十二冊

110000－3194－0001901　002066

新津縣鄉土志二卷　(清)祿勳纂修　清宣統元年(1909)鉛印本　一冊

110000－3194－0001902　002067

[光緒]湝安縣誌十六卷首一卷　(清)李詩修　(清)陳中元纂　清光緒十年(1884)刻本　八冊

110000－3194－0001903　002068

[光緒]鎮海縣志四十卷　(清)俞樾纂修　清光緒五年(1879)刻本　十六冊

110000－3194－0001904　002069

[同治]重修涪州志十五卷首一卷末一卷　(清)呂紹衣修　(清)王應元纂　清同治九年(1870)刻本　十冊

110000－3194－0001905　002070

[光緒]岳池縣志二十卷首一卷　(清)何其泰修　(清)吳新德纂　清光緒元年(1875)刻本　十冊

110000－3194－0001906　002071

[道光]夔州府志三十六卷首一卷　(清)恩成修　(清)劉德銓纂　清道光七年(1827)刻本(首至卷四墨筆補抄)　二十六冊

110000－3194－0001907　002072

[道光]保寧府志六十二卷　(清)黎學錦修　(清)史觀纂　清道光二十三年(1843)刻本　十六冊

110000－3194－0001908　002073

[光緒]合州志十六卷首一卷　(清)費兆鉞修　(清)程業修纂　清光緒四年(1878)刻本　八冊

110000－3194－0001909　002074

[康熙]臨海縣志十五卷首一卷　(清)洪若臯纂修　清康熙二十二年(1683)刻本　八冊

110000－3194－0001910　002075

[乾隆]永嘉縣志二十六卷　(清)崔錫纂修　清乾隆三十年(1765)刻本　八冊

110000－3194－0001911　002076

[乾隆]鄞縣志三十卷首一卷　(清)錢維喬修　(清)錢大昕纂　清乾隆五十三年(1788)刻本　十八冊

110000－3194－0001912　002077

[同治]鄞縣志七十五卷　(清)張恕修　(清)董沛等纂　清光緒三年(1877)刻本　三十四冊

110000－3194－0001913　002078

[乾隆]紹興府志八十卷首一卷　(清)李亨特修　(清)平恕　(清)徐嵩纂　清乾隆五十七年(1792)刻本　四十六冊

110000－3194－0001914　002079

[乾隆]餘姚志四十卷　(清)唐若瀛修　(清)施毓暉纂　清乾隆四十六年(1781)刻本　八冊

110000－3194－0001915　002080
乾道臨安志三卷首一卷札記一卷　(宋)周淙撰　清光緒四年(1878)刻本　一冊

110000－3194－0001916　002081
[嘉慶]台州外書二十卷　(清)戚學標纂修　清嘉慶四年(1799)刻本　四冊

110000－3194－0001917　002082
[光緒]剡源鄉志二十四卷首一卷　(清)趙霈濤纂修　清光緒二十九年(1903)活字印本　六冊

110000－3194－0001918　002083
嘉定赤城志四十卷　(宋)齊碩修　(清)陳耆卿纂　清嘉慶二十三年(1818)刻本　六冊

110000－3194－0001919　002084
[康熙]重修沭陽縣志四卷　(清)張奇抱修　(清)胡簡敬纂　清康熙十三年(1674)刻本　六冊

110000－3194－0001920　002085
[嘉慶]東臺縣志四十卷　(清)周右修　(清)蔡復午纂　清嘉慶二十二年(1817)刻本(卷尾有補配)　十二冊

110000－3194－0001921　002086
[道光]東臺縣志四十卷　(清)周右修　(清)蔡復午纂　清道光十年(1830)增刻本　十冊

110000－3194－0001922　002087
雲間志三卷續入一卷　(宋)楊潛纂修　清光緒二十年(1894)刻本　二冊

110000－3194－0001923　002088
[光緒]寶山縣志十四卷首一卷　(清)梁蒲貴修　(清)朱廷射纂　清光緒八年(1882)刻本　八冊

110000－3194－0001924　002089
[光緒]仙居志二十四卷首一卷　(清)王壽頤修　(清)王棻纂　清光緒二十年(1894)活字印本　十冊

110000－3194－0001925　002090
[乾隆]蕭山縣志四十卷　(清)黃鈺重修　清乾隆十六年(1751)刻本　十二冊

110000－3194－0001926　002091
[道光]縉雲縣志十八卷首一卷　(清)湯成烈修　(清)尹希伊纂　清道光二十九年(1849)刻本　十冊

110000－3194－0001927　002092
[雍正]寧波府志三十六卷首一卷　(清)曹秉仁修　(清)萬經纂　清道光二十六年(1846)刻本　十六冊

110000－3194－0001928　002093
[光緒]諸暨縣志六十卷首一卷　(清)陳遹聲修　(清)蔣鴻藻纂　清宣統二年至三年(1910－1911)刻本　十八冊

110000－3194－0001929　002094
[光緒]慈溪縣志五十六卷附編一卷　(清)楊泰亨修　(清)馮可鏞纂　清光緒二十五年(1899)刻本　二十四冊

110000－3194－0001930　002095
[光緒]富陽縣志二十四卷首一卷　(清)汪文炳修　(清)蔣敬時纂　清光緒三十二年(1906)刻本　十六冊

110000－3194－0001931　002096
[光緒]桐鄉縣志二十四卷首四卷　(清)嚴辰纂修　(清)沈曰富輯　清光緒十三年(1887)刻本　二十四冊

110000－3194－0001932　002097
[光緒]重修嘉善縣志三十六卷首一卷　(清)江峰青修　(清)顧福仁纂　清光緒二十年(1894)刻本　十六冊

110000－3194－0001933　002098
[光緒]常昭合志稿四十八卷首一卷末一卷　(清)鄭鍾祥　(清)張瀛修　(清)龐鴻文纂　清光緒三十年(1904)活字印本　二十冊

110000－3194－0001934　002099
[乾隆]常昭合志十二卷首一卷　(清)王錦　(清)楊繼熊修　(清)言如泗等纂　清光緒二

十四年(1898)活字印本　十四冊

110000－3194－0001935　002100
[道光]重修寶應縣志二十八卷首一卷　(清)孟毓蘭修　(清)喬載繇纂　清道光二十年至二十一年(1840－1841)刻本　十冊

110000－3194－0001936　002102
[同治]徐州府志二十五卷　(清)吴世熊修　(清)劉庠纂　清同治十三年(1874)刻本　十二冊

110000－3194－0001937　002103
[光緒]盱眙縣志稿十七卷首一卷　(清)王錫元修　(清)高延第纂　清光緒十七年(1891)刻本　九冊

110000－3194－0001938　002104
[光緒]武進陽湖縣志三十卷首一卷　(清)王其淦等修　(清)湯成烈纂　清光緒五年(1879)刻本　二十冊

110000－3194－0001939　002105
[光緒]武進陽湖縣志三十卷首一卷　(清)王其淦等修　(清)湯成烈纂　清光緒五年(1879)刻本　二十冊

110000－3194－0001940　002106
[光緒]武進陽湖縣志三十卷首一卷　(清)王其淦等修　(清)湯成烈纂　清光緒五年(1879)刻本　二十冊

110000－3194－0001941　002107
[光緒]餘姚縣志二十七首一卷末一卷　(清)周炳麟修　清光緒二十五年(1899)刻本　十六冊

110000－3194－0001942　002108
[光緒]金山縣志三十卷首一卷　(清)龔寶琦修　(清)黄厚本纂　清光緒四年(1878)刻本　八冊

110000－3194－0001943　002109
[光緒]崑新兩縣續修合志五十二卷首一卷末一卷　(清)金吴瀾修　(清)汪堃纂　清光緒六年至七年(1880－1881)刻本　二十四冊

110000－3194－0001944　002114
[光緒]崑新兩縣續修合志五十二卷首一卷末一卷　(清)金吴瀾修　(清)汪堃纂　清光緒六年(1880)刻本　二十四冊

110000－3194－0001945　002110
寶應圖經六卷首二卷　(清)劉寶楠撰　清光緒九年(1883)刻本　四冊

110000－3194－0001946　002111
[光緒]泰興縣志二十六卷首一卷末一卷　(清)楊激雲修　(清)顧曾烜纂　清光緒十二年(1886)刻本　十冊

110000－3194－0001947　002112
[光緒]上虞縣志四十八卷首一卷末一卷　(清)唐煦春修　(清)朱士黻纂　清光緒十六年至十七年(1890－1891)刻本　二十冊

110000－3194－0001948　002113
[光緒]上虞縣志校續五十卷首一卷末一卷　(清)儲家藻修　(清)徐致靖纂　清光緒二十四年至二十五年(1898－1899)刻本　二十冊

110000－3194－0001949　002115
[光緒]丹徒縣志六十卷首四卷　(清)何紹章修　(清)呂耀斗纂　清光緒五年(1879)刻本　三十四冊

110000－3194－0001950　002116
[道光]重刊續纂宜荊縣志十卷首一卷　(清)顧名修　(清)吴德旋纂　清道光二十年(1840)刻本　四冊

110000－3194－0001951　002117
[光緒]宜興荊溪縣新志十卷首一卷末一卷　(清)施惠修　(清)吴景牆纂　清光緒八年(1882)刻本　七冊

110000－3194－0001952　002118
[咸豐]邳州志二十卷首一卷　(清)魯一同撰　清光緒二十一年(1895)刻本　四冊

110000－3194－0001953　002119
[道光]懷寧縣志二十八首一卷末一卷　(清)王毓芳修　(清)江爾維纂　清道光五年

(1825)刻本　十册

110000－3194－0001954　002120
[光緒]重修華亭縣志二十四卷首一卷末一卷　(清)楊開第修　(清)姚光發纂　清光緒四年至五年(1878－1879)刻本　十册

110000－3194－0001955　002121
[同治]祁門縣志三十六卷首一卷　(清)周溶修　(清)汪韻珊纂　清同治十二年(1873)刻本　十二册

110000－3194－0001956　002122
[光緒]廬江縣志十六卷首一卷　(清)錢鑅修　(清)盧鈺纂　清光緒十一年(1885)活字印本　十六册

110000－3194－0001957　002123
[光緒]續修廬州府志一百卷首一卷末一卷　(清)黄雲修　(清)林之望纂　清光緒十一年(1885)刻本　四十八册

110000－3194－0001958　002124
[康熙]徽州府志十八卷　(清)丁廷楗等修　(清)趙吉士纂　清康熙三十八年(1699)刻本(第三册的第一葉、卷十八第五十八至六十葉為抄配)　十册

110000－3194－0001959　002125
[光緒]續修舒城縣志五十卷首一卷末一卷　(清)呂林鍾修　(清)趙鳳詔纂　清光緒三十三年(1907)活字印本　十六册

110000－3194－0001960　002126
[光緒]宣城縣志四十卷首一卷　(清)李應泰修　(清)章綬纂　清光緒十四年(1888)活字印本　二十五册

110000－3194－0001961　002127
[光緒]宣城縣志四十卷首一卷　(清)李應泰修　(清)章綬纂　清光緒十六年(1890)活字印本　二十五册

110000－3194－0001962　002128
[光緒]重修安徽通志三百五十卷補遺十卷　(清)吳坤修等修　(清)何紹基等纂　(清)盧士傑續修　(清)馮焯續纂　清光緒七年(1881)刻本　一百二十册

110000－3194－0001963　002129
[道光]徽州府志十六卷首一卷　(清)馬步蟾等纂修　清道光七年(1827)刻本　三十册

110000－3194－0001964　002130
[光緒]泗虹合志十九卷　(清)方瑞蘭修　(清)江殿颺　(清)許湘甲纂　清光緒十四年(1888)刻本　八册

110000－3194－0001965　002131
[淳熙]新安志十卷　(宋)羅願撰　清光緒十四年(1888)刻本　四册

110000－3194－0001966　002132
[嘉慶]黟縣志十六卷首一卷末一卷　(清)吳甸華修　(清)程汝翼纂　(清)呂子珏續修　(清)詹錫齡續纂　清同治九年(1870)刻本　三十二册

110000－3194－0001967　002133
[光緒]鳳臺縣志二十五卷首一卷　(清)李師沆修　(清)葛蔭南　(清)周爾儀纂　清光緒十八年至十九年(1892－1893)活字印本　十册

110000－3194－0001968　002134
[嘉慶]山陰縣志三十卷首一卷　(清)徐元梅修　(清)朱文翰纂　清嘉慶八年(1803)刻本　二十六册

110000－3194－0001969　002135
[光緒]縉雲縣志十六卷首一卷末一卷　(清)何乃容修　(清)潘樹棠纂　清光緒七年(1881)刻本　十册

110000－3194－0001970　002136
[光緒]分疆錄十二卷首一卷　(清)林鶚纂修　(清)林用霖續編　清光緒五年(1879)刻本　一册

110000－3194－0001971　002137
[同治]景寧縣志十四卷首一卷末一卷　(清)周杰修　(清)嚴用光等纂　清同治十二年(1873)刻本　八册

110000－3194－0001972　002138

[光緒]處州府志三十卷首一卷末一卷　(清)潘紹詒修　(清)周榮椿纂　清光緒三年(1877)刻本　二十八册

110000－3194－0001973　002139

[同治]江山縣志十二卷首一卷末一卷　(清)王彬修　(清)朱寶慈纂　清同治十二年(1873)刻本　八册

110000－3194－0001974　002140

[同治]江山縣志十二卷首一卷末一卷　(清)王彬修　(清)朱寶慈纂　清同治十二年(1873)刻本　七册

110000－3194－0001975　002141

唐棲志二十卷　(清)王同纂修　清光緒十六年(1890)刻本　八册

110000－3194－0001976　002142

[光緒]青田縣志十八卷首一卷　(清)雷銑修　(清)[王棻]纂　清光緒二年(1876)刻本　十三册　存十八卷(一至十八)

110000－3194－0001977　002143

[光緒]宣平縣志二十卷首一卷　(清)皮樹棠纂修　清光緒四年(1878)刻本　八册

110000－3194－0001978　002144

[光緒]宣平縣志二十卷首一卷　(清)皮樹棠纂修　清光緒四年(1878)刻本　八册

110000－3194－0001979　002145

[同治]麗水縣志十五卷　(清)彭潤章纂修　清同治十三年(1874)刻本　八册

110000－3194－0001980　002146

[光緒]蘭谿縣志八卷首一卷補遺一卷　(清)秦簧修　(清)唐壬森纂　清光緒十三年(1887)刻本　十册

110000－3194－0001981　002147

[光緒]慶元縣志十二卷首一卷　(清)林步瀛修　(清)史恩緒纂　清光緒三年(1877)刻本　十册

110000－3194－0001982　002148

[康熙]衢州府志四十卷首一卷　(清)楊廷望纂修　(清)劉國光重纂　清光緒八年(1882)刻本　十二册

110000－3194－0001983　002149

[光緒]遂昌縣志十二卷首一卷外編四卷　(清)胡壽海修　(清)褚成允纂　清光緒二十二年(1896)刻本　十二册

110000－3194－0001984　002150

[雍正]敕修浙江通志二百八十卷首三卷　(清)李衛修　(清)傅王露等纂　清乾隆元年(1736)刻本　一百二十册

110000－3194－0001985　002151

[雍正]敕修浙江通志二百八十卷首三卷　(清)李衛修　(清)傅王露等纂　清嘉慶十七年(1812)刻本(首二、三有抄配)　一百册

110000－3194－0001986　002152

[康熙]金華府志三十卷　(清)張藎修　(清)沈麟趾纂　清宣統元年(1909)石印本　十二册

110000－3194－0001987　002153

[同治]長興縣志三十二卷　(清)趙定邦修　(清)周學濬纂　清光緒二十二年(1896)刻本　十六册

110000－3194－0001988　002154

[光緒]黃巖縣志四十卷首一卷　(清)陳鐘英修　(清)王詠霓纂　清光緒六年(1880)刻本　十六册

110000－3194－0001989　002155

[光緒]平湖縣志二十五卷首一卷末一卷　(清)彭潤章修　(清)葉廉鍔纂　清光緒十二年(1886)刻本　十三册

110000－3194－0001990　002156

[光緒]龍泉縣志十二卷首一卷　(清)顧國詔修　(清)張世堉纂　清光緒四年(1878)刻本　六册

110000－3194－0001991　002157

[光緒]定海廳志三十卷首一卷　(清)史致馴

修 (清)陳重威纂 清光緒二十八年(1902)刻本 十册

110000－3194－0001992 002158
[光緒]嚴州府志三十八卷首一卷 (清)吳世榮修 (清)鄒柏森纂 清光緒九年(1883)刻本 二十八册

110000－3194－0001993 002159
萬曆錢塘縣志十紀 (明)聶心湯纂修 清光緒十九年(1893)刻本 六册

110000－3194－0001994 002160
景定嚴州續志十卷 (宋)鄭瑤 (宋)方仁榮撰 清光緒刻本 二册

110000－3194－0001995 002161
嚴州圖經三卷校字記一卷 (宋)陳公亮撰 (宋)袁昶校字 清光緒十九年(1893)刻本 二册

110000－3194－0001996 002162
[咸淳]臨安志一百卷 (宋)潛說友纂修 清道光十年(1830)刻本 二十四册

110000－3194－0001997 002163
[道光]宣威州志八卷 (清)劉沛霖修 (清)朱光鼎纂 清道光二十四年(1844)刻本(卷一至二為抄配) 六册

110000－3194－0001998 002164
全滇紀要四節 (清)雲南課吏館纂修 清光緒三十二年(1906)鉛印本 十册

110000－3194－0001999 002165
全滇紀要四節 (清)雲南課吏館纂修 清光緒三十二年(1906)鉛印本 十册

110000－3194－0002000 002166
全滇紀要四節 (清)雲南課吏館纂修 清光緒三十二年(1906)鉛印本 十册

110000－3194－0002001 002167
[光緒]黔西州續志六卷 (清)白建鋆修 (清)諶焕模纂 清光緒十年(1884)刻本 四册

110000－3194－0002002 002168
[道光]黔西州志八卷 (清)魯壽崧修 (清)熊聲元纂 清光緒十年(1884)刻本 六册

110000－3194－0002003 002169
[光緒]興義府志續編二卷 (清)余厚墉輯 清光緒九年(1883)鉛印本 一册

110000－3194－0002004 002170
[咸豐]安順府志五十四卷首一卷 (清)常恩修 (清)鄒漢勳纂 清光緒十七年(1891)刻本 十六册

110000－3194－0002005 002171
重刊嘉靖海寧縣志九卷首一卷附錄一卷 (清)蔡完纂修 清光緒二十四年(1898)刻本 二册

110000－3194－0002006 002172
[光緒]嘉興府志八十八卷首二卷 (清)許瑤光修 (清)吳仰賢纂 清光緒四年(1878)刻本 四十八册

110000－3194－0002007 002173
[光緒]續雲南通志稿一百九十四卷首六卷 (清)王文韶修 (清)唐炯纂 清光緒二十六年(1900)刻本 一百册

110000－3194－0002008 002174
[光緒]續雲南通志稿一百九十四卷首六卷 (清)王文韶修 (清)唐炯纂 清光緒二十七年(1901)刻本 一百册

110000－3194－0002009 002175
[乾隆]續修蒙化直隸廳志六卷首一卷 (清)劉塏 (清)席慶年修 (清)吳蒲等纂 清光緒七年(1881)刻本(卷三至六為抄配) 四册

110000－3194－0002010 002176
[光緒]永昌府志六十六卷首一卷 (清)劉毓珂等纂修 清光緒十一年(1885)刻本 十四册

110000－3194－0002011 002177
[光緒]雲南通志二百四十二卷首四卷 (清)岑毓英修 (清)陳燦纂 清光緒二十年

(1894)刻本　二百二十册

110000－3194－0002012　002178
[咸豐]鎮南州志六卷　(清)華國清修　(清)劉階等纂　清咸豐三年(1853)刻本　六册

110000－3194－0002013　002179
[道光]昆明縣志十卷　(清)戴絅孫輯　清光緒三十年(1904)刻本　六册

110000－3194－0002014　002180
[道光]昆明縣志十卷　(清)戴絅孫輯　清光緒三十年(1904)刻本　六册

110000－3194－0002015　002181
[康熙]通海縣志八卷　(清)魏藎臣修　(清)闞禎兆纂　清康熙刻本　四册

110000－3194－0002016　002182
[雍正]安寧州志二十卷　(清)楊若椿修　(清)段昕纂　清光緒刻本　四册

110000－3194－0002017　002183
[乾隆]石屏州志八卷　(清)管學宣纂修　清乾隆二十四年(1759)刻本　七册

110000－3194－0002018　002184
[乾隆]石屏州續志二卷　(清)呂纘先修　(清)羅元琦纂　清乾隆四十五年(1780)刻本　一册

110000－3194－0002019　002185
西藏通覽不分卷　(日本)山縣初男撰　(清)四川西藏研究會編譯　清宣統鉛印本　四册

110000－3194－0002020　002186
西藏通覽不分卷　(日本)山縣初男撰　(清)四川西藏研究會編譯　清宣統元年(1909)鉛印本　四册

110000－3194－0002021　002187
西藏通覽不分卷　(日本)山縣初男撰　(清)四川西藏研究會編譯　清宣統元年(1909)鉛印本　四册

110000－3194－0002022　002188
[雍正]呈貢縣志八卷　(清)朱若功修　(清)戴天賜纂　(清)李明□續修　(清)李蔚文續纂　清光緒十一年(1885)刻本　八册

110000－3194－0002023　002189
[光緒]羅次縣志四卷　(清)胡毓麒修　(清)楊鍾璧纂　清光緒十三年(1887)刻本　四册

110000－3194－0002024　002190
[光緒]蔚州志二十卷首一卷　(清)慶之金修　(清)楊篤纂　清光緒三年(1877)刻本　八册

110000－3194－0002025　002191
[光緒]定興縣志二十六卷首一卷　(清)嚴祖望修　(清)楊晨纂　清光緒十六年至十七年(1890－1891)刻本　十二册

110000－3194－0002026　002192
[同治]深州風土記二十二卷附表五卷　(清)吳汝綸纂修　清光緒二十六年(1900)刻本　八册

110000－3194－0002027　002193
[同治]深州風土記二十二卷附表五卷　(清)吳汝綸纂修　清光緒二十六年(1900)刻本　八册

110000－3194－0002028　002194
[光緒]東光縣志十二卷首一卷　(清)周植瀛修　(清)吳潯源纂　清光緒十四年(1888)刻本　八册

110000－3194－0002029　002195
[同治]鹽山縣志十六卷首一卷末一卷　(清)王福謙修　(清)潘震乙纂　清同治七年(1868)刻本　八册

110000－3194－0002030　002196
[乾隆]豐潤縣志八卷　(清)吳慎纂修　清乾隆二十年(1755)刻本　四册

110000－3194－0002031　002197
[光緒]豐潤縣志十二卷　(清)郝增祜纂修　(清)周晉堃續纂　清光緒十七年(1891)刻本　十二册

110000－3194－0002032　002198
[道光]承德府志六十卷首二十六卷　(清)海忠修　(清)廷杰　(清)李世寅重訂　清光緒十三年(1887)刻本　二十四册

110000－3194－0002033　002199
[道光]承德府志六十卷首二十六卷　(清)海忠修　(清)廷杰　(清)李世寅重訂　清光緒十三年(1887)刻本　二十四册

110000－3194－0002034　002200
[同治]欒城縣志十四卷首一卷末一卷　(清)陳詠修　(清)張惇德纂　清同治十一年至十二年(1872－1873)刻本　六册

110000－3194－0002035　002201
[光緒]續永清縣志十四卷續永清文徵二卷 (清)李秉鈞　(清)吳欽修　(清)魏邦翰纂　清光緒元年(1875)刻本　四册

110000－3194－0002036　002202
[光緒]獲鹿縣志十四卷首一卷末一卷　(清)俞錫綱等修　(清)曹鑅纂　清光緒七年(1881)刻本　十册

110000－3194－0002037　002203
[宣統]承德縣志書不分卷　(清)都林布修 (清)李巨源　(清)徐守常纂　(清)金正元續修　(清)張子瀛　(清)聞鵬齡續纂　清宣統二年(1910)石印本　二册

110000－3194－0002038　002204
[光緒]忻州志四十二卷　(清)方戊昌修 (清)方淵如纂　清光緒六年(1880)刻本　八册

110000－3194－0002039　002205
[道光]太原縣志十八卷　(清)員佩蘭修 (清)楊國泰纂　清道光六年(1826)刻本　六册

110000－3194－0002040　002206
[光緒]續太原縣志二卷　(清)薛元釗修 (清)王效尊纂　清光緒八年(1882)刻本　二册

110000－3194－0002041　002207
[乾隆]貴州通志四十六卷首一卷　(清)鄂爾泰修　(清)靖道謨纂　清乾隆六年(1741)刻本　二十四册

110000－3194－0002042　002208
[光緒]續修白鹽井志十二卷首一卷　(清)李訓鋐修　(清)羅其澤纂　清光緒三十三年(1907)刻本　十二册

110000－3194－0002043　002209
[乾隆]赤城縣志八卷首一卷　(清)孟思誼纂修　(清)黃紹七續纂　清光緒九年(1883)刻本　四册

110000－3194－0002044　002209
[同治]赤城縣續志十卷首一卷　(清)林牟貽纂修　清光緒九年(1883)刻本　一册　存十卷(一至五、七至十,首一卷)

110000－3194－0002045　002210
[光緒]永平府志七十二卷首一卷末一卷 (清)游智開修　(清)史夢蘭纂　清光緒五年(1879)刻本　三十二册

110000－3194－0002046　002211
[光緒]太平縣志十四卷首一卷　(清)勞文慶　(清)朱光綬修　(清)婁道南纂　清光緒八年(1882)刻本　十册

110000－3194－0002047　002212
[道光]太平縣志十六卷首一卷　(清)李炳彦修　(清)梁棲鸞纂　清道光五年(1825)刻本　八册

110000－3194－0002048　002213
[光緒]代州志十二卷首一卷　(清)俞廉三修　(清)楊篤纂　清光緒八年(1882)刻本　六册

110000－3194－0002049　002214
[乾隆]直隸代州志六卷　(清)吳重光纂修 清乾隆五十年(1785)刻本　八册

110000－3194－0002050　002215
[乾隆]汾陽縣志十四卷首一卷　(清)李文起

修　(清)戴震纂　清乾隆三十七年(1772)刻本　六册

110000－3194－0002051　002216
[乾隆]汾陽縣志十四卷首一卷　(清)李文起修　(清)戴震纂　清乾隆三十七年(1772)刻本　八册

110000－3194－0002052　002217
[道光]汾陽縣志十四卷首一卷　(清)周貽繯修　(清)曹樹穀纂　清咸豐元年(1851)刻本　八册

110000－3194－0002053　002218
[光緒]汾陽縣志十四卷首一卷　(清)方家駒等修　(清)王文員纂　清光緒十年(1884)刻本　十册

110000－3194－0002054　002219
[咸豐]容城縣志八卷　(清)詹作周修　(清)王振綱等纂　清咸豐七年(1857)刻本　六册

110000－3194－0002055　002220
[光緒]永濟縣志二十四卷　(清)李榮和　(清)劉鍾麟修　(清)張元懋纂　清光緒十二年(1886)刻本　十四册

110000－3194－0002056　002221
[光緒]平遙縣志十二卷　(清)恩端等修　(清)武達材　(清)王舒萼纂　清光緒九年(1883)刻本　八册

110000－3194－0002057　002222
[道光]繁峙縣志六卷　(清)吳其均纂修　清道光十六年(1836)刻本　六册

110000－3194－0002058　002223
[嘉慶]介休縣志十四卷　(清)徐品山　(清)陸元鏸纂修　清嘉慶二十四年(1819)刻本　八册

110000－3194－0002059　002224
[光緒]夏縣志十卷首一卷　(清)黃縉榮　(清)萬啟鈞修　(清)張承熊纂　清光緒六年(1880)刻本　四册

110000－3194－0002060　002225
[乾隆]渾源州志十卷　(清)桂敬順纂修　清乾隆二十八年(1763)刻本　五册

110000－3194－0002061　002226
[乾隆]孝義縣志二十卷　(清)鄧必安修　(清)鄧常纂　清光緒六年(1880)刻本　六册

110000－3194－0002062　002227
[乾隆]孝義縣志二十卷　(清)鄧必安修　(清)鄧常纂　清乾隆三十五年(1770)刻本　八册

110000－3194－0002063　002228
[康熙]重修平遙縣志八卷　(清)王綬修　(清)康乃心纂　清康熙四十六年(1707)刻本　四册

110000－3194－0002064　002229
[乾隆]解州安邑縣志十六卷首一卷　(清)言如泗　(清)呂瀶纂修　清乾隆二十九年(1764)刻本　四册

110000－3194－0002065　002230
[乾隆]新修曲沃縣志四十卷　(清)張坊修　(清)胡元琢　(清)徐儲纂　清乾隆二十三年至二十四年(1758－1759)刻本　八册

110000－3194－0002066　002231
[光緒]續修曲沃縣志三十二卷　(清)張鴻逵　(清)茅丕熙修　(清)韓子泰纂　清光緒六年(1880)刻本　六册

110000－3194－0002067　002232
[光緒]太谷縣志八卷首一卷末一卷　(清)恩浚修　(清)王效尊纂　清光緒十二年(1886)刻本　八册

110000－3194－0002068　002233
[乾隆]太谷縣志八卷　(清)王廷贊修　(清)武一韓纂　(清)王澤沛續纂修　清乾隆四年(1739)刻本　四册

110000－3194－0002069　002234
山西鄉土志不分卷　(清)秋航撰　清宣統二年(1910)抄本　一册

110000－3194－0002070　002235
[光緒]榆次縣續志四卷　(清)吳師祁(清)張承熊修　(清)黃汝梅　(清)王儆纂　清光緒十一年(1885)刻本(山西知府陳君暨配宋淑人墓誌銘為抄配)　一冊

110000－3194－0002071　002236
[同治]稷山縣志十卷　(清)沈鳳翔修(清)鄧嘉紳纂　清同治四年(1865)刻本　八冊

110000－3194－0002072　002237
[咸豐]和林格爾城志四卷　(清)托明修(清)伊長纂　清咸豐二年(1852)活字印本　三冊

110000－3194－0002073　002238
[咸豐]和林格爾城志四卷　(清)托明修(清)伊長纂　清咸豐二年(1852)活字印本　三冊

110000－3194－0002074　002239
[光緒]綏遠志十卷首一卷　(清)貽穀修　高賡恩纂　清光緒三十四年(1908)刻本　六冊

110000－3194－0002075　002240
[光緒]清源鄉志十八卷首一卷　(清)王勳祥修　(清)王效尊纂　清光緒八年(1882)刻本　六冊

110000－3194－0002076　002241
[嘉慶]靈石縣志十二卷　(清)王志瀜修(清)黃憲臣纂　清嘉慶二十二年(1817)刻本　六冊

110000－3194－0002077　002242
[道光]趙城縣志三十七卷首一卷　(清)楊延亮纂修　清道光七年(1827)刻本　八冊

110000－3194－0002078　002243
[乾隆]廣靈縣志十卷首一卷末一卷　(清)郭磊纂修　清乾隆十九年(1754)刻本　四冊

110000－3194－0002079　002244
[正德]武功縣志三卷首一卷　(明)康海撰(清)孫景烈評注　清光緒十三年(1887)刻本　一冊

110000－3194－0002080　002245
[宣統]文水縣鄉土志八卷補遺一卷　(清)成連增撰　清宣統元年(1909)鉛印本　一冊

110000－3194－0002081　002246
[乾隆]鳳臺縣志二十卷首一卷　(清)林荔修　(清)姚學甲纂　清乾隆四十九年(1784)刻本(第十一冊卷十八為抄配)　十二冊

110000－3194－0002082　002246
[光緒]鳳臺縣續志四卷首一卷　(清)張貽琯修　(清)郭維垣等纂　清光緒八年(1882)刻本　四冊

110000－3194－0002083　002247
[光緒]黑龍江述略六卷　(清)徐宗亮纂修　清光緒十七年(1891)刻本　二冊

110000－3194－0002084　002248
[宣統]長白彙徵錄八卷　(清)張鳳臺修(清)劉龍光纂　清宣統元年(1909)鉛印本　四冊

110000－3194－0002085　002249
[宣統]長白彙徵錄八卷　(清)張鳳臺修(清)劉龍光纂　清宣統元年(1909)鉛印本　四冊

110000－3194－0002086　002250
[咸豐]開原縣志八卷首一卷　(清)全祿修(清)張式金等纂　清咸豐七年(1857)刻本　八冊

110000－3194－0002087　002251
[康熙]陝西通志三十二卷　(清)賈漢復修(清)李楷纂　清康熙五十年(1711)刻本　六十冊

110000－3194－0002088　002252
[雍正]陝西通志一百卷首一卷　(清)劉於義修　(清)沈青崖纂　清雍正十三年(1735)刻本　一百冊

110000－3194－0002089　002253
[乾隆]富平縣志八卷　(清)吳六鰲修

(清)胡文銓纂　清乾隆四十三年(1778)刻本　六冊

110000－3194－0002090　002254
[乾隆]富平縣志八卷　(清)吳六鰲修　(清)胡文銓纂　清乾隆四十三年(1778)刻本　六冊

110000－3194－0002091　002255
[光緒]富平縣志稿十卷首一卷　(清)劉錕修　(清)譚麐纂　清光緒十七年(1891)刻本　十冊

110000－3194－0002092　002256
[道光]大荔縣志十六卷首一卷足徵錄四卷　(清)熊兆麟纂修　清道光三十年(1850)刻本　六冊

110000－3194－0002093　002257
[道光]大荔縣志十六卷首一卷足徵錄四卷　(清)熊兆麟纂修　清道光三十年(1850)刻本　五冊　存十九卷(一至十四、首一卷、足徵錄四卷)

110000－3194－0002094　002258
安西衛二卷　(清)[黃文煒]纂修　清乾隆刻本　一冊

110000－3194－0002095　002258
沙洲二卷　(清)[黃文煒]纂修　清乾隆刻本　一冊

110000－3194－0002096　002258
柳溝衛一卷附靖逆衛一卷赤金所一卷　(清)[黃文煒]纂修　清乾隆刻本　一冊

110000－3194－0002097　002258
[乾隆]高臺縣志六卷　(清)[黃文煒]纂修　清乾隆刻本　二冊

110000－3194－0002098　002258
西陲紀略一卷　(清)[黃文煒]纂修　清乾隆刻本　一冊

110000－3194－0002099　002259
[光緒]鳳縣志十卷首一卷　(清)朱子春修　(清)段澍霖纂　清光緒十八年(1892)刻本　四冊

110000－3194－0002100　002260
[乾隆]興安府志三十卷　(清)李國麒纂修　清乾隆五十三年(1788)刻本　八冊

110000－3194－0002101　002261
[道光]鄜州志五卷首一卷　(清)吳鳴捷修　(清)譚瑀纂　清道光十四年(1834)刻本　六冊

110000－3194－0002102　002262
[光緒]新續渭南縣志十二卷　(清)嚴書麟修　(清)焦聯甲纂　清光緒十八年(1892)刻本　十冊

110000－3194－0002103　002263
[康熙]城固縣志十卷　(清)王穆纂修　(清)徐德懷重刊　清光緒四年(1878)刻本　四冊

110000－3194－0002104　002264
[康熙]城固縣志十卷　(清)王穆纂修　(清)徐德懷重刊　清光緒四年(1878)刻本　四冊

110000－3194－0002105　002265
[乾隆]鄠縣新志六卷　(清)汪以誠修　(清)孫景烈纂　清乾隆四十二年(1777)刻本　四冊

110000－3194－0002106　002266
[乾隆]隴州續志八卷首一卷末一卷　(清)吳炳纂修　清乾隆三十一年(1766)刻本　四冊

110000－3194－0002107　002267
[乾隆]鳳翔縣志八卷首一卷　(清)羅鰲修　(清)周方炯纂　清乾隆三十二年(1767)刻本(卷二末有補刻)　八冊

110000－3194－0002108　002268
[乾隆]興平縣志二十五卷　(清)顧聲雷纂修　清光緒二年(1876)刻本　六冊

110000－3194－0002109　002268
興平縣士女續志三卷　(清)王權撰　清光緒二年(1876)刻本　一冊

110000－3194－0002110　002269
[乾隆]直隸商州志十四卷首一卷　(清)王如玖纂修　清乾隆九年(1744)刻本　八册

110000－3194－0002111　002270
[乾隆]續商州志十卷　(清)羅文思纂修　清乾隆二十三年(1758)刻本　二册

110000－3194－0002112　002270
[乾隆]直隸商州志十四卷首一卷　(清)王如玖纂修　清乾隆九年(1744)刻本　八册

110000－3194－0002113　002271
[乾隆]韓城縣志十六卷首一卷　(清)傅應奎修　(清)錢坫纂　清乾隆四十九年(1784)刻本　六册

110000－3194－0002114　002272
[嘉慶]韓城縣續志五卷　(清)冀蘭泰修　(清)陸耀遹纂　清嘉慶二十三年(1818)刻本　一册

110000－3194－0002115　002517
[嘉慶]韓城縣續志五卷　(清)冀蘭泰纂修　清嘉慶二十三年(1818)刻本　一册

110000－3194－0002116　002273
[乾隆]咸陽縣志二十二卷首一卷末一卷　(清)臧應桐纂修　清道光十六年(1836)刻本　六册

110000－3194－0002117　002273
[道光]續修咸陽縣志一卷　(清)陳堯書纂修　清道光十六年(1836)刻本　一册

110000－3194－0002118　002274
[乾隆]咸陽縣志二十二卷首一卷末一卷　(清)臧應桐纂修　清道光十六年(1836)刻本　四册

110000－3194－0002119　002274
[道光]續修咸陽縣志一卷　(清)陳堯書纂修　清道光十六年(1836)刻本　一册

110000－3194－0002120　002275
[乾隆]續商州志十卷　(清)羅文思纂修　清乾隆二十三年(1758)刻本　二册

110000－3194－0002121　002276
[嘉慶]扶風縣志十八卷首一卷　(清)宋世犖修　(清)吴鵬翶纂　清嘉慶二十四年(1819)刻本　四册

110000－3194－0002122　002277
[乾隆]郃陽縣全志四卷　(清)席奉乾修　(清)孫景烈纂　清乾隆三十四年(1769)刻本　四册

110000－3194－0002123　002278
[嘉慶]續興安府志八卷　(清)葉世倬纂修　清嘉慶十七年(1812)刻本　四册

110000－3194－0002124　002279
[光緒]藍田縣志十六卷附文徵録四卷　(清)呂懋勳修　(清)袁廷俊纂　清光緒元年(1875)刻本　五册

110000－3194－0002125　002279
[道光]重修輞川志六卷　(清)胡元煐修　清光緒元年(1875)刻本　一册

110000－3194－0002126　002280
[道光]藍田縣志十六卷附文徵録四卷　(清)胡元煐修　(清)蔣湘南　清道光十九年(1839)刻本　五册

110000－3194－0002127　002280
[道光]重修輞川志六卷　(清)胡元煐纂修　清道光十八年(1838)刻本　一册

110000－3194－0002128　002281
藍田縣文徵録四卷　(清)胡元煐撰　清道光十九年(1839)刻本　一册

110000－3194－0002129　002282
[乾隆]岐山縣志八卷　(清)平世增修　(清)蔣兆甲纂　清乾隆四十四年(1779)刻本　四册

110000－3194－0002130　002283
[光緒]岐山縣志八卷　(清)胡昇猷修　(清)張殿元纂　清光緒十年至十一年(1884－1885)刻本　四册

110000－3194－0002131　002284

[光緒]岐山縣志八卷 (清)胡昇猷修 (清)張殿元纂 清光緒十年至十一年(1884-1885)刻本 四冊

110000-3194-0002132 002285
[光緒]定遠廳志二十六卷首一卷末一卷 (清)余修鳳纂修 清光緒五年至七年(1879-1881)刻本 六冊

110000-3194-0002133 002286
[光緒]定遠廳志二十六卷首一卷末一卷 (清)余修鳳纂修 清光緒十八年(1892)刻本 六冊

110000-3194-0002134 002287
[咸豐]同州府志三十四卷首二卷附文徵錄三卷 (清)李恩繼 (清)文廉修 (清)蔣湘南纂 清咸豐二年(1852)刻本 二十四冊

110000-3194-0002135 002288
[嘉慶]延安府志八十卷 (清)洪蕙纂修 清光緒十年(1884)刻本 十六冊

110000-3194-0002136 002289
[乾隆]白水縣志四卷首一卷 (清)梁善長纂修 清乾隆十九年(1754)刻本 四冊

110000-3194-0002137 002290
[乾隆]長武縣志十二卷 (清)樊士峰修 (清)洪亮吉 (清)李泰交纂 清嘉慶二十四年(1819)刻本 四冊

110000-3194-0002138 002291
[光緒]乾州志稿十四卷首一卷附别錄四卷乾陽殉難士女錄一卷 (清)周銘旂纂修 清光緒十年至十一年(1884-1885)刻本 六冊

110000-3194-0002139 002292
[乾隆]澄城縣志二十卷 (清)戴治修 (清)洪亮吉 (清)孫星衍纂 清乾隆四十九年(1784)刻本 四冊

110000-3194-0002140 002293
[乾隆]澄城縣志二十卷 (清)戴治修 (清)洪亮吉 (清)孫星衍纂 清乾隆四十九年(1784)刻本 四冊

110000-3194-0002141 002294
[光緒]蒲城縣新志十三卷首一卷 (清)李體仁修 (清)王學禮纂 清光緒三十一年(1905)刻本 四冊

110000-3194-0002142 002295
[光緒]蒲城縣新志十三卷首一卷 (清)李體仁修 (清)王學禮纂 清光緒三十一年(1905)刻本 四冊

110000-3194-0002143 002296
[嘉慶]漢陰廳志十卷首一卷 (清)錢鶴年修 (清)董詔纂 清嘉慶二十三年(1818)刻本 六冊

110000-3194-0002144 002297
[光緒]靖邊志稿四卷 (清)丁錫奎修 (清)白翰章 (清)辛居乾纂 清光緒二十五年(1899)刻本 四冊

110000-3194-0002145 002298
[乾隆]重修鳳翔府志十二卷首一卷 (清)達靈阿修 (清)周方炯纂 清嘉慶十四年(1809)刻本(卷十一第一至七葉為抄配) 十二冊

110000-3194-0002146 002299
[隆慶]華州志二十四卷 (明)李可久修 (明)張光孝編 清光緒刻本 四冊

110000-3194-0002147 002300
[康熙]續華州志四卷 (清)馮昌奕修 (清)劉遇奇纂 清光緒刻本 四冊

110000-3194-0002148 002301
[光緒]洋縣志八卷 (清)張鵬翼纂修 清光緒二十四年(1898)刻本 四冊

110000-3194-0002149 002302
[乾隆]續耀州志十一卷 (清)王灝修 (清)鍾麟書纂 清乾隆二十七年(1762)刻本 二冊

110000-3194-0002150 002303
[乾隆]雒南縣志十二卷 (清)范啟源修 (清)薛韞纂 清同治七年(1868)刻本 四冊

110000－3194－0002151　002304
[光緒]汧陽述古編二卷　(清)李嘉績纂修　清光緒十五年(1889)刻本　一冊

110000－3194－0002152　002305
[道光]留壩廳志十卷　(清)賀仲瑊修　(清)蔣湘南纂　清道光二十二年(1842)刻本　二冊

110000－3194－0002153　002306
[嘉慶]咸寧縣志二十六卷首一卷　(清)高廷法　(清)沈琮修　(清)陸耀遹　(清)董祐誠纂　清嘉慶二十四年(1819)刻本　八冊

110000－3194－0002154　002307
[光緒]土默特旗志十卷　(清)貽穀修　高賡恩纂　清光緒三十四年(1908)刻本　二冊

110000－3194－0002155　002308
[道光]紫陽縣志八卷首一卷　(清)陳僅　(清)吳純修　(清)楊家坤　(清)曹學易纂　清光緒八年(1882)刻本　四冊

110000－3194－0002156　002309
[同治]三水縣志十二卷　(清)姜桐岡修　(清)郭四維纂　清同治十一年至十二年(1872－1873)刻本　四冊

110000－3194－0002157　002310
[道光]石泉縣志四卷　(清)舒鈞纂修　清道光二十九年(1849)刻本　二冊

110000－3194－0002158　002311
[嘉靖]呂涇野先生高陵縣志七卷　(明)呂柟纂修　清光緒十年至十四年(1884－1888)刻本　二冊

110000－3194－0002159　002312
[光緒]高陵縣續志八卷　(清)程維雍修　(清)白遇道纂　清光緒十年至十四年(1884－1888)刻本　二冊

110000－3194－0002160　002313
[光緒]三原縣新志八卷　(清)焦雲龍修　(清)賀瑞麟纂　清光緒六年(1880)刻本　四冊

110000－3194－0002161　002314
[光緒]永壽縣重修新志十卷首一卷　(清)鄭德樞修　(清)趙奇齡纂　清光緒十四年(1888)刻本　六冊

110000－3194－0002162　002315
[光緒]佛坪廳志二卷首一卷　(清)劉煐纂修　清光緒九年(1883)刻本　一冊

110000－3194－0002163　002316
[道光]寧陝廳志四卷　(清)林一銘修　(清)焦世官　(清)胡官清纂　清道光九年(1829)刻本　四冊

110000－3194－0002164　002317
[光緒]麟遊縣新志草十卷首一卷　(清)彭洵纂修　清光緒九年(1883)刻本　四冊

110000－3194－0002165　002318
[康熙]朝邑縣後志八卷　(清)王兆鰲修　(清)王鵬翼纂　清康熙五十一年(1712)刻本　三冊

110000－3194－0002166　002319
咸豐初朝邑縣志三卷　(清)李元春纂修　清咸豐元年(1851)刻本　二冊

110000－3194－0002167　002320
咸豐初朝邑縣志三卷　(清)李元春纂修　清光緒七年(1881)刻本　二冊

110000－3194－0002168　002321
[萬曆]續朝邑縣志八卷　(明)郭實修　(明)王學謨纂　清康熙五十一年(1712)刻本　二冊

110000－3194－0002169　002322
[萬曆]續朝邑縣志八卷　(明)郭實修　(明)王學謨纂　清刻本　二冊

110000－3194－0002170　002323
[嘉慶]長安縣志三十六卷　(清)張聰賢修　(清)董曾臣纂　清嘉慶二十年(1815)刻本　六冊

110000－3194－0002171　002324
[嘉慶]長安縣志三十六卷　(清)張聰賢修

（清）董曾臣纂　清嘉慶二十年（1815）刻本　六冊

110000－3194－0002172　002325
［道光］重修略陽縣志四卷　（清）譚瑀修　（清）黎成德纂　清光緒三十年（1905）刻本　四冊

110000－3194－0002173　002326
［光緒］寧羌州志五卷　（清）馬毓華修　（清）鄭書香纂　清光緒十四年（1888）刻本　四冊

110000－3194－0002174　002328
［光緒］沔縣志四卷　（清）孫銘鍾修　（清）彭齡纂　清光緒九年（1883）刻本　四冊

110000－3194－0002175　002329
［道光］陝西志輯要六卷首一卷　（清）王志沂輯　清道光七年（1827）刻本　六冊

110000－3194－0002176　002329
秦疆治略一卷　（清）盧坤輯　清道光七年（1827）刻本　一冊

110000－3194－0002177　002329
漢南遊草一卷　（清）王志沂著　清道光七年（1827）刻本　一冊

110000－3194－0002178　002330
涇陽魯橋鎮志不分卷　（清）王介著　清嘉慶二十五年（1820）刻本　一冊

110000－3194－0002179　002331
光緒南匯縣志二十二卷首一卷末一卷　（清）金福曾修　（清）張文虎纂　清光緒五年（1879）刻本　十二冊

110000－3194－0002180　002332
［道光］皋蘭縣續志十二卷　（清）秦維嶽原纂　（清）陸芝田續纂　清道光二十七年（1847）刻本　四冊

110000－3194－0002181　002333
［乾隆］靜寧州志八卷　（清）王烜　（清）馬一熊纂修　清乾隆十一年（1746）刻本　四冊

110000－3194－0002182　002334
［道光］敦煌縣志七卷首一卷　（清）蘇履吉修　（清）曾誠纂　清道光十一年（1831）刻本　四冊

110000－3194－0002183　002335
［道光］敦煌縣志七卷首一卷　（清）蘇履吉修　（清）曾誠纂　清道光十一年（1831）刻本　三冊　存五卷（一、五至七，首一卷）

110000－3194－0002184　002336
［宣統］新修固原直隸州志十一卷　（清）王學伊修　（清）錫麒修　清宣統元年（1909）鉛印本　十一冊

110000－3194－0002185　002336
硝河城志一卷　（清）楊修德纂修　清宣統元年（1909）鉛印本　一冊

110000－3194－0002186　002337
［乾隆］五涼考治六德集全志五卷　（清）張之浚纂修　清乾隆十四年（1749）刻本　五冊

110000－3194－0002187　002338
［乾隆］五涼考治六德集全志五卷　（清）張之浚纂修　清乾隆十四年（1749）刻本　三冊　存三卷（一至三）

110000－3194－0002188　002339
［乾隆］直隸秦州新志十二卷首一卷末一卷　（清）費廷珍修　（清）胡釴纂　清乾隆二十九年（1764）刻本　十六冊

110000－3194－0002189　002340
［道光］秦安縣志十四卷　（清）嚴長宧修　（清）劉德熙纂　清道光十八年（1838）刻本　四冊

110000－3194－0002190　002341
［光緒］重纂禮縣新志四卷首一卷　（清）雷文淵修　（清）王思溫纂　清光緒十六年（1890）刻本　四冊

110000－3194－0002191　002342
［道光］中衛縣志十卷　（清）鄭元吉修　（清）余懋官纂　清道光二十一年（1841）刻本　四冊

110000－3194－0002192　002343
[乾隆]清水縣志十六卷　(清)朱超纂修　清乾隆六十年(1795)刻本　四冊

110000－3194－0002193　002344
[乾隆]清水縣志十六卷　(清)朱超纂修　清乾隆六十年(1795)刻本(卷七有補刻)　四冊

110000－3194－0002194　002345
[光緒]重修通渭縣新志十二卷首一卷補遺一卷　(清)高蔚霞修　(清)茍廷誠纂　清光緒十九年至二十年(1893－1894)刻本　四冊

110000－3194－0002195　002346
[光緒]文縣志八卷首一卷末一卷　(清)長贇修　(清)劉健等纂　清光緒二年(1876)刻本(卷末有補刻)　六冊

110000－3194－0002196　002347
[道光]蘭州府志十二卷首一卷　(清)陳士楨修　(清)涂鴻儀纂　清道光十二年(1832)刻本　八冊

110000－3194－0002197　002348
[同治]續伏羌縣志六卷　(清)侯新嚴修　(清)方承宣纂　清同治十一年(1872)刻本　二冊

110000－3194－0002198　002349
[乾隆]伏羌縣志十四卷　(清)周銑修　(清)葉芝纂　清刻本　四冊

110000－3194－0002199　002350
[嘉慶]徽縣志八卷　(清)張伯魁纂修　清嘉慶十四年(1809)刻本　八冊

110000－3194－0002200　002351
[乾隆]西和縣志四卷　(清)邱大英纂修　清乾隆三十九年(1774)刻本(序首頁為墨筆補配)　四冊

110000－3194－0002201　002352
[乾隆]甘州府志十六卷首一卷　(清)鍾賡起纂修　清乾隆四十四年(1779)刻本　十冊

110000－3194－0002202　002353
[光緒]重纂秦州直隸州新志二十四卷首一卷　(清)余澤春等修　(清)王權　(清)任其昌纂　清光緒十五年(1889)刻本　十六冊

110000－3194－0002203　002354
[宣統]狄道州續志十二卷首一卷　(清)聯瑛修　(清)李鏡清　(清)陳希世纂　清宣統元年(1909)刻本　四冊

110000－3194－0002204　002355
[乾隆]狄道州志十六卷　(清)呼延華國纂修　清宣統元年(1909)刻本　四冊

110000－3194－0002205　002356
[乾隆]環縣志十卷首一卷　(清)高觀鯉纂修　清乾隆十九年(1754)刻本　四冊

110000－3194－0002206　002357
[乾隆]西寧府新志四十卷　(清)楊應琚纂修　清乾隆二十七年(1762)刻本　十二冊

110000－3194－0002207　002358
[乾隆]西寧府新志四十卷　(清)楊應琚纂修　清乾隆二十七年(1762)刻本　二十冊

110000－3194－0002208　002359
[乾隆]西寧府新志四十卷　(清)楊應琚纂修　清乾隆二十七年(1762)刻本　十二冊

110000－3194－0002209　002360
[乾隆]西寧府新志四十卷　(清)楊應琚纂修　清刻本　一冊　存二卷(十八至十九)

110000－3194－0002210　002361
[乾隆]西陲總統事略十二卷附西陲竹枝詞一卷　(清)汪廷楷纂修　(清)松筠續纂修　(清)祁韻士編　清嘉慶十四年(1809)刻本　六冊　存十二卷(一至十二)

110000－3194－0002211　002362
[乾隆]西陲總統事略十二卷附西陲竹枝詞一卷　(清)汪廷楷纂修　(清)松筠續纂修　(清)祁韻士編　清嘉慶十六年(1811)刻本　七冊

110000－3194－0002212　002363
[乾隆]西陲總統事略十二卷附西陲竹枝詞一卷　(清)汪廷楷纂修　(清)松筠續纂修

（清）祁韻士編　清道光十九年（1839）刻本　七册

110000－3194－0002213　002364
［光緒］溫宿府鄉土志一卷　（□）□□撰　清光緒三十三年（1907）抄本　一册

110000－3194－0002214　002365
［光緒］新疆撮要錄四卷　（清）周有才輯　清光緒十六年（1890）刻本　二册

110000－3194－0002215　002366
［光緒］巴楚州鄉土志一卷　（清）張璪光編　清光緒三十四年（1908）抄本　一册

110000－3194－0002216　002367
［光緒］柯坪縣鄉土志一卷　（清）潘宗岳編　清光緒三十四年（1908）抄本　一册

110000－3194－0002217　002368
［光緒］沙雅縣鄉土志一卷　（清）張紹伯編　清光緒三十四年（1908）抄本　一册

110000－3194－0002218　002369
［光緒］莎車府鄉土志一卷　（清）甘曜湘編　清光緒三十四年（1908）抄本　一册

110000－3194－0002219　002370
［光緒］皮山縣鄉土志一卷　（□）□□撰　清光緒抄本　一册

110000－3194－0002220　002371
［同治］上海縣志三十二卷首一卷末一卷　（清）應寶時等修　（清）俞樾　（清）方宗誠纂　清光緒八年（1882）刻本　十四册

110000－3194－0002221　002372
［同治］上海縣志三十二卷首一卷末一卷　（清）應寶時等修　（清）俞樾　（清）方宗誠纂　清光緒八年（1882）刻本　十六册

110000－3194－0002222　002373
［光緒］南匯縣志二十二卷首一卷末一卷　（清）金福曾等修　（清）張文虎纂　清光緒五年（1879）刻本　十二册

110000－3194－0002223　002374
［光緒］江都縣續志三十卷首一卷　（清）謝延庚修　（清）劉壽曾纂　清光緒十年（1884）刻本　八册

110000－3194－0002224　002375
［嘉慶］江都縣續志十二卷首一卷　（清）王逢源修　（清）李保泰纂　清光緒七年（1881）刻本　四册

110000－3194－0002225　002376
［光緒］魚台縣志四卷首一卷末一卷　（清）趙英祚纂修　清光緒十五年（1889）刻本　四册

110000－3194－0002226　002377
［康熙］新城縣志十四卷首一卷　（清）崔懋修　（清）嚴濂曾纂　清康熙三十二年（1693）刻本　五册

110000－3194－0002227　002377
［康熙］新城縣續志二卷　（清）孫元衡修　（清）王啟涑纂　清康熙三十二年（1693）刻本　一册

110000－3194－0002228　002378
［乾隆］棲霞縣志十卷　（清）衛萇纂修　清光緒五年（1879）刻本　八册

110000－3194－0002229　002379
［康熙］蒙陰縣志八卷　（清）劉德芳纂修　清康熙二十四年（1685）刻本　四册

110000－3194－0002230　002380
［道光］博平縣志六卷　（清）楊祖憲纂修　清道光十一年（1831）刻本　六册

110000－3194－0002231　002381
［乾隆］臨清直隸州志十一卷首一卷　（清）張度等纂修　清乾隆五十年（1785）刻本　十册

110000－3194－0002232　002382
［光緒］東平州志二十七卷首編四卷　（清）左宜似等修　（清）盧崟纂　清光緒五年至七年（1879－1881）刻本　二十册

110000－3194－0002233　002383
［光緒］壽張縣志十卷首一卷　（清）劉文煃修　（清）王守謙纂　清光緒二十六年（1900）刻本　六册

110000－3194－0002234　002384
［乾隆］泰安府志三十卷前一卷首二卷　（清）顔希深等修　（清）成城纂　清乾隆二十五年（1760）刻本　二十册

110000－3194－0002235　002385
［光緒］日照縣志十二卷首一卷　（清）陳懋修　（清）張庭詩　（清）李堉纂　清光緒十二年（1886）刻本　四册

110000－3194－0002236　002386
［道光］濟南府志七十二卷首一卷　（清）王贈芳修　（清）成瓘纂　清道光二十一年（1841）刻本　四十册

110000－3194－0002237　002387
［同治］如皋縣續志十六卷　（清）周際霖修　（清）周頊纂　清同治十二年（1873）刻本　六册

110000－3194－0002238　002388
［道光］如皋縣續志十二卷　（清）范仕義修　（清）吳鎧纂　清道光十七年（1837）刻本　四册

110000－3194－0002239　002389
［嘉慶］如皋縣志二十四卷　（清）楊受廷修　（清）馬汝舟纂　清嘉慶十三年（1808）刻本　二十二册

110000－3194－0002240　002390
［光緒］高淳縣志二十八卷首一卷　（清）楊福鼎修　（清）陳嘉謀纂　清光緒七年（1881）刻本　十册

110000－3194－0002241　002391
［光緒］高淳縣志二十八卷首一卷　（清）楊福鼎修　（清）陳嘉謀纂　清光緒七年（1881）刻本　十册

110000－3194－0002242　002392
甘棠小志四卷首一卷末一卷　（清）董醇著　清咸豐五年（1855）刻本　四册

110000－3194－0002243　002393
［光緒］嘉定縣志三十二卷首一卷附一卷　（清）程其玨修　清光緒八年（1882）刻本　十六册

110000－3194－0002244　002394
［光緒］嘉定縣志三十二卷首一卷附一卷　（清）程其玨修　清光緒八年（1882）刻本　十六册

110000－3194－0002245　002395
［光緒］青浦縣志三十卷首一卷末一卷　（清）陳其元修　（清）熊其英纂　清光緒五年（1879）刻本　十二册

110000－3194－0002246　002396
［光緒］青浦縣志三十卷首二卷末一卷　（清）陳其元修　（清）熊其英纂　清光緒五年（1879）刻本　十二册

110000－3194－0002247　002397
［光緒］溧水縣志二十二卷首一卷　（清）傅觀光修　（清）丁維誠纂　清光緒十五年（1889）刻本　十二册

110000－3194－0002248　002398
泰伯梅里志八卷　（清）吳熙編輯　清光緒二十三年（1897）刻本　四册

110000－3194－0002249　002399
［光緒］青浦縣志三十卷首二卷末一卷　（清）陳其元修　（清）熊其英纂　清光緒五年（1879）刻本　十四册

110000－3194－0002250　002400
［光緒］六合縣志八卷　（清）謝延賡修　（清）賀延壽纂　清光緒十年（1884）刻本　十册

110000－3194－0002251　002401
琴川三志補記十卷　（清）黄廷鑑輯　清光緒二十四年（1898）活字印本　一册

110000－3194－0002252　002401
琴川三志補記續八卷　（清）黄廷鑑編輯　清光緒二十四年（1898）活字印本　三册

110000－3194－0002253　002402
［乾隆］黄縣志十二卷　（清）袁中立纂修　清

乾隆二十一年(1756)刻本　四冊

110000－3194－0002254　002403
[同治]黃縣志十四卷首一卷末一卷　(清)尹繼美纂修　清同治十年(1871)刻本　四冊

110000－3194－0002255　002404
[光緒]鄒縣續志十二卷　(清)吴若灝修　(清)錢枱纂　清光緒十八年(1892)刻本　四冊

110000－3194－0002256　002405
[同治]即墨縣志十二卷　(清)林溥修　(清)黃念昀纂　清同治十二年(1873)刻本　八冊

110000－3194－0002257　002406
[咸豐]濟寧直隸州續志四卷　(清)盧朝安纂修　清咸豐九年(1859)刻本　四冊

110000－3194－0002258　002407
[嘉慶]續修郯城縣志十卷　(清)吳堦修　(清)陸繼輅纂　清嘉慶十五年(1810)刻本　四冊

110000－3194－0002259　002408
[嘉慶]續修郯城縣志十卷　(清)吳堦修　(清)陸繼輅纂　清嘉慶十五年(1810)刻本　四冊

110000－3194－0002260　002409
[光緒]費縣志十六卷首一卷　(清)李敬修纂修　清光緒二十二年(1896)刻本　十冊

110000－3194－0002261　002410
[乾隆]即墨縣志十二卷首一卷　(清)尤淑孝修　(清)李元正纂　清乾隆二十九年(1764)刻本　五冊

110000－3194－0002262　002411
[咸豐]金鄉縣志略十二卷首一卷　(清)李壘纂修　清同治元年(1862)刻本　四冊

110000－3194－0002263　002412
[嘉慶]平陰縣志四卷　(清)喻春林修　(清)朱續孜纂　清嘉慶十三年(1808)刻本　四冊

110000－3194－0002264　002413
[道光]臨邑縣志十六卷首一卷末一卷　(清)沈淮纂修　清道光十七年(1837)刻本　八冊

110000－3194－0002265　002414
[乾隆]曲阜縣志一百卷　(清)潘相纂修　清乾隆三十九年(1774)刻本　十二冊

110000－3194－0002266　002415
[光緒]鄆城縣志十六卷首一卷　(清)畢炳炎修　(清)趙翰鑾纂　清光緒十九年(1893)刻本　八冊

110000－3194－0002267　002416
[康熙]堂邑縣志二十卷　(清)盧承琰修　(清)劉淇纂　清光緒十八年(1892)刻本　四冊

110000－3194－0002268　002417
[光緒]肥城縣志十卷首一卷　(清)凌紱曾修　(清)邵承照纂　清光緒十七年(1891)刻本　六冊

110000－3194－0002269　002418
[同治]寧海州志二十六卷　(清)舒孔安修　(清)王厚階纂　清同治三年(1864)刻本　六冊

110000－3194－0002270　002419
[乾隆]歷城縣志五十卷首一卷　(清)胡德琳修　(清)李文藻纂　清乾隆三十八年(1773)刻本　十六冊

110000－3194－0002271　002420
[乾隆]歷城縣志五十卷首一卷　(清)胡德琳修　(清)李文藻纂　清乾隆三十八年(1773)刻本　十六冊

110000－3194－0002272　002421
[光緒]曹縣志十八卷首一卷　(清)陳嗣良修　(清)孟廣來纂　清光緒十年(1884)刻本(補刻輿圖一葉、卷十一一葉、卷十七二葉)　十二冊

110000－3194－0002273　002422
[乾隆]樂陵縣志八卷首一卷末一卷　(清)王

謙益修　(清)莊肇奎纂　清乾隆二十七年(1762)刻本　八册

110000－3194－0002274　002423
[嘉慶]長山縣志十六卷首一卷　(清)倪企望修　(清)鍾廷瑛纂　清嘉慶六年(1801)刻本　十册

110000－3194－0002275　002425
[道光]城武縣志十四卷首一卷　(清)袁章華修　(清)劉士瀛纂　清道光十年(1830)刻本　八册

110000－3194－0002276　002426
[宣統]聊城縣志十二卷首一卷附耆獻文徵三卷　(清)陳慶蕃修　(清)葉錫麟　(清)靳維熙纂　清宣統二年(1910)刻本　八册

110000－3194－0002277　002427
[光緒]泗水縣志十五卷首一卷　(清)趙英祚修　(清)黄承膗纂　清光緒十九年(1893)刻本　八册

110000－3194－0002278　002428
[光緒]高唐州志八卷首一卷末一卷　(清)周家齊修　(清)鞠建章纂　清光緒三十三年(1907)刻本　六册

110000－3194－0002279　002429
[光緒]高唐州志八卷首一卷末一卷　(清)周家齊修　(清)鞠建章纂　清光緒三十三年(1907)刻本　六册

110000－3194－0002280　002430
[乾隆]曲阜縣志一百卷　(清)潘相纂修　清乾隆三十九年(1774)刻本　十二册

110000－3194－0002281　002431
[道光]長清縣志十六卷首一卷末一卷　(清)舒化民修　(清)徐德城纂　清道光十五年(1835)刻本　六册

110000－3194－0002282　002432
[光緒]贛榆縣志十八卷　(清)王豫熙修　(清)張謇纂　清光緒十四年(1888)刻本　四册

110000－3194－0002283　002433
周莊鎮志六卷首一卷附貞豐里庚甲見聞録二卷　(清)陶煦纂修　清光緒八年(1882)刻本　六册

110000－3194－0002284　002434
廣陵事略七卷　(清)姚文田輯　清嘉慶十七年(1812)刻本　四册

110000－3194－0002285　002435
[光緒]無錫金匱縣志四十卷首一卷　(清)裴大中修　(清)秦緗業纂　清光緒七年(1881)刻本　十八册

110000－3194－0002286　002436
[嘉慶]無錫金匱縣志四十卷首一卷　(清)秦瀛纂　清嘉慶十八年(1813)刻本　十六册

110000－3194－0002287　002437
[道光]泰州志三十六卷首一卷　(清)王友慶纂修　(清)陳世鎔輯　清光緒三十四年(1908)刻本　十二册

110000－3194－0002288　002438
[道光]重修膠州志四十卷　(清)張同聲修　(清)李圖纂　清道光二十五年(1845)刻本　八册

110000－3194－0002289　002439
[光緒]霑化縣志十六卷首一卷　(清)聯印修　(清)張會一　(清)耿翔儀纂　清光緒十七年(1891)刻本　四册

110000－3194－0002290　002440
[光緒]益都縣圖志五十四卷首一卷　(清)張承燮修　(清)法偉堂等纂　清光緒三十三年(1907)刻本　十六册

110000－3194－0002291　002441
[咸豐]青州府志六十四卷　(清)毛永柏修　(清)李圖　(清)劉耀椿纂　清咸豐九年(1859)刻本　十六册

110000－3194－0002292　002442
[咸豐]重修興化縣志十卷　(清)梁園棣修　(清)鄭之僑　(清)趙彦俞纂　清咸豐二年

(1852)刻本　八册

110000－3194－0002293　002443
[同治]山陽縣志二十一卷　(清)張兆棟　(清)孫雲修　(清)何紹基　(清)丁晏纂　清同治十二年(1873)刻本　八册

110000－3194－0002294　002444
[嘉慶]溧陽縣志十六卷　(清)李景嶧　(清)陳鴻壽修　(清)史炳等纂　清光緒二十二年(1896)活字印本　十册

110000－3194－0002295　002445
[嘉慶]溧陽縣志十六卷　(清)李景嶧　(清)陳鴻壽修　(清)史炳等纂　清光緒二十二年(1896)活字印本　十册

110000－3194－0002296　002446
[光緒]溧陽縣續志十六卷續補一卷　(清)朱畯等修　(清)馮煦等纂　清光緒二十五年(1899)活字印本　八册

110000－3194－0002297　002447
[光緒]溧陽縣續志十六卷續補一卷　(清)朱畯等修　(清)馮煦等纂　清光緒二十五年(1899)活字印本　八册

110000－3194－0002298　002448
[乾隆]直隸通州志二十二卷　(清)王繼祖修　(清)夏之蓉纂　清乾隆二十年(1755)刻本　二十四册

110000－3194－0002299　002449
[光緒]通州直隸州志十六卷首一卷末一卷　(清)梁悦馨修　(清)季念詒纂　清光緒元年至二年(1875－1876)刻本　十六册

110000－3194－0002300　002450
[乾隆]震澤縣志三十八卷首一卷　(清)陳和志修　(清)倪師孟纂　清光緒十九年(1893)刻本　八册

110000－3194－0002301　002451
[乾隆]震澤縣志三十八卷首一卷　(清)陳和志修　(清)倪師孟纂　清光緒十九年(1893)刻本　八册

110000－3194－0002302　002452
[光緒]丹陽縣志三十六卷首一卷　(清)淩焯修　(清)徐錫麟纂　清光緒十一年(1885)刻本　十六册

110000－3194－0002303　002453
[光緒]海門廳圖志二十卷首一卷　(清)劉文澂修　(清)周家禄纂　清光緒二十六年(1900)刻本　四册

110000－3194－0002304　002454
[嘉慶]重刊荆溪縣志四卷首一卷　(清)唐仲冕纂修　清嘉慶二年(1797)刻本　二册

110000－3194－0002305　002455
[同治]上江兩縣志二十九卷首一卷　(清)莫祥芝修　(清)甘紹磐纂　清光緒二年(1876)刻本　十二册

110000－3194－0002306　002456
[嘉慶]高郵州志十二卷首一卷　(清)楊宜崙修　(清)夏之蓉纂　(清)馮馨續修　(清)王念孫續纂　清嘉慶二十年(1815)刻本　二十册

110000－3194－0002307　002457
[嘉慶]高郵州志十二卷首一卷　(清)馮馨修　(清)夏味堂纂　清道光二十五年(1845)刻本　十二册

110000－3194－0002308　002457
[道光]續增高郵州志六卷　(清)左輝春等修　清道光二十三年(1843)刻本　六册

110000－3194－0002309　002457
[光緒]再續高郵州志八卷首一卷　(清)龔定瀛修　(清)夏子鐊纂　清光緒九年(1883)刻本　六册

110000－3194－0002310　002458
[嘉慶]重刊江寧府志五十六卷　(清)呂燕昭修　(清)姚鼐纂　清光緒六年(1880)刻本　十二册

110000－3194－0002311　002458
[光緒]續纂江寧府志十五卷首一卷　(清)蔣

啟勳 (清)趙佑宸修 (清)汪士鐸纂 清光緒七年(1881)刻本 十二冊

110000－3194－0002312 002459
[同治]蘇州府志一百五十卷首三卷 (清)李銘皖等修 (清)馮桂芬纂 清光緒九年(1883)刻本 八十冊

110000－3194－0002313 002460
[嘉慶]松江府志八十四卷首二卷圖一卷 (清)宋如林修 (清)孫星衍纂 清嘉慶二十四年(1819)刻本 四十冊

110000－3194－0002314 002461
[光緒]松江府續志四十卷首一卷 (清)博潤修 (清)姚光發等纂 清光緒十年(1884)刻本 二十四冊

110000－3194－0002315 002462
[光緒]婁縣續志二十卷 (清)汪坤厚 (清)程其玨修 (清)張雲望纂 清光緒五年(1879)刻本 六冊

110000－3194－0002316 002463
[康熙]開沙志二卷 (清)王錫極修 (清)丁時霈續纂修 (清)王之瑚刪訂 清宣統三年(1911)鉛印本 二冊

110000－3194－0002317 002464
[光緒]安東縣志十五卷首一卷 (清)金元烺修 (清)吳昆田 (清)魯蕡纂 清光緒元年(1875)刻本 四冊

110000－3194－0002318 002465
[光緒]川沙廳志十四卷首一卷補遺一卷 (清)陳方瀛修 (清)俞樾纂 清光緒五年(1879)刻本 六冊

110000－3194－0002319 002466
[嘉慶]重刊宜興縣志四卷首一卷 (清)[阮升基]修 (清)[寧楷]纂 清光緒刻本 二冊

110000－3194－0002320 002467
[嘉慶]重刊宜興縣志四卷首一卷 (清)阮升基修 (清)寧楷纂 清嘉慶二年(1797)刻本 二冊

110000－3194－0002321 002467
[嘉慶]重刊荊溪縣志四卷首一卷 (清)唐仲冕修 (清)寧楷纂 清嘉慶二年(1797)刻本 二冊

110000－3194－0002322 002468
[康熙]靈壽縣志十卷末一卷 (清)陸隴其修 (清)傅維橒纂 清康熙二十五年(1686)刻本 四冊

110000－3194－0002323 002469
[乾隆]任邱縣志十二卷首一卷 (清)劉統修 (清)劉炳纂 清乾隆二十八年(1763)刻本 十冊

110000－3194－0002324 002470
[同治]靈壽縣志十卷末一卷 (清)劉賡年纂修 清同治十二年(1873)刻本 六冊

110000－3194－0002325 002471
[乾隆]涿州志二十二卷續志十八卷 (清)吳山鳳纂修 清光緒刻本 十一冊

110000－3194－0002326 002472
[光緒]欒亭縣志十五卷首一卷末一卷 (清)顧肇墉修 (清)史夢蘭纂 清光緒三年(1877)刻本 六冊

110000－3194－0002327 002473
[乾隆]大名縣志四十卷首一卷 (清)張維祺纂修 清乾隆五十五年(1790)刻本 十二冊

110000－3194－0002328 002474
[光緒]南皮縣志十五卷首一卷末一卷 (清)殷樹森修 (清)汪寶樹纂 清光緒十四年(1888)刻本 八冊

110000－3194－0002329 002475
[康熙]安平縣志十卷 (清)陳宗石纂修 清康熙二十七年(1688)刻本 五冊

110000－3194－0002330 002476
[嘉慶]灤州志八卷首一卷末一卷 (清)吳士鴻修 (清)孫學恒纂 清嘉慶十五年(1810)刻本 八冊

110000－3194－0002331　002477

［光緒］甯津縣志十二卷首一卷　（清）祝嘉庸修　（清）吴潯源纂　清光緒二十六年（1900）刻本　八册

110000－3194－0002332　002478

［同治］續天津縣志二十卷首一卷　（清）吴惠元修　（清）蔣玉虹纂　清同治九年（1870）刻本　八册

110000－3194－0002333　002479

［同治］益陽縣志二十五卷首一卷　（清）姚念楊修　（清）趙裴哲纂　清同治十三年（1874）刻本　十二册

110000－3194－0002334　002480

［乾隆］宣化府志四十二卷首一卷　（清）王者輔修　（清）吴廷華纂　清乾隆二十二年（1757）刻本　十六册

110000－3194－0002335　002481

［嘉慶］重刊宜興縣舊志十卷首一卷末一卷　（清）阮升基修　（清）寧楷纂　清光緒刻本　十一册

110000－3194－0002336　002482

［光緒］續纂淮關統志十四卷　（清）元成纂修　（清）徵麟補纂　清光緒二十一年（1895）刻本　六册

110000－3194－0002337　002483

［光緒］續纂淮關統志十四卷　（清）元成纂修　（清）徵麟補纂　清光緒三十二年（1906）刻本　六册

110000－3194－0002338　002484

［嘉慶］重修揚州府志七十二卷首一卷　（清）阿克當阿修　（清）姚文田纂　清嘉慶十五年（1810）刻本　四十八册

110000－3194－0002339　002485

［光緒］鹽城縣志十七卷首一卷　（清）劉崇照修　（清）龍繼棟　（清）陳玉樹纂　清光緒二十一年（1895）刻本　八册

110000－3194－0002340　002486

［光緒］江陰縣志三十卷首一卷　（清）盧思誠修　（清）季念詒　（清）夏煒如纂　清光緒四年（1878）刻本　二十册

110000－3194－0002341　002487

［光緒］金陵歷代建置表不分卷　（清）傅春官撰　清光緒二十三年（1897）刻本　一册

110000－3194－0002342　002488

［光緒］江浦埤乘四十卷首一卷　（清）侯宗海纂　（清）夏錫寶纂　清光緒十七年（1891）刻本　十四册

110000－3194－0002343　002489

［光緒］重修天津府志五十四卷首一卷末一卷　（清）沈家本修　（清）徐宗亮纂　清光緒二十五年（1899）刻本　二十八册

110000－3194－0002344　002490

［乾隆］天津縣志二十四卷首一卷　（清）張志奇修　（清）吴廷華纂　清光緒三十二年（1906）刻本　八册

110000－3194－0002345　002490

［同治］續天津縣志二十卷首一卷　（清）吴惠元修　（清）蔣玉虹纂　清同治九年（1870）刻本　八册

110000－3194－0002346　002491

［嘉慶］黎里志十六卷首一卷　（清）徐達源纂修　清嘉慶九年（1804）刻本　四册

110000－3194－0002347　002492

［乾隆］蘇州府志八十卷首一卷　（清）雅爾哈善修　（清）習寯纂　清乾隆十三年（1748）刻本　三十二册

110000－3194－0002348　002493

［咸豐］初續獻縣志四卷　（清）李昌祺纂修　清咸豐七年（1857）刻本　二册

110000－3194－0002349　002494

［乾隆］獻縣志二十卷圖一卷表一卷　（清）萬廷蘭纂修　（清）戈濤纂　清乾隆二十六年（1761）刻本　十二册

110000－3194－0002350　002495

[雍正]畿輔通志一百卷　(清)唐執玉修　(清)陳儀纂　清雍正十三年(1735)刻本　六十四册

110000－3194－0002351　002496
[同治]畿輔通志三百卷首一卷　(清)李鴻章修　(清)黄彭年纂　清宣統二年(1910)石印本　二百四十册

110000－3194－0002352　002497
[乾隆]滄州志十六卷　(清)徐時作修　(清)胡淦纂　清乾隆八年(1743)刻本　六册

110000－3194－0002353　002498
[順治]真定縣志十四卷　(清)陳謙纂修　清順治刻本(有補刻)　四册

110000－3194－0002354　002499
[光緒]重修新樂縣志六卷　(清)雷鶴鳴修　(清)趙文濂纂　清光緒十一年(1885)刻本　六册

110000－3194－0002355　002500
[光緒]吴橋縣志十二卷　(清)倪昌燮修　(清)施崇禮纂　清光緒元年(1875)刻本　八册

110000－3194－0002356　002501
[光緒]雄縣鄉土志十五卷　(清)劉崇本纂修　清光緒三十一年(1905)鉛印本　一册

110000－3194－0002357　002502
[光緒]雄縣鄉土志十五卷　(清)劉崇本纂修　清光緒三十一年(1905)鉛印本　一册

110000－3194－0002358　002503
[光緒]蠡縣志十卷　(清)韓志超修　(清)張瑲纂　清光緒二年(1876)刻本　十册

110000－3194－0002359　002504
[光緒]玉田縣志三十卷首一卷　(清)夏子鎏修　(清)李昌時纂　清光緒十年(1884)刻本　六册

110000－3194－0002360　002505
[光緒]淶水縣志八卷首一卷末一卷　(清)陳杰纂修　清光緒二十一年(1895)刻本　八册

110000－3194－0002361　002506
[嘉慶]涉縣志八卷　(清)戚學標纂修　清嘉慶四年(1799)刻本　四册

110000－3194－0002362　002507
[乾隆]三河縣志十六卷首一卷　(清)陳昶纂修　清乾隆二十五年(1760)刻本　四册

110000－3194－0002363　002508
[道光]萬全縣志十卷首一卷　(清)左承業纂修　(清)施彦士續纂　清道光十四年(1834)刻本　四册

110000－3194－0002364　002509
[光緒]通州志十卷首一卷末一卷　(清)高建勳修　(清)王維珍　(清)陳鏡清再續纂　清光緒九年(1883)刻本(有補刻)　十二册

110000－3194－0002365　002510
[乾隆]新泰縣志二十卷首一卷　(清)江乾達修　(清)牛士瞻纂　清乾隆五十年(1785)刻本　六册

110000－3194－0002366　002511
[乾隆]祁州志八卷　(清)羅以桂修　(清)張萬銓纂　清乾隆二十一年(1756)刻本　四册

110000－3194－0002367　002512
[雍正]井陘縣誌八卷　(清)鍾文英纂修　清雍正八年(1730)刻本　六册

110000－3194－0002368　002513
[乾隆]武清縣志十二卷首一卷末一卷　(清)吴翀修　(清)曹涵纂　清乾隆七年(1742)刻本　八册

110000－3194－0002369　002514
[光緒]懷來縣志十八卷首一卷　(清)朱乃恭修　(清)席之瓚纂　清光緒八年(1882)刻本　六册

110000－3194－0002370　002515
[道光]保安州志八卷首一卷　(清)楊桂森纂修　清光緒三年(1877)刻本(後印有補刻)　四册

110000－3194－0002371　002515
[光緒]保安州續志四卷　(清)尋鑾晉修　(清)張毓生纂　清光緒三年(1877)刻本(有補刻)　一冊

110000－3194－0002372　002516
[乾隆]博山縣志十卷首一卷　(清)富申修　(清)田士麟纂　清乾隆十八年(1753)刻本　四冊

110000－3194－0002373　002517
[乾隆]韓城縣志十六卷首一卷　(清)傅應奎纂修　清嘉慶二十三年(1818)刻本　六冊

110000－3194－0002374　002518
[乾隆]掖縣志八卷首一卷　(清)張思勉修　(清)于始瞻纂　清乾隆二十六年(1761)刻本　八冊

110000－3194－0002375　002519
[道光]再續掖縣志二卷　(清)楊祖憲修　(清)侯登岸纂　清道光二十三年(1843)刻本　二冊

110000－3194－0002376　002520
[宣统]宣威州鄉土志三卷　(清)繆果章纂修　清宣统铅印本　三冊

110000－3194－0002377　002521
[光绪]章邱縣鄉土志二卷　(清)杨學淵纂修　清光緒三十三年(1907)石印本　二冊

110000－3194－0002378　002522
歷代宅京記二十卷　(清)顧炎武撰　清嘉慶十三年(1808)刻本　三冊

110000－3194－0002379　002523
南潯鎮志四十卷首一卷　(清)汪曰禎撰　清同治刻本　十冊

110000－3194－0002380　002524
南潯鎮志四十卷首一卷　(清)汪曰禎撰　清同治刻本　十冊

110000－3194－0002381　002525
[乾隆]溫州府志三十卷首一卷　(清)[李琬]修　(清)[齊召南]　(清)[王沆]纂　清同治刻本　十九冊　存三十卷(一至三十)

110000－3194－0002382　002526
[道光]東阿縣志二十四卷首一卷　(清)李賢書修　(清)吳怡等纂　清道光九年(1829)刻本　十二冊

110000－3194－0002383　002527
[乾隆]沂州府志三十六卷首一卷　(清)李希賢等修　(清)潘遇莘　(清)丁愷曾纂　清乾隆二十五年(1760)刻本　十二冊

110000－3194－0002384　002528
[道光]章邱縣志十六卷首一卷末一卷　(清)吳璋修　(清)曹楙堅纂　清道光十五年(1835)刻本　八冊

110000－3194－0002385　002529
[乾隆]高密縣志十卷首一卷末一卷　(清)張乃史修　(清)錢建熊纂　清乾隆十九年(1754)刻本　四冊

110000－3194－0002386　002530
[乾隆]萊州府志十六卷　(清)嚴有禧修　(清)張桐纂　清乾隆五年(1740)刻本　八冊

110000－3194－0002387　002531
[乾隆]萊州府志十六卷　(清)嚴有禧修　(清)張桐纂　清乾隆五年(1740)刻本　八冊

110000－3194－0002388　002532
[道光]重修平度州志二十七卷　(清)保忠修　(清)李圖　(清)王大錀纂　清道光二十九年(1849)刻本　八冊

110000－3194－0002389　002533
[乾隆]德州志十二卷首一卷　(清)王道亨修　(清)張慶源纂　清乾隆五十三年(1788)刻本　八冊

110000－3194－0002390　002534
[光緒]黎里續志十六卷首一卷　(清)蔡丙圻纂修　清光緒二十四年(1898)刻本　六冊

110000－3194－0002391　002535
[嘉慶]海州直隸州志三十二卷首一卷　(清)唐仲冕修　(清)汪梅鼎纂　清嘉慶刻本　二

十册

110000－3194－0002392　002536
[咸豐]武定府志三十八卷首一卷　(清)李熙齡纂修　清咸豐九年(1859)刻本　二十四册

110000－3194－0002393　002537
[康熙]鄒縣志三卷　(清)婁一均纂修　清康熙五十五年(1716)刻本　四册

110000－3194－0002394　002538
[乾隆]諸城縣志四十六卷　(清)宫懋讓修　(清)李文藻纂　清乾隆二十九年(1764)刻本　八册

110000－3194－0002395　002539
[道光]諸城縣續志二十三卷　(清)劉光斗　(清)朱學海修　清道光十四年(1834)刻本　四册

110000－3194－0002396　002540
[康熙]沂州志八卷　(清)邵士修　(清)王壥纂　清康熙十三年(1674)刻本　八册

110000－3194－0002397　002541
[道光]泰安縣志十二卷首一卷末一卷　(清)徐宗幹修　(清)蔣大慶等纂　清同治六年(1867)刻本　十四册

110000－3194－0002398　002542
[道光]沂水縣志十卷　(清)張燮修　(清)劉承謙纂　清道光七年(1827)刻本　四册

110000－3194－0002399　002543
[同治]平江縣志五十五卷首二卷末一卷　(清)張培仁等修　(清)李元度纂　清同治十三年至光緒元年(1874－1875)刻本　十六册

110000－3194－0002400　002544
[宣統]濮州志八卷首一卷　(清)高士英修　(清)榮相鼎纂　清宣統元年(1909)刻本　八册

110000－3194－0002401　002545
[乾隆]昌邑縣志八卷　(清)周來邰纂修　清光緒三十三年(1907)刻本　四册

110000－3194－0002402　002545
[光緒]昌邑縣續志八卷　(清)陳嘉楷　(清)韓天衢修　清光緒三十三年(1907)刻本　六册

110000－3194－0002403　002546
[光緒]重修奉賢縣志二十卷首一卷末一卷　(清)韓佩金修　(清)張文虎纂　清光緒四年(1878)刻本　六册

110000－3194－0002404　002547
[乾隆]吴江縣志五十八卷首一卷　(清)陳蒖纕修　(清)倪師孟纂　清乾隆十二年(1747)刻本　十六册

110000－3194－0002405　002548
[光緒]吴江縣續志四十卷首一卷　(清)金福曾修　(清)熊其英纂　清光緒五年(1879)刻本　八册

110000－3194－0002406　002549
遼陽鄉土志不分卷　(清)洪汝沖修　(清)白永貞纂　清光緒三十四年(1908)鉛印本　一册

110000－3194－0002407　002550
[嘉靖]喬三石耀州志十一卷　(明)李廷寶修　(明)喬世寧纂　清乾隆二十七年(1762)刻本　二册

110000－3194－0002408　002551
[萬曆]汶上縣志八卷　(明)栗可仕修　(明)王命新纂　清康熙五十六年(1717)刻本　四册

110000－3194－0002409　002552
元耶律楚材西遊錄不分卷　(元)耶律楚材撰　(清)李文田注　清光緒二十三年(1897)刻本　一册

110000－3194－0002410　002552
朔方備乘札記一卷　(清)李文田撰　清光緒二十三年(1897)刻本　一册

110000－3194－0002411　002553
長春真人西遊記二卷　(元)李志常撰　清道光二十七年(1847)刻本　一册

110000－3194－0002412　002554
辛亥撫新紀程二卷　(清)袁大化撰　清宣統三年(1911)鉛印本　二册

110000－3194－0002413　002555
南越遊記三卷　(清)陳徽言撰　清咸豐七年(1857)刻本　一册

110000－3194－0002414　002556
滇軺紀程一卷　(清)林則徐撰　清光緒三年(1877)刻本　一册

110000－3194－0002415　002557
滇軺紀程一卷　(清)林則徐撰　清光緒三年至五年(1877－1879)刻本　一册

110000－3194－0002416　002558
滇軺紀程一卷　(清)林則徐撰　清光緒三年(1877)刻本　一册

110000－3194－0002417　002559
滇軺紀程一卷　(清)林則徐撰　清光緒三年(1877)刻本　一册

110000－3194－0002418　002560
荷戈紀程一卷　(清)林則徐撰　清光緒三年(1877)刻本　一册

110000－3194－0002419　002561
東徼紀行不分卷　(清)李樹棠撰　清光緒二十五年(1899)鉛印本　一册

110000－3194－0002420　002562
廓軒竹枝詞不分卷　(清)志鋭撰　清宣統二年(1910)影印本　一册

110000－3194－0002421　002563
葉柝紀程二卷　(清)王廷襄撰　清宣統三年(1911)鉛印本　二册

110000－3194－0002422　002564
西行日記不分卷　(清)馮焌光撰　清光緒七年(1881)刻本　一册

110000－3194－0002423　002565
西行日記不分卷　(清)馮焌光撰　清光緒七年(1881)刻本　一册

110000－3194－0002424　002566
度隴記四卷　(清)董醇撰　清咸豐刻本　四册

110000－3194－0002425　002568
度隴記四卷　(清)董醇撰　清咸豐刻本　四册

110000－3194－0002426　002567
西轅瑣記四卷　(清)宋伯魯撰　清光緒三十三年(1907)刻本　二册

110000－3194－0002427　002569
使滇紀程一卷　(清)晏端書撰　清光緒十三年(1887)刻本　一册

110000－3194－0002428　002569
西江軺程記一卷　(清)晏端書撰　清光緒十三年至十四年(1887－1888)刻本　一册

110000－3194－0002429　002569
粵遊紀程一卷　(清)晏端書撰　清光緒十三年至十四年(1887－1888)刻本　一册

110000－3194－0002430　002570
東陲紀行不分卷　(清)劉文鳳撰　清光緒刻本　一册

110000－3194－0002431　002571
湟中行紀不分卷　(清)闊普通武撰　清光緒三十年(1904)刻本　一册

110000－3194－0002432　002572
湟中行紀不分卷　(清)闊普通武撰　清光緒三十年(1904)刻本　一册

110000－3194－0002433　002573
永寧祗謁筆記不分卷　(清)董恂撰　清同治十一年(1872)刻本　一册

110000－3194－0002434　002574
鳳臺祗謁筆記不分卷　(清)董恂撰　清同治九年(1870)刻本　一册

110000－3194－0002435　002575
竺國紀游四卷　(清)周藹聯撰　清道光十二年(1832)刻本　二册

110000－3194－0002436　002576
河海昆侖錄四卷　(清)裴景福撰　清宣統元年(1909)鉛印本　四册

110000－3194－0002437　002577
河海昆侖錄四卷　(清)裴景福撰　清宣統元年(1909)鉛印本　四册

110000－3194－0002438　002578
辛亥撫新紀程二卷　(清)袁大化撰　清宣統三年(1911)鉛印本　二册

110000－3194－0002439　002579
辛亥撫新紀程二卷　(清)袁大化撰　清宣統三年(1911)鉛印本　二册

110000－3194－0002440　002580
蜀道驛程記二卷　(清)王士禎撰　清刻本　一册

110000－3194－0002441　002581
榆塞紀行錄四卷　(清)潞河漁者纂　(清)青門萍社訂　清光緒十二年(1886)刻本　一册

110000－3194－0002442　002582
榆塞紀行錄四卷　(清)潞河漁者纂　(清)青門萍社訂　清光緒十二年(1886)刻本　一册

110000－3194－0002443　002583
朝天錄一卷　(清)方濬頤撰　清光緒四年(1878)刻本　二册

110000－3194－0002444　002584
蜀道紀遊二卷　(清)李德淦著　清嘉慶十三年(1808)刻本　二册

110000－3194－0002445　002585
岷江紀程一卷　(清)陳鍾祥撰　清咸豐十年(1860)刻本　一册

110000－3194－0002446　002586
蜀輶日記四卷　(清)陶澍撰　清光緒七年(1881)刻本　二册

110000－3194－0002447　002587
蜀輶日記四卷　(清)陶澍撰　清道光四年(1824)刻本　二册

110000－3194－0002448　002588
粤游小志八卷　(清)張心泰撰　清光緒十年(1884)鉛印本　二册

110000－3194－0002449　002589
外國竹枝詞一卷　(清)尤侗撰　清康熙刻本　一册

110000－3194－0002450　002590
中亞洲俄屬遊記二卷　(英國)蘭士德著　(英國)莫鎮藩譯　清光緒二十年(1894)鉛印本　二册

110000－3194－0002451　002591
西征紀程四卷　(清)鄒代鈞撰　清光緒十七年(1891)鉛印本　一册

110000－3194－0002452　002592
滿洲旅行記二卷　(日本)小越平隆著　(清)克齋譯　清光緒二十八年(1902)鉛印本　二册

110000－3194－0002453　002593
東遊叢錄四卷　(清)吳汝綸撰　清光緒二十八年(1902)石印本　四册

110000－3194－0002454　002594
湖山便覽十二卷　(清)翟灝　(清)翟瀚輯　清乾隆三十年(1765)刻本　六册

110000－3194－0002455　002595
使粵日記二卷　(清)李鈞撰　清道光十四年(1834)刻本　二册

110000－3194－0002456　002596
越南遊歷記不分卷　(清)嚴璩撰　清光緒三十一年(1905)鉛印本　一册

110000－3194－0002457　002597
越南遊歷記不分卷　(清)嚴璩撰　清光緒三十一年(1905)鉛印本　一册

110000－3194－0002458　002598
遣戍伊犁日記不分卷　(清)洪亮吉撰　清光緒三年(1877)刻本　一册

110000－3194－0002459　002599
朝覲途記不分卷　(清)馬安禮撰　清咸豐十

一年(1861)刻本　一册

110000－3194－0002460　002600
漢西域圖考七卷首一卷　(清)李光廷撰　清同治九年(1870)刻本　四册

110000－3194－0002461　002601
漢西域圖考七卷首一卷　(清)李光廷撰　清同治九年(1870)刻本　一册

110000－3194－0002462　002602
漢西域圖考七卷首一卷　(清)李光廷撰　清同治九年(1870)刻本　四册

110000－3194－0002463　002603
漢西域圖考七卷首一卷　(清)李光廷撰　清同治九年(1870)刻本　四册

110000－3194－0002464　002604
漢西域圖考七卷首一卷　(清)李光廷撰　清光緒八年(1882)活字印本　四册

110000－3194－0002465　002605
漢西域圖考七卷首一卷　(清)李光廷撰　清同治九年(1870)刻本　四册

110000－3194－0002466　002606
漢西域圖考七卷首一卷　(清)李光廷撰　清光緒石印本　七册

110000－3194－0002467　002607
漢西域圖考七卷首一卷　(清)李光廷撰　清光緒二十二年(1896)石印本　四册

110000－3194－0002468　002608
漢西域圖考七卷首一卷　(清)李光廷撰　清光緒十九年(1893)石印本　六册

110000－3194－0002469　002609
漢西域圖考七卷首一卷　(清)李光廷撰　清光緒八年(1882)石印本　二册

110000－3194－0002470　002606
新疆賦一卷　(清)徐松撰　清光緒石印本　一册

110000－3194－0002471　002610
西域記八卷　(清)七十一著　清光緒十一年(1885)刻本　二册

110000－3194－0002472　002611
西域記八卷　(清)七十一著　清光緒十一年(1885)刻本　二册

110000－3194－0002473　002612
西域記八卷　(清)七十一著　清嘉慶十九年(1814)刻本　二册

110000－3194－0002474　002613
西域記八卷　(清)七十一著　清嘉慶十九年(1814)刻本　一册

110000－3194－0002475　002614
東藩紀要十二卷補錄一卷　(清)薛培榕編輯　清光緒八年(1882)鉛印本　四册

110000－3194－0002476　002615
東藩紀要十二卷補錄一卷　(清)薛培榕編輯　清光緒八年(1882)鉛印本　四册

110000－3194－0002477　002616
東藩紀要十二卷補錄一卷　(清)薛培榕編輯　清光緒八年(1882)鉛印本　四册

110000－3194－0002478　002618
海錄不分卷　(清)王蘊香輯　(清)楊炳南等著　清道光刻本　一册

110000－3194－0002479　002617
海錄不分卷　(清)王蘊香輯　(清)楊炳南等著　清道光二十二年(1842)刻本　二册

110000－3194－0002480　002619
地球韻言四卷　(清)張士瀛著　清光緒二十五年(1899)刻本　二册

110000－3194－0002481　002620
地球韻言四卷　(清)張士瀛著　清光緒二十五年(1899)刻本　二册

110000－3194－0002482　002621
地理略説不分卷　(美國)戴集撰　清光緒十四年(1888)鉛印本　一册

110000－3194－0002483　002622
西域瑣談四卷　(清)七十一著　清抄本　一

冊　存一卷(三)

110000－3194－0002484　002623
西域記八卷　(清)七十一著　清嘉慶十九年(1814)刻本　一冊

110000－3194－0002485　002624
亞細亞洲志不分卷　(清)學部圖書局編　清光緒三十四年(1908)鉛印本　一冊

110000－3194－0002486　002625
亞細亞洲志不分卷　(清)學部圖書局編　清光緒三十四年(1908)鉛印本　一冊

110000－3194－0002487　002626
五大洲志三卷　(日本)辻武雄著　清光緒二十八年(1902)鉛印本　一冊

110000－3194－0002488　002627
小亞細亞志二卷　(清)學部圖書局編　清光緒三十三年(1907)鉛印本　一冊

110000－3194－0002489　002628
小亞細亞志二卷　(清)學部圖書局編　清光緒三十三年(1907)鉛印本　一冊

110000－3194－0002490　002629
丙午扶桑遊記四卷　(清)吴蔭培撰　清宣統二年(1910)刻本　二冊

110000－3194－0002491　002630
奥簃朝鮮三種　(清)周家禄著　清光緒二十五年(1899)刻本　一冊

110000－3194－0002492　002631
使琉球記六卷　(清)李鼎元著　清光緒鉛印本　二冊

110000－3194－0002493　002632
希臘志略七卷　(□)□□撰　清光緒鉛印本　一冊

110000－3194－0002494　002633
希臘志略七卷　(□)□□撰　清光緒十二年(1886)刻本　一冊

110000－3194－0002495　002634
希臘春秋八卷　王樹枬著　清光緒三十二年(1906)刻本　四冊

110000－3194－0002496　002635
全地五大洲女俗通考十集二十一卷首一卷　(美國)林樂知纂　(清)任保羅譯　清光緒二十九年(1903)鉛印本　二十一冊

110000－3194－0002497　002636
海國圖志一百卷　(清)魏源撰　清咸豐二年(1852)刻本　二十四冊

110000－3194－0002498　002637
海國圖志一百卷　(清)魏源撰　清光緒二十一年(1895)石印本　十四冊

110000－3194－0002499　002637
海國圖志續集二十五卷首一卷　(英國)麥高爾撰　(美國)林樂知　(清)瞿昂來譯　清光緒二十一年(1895)石印本　二冊

110000－3194－0002500　002638
中外輿地彙鈔十四卷　(清)馬冠群輯　清光緒二十年(1894)石印本　四冊

110000－3194－0002501　002639
萬里行程記不分卷　(清)祁韻士撰　清道光刻本　一冊

110000－3194－0002502　002640
柬埔寨以北探路記十五卷　(法國)晃西士加尼撰　清光緒十年(1884)鉛印本　十五冊

110000－3194－0002503　002641
新嘉坡風土記一卷　(清)李鍾玨撰　清光緒二十一年(1895)刻本　一冊

110000－3194－0002504　002642
亞拉伯志一卷　(清)學部編譯圖書局編　清光緒三十三年(1907)鉛印本　一冊

110000－3194－0002505　002643
亞拉伯志一卷　(清)學部編譯圖書局編　清光緒三十三年(1907)鉛印本　一冊

110000－3194－0002506　002644
亞拉伯志一卷　(清)學部編譯圖書局編　清光緒三十三年(1907)鉛印本　一冊

110000－3194－0002507　002645
爪哇志一卷　(清)學部編譯圖書局編　清光緒三十三年(1907)鉛印本　一册

110000－3194－0002508　002645
蘇門答拉志一卷　(清)學部編譯圖書局編　清光緒三十三年(1907)鉛印本　一册

110000－3194－0002509　002646
印度新志一卷　(清)學部編譯圖書局編　清光緒三十三年(1907)鉛印本　一册

110000－3194－0002510　002647
阿達曼群島志一卷　(清)學部編譯圖書局編　清光緒三十四年(1908)鉛印本　一册

110000－3194－0002511　002647
婆羅島志一卷　(清)學部編譯圖書局編　清光緒三十四年(1908)鉛印本　一册

110000－3194－0002512　002648
琉球地理小志一卷　(日本)中根淑等撰　(清)姚文棟譯　清光緒九年(1883)刻本　一册

110000－3194－0002513　002649
琉球國志略十六卷首一卷　(清)周煌輯　清道光十年(1830)刻本　六册

110000－3194－0002514　002650
亞斐利加洲志一卷　(清)學部編譯圖書局編　清宣統元年(1909)鉛印本　一册

110000－3194－0002515　002651
西比里亞志一卷　(清)學部編譯圖書局編　清光緒三十四年(1908)鉛印本　一册

110000－3194－0002516　002652
西比里亞志一卷　(清)學部編譯圖書局編　清光緒三十四年(1908)鉛印本　一册

110000－3194－0002517　002653
土耳基志一卷　(清)學部編譯圖書局編　清光緒三十三年(1907)鉛印本　一册

110000－3194－0002518　002654
阿富汗土耳其斯坦志一卷　(清)學部編譯圖書局編　清光緒三十三年(1907)鉛印本　一册

110000－3194－0002519　002654
阿富汗斯坦志一卷　(清)學部編譯圖書局編　清光緒三十三年(1907)鉛印本　一册

110000－3194－0002520　002654
土耳基司丹志一卷　(清)學部編譯圖書局編　清光緒三十三年(1907)鉛印本　一册

110000－3194－0002521　002654
東土耳基司丹志一卷　(清)學部編譯圖書局編　清光緒三十三年(1907)鉛印本　一册

110000－3194－0002522　002655
英領開浦殖民地志一卷　(清)學部編譯圖書局編　清光緒三十四年(1908)鉛印本　一册

110000－3194－0002523　002656
使琉球記六卷　(清)李鼎元撰　清同治五年(1866)刻本　二册

110000－3194－0002524　002657
游歷圖記二卷　(清)李丹麟撰　清光緒三十一年(1905)刻本　二册

110000－3194－0002525　002658
談瀛錄三卷　(清)王之春著　清光緒六年(1880)刻本　二册

110000－3194－0002526　002659
五洲述略四卷　(清)蕭應椿撰　清光緒二十八年(1902)刻本　六册

110000－3194－0002527　002660
地理全志二卷　(英國)慕維廉著　清光緒九年(1883)鉛印本　二册

110000－3194－0002528　002661
俾路芝志不分卷　(清)學部編譯圖書局編　清光緒三十三年(1907)鉛印本　一册

110000－3194－0002529　002662
俾路芝志不分卷　(清)學部編譯圖書局編　清光緒三十三年(1907)鉛印本　一册

110000－3194－0002530　002663
越南地輿圖說六卷　(清)盛慶紱纂輯　清光

緒九年(1883)刻本　一冊

110000－3194－0002531　002664
遊歷日本圖經三十卷　(清)傅雲龍著　清光緒十五年(1889)鉛印本　十六冊

110000－3194－0002532　002665
緬甸國志不分卷　(清)學部圖書局編　清光緒三十三年(1907)鉛印本　一冊

110000－3194－0002533　002666
柬埔寨以北探路記十五卷　(法國)晃西士加尼撰　清光緒十年(1884)鉛印本　十五冊

110000－3194－0002534　002667
[雍正]揚州府志四十卷　(清)尹會一修　(清)程夢星纂　清雍正十一年(1733)刻本　十二冊

110000－3194－0002535　002668
舟車所至不分卷　(清)鄭光祖輯　清道光二十三年(1843)刻本　六冊

110000－3194－0002536　002669
西陲竹枝詞不分卷　(清)祁韻士撰　清嘉慶十六年(1811)刻本　一冊

110000－3194－0002537　002670
羅馬志略十三卷首一卷　(□)□□撰　清光緒鉛印本　一冊

110000－3194－0002538　002671
中外地輿圖說集成一百三十卷首三卷　(清)同康廬主人輯　清光緒二十年(1894)石印本　二十四冊

110000－3194－0002539　002672
大清中外一統輿圖三十卷首一卷中一卷　(清)鄒世詒編　(清)李廷簫增訂　清同治二年(1863)刻本　三十二冊

110000－3194－0002540　002673
大清中外一統輿圖三十卷首一卷中一卷　(清)鄒世詒編　(清)李廷簫增訂　清同治二年(1863)刻本　八冊

110000－3194－0002541　002674
大清中外一統輿圖三十卷首一卷中一卷　(清)鄒世詒編　(清)李廷簫增訂　清同治二年(1863)刻本　三十二冊

110000－3194－0002542　002675
大清中外一統輿圖三十卷首一卷中一卷　(清)鄒世詒編　(清)李廷簫增訂　清同治二年(1863)刻本　三十二冊

110000－3194－0002543　002676
大清中外一統輿圖三十卷首一卷中一卷　(清)[鄒世詒]編　(清)[李廷簫]增訂　清同治二年(1863)刻本　三十二冊

110000－3194－0002544　002677
大清中外一統輿圖三十卷首一卷中一卷　(清)鄒世詒編　(清)李廷簫增訂　清同治二年(1863)刻本　三十二冊

110000－3194－0002545　002678
圖民錄四卷　(清)袁守定著　清光緒三十三年(1907)刻本　二冊

110000－3194－0002546　002679
庸吏庸言不分卷　(清)劉衡著　清光緒三十三年(1907)鉛印本　一冊

110000－3194－0002547　002680
宦游記略二卷　(清)高廷瑶著　清光緒二十六年(1900)刻本　一冊

110000－3194－0002548　002680
宦游記略二卷　(清)高廷瑶著　清光緒二十六年(1900)刻本　一冊

110000－3194－0002549　002681
國朝御史題名不分卷　(清)黄叔璥編　清光緒十三年(1887)刻本　五冊

110000－3194－0002550　002682
兩浙宦游記略四種十卷　(清)戴槃著　清同治九年(1870)刻本　八冊

110000－3194－0002551　002683
牧令須知六卷首一卷　(清)剛毅著　(清)葛士達編訂　清光緒十四年(1888)刻本　四冊

110000－3194－0002552　002684
秦疆治略不分卷　(清)盧坤輯　清刻本

一册

110000－3194－0002553　002685
東三省政略十二卷目録一卷附輿圖一卷　徐世昌撰　清宣統三年(1911)鉛印本　五十册

110000－3194－0002554　002686
慶典章程五卷　(□)□□撰　清光緒刻本　五册

110000－3194－0002555　002687
萬壽慶典章程五卷　(□)□□撰　清光緒鉛印本　四册

110000－3194－0002556　002688
欽定臺規八卷　(清)杭奕禄等修　清乾隆刻本　八册

110000－3194－0002557　002689
欽定臺規四十二卷首一卷　(清)延煦等修　(清)孔憲敎纂　清光緒十八年(1892)刻本　二十四册

110000－3194－0002558　002690
欽定歷代職官表七十二卷首一卷　(清)紀昀纂修　清乾隆刻本　三十六册

110000－3194－0002559　002691
奉使金鑑續編四十卷目録一卷　(清)吕海寰著　清宣統元年(1909)刻本　二十册

110000－3194－0002560　002692
欽定國子監則例四十五卷附國子監考録例章一卷　(清)瑞慶纂修　清道光刻本　九册

110000－3194－0002561　002693
欽定國子監則例四十四卷首六卷目録一卷　(清)劉墉等修　(清)承光等纂　清嘉慶刻本　十册

110000－3194－0002562　002694
御製人臣儆心録不分卷　(清)［世祖福臨］撰　清順治十二年(1655)刻本　一册

110000－3194－0002563　002695
萬壽盛典四卷　(清)上海點石齋編　清光緒五年(1879)石印本　四册

110000－3194－0002564　002696
支那教案論不分卷　(英國)宓克著　嚴復譯　清光緒十八年(1892)鉛印本　一册

110000－3194－0002565　002697
貴州省財政沿革利弊説明書不分卷　(□)□□撰　清宣統鉛印本　六册

110000－3194－0002566　002698
漢藏條約匯抄不分卷　(□)□□撰　清光緒鉛印本　一册

110000－3194－0002567　002699
大清國大英國續議滇緬界務商務條款不分卷　(清)總理衙門編　清光緒刻本　一册

110000－3194－0002568　002700
中緬條約暨附款專條不分卷　(□)□□撰　清光緒二十三年(1897)刻本　一册

110000－3194－0002569　002701
雲南昭通工賑記二卷　(清)龍文撰　清光緒二十一年(1895)刻本　二册

110000－3194－0002570　002702
重刻賑紀十卷　(清)那彦成纂　清嘉慶二十年(1815)刻本　四册

110000－3194－0002571　002703
有賀博士日清戰役中之國際法論十六章　(清)陸軍部編　清宣統三年(1911)鉛印本　一册

110000－3194－0002572　002704
調查延吉邊務報告書九章　(清)吴禄貞等編　清光緒三十四年(1908)鉛印本　一册

110000－3194－0002573　002706
調查延吉邊務報告書九章　(清)吴禄貞等編　清光緒三十四年(1908)鉛印本　三册

110000－3194－0002574　002705
義倉全案不分卷　(清)鹿澤長撰　清道光十八年(1838)抄本　一册

110000－3194－0002575　002707
東三省韓俄交界道里表不分卷　(清)聶士成撰　清光緒三十四年(1908)鉛印本　一册

110000－3194－0002576　002708
欽定戶部漕運全書九十二卷首一卷　(清)潘世恩纂修　清道光二十四年(1844)刻本　四十六冊

110000－3194－0002577　002709
石渠餘紀六卷首一卷　(清)王慶雲撰　清光緒刻本　六冊

110000－3194－0002578　002710
宗人府統計表不分卷　(清)宗人府統計處編　清宣統二年(1910)石印本　一冊

110000－3194－0002579　002711
新編條約不分卷　(清)吳葆城編　清宣統二年(1910)鉛印本　十冊

110000－3194－0002580　002712
秦邊紀略六卷　(□)□□撰　清同治十一年(1872)刻本　二冊

110000－3194－0002581　002713
秦邊紀略六卷　(□)□□撰　清同治十一年(1872)刻本　二冊

110000－3194－0002582　002714
秦邊紀略六卷　(□)□□撰　清同治十一年(1872)刻本　二冊

110000－3194－0002583　002715
防海紀略二卷　(清)芍唐居士編　清光緒六年(1880)刻本　二冊

110000－3194－0002584　002716
防海紀略二卷　(清)芍唐居士編　清光緒刻本　二冊

110000－3194－0002585　002717
延吉邊務報告不分卷　(清)吳祿貞編　清光緒三十四年(1908)鉛印本　四冊

110000－3194－0002586　002718
東陲芻議不分卷　(清)劉瑩澤撰　清末鉛印本　一冊

110000－3194－0002587　002719
守邊輯要不分卷　(清)壁昌撰　清道光二十一年(1841)刻本　一冊

110000－3194－0002588　002720
守邊輯要不分卷　(清)壁昌撰　清道光二十一年(1841)刻本　一冊

110000－3194－0002589　002721
中國財政紀略四章　(日本)東邦協會纂　(清)吳銘譯　清光緒二十九年(1903)鉛印本　一冊

110000－3194－0002590　002722
列國政要一百三十二卷首一卷　(清)戴鴻慈　(清)端方輯　清光緒三十三年(1907)石印本　三十二冊

110000－3194－0002591　002723
三朝要典二十四卷原始一卷　(明)顧秉謙　(明)徐紹吉纂修　明天啟刻本(有墨筆抄補)　十二冊

110000－3194－0002592　002757
欽定大清會典一百卷首一卷　(清)崑岡修　清光緒二十五年(1899)石印本　三十六冊

110000－3194－0002593　002724
古今法制表十六卷　(清)孫榮著　清光緒三十二年(1906)刻本　十冊

110000－3194－0002594　002725
建炎以來朝野襍記甲集二十卷乙集二十卷　(宋)李心傳撰　清刻本　四冊　存二十卷(甲集一至十二、乙集十三至二十)

110000－3194－0002595　002726
盛京典制備考八卷首一卷　(清)崇厚撰　清光緒四年(1878)刻本　二冊

110000－3194－0002596　002727
各國立約始末記三十卷首二卷　(清)陸元鼎編　清光緒三十二年(1906)鉛印本　二十二冊

110000－3194－0002597　002728
晉政輯要四十卷　(清)剛毅修　(清)安頤纂　清光緒十四年(1888)刻本　三十二冊

110000－3194－0002598　002729
新疆初擬試辦巡警章程不分卷　(□)□□撰

清光緒二十九年(1903)活字印本　一册

110000－3194－0002599　002730
新疆初擬試辦巡警章程不分卷　(□)□□撰　清光緒二十九年(1903)活字印本　一册

110000－3194－0002600　002731
大清通禮五十四卷　(清)來保修　(清)李玉鳴纂　(清)穆克登額續修　(清)恒泰續纂　清光緒九年(1883)刻本　十二册

110000－3194－0002601　002732
治平略增定全書三十二卷　(清)朱健　(清)朱徽撰　(清)張鵬飛增輯　清道光二十九年(1849)刻本　二十册

110000－3194－0002602　002733
皇朝通志一百二十六卷　(清)嵇璜等纂　清光緒二十八年(1902)石印本　五册

110000－3194－0002603　002734
事宜須知四卷　(清)延昌撰　清光緒十三年(1887)刻本　一册

110000－3194－0002604　002735
皇朝通志序不分卷　(清)[曹仁虎]輯　清刻本　一册

110000－3194－0002605　002736
三通序不分卷　(清)蔣德鈞輯　清光緒十四年(1888)刻本　一册

110000－3194－0002606　002737
吾學錄二十四卷　(清)吳榮光著　清同治十三年(1874)刻本　八册

110000－3194－0002607　002738
福寧從政紀略一卷　(清)程榮春撰　清同治五年(1866)刻本　一册

110000－3194－0002608　002738
泉州從政紀略一卷　(清)程榮春撰　清同治五年(1866)刻本　一册

110000－3194－0002609　002739
萬國政治藝學全書二編三百卷政治最新文編四十卷藝學最新文編四十卷　(清)朱大文　(清)淩賡颺編輯　清光緒二十八年(1902)石印本　五十四册

110000－3194－0002610　002740
中外政俗異同考二卷　(清)四明居士　(清)桂坫撰　清光緒二十四年(1898)石印本　二册

110000－3194－0002611　002741
宦鄉新要則一卷　(清)黃狄卿　(清)黃楚卿撰　清光緒三十四年(1908)鉛印本　一册

110000－3194－0002612　002742
宦鄉要則七卷　(清)張鑒瀛撰　清光緒十五年(1889)鉛印本　二册

110000－3194－0002613　002743
續廣治平略八卷　(清)蔡方炳撰　清刻本　二册

110000－3194－0002614　002744
皇清政治學問答二編二卷　(清)文明書局編輯所編　清光緒二十八年(1902)鉛印本　一册

110000－3194－0002615　002745
新刊校正策海十六卷　(宋)馬貴與著　(明)王洪州續　清光緒二年(1876)刻本　八册

110000－3194－0002616　002746
熙朝紀政六卷　(清)王慶雲撰　清光緒二十八年(1902)石印本　六册

110000－3194－0002617　002747
廣治平略補編八卷　(清)蔡方炳定本　清末石印本　一册

110000－3194－0002618　002748
九通序錄四卷　(□)□□撰　清光緒二十九年(1903)刻本　一册

110000－3194－0002619　002749
通典二百卷　(唐)杜佑纂　清光緒二十七年至二十八年(1901－1902)石印本　十六册

110000－3194－0002620　002749
通志二百卷附欽定通志考證三卷　(宋)鄭樵撰　清光緒二十七年至二十八年(1901－1902)石印本　六十册

110000－3194－0002621　002749
文獻通考三百四十八卷附欽定通考考證三卷　(元)馬端臨著　清光緒二十七年至二十八年(1901－1902)石印本　四十四册

110000－3194－0002622　002749
欽定續通典一百五十卷　(清)嵇璜纂　清光緒二十七年至二十八年(1901－1902)石印本　十二册

110000－3194－0002623　002749
欽定續通志六百三十四卷　(清)嵇璜纂　清光緒二十七年(1901)石印本　六十册

110000－3194－0002624　002749
欽定續文獻通考二百五十卷　(清)嵇璜纂　清光緒二十七年至二十八年(1901－1902)石印本　三十六册

110000－3194－0002625　003178
欽定續文獻通考二百五十卷　(清)嵇璜纂　清光緒刻本　四十三册　存一百七卷(十二至十四、十九、二十五至二十六、二十九、三十五至三十八、四十五至四十六、六十九至七十一、一百一至一百二、一百八至一百二十八、一百四十五至一百八十六、一百八十九至一百九十七、二百二十一至二百二十六、二百三十一至二百三十二、二百三十七至二百四十五)

110000－3194－0002626　002749
皇朝通志一百二十六卷　(清)嵇璜纂　清光緒二十七年(1901)石印本　十二册

110000－3194－0002627　002749
皇朝通考三百卷　(清)嵇璜纂　清光緒二十七年(1901)石印本　四十册

110000－3194－0002628　002750
通典二百卷　(唐)杜佑撰　清光緒二十二年(1896)刻本　五十册

110000－3194－0002629　002750
文獻通考三百四十八卷　(元)馬端臨著　清光緒二十二年(1896)刻本　二百五十册

110000－3194－0002630　002750
欽定續通典一百五十卷　(清)嵇璜纂　清光緒十二年(1886)刻本　四十册

110000－3194－0002631　002750
欽定續通志六百四十卷　(清)嵇璜纂　清光緒十二年(1886)刻本　二百册

110000－3194－0002632　002750
欽定續通考二百五十卷　(清)嵇璜纂　清光緒十三年(1887)刻本　一百二十册

110000－3194－0002633　002750
皇朝通典一百卷　(清)嵇璜纂　清光緒八年(1882)刻本　四十册

110000－3194－0002634　002750
皇朝通志一百二十六卷　(清)嵇璜纂　清光緒八年(1882)刻本　四十册

110000－3194－0002635　002750
皇朝文獻通考三百卷　(清)嵇璜纂　清光緒八年(1882)刻本　一百二十册

110000－3194－0002636　002751
九通分類總纂二百四十卷　(清)汪鍾霖編　清光緒二十八年(1902)石印本　八十册

110000－3194－0002637　002752
文獻通考纂二十三卷　(元)馬端臨著　(明)胡震亨纂　明崇禎十六年(1643)刻本　十二册

110000－3194－0002638　002753
三國會要二十二卷首一卷　(清)楊晨纂　清光緒二十六年(1900)刻本　六册

110000－3194－0002639　002754
西漢會要七十卷　(宋)徐天麟撰　清光緒十年(1884)刻本　十册

110000－3194－0002640　002755
五代會要三十卷　(宋)王溥撰　清武英殿刻本　六册

110000－3194－0002641　002756
明會要八十卷　(清)龍文彬纂　清光緒刻本　二十册

110000－3194－0002642　002757
欽定大清會典圖二百七十卷首一卷　(清)崑岡修　清光緒二十五年(1899)石印本　七十五冊

110000－3194－0002643　002757
欽定大清會典事例一千二百二十卷目錄八卷　(清)崑岡修　清光緒二十五年(1899)石印本　三百八十三冊

110000－3194－0002644　002758
欽定大清會典圖二百七十卷首一卷　(清)崑岡修　清光緒二十五年(1899)石印本　七十五冊

110000－3194－0002645　002758
欽定大清會典事例一千二百二十卷目錄八卷　(清)崑岡修　清光緒二十五年(1899)石印本　三百八十四冊

110000－3194－0002646　002758
欽定大清會典一百卷首一卷　(清)崑岡修　清光緒二十五年(1899)石印本　三十六冊

110000－3194－0002647　002759
皇朝文獻通考三百卷　(清)嵇璜纂　清光緒二十七年(1901)石印本　四十八冊

110000－3194－0002648　002759
皇朝通典一百卷　(清)嵇璜纂　清光緒二十七年(1901)石印本　十二冊

110000－3194－0002649　002759
皇朝通志一百二十六卷　(清)嵇璜纂　清光緒二十七年(1901)石印本　十二冊

110000－3194－0002650　002760
文獻通考詳節二十四卷　(元)馬端臨著　(清)嚴虞惇錄　清光緒二十五年(1899)石印本　四冊

110000－3194－0002651　002761
文獻通考三百四十八卷　(元)馬端臨著　清咸豐九年(1859)刻本　一百十八冊　存三百四十三卷(一至三百十五、三百二十一至三百四十八)

110000－3194－0002652　002762
皇朝續文獻通考三百二十卷　(清)劉錦藻撰　清光緒三十一年(1905)鉛印本　八十八冊

110000－3194－0002653　002763
通典二百卷　(唐)杜佑撰　清咸豐九年(1859)刻本　四十八冊

110000－3194－0002654　002764
二十四史九通政典類要合編三百二十卷　(清)黄書霖輯　清光緒二十八年(1902)石印本　六十冊

110000－3194－0002655　002765
欽定大清會典則例一百八十卷　(清)[允祹]纂　清乾隆刻本　一百冊

110000－3194－0002656　002766
欽定大清會典圖一百三十二卷　(清)慶桂纂　清嘉慶十六年(1811)刻本　四十冊

110000－3194－0002657　002767
欽定大清會典圖一百三十二卷　(清)慶桂纂　清嘉慶十六年(1811)刻本　四十冊

110000－3194－0002658　002768
欽定大清會典一百卷首一卷　(清)崑岡修　(清)吳樹梅纂　清光緒二十五年(1899)石印本　三十六冊

110000－3194－0002659　002769
欽定大清會典事例一千二百二十卷首八卷　(□)□□撰　清宣統元年(1909)石印本　一百六十冊

110000－3194－0002660　002770
欽定大清會典一百卷首一卷　(清)崑岡修　(清)吳樹梅纂　清光緒三十四年(1908)石印本　一百五十八冊

110000－3194－0002661　002771
欽定大清會典一百卷　(清)允祹纂修　清光緒十九年(1893)石印本　八冊

110000－3194－0002662　002772
欽定大清會典一百卷　(清)允祹纂修　清光緒二十五年(1899)石印本　一冊

110000－3194－0002663　002773
趙門祭祀律書不分卷　(清)趙松濤整理　清光緒二年(1876)抄本　一冊

110000－3194－0002664　002774
聖門禮誌不分卷　(清)孔令貽輯　清光緒十三年(1887)刻本　一冊

110000－3194－0002665　002775
大金集禮四十卷　(清)廖廷相　繆荃孫撰　清光緒刻本　四冊

110000－3194－0002666　002776
大清通禮五十卷　(清)李玉鳴纂修　清乾隆二十一年(1756)刻本　十二冊

110000－3194－0002667　002777
典禮備考八卷　(清)[王玉鯨]修　(清)[范泰衡]纂　清同治五年(1866)刻本　二冊

110000－3194－0002668　002778
皇朝謚法考五卷附續編一卷補編一卷續補編一卷　(清)鮑康撰　(清)徐士鑾輯　清同治三年(1864)刻本　二冊

110000－3194－0002669　002779
皇朝謚法考五卷附續編一卷　(清)鮑康輯　清同治三年(1864)刻本　一冊

110000－3194－0002670　002780
紀事約言二卷　(清)夏勤墉撰　清光緒七年(1881)刻本　一冊

110000－3194－0002671　002781
南巡盛典一百二十卷　(清)高晉等纂　清光緒八年(1882)鉛印本　八冊

110000－3194－0002672　002782
太常因革禮一百卷　(宋)歐陽修等編　清光緒二十年(1894)刻本　八冊

110000－3194－0002673　002783
大成祀典輯考六卷　(清)樂恒撰　清嘉慶二十一年(1816)刻本　四冊

110000－3194－0002674　002784
欽定滿洲跳神還願典例不分卷　(□)□□撰　清刻本　一冊

110000－3194－0002675　002785
關帝廟禮器不分卷　(□)□□撰　清咸豐刻本　一冊

110000－3194－0002676　002793
歷代陵寢備考五十卷　(清)朱孔陽輯　清光緒三年(1877)鉛印本　六冊

110000－3194－0002677　002786
國朝柔遠記十八卷　(清)王之春編　清光緒二十二年(1896)刻本　六冊

110000－3194－0002678　002787
甘肅清理財政說明書四編　(清)傅秉鑒編　清宣統石印本　九冊

110000－3194－0002679　002788
甘肅清理財政說明書四編　(清)傅秉鑒編　清宣統石印本　九冊

110000－3194－0002680　002789
鎮撫事宜五卷　(清)松筠撰　清道光刻本　四冊

110000－3194－0002681　002790
中外度量衡表二卷　(清)宣人哲編　清光緒二十四年(1898)石印本　二冊

110000－3194－0002682　002791
光緒二十四年亞東口華洋貿易情形論略不分卷　(清)孟國美撰　清光緒二十四年(1898)鉛印本　一冊

110000－3194－0002683　002792
萬國通商史九章　(英國)鎖米爾士撰　(日本)經濟雜誌社譯　清末鉛印本　一冊

110000－3194－0002684　002794
王公大員官員等例定歲支俸米数目及现放章程不分卷　(□)□□撰　清刻本　一冊

110000－3194－0002685　002795
文獻通考二卷　(元)馬端臨著　(清)韋謙恒校　清抄本　二冊

110000－3194－0002686　002796
蒙墾續供不分卷　(清)貽穀撰　清宣統元年(1909)鉛印本　一冊

110000－3194－0002687　002911

蒙墾續供不分卷　(清)貽穀撰　清宣統元年(1909)鉛印本　一冊

110000－3194－0002688　002797

籌藏芻議不分卷　(清)姚錫光撰　清宣統二年(1910)鉛印本　一冊

110000－3194－0002689　002798

籌蒙芻議二卷　(清)姚錫光著　清光緒三十四年(1908)刻本　二冊

110000－3194－0002690　002799

籌蒙芻議二卷　(清)姚錫光撰　清光緒三十四年(1908)刻本　二冊

110000－3194－0002691　002800

籌藏芻議不分卷　(清)姚錫光撰　清宣統二年(1910)鉛印本　一冊

110000－3194－0002692　002801

籌藏芻議不分卷　(清)姚錫光撰　清宣統二年(1910)鉛印本　一冊

110000－3194－0002693　002802

籌藏芻言不分卷　蔡匯東撰　清宣統元年(1909)鉛印本　一冊

110000－3194－0002694　002803

籌蒙芻議二卷　(清)姚錫光撰　清光緒三十四年(1908)刻本　二冊

110000－3194－0002695　002804

籌蒙芻議二卷　(清)姚錫光撰　清光緒三十四年(1908)刻本　二冊

110000－3194－0002696　002805

國朝柔遠記十八卷　(清)王之春編　清光緒十七年(1891)刻本　六冊

110000－3194－0002697　002806

歷代籌邊略八十四卷　(清)陳麟圖輯　清光緒二十三年(1897)刻本　四十冊

110000－3194－0002698　002807

各國交涉公法論三集十六卷　(英國)費利摩羅巴德著　(英國)傅蘭雅口譯　(清)俞世爵筆述　清光緒二十一年(1895)鉛印本　十六冊

110000－3194－0002699　002808

苗防備覽二十二卷　(清)嚴如熤撰　清道光二十三年(1843)刻本　十冊

110000－3194－0002700　002809

苗防備覽二十二卷　(清)嚴如熤撰　清道光二十三年(1843)刻本　八冊

110000－3194－0002701　002810

苗防備覽二十二卷　(清)嚴如熤撰　清道光二十三年(1843)刻本　二冊

110000－3194－0002702　002811

苗防備覽五卷圖一卷　(清)嚴如熤撰　清嘉慶十年(1805)刻本　二冊

110000－3194－0002703　002812

邊事彙鈔十二卷　(清)劉韞齋鑒定　(清)朱克敬編輯　清光緒刻本　一冊

110000－3194－0002704　002813

邊事彙鈔十二卷　(清)劉韞齋鑒定　(清)朱克敬編輯　清光緒六年(1880)刻本　一冊　存十卷(一至十)

110000－3194－0002705　002814

邊事彙鈔十二卷　(清)劉韞齋鑒定　(清)朱克敬編輯　清光緒六年(1880)刻本　六冊

110000－3194－0002706　002815

中國江海險要圖志二十二卷首一卷補編五卷　(英國)海軍海圖官局編　(清)陳壽彭譯　清光緒三十三年(1907)石印本　十五冊

110000－3194－0002707　002816

欽定設官一卷　(□)□□撰　清嘉慶六年(1801)抄本　一冊

110000－3194－0002708　002817

試辦遷旗實邊報告初編不分卷　金梁撰　清宣統三年(1911)鉛印本　一冊

110000－3194－0002709　002818

雲南勘界籌邊記二卷　(清)姚文棟撰　清光緒刻本　一冊

110000－3194－0002710　002819
湖南苗防屯政考補編不分卷　(清)但湘良纂　清光緒十六年(1890)刻本　一冊

110000－3194－0002711　002820
防海備覽十卷　(清)薛傳源撰　清嘉慶六年(1801)刻本　四冊

110000－3194－0002712　002821
防海贅言不分卷　(□)□□撰　清道光二十三年(1843)刻本　一冊

110000－3194－0002713　002822
策倭要略八篇　(清)李嶽蘅撰　清光緒二十年(1894)刻本　一冊

110000－3194－0002714　002823
白塔山信礮則例不分卷　(□)□□撰　清末抄本　一冊

110000－3194－0002715　002824
德國軍制述要不分卷　(德國)來春石泰述　(清)沈敦和譯　清光緒二十一年(1895)刻本　一冊

110000－3194－0002716　002825
近世陸軍二十六章　(清)陶森甲編輯　清光緒二十八年(1902)鉛印本　一冊

110000－3194－0002717　002826
談邊要刪十二卷　(清)黃壽衮輯　清光緒二十七年(1901)石印本　一冊

110000－3194－0002718　002827
皇朝瑣屑錄四十四卷　(清)鍾琦撰　清光緒二十三年(1897)刻本　十二冊

110000－3194－0002719　002828
續文獻通考二百五十四卷　(明)王圻輯　明萬曆三十一年(1603)刻本(有補刻)　一百冊

110000－3194－0002720　002829
三通序不分卷　(唐)杜佑等撰　清光緒十四年(1888)刻本　二冊

110000－3194－0002721　002830
欽定大清會典八十卷　(清)托津修　(清)裘元善纂　清嘉慶二十三年(1818)刻本　四十冊

110000－3194－0002722　002831
欽定大清會典八十卷　(清)托津修　(清)裘元善纂　清嘉慶二十三年(1818)刻本　四十冊

110000－3194－0002723　002832
滇西兵要界務圖注不分卷　李根源撰　清宣統三年(1911)石印本　一冊

110000－3194－0002724　002833
湖南苗防屯政考十五卷首一卷　(清)但湘良纂　清光緒九年(1883)刻本　十七冊

110000－3194－0002725　002834
湖南苗防屯政考十五卷首一卷　(清)但湘良纂　清光緒九年(1883)刻本　十六冊

110000－3194－0002726　002835
中俄界約斠注七卷首一卷　(清)錢恂撰　清光緒二十年(1894)刻本　二冊

110000－3194－0002727　002836
中俄界約斠注七卷首一卷　(清)錢恂撰　清光緒二十年(1894)刻本　二冊

110000－3194－0002728　002838
浙東籌防錄四卷　(清)薛福成纂　清光緒十二年至十四年(1886－1888)刻本　四冊

110000－3194－0002729　002839
駐防成都滿營官兵事略一卷　(□)□□撰　清光緒三十年(1904)抄本　一冊

110000－3194－0002730　002840
杭州八旗駐防營志略二十五卷　(清)張大昌輯　清光緒十九年(1893)刻本　六冊

110000－3194－0002731　002841
權制八卷　(清)陳澹然撰　清光緒二十六年(1900)刻本　六冊

110000－3194－0002732　002842
西寧軍務節略不分卷　(清)奎順等撰　清光緒二十一年(1895)石印本　一冊

110000－3194－0002733　002843

西寧軍務節略不分卷　(清)奎順等撰　清光緒二十一年(1895)石印本　一冊

110000－3194－0002734　002844
西寧軍務節略不分卷　(清)奎順等撰　清光緒二十一年(1895)石印本　一冊

110000－3194－0002735　002845
雲南初勘緬界記不分卷　(清)姚文棟撰　清光緒十八年(1892)刻本　一冊

110000－3194－0002736　002846
雲南初勘緬界記不分卷　(清)姚文棟撰　清光緒十八年(1892)刻本　一冊

110000－3194－0002737　002847
新疆國界圖志八卷　王樹枏撰　清宣統元年(1909)刻本　四冊

110000－3194－0002738　002848
中俄界記二編　(清)鄒代鈞著　清宣統三年(1911)鉛印本　二冊

110000－3194－0002739　002849
中俄界記二編　(清)鄒代鈞著　清宣統三年(1911)鉛印本　二冊

110000－3194－0002740　002851
中俄界記二編　(清)鄒代鈞著　清宣統三年(1911)鉛印本　二冊

110000－3194－0002741　002850
光緒勘定西北邊界俄文漢譯圖例言不分卷　(□)□□撰　清光緒十一年(1885)刻本　一冊

110000－3194－0002742　002852
九邊圖論不分卷　(明)許論著　(清)鮑廷爵校刊　清光緒十六年(1890)刻本　一冊

110000－3194－0002743　002853
邊事續鈔八卷　(清)朱克敬輯　清光緒六年(1880)刻本　一冊

110000－3194－0002744　002854
邊事續鈔八卷邊事彙鈔二卷　(清)朱克敬輯　清光緒六年(1880)刻本　一冊

110000－3194－0002745　002855
欽定中樞政考七十二卷　(清)明亮修　(清)納蘇泰纂　清道光五年(1825)刻本　七十二冊

110000－3194－0002746　002855
欽定中樞政考續纂四卷　(清)長齡修　(清)景善纂　清道光刻本　四冊

110000－3194－0002747　002855
欽定兵部處分則例七十六卷　(清)伯麟修　(清)慶源纂　清道光刻本　三十一冊

110000－3194－0002748　002855
欽定兵部續纂處分則例四卷　(清)長齡修　(清)慶源纂　清道光刻本　四冊

110000－3194－0002749　002855
欽定五軍道里表十八卷　(清)明亮修　(清)常泰纂　清道光刻本　十九冊

110000－3194－0002750　002856
駐粵八旗志二十四卷首一卷　(清)長善等纂　清光緒五年(1879)刻本　十六冊

110000－3194－0002751　002857
明治法制史三編　(日本)清浦奎吾撰　清光緒二十九年(1903)鉛印本　一冊

110000－3194－0002752　002858
故唐律疏議三十卷　(唐)長孫無忌撰　清光緒十七年(1891)刻本　八冊

110000－3194－0002753　002858
律音義一卷　(宋)孫奭等撰　清光緒十七年(1891)刻本　一冊

110000－3194－0002754　002858
宋提刑洗冤集錄五卷　(宋)宋慈編　清光緒十七年(1891)刻本　一冊

110000－3194－0002755　002859
欽定宮中現行則例四卷　(□)□□撰　清光緒刻本　四冊

110000－3194－0002756　002865
欽定宮中現行則例四卷　(□)□□撰　清嘉慶刻本　四冊

110000－3194－0002757　002866
欽定宮中現行則例四卷　(□)□□撰　清嘉慶二十五年(1820)刻本(有補刻)　四册

110000－3194－0002758　002867
欽定宮中現行則例四卷　(□)□□撰　清光緒鉛印本(有補刻)　四册

110000－3194－0002759　002860
欽定吏部文選司章程三十二卷　(清)吏部編　清同治十二年(1873)刻本　十一册

110000－3194－0002760　002861
萬國憲法志三卷　(清)周逵編　清光緒二十八年(1902)鉛印本　一册

110000－3194－0002761　002862
洗冤録集證匯纂五卷　(清)王又槐輯　清嘉慶元年(1796)刻本　四册

110000－3194－0002762　002863
補注洗冤録集證五卷　(清)王又槐增輯　(清)李觀瀾補輯　(清)阮其新補注　清道光二十四年(1844)五色套印本　四册

110000－3194－0002763　002863
洗冤録辨正二卷　(清)瞿中溶增輯　(清)李璋煜重訂　清道光二十七年(1847)五色套印本　一册

110000－3194－0002764　002863
附刊洗冤録解一卷　(清)姚德豫著　(清)李璋煜重訂　清道光二十四年(1844)套印本　一册

110000－3194－0002765　002864
欽定回疆則例不分卷　(清)托津等修　(清)岳良纂　清嘉慶十九年(1814)刻本　四册

110000－3194－0002766　002868
欽定戶部則例一百卷首一卷　(清)載齡等纂　清同治十三年(1874)刻本　六十册

110000－3194－0002767　002869
欽定戶部軍需則例九卷續纂一卷兵部則例五卷工部則例一卷　(清)阿桂纂　清乾隆五十三年(1788)刻本　四册

110000－3194－0002768　002870
欽定禮部則例二百二卷　(清)特登額等編　清道光二十四年(1844)刻本　二十四册

110000－3194－0002769　002871
國憲汎論三卷　(日本)小野梓著　陳鵬譯　清光緒二十九年(1903)鉛印本　三册

110000－3194－0002770　002872
讀法圖存四卷　(清)邵繩清　黄杏川鑒定　清光緒七年(1881)刻本　四册

110000－3194－0002771　002873
約章成案匯覽甲篇十卷　(清)北洋洋務局輯　清光緒三十一年(1905)石印本　十册

110000－3194－0002772　002874
國家學綱領一卷　(德國)伯倫知理著　梁啟超譯　清光緒二十八年(1902)鉛印本　一册

110000－3194－0002773　002875
康熙政要二十四卷　(清)章梫纂　清宣統二年(1910)鉛印本　十二册

110000－3194－0002774　002876
柘湖宦游録不分卷　(清)蔣清瑞撰　清宣統二年(1910)刻本　三册

110000－3194－0002775　002877
欽定理藩院則例六十四卷總目二卷通例二卷　(清)福敏等纂修　清光緒刻本　三十二册

110000－3194－0002776　002878
欽定理藩院則例六十四卷總目二卷通例二卷　(清)福敏等纂修　清光緒刻本　三十二册

110000－3194－0002777　002879
欽定理藩院則例六十三卷總目二卷通例二卷　(□)□□撰　清刻本　四十九册

110000－3194－0002778　002880
欽定理藩部則例六十四卷總目二卷通例二卷　(清)松森等纂修　清光緒三十四年(1908)鉛印本　十六册

110000－3194－0002779　002881
治安文獻二集十二卷　(清)陸壽名撰　清康熙刻本　十六册

110000－3194－0002780　002882
大清律例按語一百四卷　(清)黄恩彤編　清道光二十七年(1847)刻本　六十册

110000－3194－0002781　002883
三流道里表不分卷　(清)徐本等纂修　清嘉慶十六年(1811)刻本　四册

110000－3194－0002782　002884
三流道里表不分卷　(清)弘晝修　(清)徐本等纂　清乾隆八年(1743)刻本　六册

110000－3194－0002783　002885
中俄約章會要三卷續編一卷　(清)總理衙門編　清光緒八年(1882)鉛印本　四册

110000－3194－0002784　002886
中西關係略論四卷續編一卷　(美國)林樂知著　清光緒十八年(1892)鉛印本　一册

110000－3194－0002785　002887
中日外交文件不分卷　(□)□□撰　清光緒二十一年(1895)石印本　一册

110000－3194－0002786　002888
遵議滿漢通行刑律不分卷　(清)沈家本等編　清光緒三十三年(1907)鉛印本　一册

110000－3194－0002787　002889
五千年中外交涉史九十七卷　(清)屯廬主人輯　清光緒二十九年(1903)鉛印本　二十册

110000－3194－0002788　002890
星軺指掌三卷續集一卷　(清)聯芳　慶常譯　清光緒二年(1876)鉛印本　四册

110000－3194－0002789　002891
科名金鍼不分卷　(清)毛昶熙編　清光緒元年(1875)刻本　一册

110000－3194－0002790　002892
東三省交涉輯要十二卷首一卷圖説一卷　(清)劉瑞霖等輯　清宣統二年(1910)鉛印本　七册

110000－3194－0002791　002893
輿地學課程不分卷　(清)姚炳奎撰　清光緒二十七年至二十八年(1901－1902)刻本　八册

110000－3194－0002792　002894
秦中官報不分卷　(清)課吏館編　清光緒三十一年至三十二年(1905－1906)鉛印本　二十五册

110000－3194－0002793　002895
于清端公政書八卷首編一卷外集一卷續集一卷　(清)于成龍撰　(清)蔡方炳　(清)諸匡鼎編　清乾隆二十六年(1761)刻本　十册

110000－3194－0002794　002896
于清端公政書八卷首編一卷外集一卷　(清)于成龍撰　(清)蔡方炳　(清)諸匡鼎編　清康熙四十六年(1707)刻本　十册

110000－3194－0002795　002897
支那教學史略三卷　(日本)狩野良知著　清光緒二十八年(1902)鉛印本　一册

110000－3194－0002796　002898
四川官報不分卷　(清)四川官報社編　清緒三十年(1904)鉛印本　一册

110000－3194－0002797　002899
太西教育史二篇　(日本)能勢榮著　葉瀚譯　清光緒二十七年(1901)鉛印本　二册

110000－3194－0002798　002900
普法戰紀二十卷　(清)張宗良口譯　(清)王韜撰輯　清光緒二十三年(1897)鉛印本　十册

110000－3194－0002799　002901
繪圖中國白話史不分卷　(清)戴克敦　(清)錢宗翰編　清光緒三十一年(1905)石印本　四册

110000－3194－0002800　002902
繪圖外國白話史不分卷　(清)戴克敦　(清)錢宗翰編　清光緒石印本　四册

110000－3194－0002801　002903
教育文編不分卷　(清)徐繼高輯　清光緒刻本　一册

110000－3194－0002802　002904

最新中等中國歷史教科書五編 (清)祝震編纂 清光緒三十二年(1906)鉛印本 六册

110000-3194-0002803 002905
普通新歷史十章 (清)周鵬校 清光緒三十二年(1906)鉛印本 一册

110000-3194-0002804 002906
普通新歷史十章 (清)周鵬校 (清)普通學書室編 清光緒三十一年(1905)鉛印本 一册

110000-3194-0002805 002907
中國歷史教科書七卷 (清)商務印書館編 清光緒二十九年(1903)鉛印本 二册

110000-3194-0002806 002910
中國歷史教科書七卷 (清)商務印書館編 清光緒三十一年(1905)鉛印本 二册

110000-3194-0002807 002908
西洋教育史四篇 (□)□□撰 清末活字印本 一册

110000-3194-0002808 002909
西洋歷史教科書六編 (英國)默爾化著 (清)出洋學生編輯所譯 清光緒三十一年(1905)鉛印本 二册

110000-3194-0002809 002912
最新中國歷史教科書四卷 (清)姚祖義編纂 清宣統元年(1909)鉛印本 四册

110000-3194-0002810 002913
普通學歌訣不分卷 (清)張一鵬撰 清光緒刻本 一册

110000-3194-0002811 002914
普通學讀本不分卷 (清)張一鵬撰 清光緒刻本 一册

110000-3194-0002812 002915
本朝史講義十章 (清)汪榮寶著 (清)京師譯學館編 清光緒三十二年(1906)鉛印本 三册

110000-3194-0002813 002916
京師大學堂心理學講義三章 (日本)服部宇之吉講述 清光緒鉛印本 一册

110000-3194-0002814 002917
京師大學堂心理學掌故學講義二卷 (日本)服部宇之吉撰 (清)楊道霖撰 清光緒鉛印本 一册

110000-3194-0002815 002918
宗室貢舉備考不分卷 (清)瑞聯輯 清光緒十三年(1887)刻本 二册

110000-3194-0002816 002919
地輿學課程十四章 (□)□□撰 清光緒三十二年(1906)鉛印本 一册

110000-3194-0002817 002920
京師大學堂中國通史講義七章 (清)王舟瑤撰 清光緒鉛印本 一册

110000-3194-0002818 002921
最新初等小學地理教科書四卷 (清)商務印書館編譯所編 清光緒三十一年(1905)鉛印本 四册

110000-3194-0002819 002922
蒙學東洋歷史教科書四篇 (清)文明書局編譯 清光緒二十九年(1903)鉛印本 一册

110000-3194-0002820 002923
京師譯學館輿地學講義不分卷 (清)韓樸存編 清光緒三十一年(1905)鉛印本 四册

110000-3194-0002821 002924
北洋公牘類纂二十五卷目錄一卷 (清)甘厚慈輯 清光緒三十三年(1907)鉛印本 二十册

110000-3194-0002822 002924
北洋公牘類纂續編二十四卷目錄一卷 (清)甘厚慈輯 清宣統二年(1910)鉛印本 二十册

110000-3194-0002823 002925
敬慎堂公牘六卷 (清)沈秉堃撰 清光緒二十五年至二十六年(1899-1900)刻本 六册

110000-3194-0002824 002926
欽定四庫全書總目二百卷首四卷 (清)紀昀

等編　清乾隆刻本　一百二十冊

110000－3194－0002825　002927
小學考五十卷　(清)謝啟昆撰　清光緒十四年(1888)刻本　二十冊

110000－3194－0002826　002928
欽定天禄琳琅書目十卷後編二十卷　(清)于敏中編　清光緒十年(1884)刻本　十二冊

110000－3194－0002827　002929
昭德先生郡齋讀書志二十卷附志二卷　(宋)晁公武撰　(宋)姚應績重編　清光緒十年(1884)刻本　十冊

110000－3194－0002828　002930
補晉書經籍志四卷　(清)吳士鑑撰　清光緒二十一年(1895)刻本　二冊

110000－3194－0002829　002931
楚寶目録不分卷　(清)劉人熙編　清光緒十四年(1888)刻本　一冊

110000－3194－0002830　002932
錫山歷朝著述書目考十二卷首一卷雜録一卷　(清)高鏻泉編　清光緒二十八年(1902)活字印本　五冊

110000－3194－0002831　002933
石墨鐫華八卷　(明)趙崡撰　明萬曆四十六年(1618)刻本　四冊

110000－3194－0002832　002934
儀顧堂題跋十六卷　(清)陸心源撰　清光緒十六年(1890)刻本　六冊

110000－3194－0002833　002935
古玉圖考不分卷　(清)吳大澂編　清光緒十五年(1889)石印本　四冊

110000－3194－0002834　002936
金薤琳琅二十卷附補遺一卷　(明)都穆撰　(明)宋振譽補遺　清乾隆四十三年(1778)刻本　四冊

110000－3194－0002835　002937
淳化閣帖釋文十卷　(清)朱家標校定　清康熙二十二年(1683)刻本　一冊

110000－3194－0002836　002938
江刻書目三種　(清)江標輯　清光緒二十三年(1897)刻本　四冊

110000－3194－0002837　002939
[康熙]西平縣志十卷　(清)沈棻修　(清)李植續修　清康熙三十二年(1693)刻本　四冊

110000－3194－0002838　002940
元史藝文志四卷　(清)錢大昕補　清嘉慶五年(1800)刻本　一冊

110000－3194－0002839　002941
隋經籍志考證十三卷　(清)章宗源撰　清光緒三年(1877)刻本　四冊

110000－3194－0002840　002942
士禮居藏書題跋記六卷　(清)黄丕烈撰　清光緒刻本　四冊

110000－3194－0002841　002943
漢藝文志考證十卷　(宋)王應麟著　清光緒刻本　二冊

110000－3194－0002842　002944
補晉書藝文志六卷　(清)文廷式纂　清宣統元年(1909)鉛印本　六冊

110000－3194－0002843　002945
四庫簡明目録標注二十卷附録一卷　(清)邵懿辰撰　清宣統三年(1911)刻本　十冊

110000－3194－0002844　002946
愛日精廬藏書志三十六卷續志四卷　(清)張金吾撰　清光緒活字印本　十冊

110000－3194－0002845　002947
開有益齋讀書志六卷續志一卷開有益齋金石文字記目一卷　(清)朱緒曾撰　(清)劉壽曾　(清)朱桂模編　清光緒六年(1880)刻本　六冊

110000－3194－0002846　002948
開有益齋讀書志六卷續志一卷開有益齋金石文字記目一卷　(清)朱緒曾撰　(清)劉壽曾　(清)朱桂模編　清光緒六年(1880)刻本

四冊

110000－3194－0002847　002949
皇朝掌故彙編內編六十卷首一卷外編四十卷首一卷　（清）宋文蔚等纂　清光緒二十八年（1902）鉛印本　六十冊

110000－3194－0002848　002950
中法會訂滇越鐵路章程不分卷　（清）外務部編　清光緒二十九年（1903）鉛印本　一冊

110000－3194－0002849　002951
萬國歷史彙編一百卷　（清）江子雲等編　清光緒二十九年（1903）石印本　十六冊

110000－3194－0002850　002952
萬國歷史彙編一百卷　（清）江子雲等編　清光緒二十九年（1903）石印本　十六冊

110000－3194－0002851　002953
欽定四庫全書簡明目錄二十卷首一卷　（清）紀昀等編　清乾隆刻本　十二冊

110000－3194－0002852　002954
八史經籍志十種三十卷　（□）□□撰　清光緒八年至九年（1902－1903）刻本　十六冊

110000－3194－0002853　002955
皕宋樓藏書志一百二十卷續志四卷　（清）陸心源編　清光緒八年（1882）刻本　三十二冊

110000－3194－0002854　002956
華延年室題跋三卷　（清）傅以禮撰　清宣統元年（1909）鉛印本　三冊

110000－3194－0002855　002957
華延年室題跋三卷　（清）傅以禮撰　清宣統元年（1909）鉛印本　三冊

110000－3194－0002856　002958
經籍舉要不分卷　（清）龍啟瑞撰　（清）袁昶增訂　清光緒十九年至二十二年（1893－1896）刻本　一冊

110000－3194－0002857　002959
直齋書錄解題二十二卷　（宋）陳振孫撰　清光緒九年（1883）刻本　六冊

110000－3194－0002858　002960
直齋書錄解題二十二卷　（宋）陳振孫撰　清光緒九年（1883）刻本　六冊

110000－3194－0002859　002961
合肥李勤恪公政書十卷首一卷　（清）李瀚章撰　（清）李經畬編　清光緒石印本　十冊

110000－3194－0002860　002962
合肥李勤恪公政書十卷首一卷　（清）李瀚章撰　（清）李經畬編　清光緒石印本　十冊

110000－3194－0002861　002963
撫湘公牘二卷　（清）卞寶第撰　清光緒刻本　二冊

110000－3194－0002862　002963
方岳采風錄二卷　（清）卞寶第撰　清光緒刻本　一冊

110000－3194－0002863　002963
閩嶠輶軒錄二卷　（清）卞寶第撰　清光緒刻本　一冊

110000－3194－0002864　002964
清內府檔案不分卷　（□）□□撰　清光緒稿本　八冊

110000－3194－0002865　002965
秀山公牘五卷　（清）吳光耀撰　清光緒二十八年（1902）刻本　四冊

110000－3194－0002866　002966
便宜小效略存二卷　（清）賀宗章撰　清光緒二十七年（1901）刻本　二冊

110000－3194－0002867　002967
守岐公牘匯存不分卷　（清）張兆棟撰　清光緒四年（1878）刻本　一冊

110000－3194－0002868　002968
尼羅海戰史不分卷　（美國）耶特瓦德斯邊著　（日本）越山平三郎譯　清光緒二十九年（1903）鉛印本　一冊

110000－3194－0002869　002969
金雞談薈十四卷首一卷　（清）歐陽利見撰　清光緒十五年（1889）鉛印本　八冊

110000－3194－0002870　002970
撫吳公牘五十卷　(清)丁禹生撰　(清)沈幼丹評選　清光緒三年(1877)刻本　十册

110000－3194－0002871　002971
燕京開教略三篇　(法)樊國梁撰　清光緒三十一年(1905)鉛印本　三册

110000－3194－0002872　002972
飛獵濱獨立戰史十四章　(菲律賓)棒時著　(清)同是傷心人譯　清光緒二十八年(1902)鉛印本　一册

110000－3194－0002873　002973
美國獨立戰史二卷　(日本)澀江保著　(清)東京留學生譯　清光緒二十一年(1895)鉛印本　一册

110000－3194－0002874　002974
楊增新公牘不分卷　(清)楊增新撰　清光緒二十六年(1900)鉛印本　一册

110000－3194－0002875　002975
經義考三百卷目錄二卷　(清)朱彝尊錄　(清)李濤校　清乾隆四十二年(1777)刻本　四十八册　存二百九十九卷(一至二百八十五、二百八十七至二百九十八,目錄二卷)

110000－3194－0002876　002976
彙刻書目初編十卷補編一卷　(清)顧修編　清光緒元年(1875)刻本　十册

110000－3194－0002877　002977
書目答問四卷　(清)張之洞撰　清宣統元年(1909)石印本　二册

110000－3194－0002878　003165
書目答問四卷　(清)張之洞撰　清光緒四年(1978)石印本　一册　存一卷(一)

110000－3194－0002879　002978
浙江採集遺書總錄十一卷　(清)沈初編　清乾隆三十九年(1774)刻本　十册

110000－3194－0002880　002979
古越藏書樓書目二十卷首一卷　(清)徐樹蘭編　清光緒三十年(1904)石印本　八册

110000－3194－0002881　002980
大明三藏聖教目錄四卷續集一卷　(清)張心泰輯　清光緒八年(1882)刻本　二册

110000－3194－0002882　002981
閱藏知津四十四卷總目四卷　(明)釋智旭彙解　清光緒十八年(1892)刻本(卷十一至十五為補配)　十册

110000－3194－0002883　002982
奉天全省農業調查書不分卷　(清)奉天農業試驗場編　清宣統元年(1909)鉛印本　四册

110000－3194－0002884　002983
奉天農業試驗總場報告不分卷　(清)奉天農業試驗場編　清宣統元年至二年(1909－1910)鉛印本　八册

110000－3194－0002885　002984
粵西金石略十五卷　(清)謝啟昆撰　清嘉慶六年(1801)刻本　六册

110000－3194－0002886　002985
常郡八邑藝文志十二卷　(清)盧文弨輯　清光緒十六年(1890)刻本　十六册

110000－3194－0002887　002986
同仁堂藥目不分卷　(清)同仁堂編　清同治五年(1866)刻本　一册

110000－3194－0002888　002987
同仁堂藥目不分卷　(清)同仁堂編　清同治八年(1869)刻本　一册

110000－3194－0002889　002988
同仁堂藥目不分卷　(清)同仁堂編　清宣統二年(1910)刻本　一册

110000－3194－0002890　002989
經律論目錄不分卷　(□)□□撰　清抄本　一册

110000－3194－0002891　002991
金石圖說二卷　(清)牛運震集說　劉世珩編補　清光緒二十二年(1896)刻本　四册

110000－3194－0002892　002992
二銘草堂金石聚十六卷　(清)張德容輯　清

同治十一年(1872)刻本　十六册

110000－3194－0002893　002993
東書堂重修宣和博古圖録三十卷　(宋)王黼撰　(清)黄晟校刊　清乾隆十七年(1752)刻本　三十册

110000－3194－0002894　002993
亦政堂重修考古圖十卷　(宋)吕大臨撰　(清)黄晟校刊　清乾隆十七年至十八年(1752－1753)刻本　六册

110000－3194－0002895　002993
亦政堂重考古玉圖二卷　(元)朱德潤撰　(清)黄晟校刊　清乾隆十七年(1752)刻本　一册

110000－3194－0002896　002994
金石萃編補略二卷　(清)王言撰　清光緒八年(1882)刻本　四册

110000－3194－0002897　002995
金石萃編一百六十卷　(清)王昶撰　清同治十一年(1872)刻本　六十册

110000－3194－0002898　002996
敬吾心室彝器款識二卷　(清)朱善旂　(清)朱之榛輯　清光緒三十四年(1908)影印本　二册

110000－3194－0002899　002997
歷代鐘鼎彝器款識法帖二十卷　(宋)薛尚功輯　清嘉慶二年(1797)刻本　四册

110000－3194－0002900　002998
積古齋鐘鼎彝器款識十卷　(清)阮元編　清光緒九年(1883)刻本　四册

110000－3194－0002901　002999
語石十卷　葉昌熾撰　清宣統元年(1909)刻本　四册

110000－3194－0002902　003000
行素草堂金石叢書十六種　(清)朱記榮輯　清光緒十四年至十五年(1888－1889)刻本　四十册

110000－3194－0002903　003001
學古齋金石叢書十二種　(清)[葛元煦]輯　清光緒三十年(1904)刻本　十六册

110000－3194－0002904　003002
高麗好大王碑六卷　楊守敬摹　清宣統元年(1909)刻本　六册

110000－3194－0002905　003003
錢神誌七卷　(清)李世熊著　清道光六年(1826)活字印本　七册

110000－3194－0002906　003004
關中金石文字存逸考十二卷首一卷　(清)毛鳳枝撰　清光緒二十七年(1901)刻本　八册

110000－3194－0002907　003005
武梁祠畫像題字不分卷　(清)錢大昕等撰　清嘉慶刻本　二册

110000－3194－0002908　003006
靈石記不分卷　(清)趙爾豐撰　清宣統二年(1910)石印本　一册

110000－3194－0002909　003007
漢番君廟碑不分卷　(□)□□撰　清末拓本　一册

110000－3194－0002910　003008
宋拓皇甫君碑不分卷　(唐)歐陽詢書　清光緒十九年(1893)影印本　一册

110000－3194－0002911　003009
靈岩寺碑頌并序不分卷　(唐)李邕撰并書　清末拓本　一册

110000－3194－0002912　003010
金石存十五卷　(清)吴玉搢纂　清嘉慶二十四年(1819)刻本　四册

110000－3194－0002913　003012
古玉圖考不分卷　(清)吴大澂編　清光緒十五年(1889)石印本　一册

110000－3194－0002914　003013
陶齋吉金續録二卷　(清)端方輯　清宣統元年(1909)石印本　二册

110000－3194－0002915　003014

張叔未解元所藏金石文字不分卷　(清)張廷濟藏　(清)嚴荄輯　清光緒十一年(1885)石印本　二冊

110000－3194－0002916　003015
陶齋吉金錄八卷　(清)端方輯　清光緒三十四年(1908)石印本　八冊

110000－3194－0002917　003016
攈古錄金文三卷　(清)吳式芬撰　清光緒二十一年(1895)刻本　九冊

110000－3194－0002918　003017
奇觚室吉金文述二十卷　(清)劉心源輯　清光緒二十八年(1902)石印本　十冊

110000－3194－0002919　003018
九成宮醴泉銘不分卷　(唐)歐陽詢書　清末拓本　一冊

110000－3194－0002920　003019
金石續編二十一卷首一卷　(清)陸耀遹纂　(清)陸增祥校訂　清同治十三年(1874)刻本　十冊

110000－3194－0002921　003020
明宫詞不分卷　(清)程嗣章撰　清宣統三年(1911)石印本　一冊

110000－3194－0002922　003021
知不可齋詠史詩不分卷　(清)汪鋆著　清宣統元年(1909)鉛印本　一冊

110000－3194－0002923　003022
松筠桐蔭館集印不分卷　(清)郭偉勣輯　清乾隆四十三年(1778)鈐印本　四冊

110000－3194－0002924　003023
錢譜名志不分卷　(清)朱多爔　(清)吳晃輯　清道光二十七年(1847)刻本　一冊

110000－3194－0002925　003024
巽齋所藏錢錄十二卷　(清)費錫申藏并輯　清光緒二十年(1894)刻本　四冊

110000－3194－0002926　003025
泉幣匯考十六卷首一卷　(清)唐與崑纂　清咸豐元年(1851)刻本　六冊

110000－3194－0002927　003025
制錢通考四卷　(清)唐與崑纂　清咸豐三年(1853)刻本　二冊

110000－3194－0002928　003026
華林寺摹刻貫休十六羅漢像　(五代)[釋貫休]繪　清道光二十五年(1845)石印本　一冊

110000－3194－0002929　003027
泉布統志九卷首一卷附錄一卷　(清)孟麟輯　清道光十三年(1833)刻本　十六冊

110000－3194－0002930　003028
古今錢略三十二卷首一卷末一卷　(清)倪模輯　清光緒五年(1879)刻本　十六冊

110000－3194－0002931　003029
古今錢略三十二卷首一卷末一卷　(清)倪模輯　清光緒五年(1879)刻本　十六冊

110000－3194－0002932　003030
全史宫詞二十卷　(清)史夢蘭撰　清咸豐六年(1856)刻本　四冊

110000－3194－0002933　003031
讀史紀略四卷　(清)蕭濬撰　清道光二十一年(1841)刻本　四冊

110000－3194－0002934　003032
評鑑闡要十二卷　(清)劉統勳撰　(清)劉綸編　清乾隆刻本　六冊

110000－3194－0002935　003033
史要增注七卷　(清)任啟運輯　(清)吳兆慶纂　(清)任麟徵增注　清光緒十四年(1888)石印本　四冊

110000－3194－0002936　003034
讀史大略六十卷首一卷坿小沙子史略一卷　(清)沙張白撰　清光緒二十七年(1901)石印本　六冊

110000－3194－0002937　003035
印譜不分卷　(清)李承運篆　清宣統三年(1911)鈐印本　二冊

110000－3194－0002938　003036

琴鶴堂印譜八卷　(清)繼良輯　清光緒二十七年(1901)鈐印本　八冊

110000－3194－0002939　003037
讀史論略不分卷　(清)杜紫綸撰　清光緒三年(1877)刻本　一冊

110000－3194－0002940　003055
讀史論略不分卷　(清)[杜詔]撰　清光緒刻本　一冊

110000－3194－0002941　003038
鑑綱詠略八卷附讀史論略補一卷　(清)張應鼎撰　(清)柯龍章注　清同治十二年(1873)刻本　八冊

110000－3194－0002942　003039
御製全史詩不分卷　(□)□□撰　清嘉慶刻本　四冊

110000－3194－0002943　003040
庚子都門紀事詩六卷首一卷末一卷　(清)延清撰　清光緒二十八年(1902)鉛印本　二冊

110000－3194－0002944　003041
讀史碎金八十卷　(清)胡文炳輯　清光緒元年(1875)刻本　八十七冊

110000－3194－0002945　003042
史案二十卷首一卷　(清)吳裕垂撰　清光緒六年(1880)刻本　四冊

110000－3194－0002946　003043
讀史津逮四卷　(清)潘永圜撰　清康熙刻本　十二冊

110000－3194－0002947　003044
史林測義三十八卷　(清)計大受撰　清嘉慶十九年(1814)刻本　六冊

110000－3194－0002948　003045
十七史商榷一百卷　(清)王鳴盛撰　清乾隆五十二年(1787)刻本　二十四冊

110000－3194－0002949　003046
廿二史劄記三十六卷首一卷　(清)趙翼撰　清嘉慶五年(1800)刻本　十二冊

110000－3194－0002950　003047
廿二史劄記三十六卷　(清)趙翼撰　清嘉慶五年(1800)刻本　十六冊

110000－3194－0002951　003048
全史宮詞二十卷　(清)史夢蘭撰　清咸豐六年(1856)刻本　六冊

110000－3194－0002952　003049
史通通釋二十卷附錄一卷　(清)浦起龍釋　清乾隆十七年(1752)刻本　四冊

110000－3194－0002953　003050
史通通釋二十卷附錄一卷　(清)浦起龍釋　清光緒十九年(1893)石印本　八冊

110000－3194－0002954　003051
史通訓故補二十卷　(清)黄叔琳撰　(清)顧鎮參訂　清乾隆十二年(1747)刻本　八冊

110000－3194－0002955　003052
史略八十七卷　(清)朱堃輯　清同治六年(1867)刻本(八十五卷第三葉為補配)　二十冊

110000－3194－0002956　003053
讀史吟評不分卷　(清)黄鵬揚撰　清刻本　一冊

110000－3194－0002957　003054
歷代史案二十卷首一卷　(清)吳裕垂著　(清)洪亮吉編　清刻本　六冊

110000－3194－0002958　003056
廿一史提綱歌二卷　(清)李兆洛編　清道光五年(1825)刻本　一冊

110000－3194－0002959　003057
支那史九卷　(日本)市村瓚次郎　(日本)瀧川龜太郎纂　(清)教育世界社譯　清光緒二十九年(1903)石印本　五冊

110000－3194－0002960　003059
蒙古史二卷　(日本)河野元三述　(清)歐陽瑞驊譯　清宣統三年(1911)鉛印本　二冊

110000－3194－0002961　003063
蒙古史二卷　(日本)河野元三述　(清)歐陽

瑞驊譯　清宣統三年(1911)鉛印本　二册

110000－3194－0002962　003060
續支那通史二卷　(日本)山峰畯臺著　(清)漢陽青年編譯　清光緒二十九年至三十年(1903－1904)石印本　八册

110000－3194－0002963　003061
支那全史七卷　(日本)藤田久道編　(日本)增田貢校正　清光緒二十七年(1901)石印本　六册

110000－3194－0002964　003062
支那全史七卷　(日本)藤田久道編　(日本)增田貢校正　清光緒二十七年(1901)石印本　六册

110000－3194－0002965　003064
皇朝掌故讀本二卷　(清)竇士鏞撰　(清)文明書局編　清光緒三十年(1904)鉛印本　一册

110000－3194－0002966　003065
增訂南詔野史二卷　(明)楊慎編輯　(清)胡蔚訂正　清光緒六年(1880)刻本　二册

110000－3194－0002967　003067
增訂南詔野史二卷　(明)楊慎編輯　(清)胡蔚訂正　清刻本　二册

110000－3194－0002968　003068
增訂南詔野史二卷　(明)楊慎編輯　(清)胡蔚訂正　清光緒六年(1880)刻本　二册

110000－3194－0002969　003070
吴越春秋不分卷　(清)俞長城評點　清刻本　一册

110000－3194－0002970　003070
戰國策不分卷　(清)俞長城評點　清刻本　二册

110000－3194－0002971　003070
國語不分卷　(清)俞長城評點　清刻本　一册

110000－3194－0002972　003071
得一齋雜著四種　(清)黄楙材撰　清光緒二十三年(1897)刻本　四册

110000－3194－0002973　003072
得一齋雜著四種　(清)黄楙材撰　清光緒刻本　四册

110000－3194－0002974　003073
得一齋雜著四種　(清)黄楙材撰　清光緒十二年(1886)刻本　二册

110000－3194－0002975　003074
得一齋雜著四種　(清)黄楙材撰　清光緒十二年(1886)刻本　二册

110000－3194－0002976　003075
啟東錄六卷　(清)林壽圖撰　清光緒二十八年(1902)刻本　二册

110000－3194－0002977　003076
韓南溪四種　(清)空六居士撰　清宣統二年(1910)鉛印本　一册

110000－3194－0002978　003077
五代史校勘札記七十四卷　(清)劉光蕡撰　清光緒十七年(1891)刻本　四册

110000－3194－0002979　003078
異號類編二十卷　(清)史夢蘭輯　清同治四年(1865)刻本　四册

110000－3194－0002980　003079
實學考四卷　(清)雲茂琦纂輯　清光緒二十一年(1895)刻本　四册

110000－3194－0002981　003080
實學考四卷　(清)雲茂琦纂輯　清光緒二十一年(1895)刻本　四册

110000－3194－0002982　003081
百將傳續編節評四卷　(明)何喬新編　(清)張鵬飛評栞　清刻本　四册

110000－3194－0002983　003082
洗冤錄詳義四卷首一卷　(清)許槤編　清光緒十三年(1887)刻本　四册

110000－3194－0002984　003082
洗冤錄摭遺補一卷　(清)許槤編　清光緒三

年(1877)刻本　一册

110000－3194－0002985　003082
洗冤録摭遺二卷　(清)葛元煦編　清光緒十三年(1887)刻本　一册

110000－3194－0002986　003083
刑案匯覽六十卷首一卷末一卷拾遺備考一卷續增十六卷　(清)祝慶祺編　(清)鮑書雲參訂　清道光二十年(1840)刻本　八十册

110000－3194－0002987　003084
棠陰比事不分卷　(宋)桂萬榮撰　清光緒三十年(1904)刻本　一册

110000－3194－0002988　003085
小方壺齋輿地叢鈔十二帙補編十二帙再補編十二帙　(清)王錫祺輯　清光緒十七年(1891)鉛印本　八十四册

110000－3194－0002989　003086
小方壺齋輿地叢鈔十二帙補編十二帙再補編十二帙　(清)王錫祺輯　清光緒十七年(1891)鉛印本　三十二册　存十九帙(一至四、六至十、十二,補編四、六至七、九,再補編一至二、四、六、十)

110000－3194－0002990　003087
康熙幾暇格物編二卷　(清)盛昱録　清光緒石印本　二册

110000－3194－0002991　003095
八紘譯史四卷八紘荒史一卷　(清)陸次雲撰　清刻本　一册

110000－3194－0002992　003096
金川瑣記六卷　(清)李心衡撰　清嘉慶三年(1798)刻本　一册

110000－3194－0002993　003097
瀛海形勢録不分卷　(清)陳倫炯撰　清光緒十二年(1886)刻本　一册

110000－3194－0002994　003098
十國宫詞一百首　(清)吳省蘭撰　清同治十二年(1873)刻本　一册

110000－3194－0002995　003099
十國宫詞一卷　(清)袁學瀾撰　清道光二十年(1840)刻本　一册

110000－3194－0002996　003100
粤西筆述不分卷　(清)張祥河輯　清光緒二十五年(1899)刻本　一册

110000－3194－0002997　003101
粤西筆述不分卷　(清)張祥河輯　清光緒二十五年(1899)刻本　四册

110000－3194－0002998　003102
三藩紀事本末四卷　(清)楊陸榮編　清康熙五十六年(1717)刻本　二册

110000－3194－0002999　003103
三藩紀事本末四卷　(清)楊陸榮編　清康熙五十六年(1717)刻本　四册

110000－3194－0003000　003104
寧古塔紀略不分卷　(清)吳振臣撰　清光緒十八年(1892)刻本　一册

110000－3194－0003001　003105
奉使俄羅斯行程録不分卷　(清)張鵬翮撰　清刻本　二册

110000－3194－0003002　003107
蜀碧四卷　(清)彭遵泗撰　清乾隆二十八年(1763)刻本　二册

110000－3194－0003003　003108
會典簡明録一卷　(清)張祥河訂　清光緒二十三年(1897)刻本　一册

110000－3194－0003004　003109
韻史二卷　(清)許遯翁撰　清咸豐十一年(1861)刻本　一册

110000－3194－0003005　003110
曾文正公奏疏文鈔合刊四卷首二卷　(清)曾國藩撰　清同治十二年(1873)刻本　四册

110000－3194－0003006　003111
李氏五種合刊　(清)李兆洛輯　清光緒二十四年(1898)石印本　八册

110000－3194－0003007　003112

涑水紀聞十六卷　（宋）司馬光撰　清光緒九年（1883）刻本　四册

110000－3194－0003008　003113
蒙韃備録不分卷　（宋）孟珙撰　（清）曹元忠校注　清光緒二十七年（1901）刻本　一册

110000－3194－0003009　003114
蒙韃備録不分卷　（宋）孟珙撰　（清）曹元忠校注　清光緒二十七年（1901）刻本　一册

110000－3194－0003010　003115
譯史紀餘四卷　（清）陸次雲撰　清刻本　一册

110000－3194－0003011　003116
神仙傳十卷　（晉）葛洪撰　清刻本　二册

110000－3194－0003012　003117
於越先賢傳不分卷　（清）王齡輯　清光緒十二年（1886）石印本　一册

110000－3194－0003013　003118
玉紀不分卷　（清）陳性述　清光緒二十五年（1899）鉛印本　一册

110000－3194－0003014　003119
海島逸誌摘略不分卷　（清）王大海撰　清刻本　一册

110000－3194－0003015　003120
佛祖系統道影四卷　（□）□□撰　清光緒刻本　一册　存一卷（三）

110000－3194－0003016　003121
州縣提綱四卷　（宋）陳襄撰　（清）李調元輯　清刻本　一册

110000－3194－0003017　003122
［乾隆］寧夏府志二十二卷首一卷　（清）張金城修　（清）楊浣雨纂　清乾隆四十五年（1780）刻本　一册　存一卷（二十二）

110000－3194－0003018　003123
西學輯存六種　（清）王韜撰　清光緒十六年（1890）鉛印本　一册　存三種（一至三）

110000－3194－0003019　003124
元秘史山川地名考十二卷　（清）施世杰撰　清光緒刻本　一册　存八卷（五至十二）

110000－3194－0003020　003126
蘗牓捷報録四卷　（清）四香居士著　清同治二年（1863）重刻本　一册　存二卷（一至二）

110000－3194－0003021　003127
蒙學中國歷史教科書八篇　（清）丁寶書編著　清光緒三十四年（1908）鉛印本　一册　存四篇（五至八）

110000－3194－0003022　003129
平定州志補不分卷　（清）李兆勛撰　清光緒十八年（1892）刻本　一册

110000－3194－0003023　003130
皇朝祭器樂舞録二卷　（清）徐暢達輯　清同治十年（1871）刻本　一册　存一卷（一）

110000－3194－0003024　003131
［道光］泰州志三十六卷首一卷　（清）王友慶等修　（清）陳世鎔等纂　清光緒三十四年（1908）補刻本　一册　存六卷（一至五、首一卷）

110000－3194－0003025　003132
内城文官銜名品級録不分卷　（□）□□撰　清末抄本　一册

110000－3194－0003026　003133
富國養民策十六章　（英國）哲分斯撰　清光緒四年（1878）石印本　一册

110000－3194－0003027　003134
蒙化鄉土志二卷　（清）梁友檍撰　清宣統鉛印本　一册　存一卷（下）

110000－3194－0003028　003135
平回志八卷　（清）楊毓秀編纂　清光緒十五年（1889）刻本　一册　存二卷（一至二）

110000－3194－0003029　003136
［道光］瓊州府志四十四卷首一卷　（清）明誼修　（清）張岳崧纂　清光緒刻本　八册　存十五卷（八至二十二）

110000－3194－0003030　003137

劍俠傳四卷　(清)王齡校刊　清咸豐七年(1857)刻本　一册　存一卷(一)

110000－3194－0003031　003138
滇緬劃界圖說不分卷　(清)薛福成輯　清光緒二十八年(1902)鉛印本　一册

110000－3194－0003032　003139
新鍥趙田了凡袁先生編纂古本歷史大方綱鑑補四十卷首一卷　(明)袁黄編　清刻本　一册　存二卷(二十三至二十四)

110000－3194－0003033　003140
莊武勤三公列傳不分卷　(□)□□撰　清刻本　一册

110000－3194－0003034　003141
[康熙]岷州志二十卷　(清)汪元絅修　(清)田而穟纂　清康熙四十一年(1702)刻本　五册　存十八卷(三至二十)

110000－3194－0003035　003142
[乾道]新安志十卷　(宋)羅願撰　清光緒十四年(1888)刻本　四册

110000－3194－0003036　003143
[乾隆]兖州府志三十二卷首二卷圖考一卷　(清)陳顧瀾纂修　清乾隆刻本　十二册　存三十四卷(一至三十一、首二卷、圖考一卷)

110000－3194－0003037　003145
[同治]隆昌縣志四十二卷首一卷　(清)覺羅國歡修　(清)晏棻等纂　清同治刻本　九册　存三十七卷(一至三十六、首一卷)

110000－3194－0003038　003146
讀史碎金注八十卷　(清)胡文炳編輯　清光緒元年(1775)刻本　六册　存七卷(三十九至四十五)

110000－3194－0003039　003147
忠武誌八卷　(清)張鵬翮輯　清康熙刻本　三册　存三卷(二、七至八)

110000－3194－0003040　003148
忠武祠墓志七卷首一卷末一卷　(清)虚白道人彙輯　清道光元年(1821)刻本　六册　存七卷(一、四至七,首一卷,末一卷)

110000－3194－0003041　003149
高僧傳初集十五卷　(南朝梁)釋慧皎撰　清光緒十年(1884)刻本　三册　存十二卷(四至十五)

110000－3194－0003042　003151
[同治]直隸理番廳志六卷首一卷　(清)吳羹梅修　清同治五年(1866)刻本　四册　存六卷(一至五、首一卷)

110000－3194－0003043　003152
西藏圖考八卷首一卷　(清)黄沛翹輯　(清)李培榮付梓　清光緒刻本　一册　存二卷(七至八)

110000－3194－0003044　003153
荊州萬城堤續志十卷首一卷末一卷　(清)舒惠纂修　清光緒二十年(1894)刻本　二册　存三卷(一、六,首一卷)

110000－3194－0003045　003154
三國通覽圖說不分卷　(日本)林子平著　清光緒抄本　一册

110000－3194－0003046　003155
四明圖經十二卷首一卷　(宋)張津等撰　清光緒五年(1879)刻本　四册

110000－3194－0003047　003156
宋元四明六志校勘記九卷　(清)徐時棟纂　清咸豐四年(1854)刻本　三册

110000－3194－0003048　003157
撫黔奏疏八卷　(清)楊雍建撰　清道光二十五年(1845)刻本　六册　存六卷(一至五、八)

110000－3194－0003049　003158
[乾隆]甘州府志十六卷首一卷　(清)鍾賡起纂修　清乾隆四十四年(1779)刻本　三册　存六卷(一、六至九,首一卷)

110000－3194－0003050　003160
日下舊聞四十二卷首一卷　(清)朱彝尊撰　清刻本　十六册　存四十一卷(二至四十二)

110000－3194－0003051　003161
黑龍江外記八卷　(清)西清撰　清光緒二十六年(1900)刻本　一冊　存四卷(一至四)

110000－3194－0003052　003162
輿地廣記三十八卷札記二卷　(宋)歐陽忞　(清)黃丕烈撰　清嘉慶十七年(1812)刻本　一冊　存九卷(一至九)

110000－3194－0003053　003164
滇繫不分卷　(清)師範輯　清光緒十三年(1887)刻本　三十五冊　存三十五冊(一至七、九至十二、十四、十七至十九、二十一至四十)

110000－3194－0003054　003166
甘肅忠義錄十七卷表一百十四卷　(清)楊昌濬輯　清光緒十六年(1890)刻本　六冊　存二十三卷(一至三、十一至十二,表十一至二十八)

110000－3194－0003055　003167
女子新讀本二卷　(清)楊千里編輯　清光緒三十年至三十二年(1904－1906)鉛印本　一冊

110000－3194－0003056　003168
[道光]重修蓬萊縣志十四卷　(清)王文燾修　(清)張本等纂　清道光十九年(1839)刻本　六冊　存十卷(一至三、八至十四)

110000－3194－0003057　003169
丁文誠公奏稿二十六卷首一卷　(清)丁寶楨撰　清光緒十九年(1893)刻本　二十六冊　存二十六卷(一至十八、二十至二十六,首一卷)

110000－3194－0003058　003170
[嘉慶]馬邊廳志略六卷　(清)周斯才等纂修　清嘉慶十年至十二年(1805－1807)刻本　一冊　存五卷(一至四、首一卷)

110000－3194－0003059　003171
史論彙選乙編八卷　(清)呂景瑞編　清光緒刻本　一冊　存二卷(五至六)

110000－3194－0003060　003172
皇朝一統輿地全圖不分卷　(□)□□編　清光緒石印本　一冊

110000－3194－0003061　003174
[光緒]文縣志八卷首一卷末一卷　(清)長贇修　清光緒二年(1876)刻本　一冊　存二卷(一、首一卷)

110000－3194－0003062　003173
欽憲裕不分卷　(□)□□輯　清光緒二十七年(1901)抄本　一冊

110000－3194－0003063　003175
直省地名韻語一卷　(清)陳樹鏞編纂　(清)張景衡增訂　清光緒二十九年(1903)松鶴廬刻本　一冊

110000－3194－0003064　003179
[咸豐]興義府志七十四卷首一卷續編二卷　(清)張鍈纂修　清宣統元年(1909)鉛印本　十七冊　存三十九卷(七至十、二十八至二十九、三十九至四十三、四十七至七十四)

110000－3194－0003065　003180
[嘉慶]四川通志二百四卷首二十二卷　(清)常明修　清嘉慶刻本　四十五冊　存五十七卷(六十八至七十一、七十三至八十三、八十六至九十五、九十八至一百四、一百十至一百十一、一百十三至一百三十五)

110000－3194－0003066　003181
左文襄公奏稿六十四卷總目一卷　(清)左宗棠撰　清光緒十六年(1890)刻本　四十六冊　存四十六卷(一、三至三十一、三十三至三十七、四十、四十三至四十六、四十八至五十一、六十四,總目一卷)

110000－3194－0003067　003182
[光緒]敘州府志四十三卷首一卷末一卷　(清)王麟祥修　清光緒刻本　十七冊　存二十七卷(四至十二、十四至二十一、二十八至三十、三十二至三十五、四十、四十三、末一卷)

110000－3194－0003068　003183

邊事彙鈔十二卷　(清)劉韞齋鑒定　(清)朱克敬編輯　清光緒六年(1880)刻本　四册　存八卷(一至六、九至十)

110000－3194－0003069　003184
邊事續鈔八卷　(清)劉韞齋鑒定　(清)朱克敬編輯　清光緒六年(1880)刻本　三册　存六卷(一至六)

110000－3194－0003070　003185
唐書二百二十五卷　(宋)歐陽修　(宋)宋祁撰　清康熙三十九年(1700)刻本　二十一册　存八十六卷(一至八十六)

110000－3194－0003071　003187
階州直隸州續志三十三卷　(清)葉恩沛修　清光緒刻本　四册　存十一卷(二十三至三十三)

110000－3194－0003072　003188
皇朝文獻通考輯要二十六卷　湯壽潛編　清光緒鉛印本　一册　存三卷(十八至二十)

110000－3194－0003073　003189
文獻通考輯要二十四卷　湯壽潛輯　清光緒鉛印本　四册　存十卷(九下至十五、二十二至二十四下)

110000－3194－0003074　003190
欽定續文獻通考輯要二十六卷　湯壽潛輯　清光緒鉛印本　三册　存九卷(一至九)

110000－3194－0003075　003192
康濟譜二十五卷　(明)潘游龍輯　清道光刻本　七册　存十四卷(一至六、十二至十九)

110000－3194－0003076　003193
東觀奏記三卷　(唐)裴庭裕撰　清乾隆刻本　一册

110000－3194－0003077　003194
蘇黃門龍川別志二卷　(宋)蘇轍撰　清乾隆刻本　二册

110000－3194－0003078　003195
重纂秦州直隸州新志二十四卷首一卷　(清)余澤春等修　清光緒刻本　七册　存九卷(九至十、十六、十八至二十一、二十三至二十四)

110000－3194－0003079　003196
兩漢博聞十二卷　(宋)楊侃撰　清光緒鉛印本　二册　存四卷(一至二、十一至十二)

110000－3194－0003080　003197
皇朝直省地輿全圖不分卷　(□)□□輯　清光緒十三年(1887)石印本　一册

110000－3194－0003081　003198
昭德先生郡齋讀書志二十卷附志二卷　(宋)晁公武撰　(清)姚應績編　清光緒刻本　六册　存十四卷(七至二十)

110000－3194－0003082　003199
約章成案匯覽乙篇四十二卷　(清)北洋洋務局輯　清光緒石印本　七册　存六卷(一至六)

110000－3194－0003083　003200
學部官報不分卷　(清)學部圖書局編輯　清宣統元年至三年(1909－1911)鉛印本　十七册　存十七期(九十九至一百、一百二十六至一百二十七、一百二十九、一百三十一至一百三十二、一百三十四至一百三十六、一百三十八、一百四十至一百四十三、一百四十五至一百四十六)

110000－3194－0003084　003201
吉林輿地圖說不分卷附圖一卷　(清)秦世銓等纂　清光緒二十四年(1898)石印本　二册

110000－3194－0003085　003202
皇朝文獻通考輯要二十六卷　湯壽潛輯　清光緒鉛印本　九册　存二十三卷(一、五至二十六)

110000－3194－0003086　003203
欽定續文獻通考輯要二十六卷　湯壽潛輯　清光緒鉛印本　八册　存二十一卷(一至五、十一至二十六)

110000－3194－0003087　003204
文獻通考輯要二十四卷　湯壽潛輯　清光緒

二十五年至二十六年(1899－1900)鉛印本　九幅　存二十二卷(一至十二、十五至二十四)

110000－3194－0003088　003206
高等小學中國史教科書七卷　(清)上海時中書局編纂　清光緒三十一年(1905)鉛印本　十四册

110000－3194－0003089　003207
欽定平定陜甘新疆回匪方略三百二十卷首一卷　(清)陳邦瑞等纂　清光緒二十二年(1896)鉛印本　十册　存九卷(二至三、五至十,首一卷)

110000－3194－0003090　003208
大清壹統輿圖三十卷首一卷中一卷　(清)鄒世詒編　清同治刻本　十册　存十四卷(一至三、六至八、十三至二十)

110000－3194－0003091　003209
欽定大清會典事例一千二百卷目錄八卷　(清)崑岡纂　清刻本　二册　存五卷(一至三、五十至五十一)

110000－3194－0003092　003210
欽定大清會典圖一百三十二卷　(清)慶桂修　清刻本　一册　存四卷(一至四)

110000－3194－0003093　003211
紀元編三卷末一卷　(清)李兆洛撰　清石印本　二册

110000－3194－0003094　003213
提綱釋義不分卷　(□)□□撰　清刻本　一册

110000－3194－0003095　003214
歐洲史略十三卷　(□)□□撰　清光緒石印本　一册

110000－3194－0003096　003216
皇朝掌故讀本二卷　(清)竇士鏞撰　清光緒三十二年(1906)鉛印本　二册

110000－3194－0003097　003217
南海先生四上書記不分卷　康有為撰　清光緒二十一年(1895)石印本　一册

110000－3194－0003098　003219
曾文正公大事記四卷　(清)王定安編　清宣統石印本　一册

110000－3194－0003099　003220
繪圖歷代神仙傳二十四卷　(□)□□撰　清宣統元年(1909)石印本　三册

110000－3194－0003100　003221
韜厂蹈海錄二卷　徐良弼撰　清宣統鉛印本　一册

110000－3194－0003101　003222
曾文正公大事記四卷　(清)王定安撰　清宣統石印本　一册

110000－3194－0003102　003223
李石渠先生治閩政略不分卷　(清)李殿圖撰　清光緒刻本　一册

110000－3194－0003103　003225
問影樓輿地叢書十五種　胡思敬輯　清光緒三十四年(1908)鉛印本　十册

110000－3194－0003104　003224
問影樓輿地叢書十五種　胡思敬輯　清光緒三十四年(1908)鉛印本　十册

110000－3194－0003105　003226
廊軒竹枝詞不分卷附窮塞微吟一卷　(清)志鋭撰　清宣統二年(1910)石印本　一册

110000－3194－0003106　003227
古今戰事圖說平定粵匪之部六卷　陳曾壽纂　清光緒鉛印本　三册

110000－3194－0003107　003228
[同治]續漢州志二十四卷首一卷　(清)張超修　清同治八年(1869)刻本　八册

110000－3194－0003108　003229
[嘉慶]漢州志四十卷首一卷末一卷　(清)劉長庚等修　清嘉慶二十二年(1817)刻本　十二册

110000－3194－0003109　003230

興平縣鄉土志六卷 (清)張元際撰 清光緒三十三年(1907)刻本 六冊

110000－3194－0003110 003231

[宣統]重修涇陽縣志十六卷首一卷末一卷 (清)劉懋官修 宋伯魯纂 清宣統三年(1911)鉛印本 四冊

110000－3194－0003111 003232

平陰縣鄉土志不分卷 (清)黃篤瓚撰 清光緒三十三年(1907)鉛印本 一冊

110000－3194－0003112 003234

蒙古律例十二卷 (□)□□撰 清刻本 二冊

110000－3194－0003113 003235

百孝圖說五卷首一卷末一卷 (清)俞葆真編輯 (清)俞泰繪 清同治十二年(1873)刻本 二冊

110000－3194－0003114 003239

古泉匯六十四卷首一卷 (清)李佐賢輯 清同治三年(1864)刻本 二十冊

110000－3194－0003115 003240

康輶紀行十六卷 (清)姚瑩撰 清刻本 六冊

110000－3194－0003116 003241

康輶紀行十六卷 (清)姚瑩撰 清同治六年(1867)刻本 八冊

110000－3194－0003117 003242

康輶紀行十六卷 (清)姚瑩撰 清同治六年(1867)刻本 八冊

110000－3194－0003118 003243

泰西通史上編六章 (日本)箕作元八 (日本)峰岸米造著 (清)华文祺譯 (清)李澄譯纂 清光緒二十八年(1902)鉛印本 四冊

110000－3194－0003119 003248

朔方備乘六十八卷首十二卷凡例目錄一卷 (清)何秋濤撰 清光緒石印本 八冊

110000－3194－0003120 003247

朔方備乘六十八卷首十二卷凡例目錄一卷 (清)何秋濤撰 清光緒七年(1881)石印本 八冊

110000－3194－0003121 003246

朔方備乘六十八卷首十二卷凡例目錄一卷 (清)何秋濤撰 清光緒石印本 八冊

110000－3194－0003122 003249

蒙古西域諸國錢譜四卷 (清)陳其鑣譯 (清)張美翊勘定 清宣統三年(1911)鉛印本 一冊

110000－3194－0003123 003904

歷代帝王姓系統譜六卷附古今萬姓統譜一百四十卷 (明)凌迪知輯 明萬曆七年(1579)刻本 三十八冊

110000－3194－0003124 003905

歷代帝王姓系統譜六卷附古今萬姓統譜一百四十卷 (明)凌迪知輯 明萬曆七年(1579)刻本 二十八冊

110000－3194－0003125 003906

元和姓纂十卷 (唐)林寶撰 清光緒六年(1880)刻本 四冊

110000－3194－0003126 003959

大清重刻龍藏彙記不分卷 (清)釋[趙盛]等輯 清同治九年(1870)刻本 一冊

110000－3194－0003127 003999

唐大薦福寺故寺主翻經大德法藏和尚傳不分卷 (唐)崔致遠撰 清光緒二十三年(1897)刻本 一冊

110000－3194－0003128 004854

御製盛京賦不分卷 (清)高宗弘曆撰 清乾隆刻本 一冊

110000－3194－0003129 004870

御製盛京賦三十二種 (清)[高宗弘曆]撰 (清)傅恒等纂 清光緒武英殿刻本 六十四冊

110000－3194－0003130 004972

昇勤直公[寅]年譜二卷 (清)寶琳 (清)寶珣編 清咸豐刻本 二冊

110000－3194－0003131 005268

隴蜀餘聞不分卷　(清)王士禛著　清光緒至宣統石印本　一册

110000－3194－0003132　000163

湧幢小品三十二卷　(明)朱國禎輯　明天啟二年(1622)刻本　十册

110000－3194－0003133　000170

登壇必究四十卷　(明)王鳴鶴編輯　清活字印本　一百册

110000－3194－0003134　000171

柬夏用兵鑒古録四十卷　(清)錢嚮杲評註　清光緒二十年(1894)木活字印本　六册

110000－3194－0003135　000172

訓蒙行文五種五集　(清)何裕承等輯　清道光二十三年(1843)刻本　四册

110000－3194－0003136　000173

野客叢書三十卷附録一卷　(宋)王楙著　明刻本　四册

110000－3194－0003137　000174

水路攻守戰略秘書七種三十四卷　(清)麟桂輯　清抄本　二十册

110000－3194－0003138　000175

武備志二百四十卷　(明)茅元儀輯　清刻本　六十册

110000－3194－0003139　000179

八編類纂二百八十五卷類纂圖二卷六經圖六卷　(宋)楊甲撰　(明)陳仁錫纂　明天啟刻本(卷一百二十九至一百三十八為抄配)　八十册

110000－3194－0003140　000180

智品十三卷　(明)樊玉衡評述　(明)於倫增編　明萬曆刻本　二十册

110000－3194－0003141　000182

御筆平定狆苗戰圖四詠不分卷　(清)高宗弘曆書　清乾隆版畫本　一幅

110000－3194－0003142　000183

水東日記四十卷　(明)葉盛著　(明)葉重華校刊　清康熙刻本　四册

110000－3194－0003143　000191

大方廣圓覺修多羅了義經略疏注　(唐)釋宗密述　明嘉靖十一年(1532)刻本　四册

110000－3194－0003144　000192

五大部經懺不分卷　(□)□□撰　明重刊本　四册

110000－3194－0003145　000193

佛遺教經不分卷　(清)那彥成書　清稿本　一册

110000－3194－0003146　000194

滴血不分卷　(□)李德梅重録　清抄本　四册

110000－3194－0003147　000196

景德傳燈録二十四卷　(宋)釋道原纂　明萬曆刻本　十二册

110000－3194－0003148　000197

諸佛世尊如來菩薩尊者名稱歌曲不分卷　(□)□□撰　明永樂十五年(1417)刻本　六册

110000－3194－0003149　000198

佛説藥師偈文二卷　(晉)釋帛屍梨密多羅譯　(清)劉玉鼎書　清光緒元年(1875)抄本　二册

110000－3194－0003150　000198

佛説灌頂得度經不分卷　(晉)釋帛屍梨密多羅譯　(清)劉玉鼎書　清光緒三年(1877)抄本　一册

110000－3194－0003151　000200

云棲淨土匯語集不分卷　(明)釋袾宏撰　清末抄本　二册

110000－3194－0003152　000199

地藏菩薩本願經三卷　(唐)釋法燈譯　明嘉靖泥金寫本　三册

110000－3194－0003153　000201

諸佛如來菩薩名稱歌曲不分卷　(□)□□撰　明永樂刻本　一册

110000－3194－0003154　000202

慈悲道場三元懺法三卷　(□)□□撰　清抄

本　三册

110000－3194－0003155　000203
玉劍尊聞十卷　(清)梁維樞撰　清順治十四年(1657)刻本　四册

110000－3194－0003156　000204
漢滿蒙古西番合璧大藏全咒八十卷目録八卷　(□)□□撰　清乾隆三十八年(1773)刻本　八十八册

110000－3194－0003157　000204
漢滿蒙古西番合璧阿禮嘎禮不分卷　(□)□□撰　清乾隆三十八年(1773)刻本　一册

110000－3194－0003158　000206
佛説消災燈科不分卷　(□)□□撰　清抄本　一册

110000－3194－0003159　000207
諸佛世尊如來菩薩尊者神僧名經不分卷　(□)□□撰　明永樂十五年(1417)刻本　四册

110000－3194－0003160　000214
大方便佛報恩經七卷　(□)□□譯　元燕京大宝集寺刻本　三軸　存三卷(二、五、七)

110000－3194－0003161　000214
佛説菩薩本行經三卷　(□)□□譯　元燕京大宝集寺刻本　三軸

110000－3194－0003162　001339
魯齋心法約編一卷　(清)鄭士範輯録　清光緒六年(1880)刻本　一册

110000－3194－0003163　001500
南窗紀談不分卷　(宋)□□撰　清刻本　一册

110000－3194－0003164　002668
一斑録五卷附編三卷雜述八卷　(清)鄭光祖撰　清咸豐五年(1855)刻本　十册

110000－3194－0003165　003194
澠水燕談録十卷　(宋)王闢之撰　清康熙刻本　一册

110000－3194－0003166　003401
吴子六篇二卷　(清)王延學校　清光緒十二年(1886)刻本　一册

110000－3194－0003167　003402
十子全書一百二十八卷　(清)王子興輯　清嘉慶九年(1804)刻本　四十册

110000－3194－0003168　003403
二十二子二十二種　(清)浙江書局輯　清光緒元年至三年(1875－1877)刻本　八十三册

110000－3194－0003169　003404
小學集解六卷　(明)陳選集注　(清)高愈纂注　(清)王炳瀛訂　清同治四年(1865)刻本　二册

110000－3194－0003170　003405
小學集解六卷輯説一卷　(清)張伯行輯　清同治六年(1867)刻本　三册

110000－3194－0003171　003406
小學集解五卷輯説一卷　(清)張伯行輯　清光緒十三年(1887)刻本　三册

110000－3194－0003172　003407
新疆蒙養學堂簡明章程不分卷　(清)新疆蒙養學堂編　清光緒三十一年(1905)活字印本　一册

110000－3194－0003173　003408
新疆蒙養學堂簡明章程不分卷　(清)新疆蒙養學堂編　清光緒三十一年(1905)活字印本　一册

110000－3194－0003174　003410
女學六卷　(清)藍鼎元編　清宣統石印本　四册

110000－3194－0003175　003411
朱子讀書法不分卷　(宋)張洪編　清光緒刻本　一册

110000－3194－0003176　003412
遵經性理淺説五卷　(清)慧一子輯著　清光緒二十九年(1903)抄本　二册

110000－3194－0003177　003413
御纂性理精義十二卷　(清)李光地纂修　清

康熙五十六年(1717)刻本　五冊

110000－3194－0003178　003414
御纂性理精義十二卷　(清)李光地纂修　清康熙五十六年(1717)刻本　五冊

110000－3194－0003179　003415
御纂性理精義十二卷　(清)李光地纂修　清康熙五十六年(1717)刻本　六冊

110000－3194－0003180　003416
御製資政要覽三卷　(清)[世祖福臨]撰　清刻本　三冊

110000－3194－0003181　003417
御製資政要覽三卷　(清)[世祖福臨]撰　清刻本　三冊

110000－3194－0003182　003418
孔子家語十卷　(三國魏)王肅注　清乾隆四十五年(1780)刻本　二冊

110000－3194－0003183　003419
孔子家語十卷　(三國魏)王肅注　明崇禎刻本　十冊

110000－3194－0003184　003420
盛世危言五卷　(清)鄭觀應著　清光緒十九年(1893)鉛印本　五冊

110000－3194－0003185　003421
盛世危言六卷　(清)鄭觀應著　清光緒三十年(1904)石印本　三冊

110000－3194－0003186　003421
盛世危言續編四卷　(清)杞憂生著　清光緒三十年(1904)石印本　二冊

110000－3194－0003187　003421
盛世危言補編六卷　(清)鄭觀應著　清光緒三十年(1904)石印本　三冊

110000－3194－0003188　003422
楊椒山公家訓十九條一卷　(明)楊繼盛撰　清咸豐元年(1851)刻本　一冊

110000－3194－0003189　003423
楊椒山公家訓十九條　(明)楊繼盛撰　清同治元年(1862)刻本　一冊

110000－3194－0003190　003424
慈杏堂母訓不分卷　(清)希太夫人口授　(清)崇恩筆述　清咸豐四年(1854)刻本　一冊

110000－3194－0003191　003425
先正讀書訣不分卷　(清)周永年輯　清光緒四年(1878)刻本　一冊

110000－3194－0003192　003426
管子二十四卷　(唐)房玄齡注　清末影印本　四冊

110000－3194－0003193　003430
管子二十四卷　(唐)房玄齡注　(明)趙用賢校　清光緒十九年(1893)石印本　一冊

110000－3194－0003194　003428
呂子節錄四卷　(明)呂坤著　(清)陳弘謀評注　清刻本　四冊

110000－3194－0003195　003431
麗濾薈錄十四卷　(清)蔣超伯著　清同治五年(1866)刻本　八冊

110000－3194－0003196　003432
荀子二十卷附補遺一卷　(唐)楊倞注　(清)盧文弨　(清)謝墉輯校　清光緒二年(1876)刻本　六冊

110000－3194－0003197　003433
人譜類記二卷　(清)洪正治校編　清宣統元年(1909)刻本　二冊

110000－3194－0003198　003434
人譜類記二卷　(清)洪正治校編　清宣統元年(1909)刻本　二冊

110000－3194－0003199　003435
大學衍義輯要六卷　(宋)真德秀撰　(清)陳宏謀纂輯　清道光刻本(首、序、凡例為墨筆抄配)　四冊

110000－3194－0003200　003437
淵鑒齋御纂朱子全書六十六卷　(清)李光地等纂修　清康熙五十三年(1714)刻本　二十

五冊

110000－3194－0003201　003438
淵鑒齋御纂朱子全書六十六卷　（清）李光地等纂修　清康熙五十三年（1714）刻本　二十五冊

110000－3194－0003202　003439
聖諭廣訓一卷　（清）［世宗胤禛］撰　清刻本　一冊

110000－3194－0003203　003440
聖諭廣訓不分卷　（清）［聖祖玄燁］撰　清光緒三十二年（1906）鉛印本　一冊

110000－3194－0003204　003441
聖諭廣訓不分卷　（清）聖祖玄燁撰　清光緒五年（1879）刻本　一冊

110000－3194－0003205　003442
聖諭廣訓不分卷　（清）聖祖玄燁撰　清雍正二年（1724）刻本　一冊

110000－3194－0003206　003443
新書十卷　（漢）賈誼撰　清乾隆刻本　二冊

110000－3194－0003207　003444
莧園雜說二卷　（清）沈起潛撰　清道光六年至七年（1826－1827）刻本　二冊

110000－3194－0003208　003445
莧園雜說二卷　（清）沈起潛撰　清道光六年至七年（1826－1827）刻本　四冊

110000－3194－0003209　003446
便蒙後覺篇四卷　（清）嵩崑續刊　清光緒十七年（1891）刻本　四冊

110000－3194－0003210　003447
先天禮斗秘訣不分卷　（清）龍禪僧撰　（清）楊翰齡書　清光緒三十年（1904）刻本　一冊

110000－3194－0003211　003448
真西山心經不分卷　（宋）真德秀撰　清光緒二十二年（1896）影宋刻本　一冊

110000－3194－0003212　003448
真西山政經不分卷　（宋）真德秀撰　清光緒二十二年（1896）影宋刻本　一冊

110000－3194－0003213　003449
深省堂自箴續錄四卷　（清）景安著　清嘉慶十三年（1808）刻本　一冊

110000－3194－0003214　003450
嘉言懿行錄續編　（清）榮恒輯　清光緒三十三年（1907）石印本　一冊

110000－3194－0003215　003450
嘉言懿行錄續編　（清）榮恒輯　清光緒三十三年（1907）石印本　一冊

110000－3194－0003216　003451
程氏性理字訓不分卷　（清）程逢原撰　清光緒刻本　一冊

110000－3194－0003217　003452
性命宗旨不分卷　（清）馬復初撰　清光緒二十四年（1898）刻本　一冊

110000－3194－0003218　003453
東亞普通讀本六卷　（日本）伊澤修二修　清光緒三十一年（1905）鉛印本　六冊

110000－3194－0003219　003454
範行恒言不分卷　（□）□□撰　清順治十二年（1655）刻本　一冊

110000－3194－0003220　003455
聖諭廣訓直解不分卷　（清）聖祖玄燁撰　（清）世宗胤禛訓　清道光刻本　二冊

110000－3194－0003221　003456
昨非錄十二卷　（明）鄭誼明撰　（明）王楨手鈔　清光緒十一年（1885）石印本　二冊

110000－3194－0003222　003457
女權篇不分卷　（英國）斯賓塞著　馬君武譯　清光緒二十八年（1902）鉛印本　一冊

110000－3194－0003223　003458
滿蒙合璧三字經注解二卷　（清）富俊輯　（清）英俊譯　（清）烏爾棍扎布校正　清道光十二年（1832）刻本　三冊

110000－3194－0003224　003459

文昌帝君孝經不分卷　(□)□□撰　清光緒三年(1877)刻本　一册

110000－3194－0003225　003460
我箴釋證十五卷　(清)李庚乾著　清光緒二十二年(1896)刻本　四册

110000－3194－0003226　003461
幼學求源三十三卷　(清)程登吉撰　(清)鄒聖脈增補　(清)董成注　清道光二十二年(1842)刻本　八册

110000－3194－0003227　003462
新增幼學故事瓊林四卷首一卷　(清)程登吉撰　(清)鄒聖脈增補　清光緒三十一年(1905)刻本　四册

110000－3194－0003228　003463
寄傲山房塾課新增幼學故事瓊林四卷首一卷　(清)程登吉撰　(清)鄒聖脈增補　清光緒二十三年(1897)刻本　二册

110000－3194－0003229　003464
女子師範修身學五章　(清)吳濤編　清光緒三十三年(1907)鉛印本　二册

110000－3194－0003230　003465
聖祖仁皇帝庭訓格言一卷　(清)[世宗胤禛]錄　清光緒七年至八年(1881－1882)刻本　一册

110000－3194－0003231　003466
清夜鐘不分卷　(清)張仕達輯　清同治十年(1871)刻本　一册

110000－3194－0003232　003467
勸學篇二篇　(清)張之洞撰　清光緒二十四年(1898)刻本　二册

110000－3194－0003233　003468
修身教科書不分卷　(□)□□撰　清末活字印本　一册

110000－3194－0003234　003469
六事箴言不分卷　(清)葉玉屏輯　清嘉慶二十年(1815)刻本　一册

110000－3194－0003235　003470
六事箴言不分卷　(清)葉玉屏輯　清宣統元年(1909)刻本　一册

110000－3194－0003236　003471
六事箴言不分卷　(清)葉玉屏輯　清宣統元年(1909)刻本　一册

110000－3194－0003237　003472
蕺山先生人譜一卷附類記二卷　(明)劉宗周撰　(清)洪正治校編　清光緒六年(1880)刻本　一册

110000－3194－0003238　003473
柔遠新書四卷　(清)朱克敬著　清光緒十年(1884)刻本　四册

110000－3194－0003239　003474
聖祖仁皇帝庭訓格言不分卷　(清)[世宗胤禛]錄　清雍正八年(1730)刻本　一册

110000－3194－0003240　003475
皇朝蓄艾文編八十卷目錄一卷　(清)于寶軒輯　王尚清編次　清光緒二十九年(1903)鉛印本　四十册

110000－3194－0003241　003476
皇朝蓄艾文編八十卷目錄一卷　(清)于寶軒輯　王尚清編次　清光緒二十九年(1903)鉛印本　三十六册

110000－3194－0003242　003477
皇朝經世文續編一百二十卷　(清)葛士濬輯　清光緒十四年(1888)鉛印本　三十二册

110000－3194－0003243　003478
寧致堂增訂武經體註三卷　(清)夏振翼纂輯　(清)包國甸校訂　清康熙刻本　二册

110000－3194－0003244　003479
讀史兵略四十六卷　(清)胡林翼纂　清咸豐十一年(1861)刻本　十六册

110000－3194－0003245　003481
車營扣答合編四卷　(清)郭會昌輯　清同治八年(1869)刻本　四册

110000－3194－0003246　003482
兵法史略學二卷　(清)陳慶年纂　清光緒刻

本　二冊

110000－3194－0003247　003483
洴澼百金方十四卷　（清）惠麓酒民編次（清）玉巵居士重訂　清刻本　十冊

110000－3194－0003248　003484
黃石公素書三卷　（明）慎懋賞解　清道光二十九年（1849）刻本　一冊

110000－3194－0003249　003485
紀效新書十八卷首一卷　（明）戚繼光撰　清刻本　四冊

110000－3194－0003250　003486
中西兵略指掌二十四卷首一卷　（清）陳龍昌輯　清光緒二十三年（1897）石印本　八冊

110000－3194－0003251　003487
司馬法不分卷　（春秋）司馬穰苴撰　清光緒三十一年（1905）石印本　一冊

110000－3194－0003252　003488
韓非子集解二十卷首一卷　（清）王先慎集解　清光緒二十二年（1896）刻本　六冊

110000－3194－0003253　003489
胡慶餘堂雪記丸散全集附續增不分卷　（清）胡光墉輯　清光緒三年（1877）刻本　一冊

110000－3194－0003254　003490
素仙簡要四卷　（清）奎瑛撰輯　清道光二十四年（1844）刻本　四冊

110000－3194－0003255　003491
霍亂論二卷　（清）王士雄撰　清光緒十八年（1892）刻本　一冊

110000－3194－0003256　003492
批點管子全集二十四卷　（唐）房玄齡注　清光緒石印本　四冊

110000－3194－0003257　003493
御製耕織圖四十六幅　（清）聖祖玄燁撰　清光緒二十九年（1903）石印本　二冊

110000－3194－0003258　003494
御製耕織圖四十六幅　（清）聖祖玄燁撰　清光緒十二年（1886）石印本　二冊

110000－3194－0003259　003495
蠶桑實濟六卷附紀韓來安遺政一卷　（□）□□撰　（清）王效成撰　清光緒四年（1878）刻本　一冊

110000－3194－0003260　003496
撫郡農產考略二卷　何剛德撰　清光緒三十三年（1907）鉛印本　二冊

110000－3194－0003261　003497
柞蠶彙誌不分卷　（清）董元亮撰　清宣統二年（1910）刻本　一冊

110000－3194－0003262　003498
欽定授衣廣訓二卷　（清）董誥等纂　清嘉慶十三年（1808）刻本　二冊

110000－3194－0003263　003499
動物學新編一卷　（美國）潘雅麗撰　清光緒二十三年（1897）石印本　一冊

110000－3194－0003264　003533
動物學新編一卷　（美國）潘雅麗撰　清光緒石印本　一冊

110000－3194－0003265　003500
禽經不分卷　（晉）張華撰　清刻本　一冊

110000－3194－0003266　003501
農務實業新編二卷　（清）王上達編　清宣統二年（1910）刻本　二冊

110000－3194－0003267　003502
士那補釋不分卷　（清）張義澍撰　清光緒十八年（1892）刻本　一冊

110000－3194－0003268　003503
輶軒語不分卷　（清）張之洞撰　清光緒三年（1877）鉛印本　一冊

110000－3194－0003269　003504
輶軒語不分卷　（清）張之洞撰　清光緒二十一年（1895）刻本　一冊

110000－3194－0003270　003505
百鳥圖說不分卷　（□）□□撰　清光緒八年

(1882)刻本　一册

110000－3194－0003271　003505
百獸圖說不分卷　(清)韋門道著　清光緒八年(1882)刻本　一册

110000－3194－0003272　003506
農政全書六十卷　(明)徐光啟撰　清同治十三年(1874)刻本　二十册

110000－3194－0003273　003507
欽定授時通考七十八卷　(清)鄂爾泰等撰　清乾隆七年(1742)刻本　二十四册

110000－3194－0003274　003508
士那補釋不分卷　(清)張義澍撰　清光緒二十三年(1897)刻本　一册

110000－3194－0003275　003509
天醫四寶四卷　(清)沖和子纂輯　(清)醒迷子新刊　清光緒十七年(1891)刻本　五册

110000－3194－0003276　003510
本草綱目五十二卷首一卷圖三卷　(明)李時珍撰　(清)吳毓昌校訂　清同治十一年(1872)刻本　四十六册

110000－3194－0003277　003511
本草綱目五十二卷首一卷圖三卷　(明)李時珍撰　(清)吳毓昌校訂　清同治十一年(1872)刻本　三十六册

110000－3194－0003278　003512
本草從新十八卷　(清)吳儀洛撰　清光緒二十年(1894)刻本　四册

110000－3194－0003279　003513
本草綱目拾遺十卷首一卷　(清)趙學敏輯　清同治十年(1871)刻本　八册

110000－3194－0003280　003514
增廣本草綱目五十二卷首一卷圖三卷　(明)李時珍撰　(清)張紹棠校栞　清光緒三十年(1905)石印本　十六册

110000－3194－0003281　003515
增訂本草備要四卷　(清)汪昂輯　清光緒十七年(1891)刻本　五册

110000－3194－0003282　003516
增訂本草備要四卷　(清)汪昂輯　清光緒十七年(1891)刻本　六册

110000－3194－0003283　003517
增訂本草備要四卷　(清)汪昂輯　清刻本　四册

110000－3194－0003284　003518
全體圖說二卷　(英國)稻惟德譯　清光緒十年(1884)刻本　一册

110000－3194－0003285　003519
新刊醫林狀元壽世保元十卷　(明)龔廷賢編　清刻本　十册

110000－3194－0003286　003520
信驗方一卷　(清)盧蔭長輯　清道光十年(1830)刻本　二册

110000－3194－0003287　003521
瀕湖脈學一卷　(明)李時珍撰　清末抄本　一册

110000－3194－0003288　003522
瘍醫大全四十卷　(清)顧世澄輯　清光緒二十七年(1901)鉛印本　十六册

110000－3194－0003289　003523
石室秘籙六卷　(清)陳士鐸輯　清刻本　六册

110000－3194－0003290　003524
韓氏金鎗鐵扇散經驗醫案不分卷　(清)韓士勇輯　清嘉慶八年(1803)抄本　一册

110000－3194－0003291　003525
御纂醫宗金鑒六十卷首一卷續編十四卷外科金鑒十六卷　(清)錢斗保等纂　清光緒刻本　四十九册

110000－3194－0003292　003526
御纂醫宗金鑒七十四卷首一卷外科金鑒十六卷　(清)吳謙等纂　清光緒三十一年(1905)石印本　二十册

110000－3194－0003293　003527
診家正眼二卷　(明)李中梓著　(清)尤乘增

補　清康熙六年(1667)刻本　一冊

110000－3194－0003294　003528

中西骨格辯證六卷圖說一卷　(清)劉廷楨輯　清光緒二十九年(1903)鉛印本　二冊

110000－3194－0003295　003529

太乙神鍼不分卷　(清)范毓錡輯　清光緒十五年(1889)刻本　一冊

110000－3194－0003296　003530

藥要便蒙新編二卷　(清)談鴻鋆輯　清光緒十八年(1892)刻本　二冊

110000－3194－0003297　003531

濟祖仙方不分卷　(□)□□撰　清同治七年(1868)刻本(前兩葉為墨筆抄配)　一冊

110000－3194－0003298　003532

華祖普濟靈籤四卷　(清)柏導淮輯　清刻本　四冊

110000－3194－0003299　003534

陳修園醫書四十種　(清)陳念祖輯　清光緒三十二年(1906)石印本　二十四冊

110000－3194－0003300　003535

内功圖十二勢　(□)□□撰　清光緒二十八年(1902)抄本　一冊

110000－3194－0003301　003536

因是子靜坐法續編不分卷　[蔣維喬]撰　清光緒至宣統抄本　一冊

110000－3194－0003302　003537

蒙學修身書六卷　(□)□□撰　清光緒鉛印本　一冊

110000－3194－0003303　003538

瀕湖脈學不分卷　(明)李時珍撰　清刻本　一冊

110000－3194－0003304　003539

圖註脈訣辨真四卷　(晉)王叔和撰　(明)張世賢註　清嘉慶二十一年(1816)刻本　二冊

110000－3194－0003305　003539

圖註八十一難經辨真四卷　(戰國)秦越人撰　(明)張世賢註　清嘉慶刻本　一冊　存二卷(一至二)

110000－3194－0003306　003540

同壽錄四卷續集一卷　(清)項天瑞撰　清道光二十八年(1848)刻本　四冊

110000－3194－0003307　003541

海上方不分卷　(清)段永源校刊　清光緒四年(1878)刻本　一冊

110000－3194－0003308　003542

試驗良方二卷　(□)□□撰　清光緒至宣統抄本　二冊

110000－3194－0003309　003543

百試百驗神效奇方二卷　(清)董偊翰輯　清同治三年(1864)刻本　五冊

110000－3194－0003310　003544

古經天象考十二卷圖說一卷　(清)雷學淇撰　清道光五年(1825)刻本(前序為墨筆抄配)　六冊

110000－3194－0003311　003545

新刊校正銅陵算法二卷　(清)俞嘉慶校訂　清末刻本　一冊

110000－3194－0003312　003546

梅氏叢書輯要六十二卷　(清)梅文鼎著　(清)梅瑴成輯　清光緒石印本　六冊

110000－3194－0003313　003547

兼濟堂纂刻梅勿庵先生曆算全書二十九種　(清)梅文鼎撰　(清)魏荔彤輯　清光緒十一年(1885)刻本　二十四冊

110000－3194－0003314　003548

天文算學纂要二十卷首一卷　(清)陳松撰　清光緒十三年至十四年(1887－1888)刻本　十八冊

110000－3194－0003315　003548

推測易知四卷　(清)陳松手錄　清光緒十三年(1887)刻本　四冊

110000－3194－0003316　003548

國朝萬年書二卷　(清)陳松手錄　清光緒十

三年(1887)刻本　二冊

110000－3194－0003317　003549
原本直指算法統宗十二卷　(明)程大位撰　清同治三年(1864)刻本　六冊

110000－3194－0003318　003550
新編算學啓蒙三卷附算學啓蒙識誤一卷後記一卷　(元)朱世傑撰　清光緒二十二年(1896)刻本　三冊

110000－3194－0003319　003551
高厚蒙求四集　(清)徐朝俊纂　清嘉慶二十年(1815)刻本　四冊

110000－3194－0003320　003552
重刊玉曆至寶鈔不分卷　(□)□□撰　清宣統元年(1909)刻本　一冊

110000－3194－0003321　003553
大清宣統元年歲次己酉時憲書不分卷　(清)欽天監編　清宣統元年(1909)刻本　一冊

110000－3194－0003322　003554
大清宣統二年七政經緯躔度時憲書不分卷　(清)[欽天監]編　清宣統二年(1910)刻本　一冊

110000－3194－0003323　003555
天文問答六章　(清)余賓王編　清光緒二十九年(1903)鉛印本　一冊

110000－3194－0003324　003556
干支集錦二十四卷　(清)秦嘉謨輯　清嘉慶二十年(1815)刻本　二冊

110000－3194－0003325　003557
天文略解二卷　(美國)李安德著　(美國)劉海瀾訂　清光緒二十二年(1896)鉛印本　一冊

110000－3194－0003326　003558
天文地學歌略不分卷　(清)葉瀾　(清)葉瀚著　清光緒二十三年(1897)刻本　一冊

110000－3194－0003327　003559
天算策學通纂十卷　(清)江衡輯　清光緒十四年(1888)石印本　三冊

110000－3194－0003328　003560
微積溯源八卷　(英國)華里司輯　(英國)傅蘭雅口譯　(清)華蘅芳筆述　清光緒二十三年(1897)石印本　六冊

110000－3194－0003329　003561
數學精詳十一卷首一卷末一卷　(清)屈曾發輯　清光緒二十二年(1896)石印本　五冊

110000－3194－0003330　003562
學算筆談十二卷　(清)華蘅芳撰　清光緒十一年(1885)刻本　四冊

110000－3194－0003331　003563
器象顯真四卷附圖一卷　(英國)白力蓋輯　(英國)傅蘭雅口譯　(清)徐建寅删述　(清)曹鍾秀繪圖　清光緒刻本　二冊

110000－3194－0003332　003564
算牖四卷　(清)許桂林撰　清道光十年(1830)刻本　四冊

110000－3194－0003333　003565
天方信源蒙引歌二卷　(清)馬德新輯　清同治十年(1871)刻本　一冊

110000－3194－0003334　003566
聲律啓蒙對類四卷　(清)車萬育著　(清)夏大觀補　(清)王之榦箋釋　清光緒三年(1877)刻本　二冊

110000－3194－0003335　003567
易成二卷　(清)恩年補　清光緒十三年(1887)刻本　一冊

110000－3194－0003336　003568
剋擇辨不分卷　(清)良弼著　清宣統三年(1911)鉛印本　一冊

110000－3194－0003337　003569
雷神記不分卷　(□)□□撰　清光緒刻本　一冊

110000－3194－0003338　003570
呂祖定生數不分卷　(□)□□撰　清光緒二十一年(1895)刻本　一冊

110000－3194－0003339　003571

呂祖定生數不分卷 （□）□□撰 清光緒二十一年（1895）刻本 一册

110000－3194－0003340 003572
鐵冠道人圖不分卷 （明）鐵冠道人著 清光緒石印本 一册

110000－3194－0003341 003573
白芙堂算學叢書二十三種 （清）丁取忠輯 清同治十三年（1874）刻本 三十六册

110000－3194－0003342 003575
焦氏易林四卷 （漢）焦贛著 清刻本 四册

110000－3194－0003343 003576
靈棋經不分卷 （晉）顔幼明注 （明）劉伯溫解 清抄本 四册

110000－3194－0003344 003577
呂祖靈籤不分卷 （唐）呂巖撰 清光緒十五年（1889）刻本 一册

110000－3194－0003345 003578
呂祖靈籤不分卷 （唐）呂巖撰 清刻本 一册

110000－3194－0003346 003579
太上洞玄靈寶素靈真符三卷 （南朝宋）陸修靜輯 清末抄本 三册

110000－3194－0003347 003580
新定牙牌數不分卷 （清）曲園居士著 清光緒九年（1883）石印本 一册

110000－3194－0003348 003581
注解牙牌靈數不分卷 （□）□□撰 清光緒至宣統抄本 一册

110000－3194－0003349 003582
測字秘牒不分卷 （清）程省著 （清）程芝雲校刊 清道光四年（1824）刻本 一册

110000－3194－0003350 003583
水鏡集四卷 （清）右髻道人纂 清刻本 四册

110000－3194－0003351 003584
君平生涯一卷 （清）且生老人編 清同治四年（1865）抄本 一册

110000－3194－0003352 003584
周易月編二卷 （清）延棠集解 清同治六年（1867）抄本 一册

110000－3194－0003353 003584
互卦傳説四卷 （清）延棠初編 清同治四年（1865）抄本 二册

110000－3194－0003354 003585
相理衡真十卷首一卷 （清）陳釗著 清道光十三年（1833）刻本 八册

110000－3194－0003355 003586
關聖帝君萬應靈籤二卷 （□）□□撰 清道光六年（1826）刻本 二册

110000－3194－0003356 003587
關聖帝君萬應靈籤二卷 （□）□□撰 清刻本 二册

110000－3194－0003357 003588
新刊校正增釋合併麻衣先生人相編五卷 （明）陸位崇編 清光緒八年（1882）刻本 二册

110000－3194－0003358 003589
袁柳莊神相全編三卷 （明）袁忠徹傳 （清）雲林子重訂 清道光二十一年（1841）刻本 二册

110000－3194－0003359 003590
增刪卜易六卷 （清）野鶴老人著 （清）李坦鑒定 （清）李文輝增刪 清刻本 四册

110000－3194－0003360 003591
新刻搜集諸家卜筮源流斷易大全四卷 （清）余興國編輯 清光緒八年（1882）刻本 四册

110000－3194－0003361 003592
增補諸家選擇萬全玉匣記不分卷 （晉）許真君撰 清光緒十七年（1891）刻本 一册

110000－3194－0003362 003593
欽定協紀辨方書三十六卷 （清）[允祿]等纂 清乾隆六年（1741）刻本 十五册

110000－3194－0003363　003594
推背圖說不分卷　（唐）袁天罡撰　清末抄本　一冊

110000－3194－0003364　003595
董公擇要不分卷　（明）董濳撰　清光緒五年（1879）刻本　一冊

110000－3194－0003365　003596
兼山堂弈譜不分卷　（清）徐星友輯　清光緒六年（1880）刻本　二冊

110000－3194－0003366　003597
學書韻語不分卷　（清）徐堉書　清宣統元年（1909）石印本　一冊

110000－3194－0003367　003598
粤謳不分卷　（清）招子庸撰　清道光八年（1882）刻本　一冊

110000－3194－0003368　003599
粤謳不分卷　（清）[招子庸]撰　清道光刻本　一冊

110000－3194－0003369　003600
增補分部書法正傳不分卷　（清）蔣和撰　清光緒五年（1879）刻本　一冊

110000－3194－0003370　003650
增補分部書法正傳不分卷　（清）蔣和撰　清光緒十一年（1885）刻本　一冊

110000－3194－0003371　003601
指頭畫說一卷　（清）高秉撰　清光緒十二年（1886）刻本　一冊

110000－3194－0003372　003602
書法正宗不分卷　（清）蔣和書　清道光元年（1821）刻本　一冊

110000－3194－0003373　003603
矦氏書品不分卷　（清）矦仁朔撰　（清）宋澤元校刊　清道光十三年（1833）刻本　一冊

110000－3194－0003374　003604
桐陰論畫二卷首一卷　（清）秦祖永輯　清同治三年至五年（1864－1866）刻本　三冊

110000－3194－0003375　003604
桐陰論畫二編二卷三編二卷　（清）秦祖永輯　清光緒八年（1882）刻本　四冊

110000－3194－0003376　003604
桐陰畫訣一卷續桐陰論畫一卷　（清）秦祖永輯　清同治三年（1864）刻本　一冊

110000－3194－0003377　003605
佩文齋書畫譜一百卷　（清）孫岳頒撰　清康熙刻本　三十六冊

110000－3194－0003378　003606
歷代畫史匯傳七十二卷首一卷附錄二卷目錄一卷引證書目一卷　（清）彭蘊璨編　清宣統二年（1910）石印本　十二冊

110000－3194－0003379　003607
國朝畫徵續錄二卷　（清）張賡著　清光緒石印本　一冊

110000－3194－0003380　003608
海上名人畫稿不分卷　（清）上海同文書局編　清光緒十一年（1885）石印本　二冊

110000－3194－0003381　003609
詩中畫二卷　（清）馬濤繪　清光緒十一年（1885）石印本　二冊

110000－3194－0003382　003610
板橋題畫不分卷　（清）鄭燮著　清乾隆刻本　一冊

110000－3194－0003383　003611
雨窗漫筆一卷東莊論畫一卷二十四畫品一卷浦山論畫一卷繪事津梁一卷摹印傳燈二卷　（清）王原祁著　清刻本　一冊

110000－3194－0003384　003612
飛影閣畫報不分卷　（清）吳嘉猷繪　清光緒十六年至十九年（1890－1893）石印本　十冊

110000－3194－0003385　003613
常熟翁相國手札第二集不分卷　（清）翁同龢書　清光緒三十四年（1908）影印本　二冊

110000－3194－0003386　003614
翁相國手札第三集不分卷　（清）翁同龢書

清宣統影印本　一册

110000－3194－0003387　003615
古今名人畫稿初集二集三集　(□)□□撰　清光緒三十年(1904)石印本　六册

110000－3194－0003388　003616
點石齋叢畫十卷　(英國)美查輯　清光緒十一年(1885)石印本　八册

110000－3194－0003389　003617
詩畫舫不分卷　(清)點石齋輯　清光緒二十九年(1903)石印本　六册

110000－3194－0003390　003618
飛影閣叢畫二集八卷　(清)吳嘉猷繪　清光緒十七年至十九年(1891－1893)石印本　八册

110000－3194－0003391　003619
芥子園畫傳初集六卷　(清)王概摹　清光緒十二年至十三年(1886－1887)石印本　四册

110000－3194－0003392　003619
芥子園畫傳二集九卷　(清)王概摹　清光緒十四年(1888)石印本　四册

110000－3194－0003393　003619
芥子園畫傳三集六卷　(清)王概摹　清光緒十四年(1888)石印本　四册

110000－3194－0003394　003619
芥子園畫傳四集六卷　(清)王概編　清光緒二十三年(1897)石印本　四册

110000－3194－0003395　003620
芥子園畫傳初集六卷　(清)王概摹　清光緒二十一年(1895)石印本　四册

110000－3194－0003396　003620
芥子園畫傳二集九卷　(清)王概摹　清光緒三十二年(1906)石印本　四册

110000－3194－0003397　003620
芥子園畫傳三集六卷　(清)王概摹　清光緒三十二年(1906)石印本　四册

110000－3194－0003398　003620
芥子園畫傳四集六卷　(清)王概編　清光緒三十二年(1906)石印本　四册

110000－3194－0003399　004606
芥子園畫傳四集六卷　(清)丁皋著　清嘉慶二十三年(1818)刻本　一册　存一卷(寫真秘訣)

110000－3194－0003400　003621
高等小學新習畫帖　(清)梅花館主人摹　清光緒三十四年(1908)石印本　四册

110000－3194－0003401　003622
[景龍觀鐘銘]不分卷　(□)□□撰　清拓本　一册

110000－3194－0003402　003623
戲鴻堂法書十六卷　(明)董其昌審定　清宣統二年(1910)影印本　十六册

110000－3194－0003403　003624
雙清堂撫臨石刻二編　(□)□□撰　清光緒二十年(1894)石印本　二册

110000－3194－0003404　003625
臨池心解不分卷　(清)朱和羹著　清光緒五年(1879)刻本　一册

110000－3194－0003405　003626
啟元堂增訂四體書法二卷　(清)劉若璪編　清道光十八年(1838)刻本　二册

110000－3194－0003406　003627
清照齋四體書法二卷　(清)督學使者鑒定　清刻本　二册

110000－3194－0003407　003628
詒晉齋巾箱帖四卷　(清)錢泳摹　清嘉慶拓本　四册

110000－3194－0003408　003629
吳臨米書墨跡不分卷　(清)吳京輔臨　清雍正十三年(1735)寫本　一册

110000－3194－0003409　003630
翰林要訣不分卷　(清)祁世長撰　清光緒十二年(1886)石印本　一册

110000-3194-0003410　003640
翰林要訣不分卷　(清)祁世長編　清光緒五年(1879)刻本　一册

110000-3194-0003411　003631
明王守仁高攀龍兩大儒手帖不分卷　(明)王守仁　(明)高攀龍書　清光緒三十二年(1906)影印本　一册

110000-3194-0003412　003632
王夢樓先生行書不分卷　(清)王夢樓書　清光緒三十一年(1905)影印本　一册

110000-3194-0003413　003633
正氣歌不分卷　(清)楊渭書　清光緒三十四年(1908)石印本　一册

110000-3194-0003414　003634
蘭亭四妙　(清)顧思遠輯　清光緒三十四年(1908)石印本　一册

110000-3194-0003415　003635
鶴壽堂法書石刻不分卷　(元)趙子昂書　清光緒十四年(1888)拓本　一册

110000-3194-0003416　003636
松雪齋法書墨刻不分卷　(元)趙子昂書　清末石印本　一册

110000-3194-0003417　003637
木蘭辭不分卷　潘齡皋書　清宣統二年(1910)石印本　一册

110000-3194-0003418　003638
木蘭辭不分卷　潘齡皋書　清宣統二年(1910)石印本　一册

110000-3194-0003419　003639
吳芝瑛書孝經不分卷　(清)吳芝瑛書　清光緒三十年(1904)石印本　一册

110000-3194-0003420　003641
兩朝名人手蹟不分卷　(□)□□撰　清宣統元年(1909)石印本　一册

110000-3194-0003421　003642
兩朝名人手蹟不分卷　(□)□□撰　清宣統元年(1909)石印本　一册

110000-3194-0003422　003643
愚魯堂書法入門二卷　(清)傅咸如編輯　清道光四年(1824)刻本　一册　存一卷(一)

110000-3194-0003423　003644
御刻三希堂石渠寶笈法帖釋文十六卷首一卷　(清)梁詩正等編　清末影印本　六册

110000-3194-0003424　003645
張之洞楷書千字文不分卷　(清)張之洞書　清末影印本　一册

110000-3194-0003425　003646
張文襄公法書不分卷　(清)張之洞書　清宣統影印本　一册

110000-3194-0003426　003647
國朝名人手跡八集　(清)有正書局編　清光緒至宣統影印本　八册

110000-3194-0003427　003648
國朝名人手跡八集　(清)有正書局編　清光緒至宣統影印本　一册　存一集(二)

110000-3194-0003428　003649
文衡山行王雅宜草北山移文合璧不分卷　(明)文徵明　(明)王寵書　清末石印本　一册

110000-3194-0003429　003651
紙上談十二卷　(清)李揚華著　清宣統元年(1909)刻本　二册

110000-3194-0003430　003652
趙松雪墨寶不分卷　(元)趙孟頫書　清末影印本　一册

110000-3194-0003431　003653
新增格古要論十三卷　(明)曹昭撰　(明)舒敏編校　(明)王佐校增　明萬曆刻本　四册

110000-3194-0003432　003744
新增格古要論十三卷　(明)曹昭著　(明)舒敏編　(清)李錫齡校刊　清光緒十四年(1888)刻本　四册

110000-3194-0003433　003654
草字彙十二卷　(清)石梁集　清咸豐九年(1859)刻本　六册

110000－3194－0003434　003655
草字彙十二卷　(清)石梁集　清乾隆五十三年(1788)刻本　十二册

110000－3194－0003435　003656
草字便覽摘要不分卷　(清)黄思永編　清光緒八年(1882)刻本　二册

110000－3194－0003436　003657
明太祖功臣圖不分卷　(清)[上官周]編繪　清刻本　一册

110000－3194－0003437　003658
草訣歌不分卷　(朝鮮)尹溪石書　清光緒二十二年(1896)刻本　一册

110000－3194－0003438　003659
家塾楷模不分卷　(清)吳謙福撰　清同治五年(1866)刻本　一册

110000－3194－0003439　003660
草字便覽摘要不分卷　(清)黄思永編　清光緒刻本　二册

110000－3194－0003440　003661
常談四卷　(清)劉玉書撰　(清)劉亨慶編　清光緒二十五年(1899)刻本　四册

110000－3194－0003441　003662
淳化閣帖十卷　(晉)王獻之書　清拓本　一册　存二卷(九至十)

110000－3194－0003442　003663
陸寶忠書不分卷　(清)陸寶忠書　清光緒寫本　一册

110000－3194－0003443　003664
初等小學樂歌教科書不分卷　(清)學部編譯圖書局編　清光緒三十三年(1907)鉛印本　一册

110000－3194－0003444　003665
擊磬錄不分卷　(清)僧格林沁等撰　清同治七年(1868)刻本　一册

110000－3194－0003445　003666
吴聖俞先生印譜不分卷　(清)汪昉撰　(清)吴咨印　清宣統三年(1911)影印本　二册

110000－3194－0003446　003667
黄朗村印譜不分卷　(清)黄朗村作　(清)彝倫摹　清光緒十六年(1890)鈐印本　一册

110000－3194－0003447　003668
竹雪軒印集八卷　(清)蔡濬源輯　清光緒十三年(1887)鈐印本　四册

110000－3194－0003448　003669
賞奇軒四種合編　(清)金古良等輯　清刻本　三册　存三卷(一至二、四)

110000－3194－0003449　003671
賞奇軒四種合編　(清)金古良等輯　清刻本　四册

110000－3194－0003450　003672
賞奇軒四種合編　(清)金古良等輯　清刻本　四册

110000－3194－0003451　003670
夢廬畫譜不分卷　(清)[朱偁]繪　清光緒三十三年(1907)石印本　二册

110000－3194－0003452　003673
晚笑堂竹莊畫傳不分卷　(清)上官周撰并繪　清乾隆八年(1743)刻本　一册

110000－3194－0003453　003674
畫譜采新不分卷　(清)張熊等繪　清光緒十一年至十二年(1885－1886)石印本　二册

110000－3194－0003454　003675
翰墨園畫譜彙新不分卷　(清)翰墨園主人編輯　清光緒十六年(1890)石印本　四册

110000－3194－0003455　003676
畫譜采新初集二集　(清)張熊等繪　清光緒十九年(1893)石印本　四册

110000－3194－0003456　003677
蘭閨清翫不分卷　(□)□□撰　清光緒石印本　一册

110000－3194－0003457　003678
日本琉球奕譜不分卷　(日本)元美　孫小文輯　清宣統二年(1910)石印本　一册

110000－3194－0003458　003679
益智圖千字文不分卷　（清）童葉庚編　清光緒二十五年（1899）石印本　六冊

110000－3194－0003459　003680
七巧圖合璧不分卷　（□）□□撰　清光緒刻本　一冊

110000－3194－0003460　003681
詩鐘鳴盛集初集十卷首一卷　沈宗畸選本　清光緒三十四年（1908）鉛印本　一冊

110000－3194－0003461　003682
儷白妃黃冊八卷　（清）董恂輯　清同治十二年（1873）刻本　一冊

110000－3194－0003462　003683
歷朝弈事輯略不分卷　（清）鄧元鏸輯　清宣統影印本　一冊

110000－3194－0003463　003684
益智圖二卷　（清）童葉庚著　清宣統元年（1909）刻本　一冊

110000－3194－0003464　003685
漢官儀二卷　（漢）應劭撰　（清）孫星衍輯　清光緒刻本　二冊

110000－3194－0003465　003686
蠡書三卷　（清）蠡測子著　清同治十三年（1874）刻本　一冊

110000－3194－0003466　003687
秘傳花鏡六卷　（清）陳淏子輯　清光緒三十年（1904）石印本　六冊

110000－3194－0003467　003691
秘傳花鏡六卷　（清）陳淏子輯　清康熙二十七年（1688）刻本　六冊

110000－3194－0003468　004621
秘傳花鏡六卷　（清）陳淏子輯　清光緒石印本　四冊　存四卷（三至六）

110000－3194－0003469　003688
封泥考略十卷首一卷　（清）吳式芬　（清）陳介祺輯　清光緒三十年（1904）石印本　十冊

110000－3194－0003470　003689
消閒述異三卷　（清）常謙尊輯　清道光二十年（1840）刻本　三冊

110000－3194－0003471　003690
趙松雪畫九歌不分卷　（元）趙孟頫繪　清光緒石印本　二冊

110000－3194－0003472　005136
雪賦不分卷　（元）趙孟頫撰　清末拓本　一冊

110000－3194－0003473　003692
今文房四譜一卷　（清）謝崧梁撰　清光緒十六年（1890）刻本　一冊

110000－3194－0003474　003693
匋雅二卷　（清）寂園叟撰　清宣統二年（1910）鉛印本　一冊

110000－3194－0003475　003694
新鐫工師雕斲正式魯班木經匠家鏡四卷首一卷　（明）午榮彙編　（明）章嚴集　清宣統元年（1909）石印本　一冊

110000－3194－0003476　003695
雲林石譜二卷附竹譜一卷　（宋）杜綰撰　清光緒刻本　二冊

110000－3194－0003477　003696
筆史不分卷　（清）梁同書著　（清）許增栞　清光緒刻本　一冊

110000－3194－0003478　003697
見物五卷　（明）李蘇著　（清）李錫齡校訂　清光緒十四年（1888）刻本　一冊

110000－3194－0003479　003698
桉譜不分卷　（清）吳宗濂輯譯　清宣統二年（1910）鉛印本　一冊

110000－3194－0003480　003699
二如亭群芳譜二十八卷　（明）王象晉輯　明崇禎刻本　二十四冊

110000－3194－0003481　003700
槐廳載筆二十卷　（清）法式善編　清嘉慶刻本　四冊

110000－3194－0003482　003701
槐廳載筆二十卷　（清）法式善編　清嘉慶刻本　六冊

110000－3194－0003483　003702
槐廳載筆二十卷　（清）法式善編　清嘉慶刻本　四冊

110000－3194－0003484　003703
隨園隨筆二十八卷　（清）袁枚撰　清光緒十八年（1892）石印本　四冊

110000－3194－0003485　003704
隨園隨筆二十八卷　（清）袁枚撰　清嘉慶刻本　六冊

110000－3194－0003486　003705
金殿撰家戒詩註釋一卷　（清）金甡著　（清）昇寅註　清道光二十六年（1846）刻本　一冊

110000－3194－0003487　003706
養吉齋叢錄二十六卷餘錄十卷　（清）吳振棫纂　清光緒二十二年（1896）刻本　八冊

110000－3194－0003488　003707
啓蒙問答四卷　（清）陸基撰　（清）蔣震元校　（清）張一鵬撰　（清）徐繼高校　清光緒二十六年（1900）刻本　一冊

110000－3194－0003489　003708
名臣大儒嘉言不分卷　（清）榮恒輯　清光緒二十七年（1901）刻本　一冊

110000－3194－0003490　003716
名臣大儒嘉言不分卷　（清）榮恒撰　清光緒二十七年（1901）刻本　一冊

110000－3194－0003491　003709
樵説十卷　（清）蜀西樵也撰　清光緒十八年（1892）刻本　二冊

110000－3194－0003492　003710
新鐫分類評注文武合編百子金丹十卷　（明）郭偉選注　（明）郭中吉編　（明）王星聚校訂　清乾隆八年（1743）刻本　十冊

110000－3194－0003493　003711
新鐫分類評注文武合編百子金丹十卷　（明）郭偉選注　（明）郭中吉編　（明）王星聚校訂　清光緒二十一年（1895）石印本　六冊

110000－3194－0003494　003714
札樸十卷　（清）桂馥撰　清嘉慶十八年（1813）刻本　四冊

110000－3194－0003495　003715
格言集錦二卷　（清）裕鋼纂輯　清光緒十九年（1893）抄本　一冊

110000－3194－0003496　003717
先賢格言二卷　（清）繆德誠撰　清光緒十四年（1888）刻本　一冊

110000－3194－0003497　003718
玉芝堂談薈三十六卷　（明）徐應秋輯　清光緒元年（1875）刻本　三十四冊

110000－3194－0003498　003719
續同書八卷　（清）福申輯　清道光七年（1827）刻本　四冊

110000－3194－0003499　003720
清秘述聞十六卷　（清）法式善纂　清嘉慶四年（1799）刻本　三冊

110000－3194－0003500　003721
福壽全書十八卷附重刻讀書鏡十卷　（明）陳繼儒著　清康熙三十七年（1698）刻本　四冊

110000－3194－0003501　003722
恩福堂筆記二卷　（清）英和撰　清道光十七年（1837）刻本　四冊

110000－3194－0003502　003723
陔餘叢考四十三卷　（清）趙翼撰　清乾隆五十六年（1791）刻本　十二冊

110000－3194－0003503　003727
嘯亭雜錄八卷續錄二卷　（清）昭槤撰　清光緒刻本　六冊　存六卷（雜錄二至六、續錄一）

110000－3194－0003504　003742
嘯亭雜錄八卷續錄二卷　（清）昭槤著　清光緒二十七年（1901）石印本　六冊

110000－3194－0003505　003743
嘯亭雜錄八卷續錄二卷　(清)昭槤著　清光緒二十七年(1901)石印本　六冊

110000－3194－0003506　003729
容齋隨筆十六卷續筆十六卷三筆十六卷四筆十六卷五筆十卷　(宋)洪邁撰　清乾隆五十九年(1794)刻本　十二冊

110000－3194－0003507　003730
容齋隨筆十六卷首一卷續筆十六卷三筆十六卷四筆十六卷五筆十卷　(宋)洪邁撰　清光緒九年(1883)刻本　十四冊

110000－3194－0003508　003731
容齋隨筆十六卷續筆十六卷三筆十六卷四筆十六卷五筆十卷　(宋)洪邁撰　明崇禎三年(16930)刻本　三十六冊

110000－3194－0003509　003732
容齋隨筆十六卷續筆十六卷三筆十六卷四筆十六卷五筆十卷　(宋)洪邁撰　明崇禎三年(1630)刻本　二十四冊

110000－3194－0003510　003733
風俗通義十卷　(漢)應劭著　(明)鍾惺評　明刻本　四冊

110000－3194－0003511　003734
竹葉亭雜記八卷　(清)姚元之撰　清光緒十九年(1893)刻本　二冊

110000－3194－0003512　003735
困學紀聞二十卷　(宋)王應麟撰　清同治九年(1870)刻本　四冊

110000－3194－0003513　003736
通雅五十二卷首三卷　(明)方以智輯　(清)姚文燮校訂　清刻本　十六冊

110000－3194－0003514　003737
通雅五十二卷首三卷　(明)方以智輯　(清)姚文燮校訂　清刻本　十六冊

110000－3194－0003515　003738
翼教叢編六卷　蘇輿輯　清光緒二十四年(1898)刻本　三冊

110000－3194－0003516　003739
翼教叢編六卷　蘇輿輯　清光緒二十四年(1898)刻本　三冊

110000－3194－0003517　003740
藤陰雜記十二卷　(清)吟梅居士撰　清光緒三年(1877)刻本　六冊

110000－3194－0003518　003741
嗇庵隨筆六卷末一卷　(明)陸文衡著　(清)陸同壽校刊　清光緒二十三年(1897)刻本　二冊

110000－3194－0003519　003742
庸盦筆記二卷　(清)薛福成撰　清光緒二十七年(1901)石印本　一冊

110000－3194－0003520　003745
國朝書畫家筆錄四卷　(清)竇鎮輯　清宣統三年(1911)活字印本　八冊

110000－3194－0003521　003746
炙硯瑣談三卷　(清)湯大奎撰　清嘉慶十二年(1807)刻本　二冊

110000－3194－0003522　003747
小坡識小錄四卷　(清)馬騰蛟編　清同治十三年(1874)刻本　四冊

110000－3194－0003523　003748
群書拾補三十九種　(清)盧文弨校補　清乾隆五十五年(1790)刻本　十二冊

110000－3194－0003524　003749
七修類藁五十一卷續稿七卷　(明)郎瑛撰　清光緒六年(1880)刻本　十二冊

110000－3194－0003525　003750
七修類藁五十一卷續稿七卷　(明)郎瑛撰　清乾隆四十年(1775)刻本　十六冊

110000－3194－0003526　003751
郎潛紀聞初筆七卷　(清)陳康祺著　清宣統二年(1910)石印本　三冊

110000－3194－0003527　003751
郎潛紀聞二筆八卷　(清)陳康祺著　清宣統二年(1910)石印本　四冊

110000－3194－0003528　003751

郎潛紀聞三筆六卷　(清)陳康祺著　清宣統二年(1910)石印本　三冊

110000－3194－0003529　003752

寸陰叢錄四卷　(清)姚瑩撰　清刻本　一冊

110000－3194－0003530　003753

鬼谷子三卷　(南朝梁)[陶弘景]注　清刻本　三冊

110000－3194－0003531　003754

定香亭筆談四卷　(清)阮元記　(清)吳文溥錄　清光緒二十五年(1899)刻本　四冊

110000－3194－0003532　003755

山志六卷二集六卷　(清)王弘撰撰　清道光元年(1821)刻本　六冊

110000－3194－0003533　003756

因樹屋書影五卷　(清)櫟下老人撰　(清)螺隱校訂　清雍正刻本　四冊

110000－3194－0003534　003757

香祖筆記十二卷　(清)王士禎撰　清康熙四十四年(1705)刻本　四冊

110000－3194－0003535　003758

習學記言序目五十卷　(宋)葉適撰　清光緒十一年(1885)刻本　十冊

110000－3194－0003536　003759

燕下鄉脞錄十六卷　(清)陳康祺撰　清光緒十一年(1885)刻本　六冊

110000－3194－0003537　003760

斯陶說林十二卷　(清)王用臣輯　清光緒十八年(1892)刻本　十二冊

110000－3194－0003538　003761

安蹇齋隨筆不分卷　(清)英善書　清宣統三年(1911)石印本　一冊

110000－3194－0003539　003762

墨子閒詁十五卷目錄一卷附錄一卷後語二卷　(清)孫詒讓撰　清宣統二年(1910)刻本　八冊

110000－3194－0003540　003763

鄘齋雜記八卷　(清)陳曇著　(清)陳汝亨校刊　清道光九年(1829)刻本　二冊

110000－3194－0003541　003764

見聞續筆二十四卷　(清)齊學裘撰　清光緒二年(1876)刻本　八冊

110000－3194－0003542　003764

見聞隨筆二十六卷　(清)齊學裘撰　清同治十年(1871)刻本　十冊

110000－3194－0003543　003765

校邠廬抗議不分卷　(清)馮桂芬著　清咸豐十一年(1861)刻本　二冊

110000－3194－0003544　003766

椒生隨筆八卷　(清)王之春撰　清光緒七年(1881)刻本　四冊

110000－3194－0003545　003767

椒生隨筆八卷　(清)王之春撰　清光緒七年(1881)刻本　四冊

110000－3194－0003546　003768

墨子十六卷　(清)畢沅校注　清光緒三年(1877)刻本　四冊

110000－3194－0003547　003769

識小類編八卷　(清)夏大觀編輯　(清)李大珩校刊　清嘉慶刻本　八冊

110000－3194－0003548　003770

佟佳氏家訓不分卷　(清)佟佳氏撰　清嘉慶刻本　一冊

110000－3194－0003549　003771

古諺今傳不分卷　(□)□□撰　清刻本　一冊

110000－3194－0003550　003772

遯齋偶筆二卷　(清)徐崑著　清光緒六年(1880)刻本　二冊

110000－3194－0003551　003773

癸巳存稿十五卷　(清)俞正燮著　清光緒十年(1884)刻本　六冊

110000－3194－0003552　003774
隙光亭雜識六卷　(清)揆叙纂集　清刻本　六冊

110000－3194－0003553　003775
讀書叢録二十四卷　(清)洪頤煊撰　清光緒十三年(1887)刻本　八冊

110000－3194－0003554　003776
十駕齋養新録二十卷　(清)錢大昕輯　清嘉慶九年(1804)刻本　六冊

110000－3194－0003555　003777
倘湖樵書初編六卷　(清)來集之撰　清康熙十七年(1678)刻本　六冊

110000－3194－0003556　003778
日知録集釋三十二卷　(清)顧炎武著　(清)黄汝成集釋　清光緒二十五年(1899)刻本　十六冊

110000－3194－0003557　003779
日知録集釋三十二卷　(清)顧炎武著　(清)黄汝成集釋　清同治八年(1869)刻本　二十冊

110000－3194－0003558　003780
日知録集釋三十二卷　(清)顧炎武著　(清)黄汝成集釋　清道光十六年(1836)刻本　十六冊

110000－3194－0003559　003781
歸潛志十四卷首一卷　(元)劉祁撰　清刻本　二冊

110000－3194－0003560　003782
識小録八卷　(清)姚瑩撰　清光緒二十九年(1903)刻本　一冊

110000－3194－0003561　003783
嘯亭雜録八卷續録二卷　(清)昭槤著　清光緒六年(1880)刻本　十二冊

110000－3194－0003562　003784
嘯亭雜録八卷續録二卷　(清)昭槤著　清光緒刻本　十二冊

110000－3194－0003563　003785
鄉園憶舊六卷　(清)王培荀輯　清道光二十五年(1845)刻本　六冊

110000－3194－0003564　003786
野獲編三十卷首一卷　(明)沈德符著　(清)錢枋輯　清道光七年(1827)刻本　二十冊

110000－3194－0003565　003787
野獲編三十卷首一卷　(明)沈德符著　(清)錢枋輯　清道光七年(1827)刻本　二十冊

110000－3194－0003566　003788
讀書雜志八十二卷餘編二卷　(清)王念孫撰　清同治九年(1870)刻本　二十四冊

110000－3194－0003567　003789
援鶉堂筆記五十卷　(清)姚範撰　清道光十六年(1836)刻本　十六冊

110000－3194－0003568　003790
御製勸善要言不分卷　(清)世祖福臨撰　清光緒十八年(1892)刻本　一冊

110000－3194－0003569　003794
御製勸善要言不分卷　(清)世祖福臨撰　清順治十二年(1655)刻本　一冊

110000－3194－0003570　003791
江南鐵淚圖新編一卷附江南鐵淚圖附編一卷　(清)寄雲山人編　(清)省吾居士校　清同治九年(1870)刻本　二冊

110000－3194－0003571　003792
三教源流搜神大全四卷　葉德輝校　清宣統元年(1909)刻本　二冊

110000－3194－0003572　003793
勸戒近録六卷　(清)梁恭辰撰　清同治元年(1862)刻本　二冊

110000－3194－0003573　003793
勸戒續録六卷三録六卷四録六卷　(清)梁恭辰撰　清同治元年(1862)刻本　六冊

110000－3194－0003574　003795
求己録三卷　(清)蘆涇遯士編　清光緒二十二年(1896)刻本　三冊

110000－3194－0003575　003796
群學肄言不分卷　(英國)斯賓塞爾撰　嚴復譯　清光緒二十九年(1903)鉛印本　四册

110000－3194－0003576　003797
鴻苞節錄十卷　(明)屠隆撰　(清)屠繼烈編　清咸豐七年(1857)刻本　十册

110000－3194－0003577　003798
增訂一夕話新集六卷　(清)咄咄夫撰　(清)嗤嗤子增訂　清刻本　二册

110000－3194－0003578　003799
五洲政藝叢編一百六十卷　(□)□□撰　清光緒二十八年(1902)石印本　五十六册

110000－3194－0003579　003800
島居隨錄五卷　(清)楊浚輯　清光緒十三年(1887)刻本　一册

110000－3194－0003580　003801
官商快覽一千種　(□)□□撰　清光緒石印本　一册

110000－3194－0003581　003802
清異錄二卷　(宋)陶穀撰　清光緒元年(1875)刻本　二册

110000－3194－0003582　003804
續談助五卷　(宋)晁載之輯　清光緒十三年(1887)刻本　二册

110000－3194－0003583　003805
格言聯腋不分卷　(清)鑄錯軒集著　清光緒刻本　一册

110000－3194－0003584　003806
格言合璧不分卷　(清)金纓著　清末石印本　一册

110000－3194－0003585　003807
繪圖情史二十四卷　(清)詹詹外史撰　清宣統元年(1909)石印本　六册

110000－3194－0003586　003808
新訂解人頤廣集八卷　(清)胡澹菴定本　(清)錢慎齋增訂　清刻本　四册

110000－3194－0003587　003809
諧鐸十二卷　(清)沈起鳳著　清同治五年(1866)刻本　四册

110000－3194－0003588　003810
寄園寄所寄十二卷　(清)趙吉士輯　清刻本　十一册

110000－3194－0003589　003811
夢廠雜著十卷　(清)俞蛟撰　清同治九年(1870)刻本　八册

110000－3194－0003590　003813
古諷籀齋目耕朏錄三十二卷　(清)泖畔閒鷗纂　清光緒元年(1875)刻本　十二册

110000－3194－0003591　003814
世說新語六卷　(南朝宋)劉義慶撰　(南朝梁)劉孝標注　清光緒三年(1877)刻本　四册

110000－3194－0003592　003815
酉陽雜俎二十卷續集十卷　(唐)段成式著　清道光二十九年(1849)刻本　六册

110000－3194－0003593　003816
托氏宗教小說不分卷　(德國)葉道勝譯　清光緒三十三年(1907)鉛印本　一册

110000－3194－0003594　003817
兩般秋雨盦隨筆八卷　(清)梁紹壬纂　清道光十七年(1837)刻本　八册

110000－3194－0003595　003826
兩般秋雨盦隨筆八卷　(清)梁紹壬纂　清光緒鉛印本　四册

110000－3194－0003596　003818
重訂西青散記八卷　(清)史震林撰　清光緒四年(1878)鉛印本　四册

110000－3194－0003597　003819
敏求軒述記十六卷　(清)陳世箴輯　清道光二十八年至三十年(1848－1850)刻本　六册

110000－3194－0003598　003820
板橋雜記三卷　(清)余懷著　(清)傅春官校刊　清光緒二十七年(1901)刻本　一册

110000－3194－0003599　003821
吉祥花六卷　(清)紀棠氏輯評　清同治十二年(1873)刻本　一册

110000－3194－0003600　003822
珠邨談怪十卷續集二卷　(清)紅雪山莊外史著　(清)沈味辛校刊　清光緒二十年(1894)石印本　四册

110000－3194－0003601　003823
新鐫笑林廣記四卷　(清)遊戲主人輯　清光緒三十二年(1906)石印本　四册

110000－3194－0003602　003824
譚史志奇八卷　(清)姚彦臣輯　清光緒十四年(1888)刻本　四册

110000－3194－0003603　003825
夷堅志甲集二卷乙集二卷丙集二卷丁集二卷戊集二卷己集二卷庚集二卷辛集二卷壬集二卷癸集二卷　(宋)洪邁著　清乾隆四十三年(1778)刻本　二十册

110000－3194－0003604　003827
廣虞初新志四十卷　(清)黄承增輯　清嘉慶八年(1803)刻本　十二册

110000－3194－0003605　003828
虞初新志二十卷　(清)張潮輯　清咸豐元年(1851)刻本　五册　存十七卷(一至十七)

110000－3194－0003606　003829
虞初新志二十卷　(清)張潮輯　清咸豐元年(1851)刻本　四册

110000－3194－0003607　003831
虞初新志二十卷　(清)張潮輯　清康熙刻本　二十册

110000－3194－0003608　003828
虞初續志十二卷　(清)鄭澍若編　清咸豐元年(1851)刻本　三册　存十卷(一至十)

110000－3194－0003609　003830
虞初續志十二卷　(清)鄭澍若編　清咸豐元年(1851)刻本　三册

110000－3194－0003610　003803
聊齋志異新評十六卷　(清)蒲松齡撰　(清)王士正評　(清)但明倫新評　(清)吕湛恩注　清光緒十五年(1889)刻本　十六册

110000－3194－0003611　003832
聊齋志異新評十六卷　(清)蒲松齡著　(清)王士正評　(清)但明倫新評　清道光二十二年(1842)刻本　十六册

110000－3194－0003612　003834
聊齋志異新評十六卷　(清)蒲松齡著　(清)王士正評　(清)但明倫新評　清同治八年(1869)刻本　十六册

110000－3194－0003613　003833
詳註聊齋志異圖詠十六卷首一卷　(清)蒲松齡著　(清)吕湛恩註　清光緒十二年(1886)石印本　八册

110000－3194－0003614　003835
新齊諧二十二卷　(清)袁枚編　清刻本　八册

110000－3194－0003615　003836
三教同源二卷　(清)慧一子輯　清光緒元年(1875)抄本　二册

110000－3194－0003616　003837
山海經十八卷圖讃一卷　(晉)郭璞注　(清)郝懿行箋疏　清嘉慶十四年(1809)刻本　四册

110000－3194－0003617　003838
山海經十八卷　(晉)郭璞注　(明)吳中珩校　清刻本(第四册為補配)　四册

110000－3194－0003618　003839
西湖佳話古今遺跡十六卷　(清)墨浪子輯　清宣統元年(1909)鉛印本　四册

110000－3194－0003619　003840
閱微草堂筆記二十四卷首一卷　(清)紀昀撰　清道光二十七年(1847)刻本　十册

110000－3194－0003620　003841
閱微草堂筆記二十四卷首一卷　(清)紀昀撰　清道光二十七年(1847)刻本　十册

110000－3194－0003621　003842
閱微草堂筆記二十四卷首一卷　(清)紀昀撰　清嘉慶二十一年(1816)刻本　十冊

110000－3194－0003622　003843
情史類略二十四卷　(清)詹詹外史評輯　清刻本　十二冊

110000－3194－0003623　003846
十二門論宗致義記三卷　(唐)釋發藏述　清光緒二十一年(1895)刻本　一冊

110000－3194－0003624　003851
重訂徐氏三種　(清)徐士業校刊　清嘉慶十年(1805)刻本　三冊

110000－3194－0003625　003852
重訂徐氏三種　(清)徐士業校刊　清光緒十七年(1891)刻本　四冊

110000－3194－0003626　003853
重訂徐氏三種　(清)徐士業校刊　清光緒十七年(1891)刻本　四冊

110000－3194－0003627　003854
險異錄圖說合覽不分卷　(清)豫師撰　(清)錢寶書繪　清光緒十四年(1888)石印本　二冊

110000－3194－0003628　003856
險異錄圖說合覽不分卷　(清)豫師撰　(清)錢寶書繪　清光緒十四年(1888)石印本　二冊

110000－3194－0003629　003857
險異錄圖說合覽不分卷　(清)豫師撰　(清)錢寶書繪　清光緒十四年(1888)石印本　二冊

110000－3194－0003630　003855
三才略不分卷　(清)[蔣德鈞]輯　清光緒二十八年(1902)石印本　一冊

110000－3194－0003631　003915
三才略不分卷　(清)[蔣德鈞]輯　清光緒三十一年(1905)石印本　一冊

110000－3194－0003632　003916
三才略不分卷　(清)[蔣德鈞]輯　清光緒二十九年(1903)石印本　一冊

110000－3194－0003633　003858
露漱格蘭小傳不分卷　(清)普通學書室譯　清光緒二十八年(1902)鉛印本　一冊

110000－3194－0003634　003859
伊索寓言不分卷　林紓譯　清光緒二十九年(1903)鉛印本　一冊

110000－3194－0003635　003860
梁氏筆記三種二十七卷　(清)梁章鉅撰　清宣統三年(1911)石印本　八冊

110000－3194－0003636　003861
影梅庵悼亡題詠一卷附錄一卷　(清)冒襄撰　清宣統元年(1909)刻本　一冊

110000－3194－0003637　003864
談古偶錄四卷　(清)陳星瑞著　(清)姚成濟注　清道光二十六年(1846)刻本　四冊

110000－3194－0003638　003882
唐代叢書六集一百六十四帙　(清)王文誥輯　清嘉慶十一年(1806)刻本　二十四冊

110000－3194－0003639　003883
唐代叢書六集一百六十四帙　(清)王文誥　(清)邵希曾輯　清嘉慶十一年(1806)刻本　二十冊

110000－3194－0003640　003899
勸學文不分卷　(清)世祖福臨輯　清順治十三年(1656)刻本　一冊

110000－3194－0003641　003907
楹聯叢話十卷楹聯續話四卷　(清)梁章鉅編輯　(清)呂恩湛續輯　清道光二十二年(1842)刻本　六冊

110000－3194－0003642　003911
子書百家一百種　(清)湖北崇文書局輯　清光緒元年(1875)刻本　十冊

110000－3194－0003643　003932
護法論不分卷　(宋)張商英述　明正統二年(1437)刻本　一冊

110000－3194－0003644　003935
護法論不分卷　(宋)張商英述　清光緒二年(1876)刻本　一册

110000－3194－0003645　003933
增集人天眼目二卷　(清)釋仁岠增集　清光緒七年(1881)刻本　一册

110000－3194－0003646　003934
楞嚴呪疏不分卷　(清)釋續法集　清光緒刻本　一册

110000－3194－0003647　003936
禪門鍛煉說不分卷　(清)釋戒顯著　清同治十一年(1872)刻本　一册

110000－3194－0003648　003937
華嚴寶懺法卷二卷　(唐)釋玄奘譯　清康熙九年(1670)刻本　二册

110000－3194－0003649　003938
大方廣圓覺脩多羅了義經近釋六卷　(明)釋通潤述　清光緒十二年(1886)刻本　二册

110000－3194－0003650　003939
淨土論三卷　(唐)釋迦才撰　清光緒刻本　一册

110000－3194－0003651　003940
大宗地玄文本論略注四卷首一卷　(南朝陳)釋真諦譯　(清)楊文會略注　清光緒三十二年(1906)刻本　一册

110000－3194－0003652　003941
佛說觀無量壽佛經疏妙宗鈔四卷　(宋)釋知禮鈔　清刻本　二册

110000－3194－0003653　003942
大佛頂如來密因修證了義諸菩薩萬行首楞嚴經十卷　(唐)釋般剌密諦譯　清光緒元年(1875)刻本　三册

110000－3194－0003654　003960
大佛頂如來密因修證了義諸菩薩萬行首楞嚴經十卷　(唐)釋般剌密諦譯　(明)釋智旭文句　(明)釋道昉參訂　清同治十三年(1874)刻本　九册

110000－3194－0003655　003943
華嚴經旨歸三種　(唐)釋法藏述　清光緒二十一年(1895)刻本　一册

110000－3194－0003656　003944
華嚴經旨歸三種　(唐)釋法藏述　清光緒二十一年(1895)刻本　一册

110000－3194－0003657　003945
禪源諸詮集都序四卷　(唐)釋宗密述　清光緒十八年(1892)刻本　一册

110000－3194－0003658　003946
禪源諸詮集都序四卷　(唐)釋宗密述　清光緒十八年(1892)刻本　一册

110000－3194－0003659　003947
禪源諸詮集都序四卷　(唐)釋宗密述　清光緒十八年(1892)刻本　一册

110000－3194－0003660　003948
禪源諸詮集都序四卷　(唐)釋宗密述　清道光三年(1823)刻本　一册

110000－3194－0003661　003949
斌雅禪師語錄一卷　(清)釋海岳記錄　清康熙十九年(1680)刻本　一册

110000－3194－0003662　003950
雲棲淨土匯語不分卷　(清)釋淨業刊　清乾隆六十年(1795)刻本　一册

110000－3194－0003663　003951
笑堂和尚語錄不分卷　(清)釋超晙編　清刻本　二册

110000－3194－0003664　003952
靈峰蕅益大師梵室偶談一卷　(清)釋了亮等集　清同治十年(1871)刻本　一册

110000－3194－0003665　003953
筠州黃蘗山斷際禪師傳心法要二卷　(唐)釋裴休集　清光緒十年(1884)刻本　一册

110000－3194－0003666　003954
筠州黃蘗山斷際禪師傳心法要二卷　(唐)釋裴休集　清光緒十年(1884)刻本　一册

110000－3194－0003667　003955
壇經不分卷　(唐)釋慧能說　(唐)釋法海錄　清同治十一年(1872)刻本　一冊

110000－3194－0003668　003956
壇經不分卷　(唐)釋慧能說　(唐)釋法海錄　清同治十一年(1872)刻本　一冊

110000－3194－0003669　003957
高峰大師語錄不分卷　(明)釋袾宏撰　清光緒十五年(1889)刻本　一冊

110000－3194－0003670　003958
大慧普覺禪師語錄三十卷　(宋)釋蘊聞輯　明萬曆十三年(1585)刻本　四冊

110000－3194－0003671　003961
宗鏡錄一百卷　(宋)釋延壽集　清同治十二年(1873)刻本　二十冊

110000－3194－0003672　004095
宗鏡錄一百卷　(宋)釋延壽輯　清光緒二十五年(1899)刻本　二十冊

110000－3194－0003673　003962
大佛頂如來密因修證了義諸菩薩萬行首楞嚴經纂注十卷首一卷末一卷　(唐)釋般剌密諦譯　(明)釋真界注　清光緒鉛印本　一冊

110000－3194－0003674　003963
折疑論集注二卷　(元)釋子成撰　清光緒三十四年(1908)刻本　一冊

110000－3194－0003675　003964
般若燈論十五卷　(唐)釋波羅頗密多羅譯　清光緒二十四年(1898)刻本　三冊

110000－3194－0003676　003966
般若燈論十五卷　(唐)釋波羅頗密多羅譯　清光緒二十四年(1898)刻本　一冊

110000－3194－0003677　003965
入法界體性經一卷　(隋)釋闍那崛多譯　清光緒四年(1878)刻本　一冊

110000－3194－0003678　004258
入法界體性經一卷　(隋)釋闍那崛多譯　清光緒四年(1878)刻本　一冊

110000－3194－0003679　003984
禪門日誦不分卷　(□)□□撰　清道光二十年(1840)刻本　一冊

110000－3194－0003680　003985
練大悲水法門不分卷　(□)□□撰　清光緒刻本　一冊

110000－3194－0003681　003986
禪門佛事二卷　(□)□□撰　清光緒二十九年(1903)刻本　一冊

110000－3194－0003682　003987
校閱心經注不分卷　(清)王士瑞校　清光緒十年(1884)刻本　一冊

110000－3194－0003683　003988
無隱禪師略錄不分卷　(清)普顧居士集校　清光緒十六年(1890)刻本　一冊

110000－3194－0003684　003989
大方廣佛華嚴經八十卷　(唐)釋實叉難陀譯　清光緒刻本　二十冊

110000－3194－0003685　003990
沙彌律儀要略不分卷　(明)釋袾宏輯　清光緒至宣統刻本　一冊

110000－3194－0003686　003991
選佛譜六卷　(明)釋智旭撰　清光緒十七年(1891)刻本　二冊

110000－3194－0003687　003992
選佛譜六卷　(明)釋智旭撰　清光緒十七年(1891)刻本　二冊

110000－3194－0003688　003993
選佛譜六卷　(明)釋智旭撰　清光緒十七年(1891)刻本　二冊

110000－3194－0003689　003994
法苑珠林一百卷　(唐)釋道世撰　清宣統二年(1910)刻本　三十冊

110000－3194－0003690　003995
法苑珠林一百卷　(唐)釋道世撰　清宣統二年(1910)刻本　三十冊

110000－3194－0003691　003996
法苑珠林一百卷　(唐)釋道世撰　清道光七年(1827)刻本　二十四冊

110000－3194－0003692　003997
禪宗頌古聯珠通集四十卷　(宋)釋法應集　(元)釋普會續集　清宣統鉛印本　八冊

110000－3194－0003693　003998
大乘總持十四種　(清)桂祥集　清道光二十七年至二十八年(1847－1848)刻本　二冊

110000－3194－0003694　004001
究竟一乘寶性論五卷　(北魏)釋勒那摩提譯　清康熙五十二年(1713)刻本　一冊

110000－3194－0003695　004002
入楞伽經十卷　(唐)釋菩提留支譯　清雍正二年(1724)刻本　二冊

110000－3194－0003696　004003
遊心安樂道不分卷　(唐)釋元曉撰　清光緒刻本　一冊

110000－3194－0003697　004004
感善梯航四種　(宋)希夷　(宋)麻衣道人編　清光緒十七年(1891)刻本　一冊

110000－3194－0003698　004005
唐釋湛然輔行記四十卷　(唐)釋湛然撰　(清)張心泰輯　清光緒十一年(1885)刻本　二冊

110000－3194－0003699　004006
大乘造像功德經二卷　(唐)釋提曇般若譯　清同治十一年(1872)刻本　一冊

110000－3194－0003700　004006
佛說作佛形像經一卷　(□)□□撰　清同治十一年(1872)刻本　一冊

110000－3194－0003701　004006
佛說造立形像福報經一卷　(□)□□撰　清同治十一年(1872)刻本　一冊

110000－3194－0003702　004006
佛說灌佛經一卷　(晉)釋法炬譯　清同治十一年(1872)刻本　一冊

110000－3194－0003703　004006
佛說灌洗佛經一卷　(晉)釋聖堅譯　清同治十一年(1872)刻本　一冊

110000－3194－0003704　004006
佛說浴像功德經一卷　(唐)釋寶思惟譯　清同治十一年(1872)刻本　一冊

110000－3194－0003705　004006
浴像功德經一卷　(唐)釋義淨譯　清同治十一年(1872)刻本　一冊

110000－3194－0003706　004006
佛說校量數珠功德經一卷　(唐)釋寶思惟譯　清同治十一年(1872)刻本　一冊

110000－3194－0003707　004006
曼殊室利呪藏中校量數珠功德經一卷　(唐)釋義淨譯　清同治十一年(1872)刻本　一冊

110000－3194－0003708　004006
佛說龍施女經一卷　(三國吳)支謙譯　清同治十一年(1872)刻本　一冊

110000－3194－0003709　004006
佛說八吉祥神咒經一卷　(三國吳)支謙譯　清同治十一年(1872)刻本　一冊

110000－3194－0003710　004006
佛說八陽神咒經一卷　(晉)釋法護譯　清同治十一年(1872)刻本　一冊

110000－3194－0003711　004006
佛說八吉祥經一卷　(南朝梁)釋僧伽婆羅譯　清同治十一年(1872)刻本　一冊

110000－3194－0003712　004006
佛說八佛名號經一卷　(隋)釋闍那崫多譯　清同治十一年(1872)刻本　一冊

110000－3194－0003713　004006
佛說盂蘭盆經一卷　(晉)釋竺法護譯　清同治十一年(1872)刻本　一冊

110000－3194－0003714　004006
佛說報恩奉盆經一卷　(□)□□撰　清同治十一年(1872)刻本　一冊

110000－3194－0003715　004006
佛說觀藥王藥上二菩薩經一卷　(南朝宋)釋畺良耶舍譯　清同治十一年(1872)刻本　一冊

110000－3194－0003716　004006
佛說龍施菩薩本起經一卷　(晉)釋法護譯　清同治十一年(1872)刻本　一冊

110000－3194－0003717　004007
仁王護國般若波羅密多經二卷　(唐)釋不空譯　清同治九年(1870)刻本　一冊

110000－3194－0003718　004008
佛說大方等大集菩薩念佛三昧經十卷　(隋)釋達磨笈多譯　清宣統三年(1911)刻本　二冊

110000－3194－0003719　004009
雅俗通用釋門疏式十卷　(明)釋如德輯　清光緒四年(1878)刻本　四冊

110000－3194－0003720　004054
雅俗通用釋門疏式十卷　(清)釋如德輯　(清)釋道濡參閱　清同治十三年(1874)刻本　七冊

110000－3194－0003721　004010
楞嚴摸象記不分卷　(明)釋袾宏述　清光緒二十四年(1898)刻本　一冊

110000－3194－0003722　004011
釋氏稽古略四卷　(元)釋覺岸編　**釋氏稽古略續集三卷**　(明)釋幻輪編　清光緒十二年(1886)刻本　十冊

110000－3194－0003723　004012
永明心賦四卷　(清)釋妙圓述　清光緒二十三年(1897)刻本　二冊

110000－3194－0003724　004013
南無普賢王菩薩摩訶薩不分卷　(□)□□撰　清刻本　一冊

110000－3194－0003725　004014
大乘妙法蓮華經七卷　(後秦)釋鳩摩羅什譯　清康熙三十八年(1699)刻本　七冊

110000－3194－0003726　004015
大佛頂首楞嚴經十卷　(唐)釋般剌密諦譯　(唐)釋彌伽釋迦譯　(唐)房融筆受　清同治八年(1869)刻本　二冊

110000－3194－0003727　004016
大佛頂首楞嚴神咒不分卷　(□)□□撰　清光緒七年(1881)刻本　一冊

110000－3194－0003728　004017
無量壽經起信論三卷　(清)彭際清述　清同治十一年(1872)刻本　一冊

110000－3194－0003729　004018
佛說四十二章經註不分卷　(明)釋了童補註　清光緒十六年(1890)刻本　一冊

110000－3194－0003730　004019
佛說四十二章經註不分卷　(明)釋了童補註　清光緒十六年(1890)刻本　一冊

110000－3194－0003731　004020
藥師七如來本願儀軌不分卷　(□)自得居士譯　清乾隆二十四年(1759)刻本　一冊

110000－3194－0003732　004021
藥師瑠璃光如來消災除難念誦儀軌不分卷　(唐)釋一行集　清宣統刻本　一冊

110000－3194－0003733　004022
藥師琉璃光佛讚不分卷　(唐)梁肅撰　清光緒十六年(1890)刻本　一冊

110000－3194－0003734　004023
大乘諸品經咒三卷　(□)□□撰　清順治十一年(1654)刻本　三冊

110000－3194－0003735　004024
金剛般若波羅蜜經不分卷　(後秦)釋鳩摩羅什譯　清光緒十五年(1889)刻本　一冊

110000－3194－0003736　004029
金剛般若波羅蜜經不分卷　(清)崇保造　清光緒二十二年(1896)刻本　一冊

110000－3194－0003737　004030
金剛般若波羅蜜經不分卷　(後秦)釋鳩摩羅什譯　清光緒刻本　一冊

110000－3194－0003738　004031

金剛般若波羅蜜經不分卷　(後秦)釋鳩摩羅什譯　清宣統影印本　一冊

110000－3194－0003739　004025

藥師瑠璃光如來本願功德經不分卷　(唐)釋玄奘譯　清光緒三十三年(1907)刻本　一冊

110000－3194－0003740　004027

藥師瑠璃光如來本願功德經不分卷　(唐)釋玄奘譯　清刻本　一冊

110000－3194－0003741　004026

御書藥師瑠璃光如來本願經不分卷　(清)聖祖玄燁書　清康熙三十四年(1695)刻本　一冊

110000－3194－0003742　004028

觀音靈感賦不分卷　(清)沈起潛撰　清光緒二年(1876)刻本　一冊

110000－3194－0003743　004032

大寶積經一百二十卷　(唐)釋菩提留支譯　清光緒刻本　五冊

110000－3194－0003744　004033

大寶積經一百二十卷　(唐)釋菩提留支譯　清光緒刻本　二十四冊

110000－3194－0003745　004034

大寶積經四十卷　(唐)釋菩提留支譯　清康熙五十二年(1713)刻本　八冊

110000－3194－0003746　004035

大寶積經論四卷　(唐)釋菩提留支譯　清康熙五十二年(1713)刻本　一冊

110000－3194－0003747　004036

大般涅槃經四十卷　(晉)釋曇無讖譯　清光緒五年(1879)刻本　十一冊

110000－3194－0003748　004037

大般涅槃經四十卷　(晉)釋曇無讖譯　清光緒五年(1879)刻本　二冊

110000－3194－0003749　004038

佛説觀世音菩薩救苦經不分卷　(□)□□撰　明萬曆四十二年(1614)刻本　一冊

110000－3194－0003750　004039

金剛般若波羅密經直解二卷　(清)純陽子注　清光緒十五年(1889)刻本　一冊

110000－3194－0003751　004040

金剛般若波羅密經直解不分卷　(清)純陽子注　清光緒十六年(1890)刻本　一冊

110000－3194－0003752　004041

大勢至菩薩名經集不分卷　(□)□□撰　清嘉慶二十四年(1819)刻本　一冊

110000－3194－0003753　004042

金剛般若波羅密經句解易知二卷　(後秦)釋鳩摩羅什譯　(南朝梁)蕭統分章　(清)王澤泩注解　清光緒五年(1879)刻本　一冊

110000－3194－0003754　004043

大方廣圓覺修多羅了義經二卷　(唐)釋佛陀多羅譯　清光緒元年(1875)刻本　一冊

110000－3194－0003755　004046

大方廣圓覺修多羅了義經二卷　(唐)釋佛陀多羅譯　清同治八年(1869)刻本　一冊

110000－3194－0003756　004044

金剛般若經偈會本不分卷　(後秦)釋鳩摩羅什譯　(唐)釋菩提留支譯　清乾隆三十年(1765)刻本　一冊

110000－3194－0003757　004045

梵文大佛頂如來放光悉怛多鉢怛囉陀羅尼會譯不分卷　(唐)釋不空譯　(唐)釋般刺密諦譯　清光緒刻本　一冊

110000－3194－0003758　004047

十住毘婆沙論十五卷　(印度)龍樹菩薩造　(後秦)釋鳩摩羅什譯　清雍正二年(1724)刻本　三冊

110000－3194－0003759　004048

大威德金剛怖畏本尊獨勇成就儀軌勝魔幢經不分卷　(清)巴爾藏嘉磋補譯　清光緒至宣統抄本　一冊

110000－3194－0003760　004049

阿毘曇毗婆沙論八十二卷　(□)釋迦旃延子

造　（北涼）釋浮陀跋摩　（北涼）釋道泰譯　清康熙五十二年（1713）刻本　十六册

110000－3194－0003761　004050

大華嚴經略策不分卷　（唐）釋澄觀述　清光緒二十三年（1897）刻本　一册

110000－3194－0003762　004051

佛說大乘無量壽莊嚴經一卷　（宋）釋法賢譯　清光緒十年（1884）刻本　一册

110000－3194－0003763　004052

佛說大乘無量壽莊嚴經一卷　（宋）釋法賢譯　清光緒七年（1881）刻本　一册

110000－3194－0003764　004053

大方廣佛華嚴經普賢行願品別行疏鈔十五卷　（唐）釋宗密撰　清光緒三十二年（1906）刻本　五册

110000－3194－0003765　004055

方廣大莊嚴經十二卷　（唐）釋地婆訶羅譯　清光緒三十一年（1905）刻本　四册

110000－3194－0003766　004056

五燈會元五十七卷目錄三卷　（宋）釋普濟纂　清光緒三十四年（1908）刻本　二十册

110000－3194－0003767　004057

因明入正理論疏八卷　（唐）釋窺基撰　清光緒二十二年（1896）刻本　二册

110000－3194－0003768　004063

因明入正理論疏八卷　（唐）釋窺基撰　清光緒二十二年（1896）刻本　二册

110000－3194－0003769　004064

因明入正理論疏八卷　（唐）釋窺基撰　清光緒二十二年（1896）刻本　一册

110000－3194－0003770　004058

佛說無量壽經義疏六卷　（三國魏）釋康僧鎧譯　（隋）釋慧遠撰疏　清光緒二十年（1894）刻本　二册

110000－3194－0003771　004059

釋摩訶衍論十卷　（後秦）釋波羅末陀　（後秦）釋筏提摩多譯　清光緒刻本　四册

110000－3194－0003772　004060

釋摩訶衍論十卷　（後秦）釋波羅末陀　（後秦）釋筏提摩多譯　清光緒刻本　四册

110000－3194－0003773　004061

釋摩訶衍論十卷　（後秦）釋波羅末陀　（後秦）釋筏提摩多譯　清光緒刻本　一册

110000－3194－0003774　004062

佛遺教經論疏節要不分卷　（後秦）釋鳩摩羅什譯　（宋）釋淨源節要　（明）釋袾宏補註　清光緒二十四年（1898）刻本　一册

110000－3194－0003775　004065

四分摭略事義二卷　（清）釋成悟集　清刻本　一册

110000－3194－0003776　004066

佛說梵網經二卷　（後秦）釋鳩摩羅什譯　清光緒十年（1884）刻本　一册

110000－3194－0003777　004067

佛說四分戒本不分卷　（後秦）釋鳩摩羅什譯　（唐）釋道宣刪定　清刻本　一册

110000－3194－0003778　004068

弘明集十四卷　（南朝梁）釋僧祐集　清光緒二十二年（1896）刻本　四册

110000－3194－0003779　004069

菩薩戒本經箋要不分卷　（十六國）釋曇無讖譯　（明）釋智旭箋　清光緒六年（1880）刻本　一册

110000－3194－0003780　004070

菩薩戒本經箋要不分卷　（十六國）釋曇無讖譯　（明）釋智旭箋　清光緒六年（1880）刻本　一册

110000－3194－0003781　004070

菩薩戒本經不分卷　（十六國）釋曇無讖譯　清同治九年（1870）刻本　一册

110000－3194－0003782　004071

梵網經菩薩戒不分卷　（後秦）釋鳩摩羅什譯　（明）釋袾宏校訂　清光緒五年（1879）刻本　一册

110000－3194－0003783　004072
梵綱經菩薩戒不分卷　(後秦)釋鳩摩羅什譯　(明)釋袾宏校訂　清光緒二十五年(1899)刻本　一册

110000－3194－0003784　004073
佛說梵綱經菩薩心地品合註七卷　(後秦)釋鳩摩羅什譯　(明)釋智旭述　清同治十三年(1874)刻本　五册

110000－3194－0003785　004074
佛說梵綱經菩薩心地品合註七卷　(後秦)釋鳩摩羅什譯　(明)釋智旭述　清同治十三年(1874)刻本　五册

110000－3194－0003786　004075
戒疏發隱事義五卷菩薩戒問辯一卷　(明)[釋袾宏]注　清光緒二十四年(1898)刻本　一册

110000－3194－0003787　004076
白國因由不分卷　(□)□□撰　清康熙四十五年(1706)刻本　一册

110000－3194－0003788　004077
毗尼止持會集十六卷首一卷　(清)釋讀體集　清光緒刻本　八册

110000－3194－0003789　004078
大方廣佛新華嚴經合論一百二十卷首一卷　(唐)釋實義難陀譯　(唐)釋李通玄造論　(唐)釋志寧釐經合論　清同治十一年(1872)刻本(卷十七至二十為補刻)　三十册

110000－3194－0003790　004079
大方廣佛新華嚴經合論一百二十卷首一卷　(唐)釋實義難陀譯　(唐)釋李通玄造論　(唐)釋志寧釐經合論　清同治十一年(1872)刻本　三十册

110000－3194－0003791　004080
佛說目連問戒律中五百輕重事經二卷　(□)□□撰　清光緒二年(1876)刻本　一册

110000－3194－0003792　004081
無量壽經優婆提舍願生偈註二卷　(北魏)釋曇鸞註解　(唐)釋菩提留支譯　清光緒十九年(1893)刻本　一册

110000－3194－0003793　004082
無量壽經優婆提舍願生偈註二卷　(北魏)釋曇鸞註解　(唐)釋菩提留支譯　清光緒十九年(1893)刻本　一册

110000－3194－0003794　004083
唯識二十論述記四卷　(唐)釋窺基撰　清宣統二年(1910)刻本　二册

110000－3194－0003795　004084
大乘起信論直解二卷　(明)釋德清撰　清光緒十六年(1890)刻本　一册

110000－3194－0003796　004085
大乘起信論直解二卷　(明)釋德清撰　清光緒十六年(1890)刻本　一册

110000－3194－0003797　004086
大乘起信論裂綱疏六卷　(明)釋智旭撰　清光緒刻本　一册

110000－3194－0003798　004087
大乘起信論裂綱疏六卷　(明)釋智旭撰　清光緒刻本　一册

110000－3194－0003799　004088
大乘起信論纂註二卷　(南朝梁)釋真諦譯　(明)釋真界纂註　清光緒十一年(1885)刻本　一册

110000－3194－0003800　004091
大乘起信論纂註二卷　(南朝梁)釋真諦譯　(明)釋真界纂註　清光緒十一年(1885)刻本　一册

110000－3194－0003801　004089
大乘起信論義記七卷　(唐)釋法藏撰　清光緒二十三年至二十四年(1897－1898)刻本　二册

110000－3194－0003802　004090
大乘起信論疏記會本六卷　(南朝梁)釋真諦譯　(唐)釋元曉疏　清光緒二十五年(1899)刻本　二册

110000－3194－0003803　004092
金剛般若波羅蜜經旁解不分卷　（後秦）釋鳩摩羅什譯　（□）雲峰大師乩釋　（□）谷口子真訂　清刻本　一册

110000－3194－0003804　004092
金剛經受持靈驗記不分卷　（清）吳尚采編　清刻本　一册

110000－3194－0003805　004093
金剛般若波羅蜜經略釋二卷　（□）□□撰　清光緒三十三年（1907）刻本　二册

110000－3194－0003806　004093
釋迦佛要紀一卷　（□）□□撰　清光緒三十三年（1907）刻本　一册

110000－3194－0003807　004094
金剛般若波羅蜜經略釋二卷　（□）□□撰　清光緒三十三年（1907）刻本　二册

110000－3194－0003808　004094
釋迦佛要紀一卷　（□）□□撰　清光緒三十三年（1907）刻本　一册

110000－3194－0003809　004096
大方廣佛華嚴經疏鈔會本二百二十卷　（唐）釋實叉難陀譯　（唐）釋澄觀撰疏　清光緒刻本　六十册

110000－3194－0003810　004097
弘戒法儀不分卷　（明）釋法藏輯　清順治十五年（1658）刻本　一册

110000－3194－0003811　004098
梵綱經菩薩戒本疏十卷　（唐）釋法藏撰　清光緒二十五年（1899）刻本　二册

110000－3194－0003812　004099
金剛經心經感應圖說二卷　（後秦）釋鳩摩羅什譯　清光緒二十一年（1895）刻本　一册

110000－3194－0003813　004100
般若心經五家註五種　（唐）釋玄奘等譯　清光緒二十三年（1897）刻本　一册

110000－3194－0003814　004101
無量壽經宗要不分卷　（宋）釋元曉撰　清同治至光緒刻本　一册

110000－3194－0003815　004102
入楞伽心玄義不分卷　（唐）法藏撰　清光緒十八年（1892）刻本　一册

110000－3194－0003816　004103
大佛頂如來密因修證了義諸菩薩萬行首楞嚴經玄義二卷　（明）釋智旭撰　清宣統元年（1909）刻本　一册

110000－3194－0003817　004104
大佛頂首楞嚴經通議十卷補遺一卷　（明）釋德清述　清光緒二十年（1894）刻本　六册

110000－3194－0003818　004105
妙法蓮華經玄義節要二卷　（隋）釋智者大師說　（明）釋智旭節　清光緒八年（1882）刻本　一册

110000－3194－0003819　004106
金剛般若波羅蜜經宗通九卷　（明）曾鳳儀宗通　清光緒十一年（1885）刻本　二册

110000－3194－0003820　004117
金剛般若波羅蜜經宗通九卷　（明）曾鳳儀宗通　清光緒十一年（1885）刻本　二册

110000－3194－0003821　004107
維摩詰所說經折衷疏六卷　（明）釋大賢撰　清光緒刻本　三册

110000－3194－0003822　004118
維摩詰所說經折衷疏六卷　（明）釋大賢撰　清光緒刻本　三册

110000－3194－0003823　004108
首楞嚴經疏二十卷　（宋）釋子璿集　清光緒三十二年（1906）刻本　八册

110000－3194－0003824　004109
大佛頂如來密因修證了義諸菩薩萬行首楞嚴經要解二十卷　（唐）釋般剌密諦譯　清宣統三年（1911）刻本　五册

110000－3194－0003825　004110
略釋新華嚴經修行次第決疑論四卷　（唐）釋李通玄撰　清同治九年（1870）刻本　二册

110000－3194－0003826　004111
妙法蓮華經通議二十卷　(明)釋德清撰　清光緒三十四年(1908)刻本　五冊

110000－3194－0003827　004112
首楞嚴咒不分卷　(唐)釋般剌密諦譯　清道光二十七年(1847)刻本　一冊

110000－3194－0003828　004113
佛遺教經註不分卷　(明)釋了童補註　清光緒十六年(1890)刻本　一冊

110000－3194－0003829　004114
佛頂光明摩訶薩怛多般怛囉無上神咒不分卷　(清)釋續法集　清刻本　一冊

110000－3194－0003830　004115
大方廣圓覺修多羅了義經近釋六卷　(明)釋通潤撰　清光緒刻本　一冊　存三卷(一至三)

110000－3194－0003831　004116
維摩詰經解義四卷　沽上逸民撰　清末鉛印本　四冊

110000－3194－0003832　004119
金剛經五十三家注解四卷　(明)洪蓮編　清同治九年(1870)刻本　四冊

110000－3194－0003833　004120
佛說四十二章經解一卷　(明)釋智旭著　清道光七年(1827)刻本　一冊

110000－3194－0003834　004121
佛說盂蘭盆經不分卷　(晉)釋竺法護譯　清刻本　一冊

110000－3194－0003835　004122
妙法蓮華經台宗會義十六卷　(明)釋智旭述　清光緒十九年(1893)刻本　二冊

110000－3194－0003836　004123
妙法蓮華經文句記三十卷　(後秦)釋鳩摩羅什譯　(隋)釋智者大師說　(唐)釋灌頂記　(唐)釋湛然述　明萬曆四十四年(1616)刻本　十五冊

110000－3194－0003837　004124
妙法蓮華經文句記三十卷　(後秦)釋鳩摩羅什譯　(隋)釋智者大師說　(唐)釋灌頂記　(唐)釋湛然述　清光緒七年(1881)刻本　四冊

110000－3194－0003838　004125
金剛經集註四卷　(明)成祖朱棣御製　清光緒二十年(1894)刻本　四冊

110000－3194－0003839　004126
勝鬘經寶窟十五卷　(唐)釋吉藏撰　清光緒二十六年(1900)刻本　四冊

110000－3194－0003840　004127
勝鬘經寶窟十五卷　(唐)釋吉藏撰　清光緒二十六年(1900)刻本　一冊

110000－3194－0003841　004128
楞伽阿跋多羅寶經科解十卷　(明)釋普真貴述　明萬曆四十一年(1613)刻本　六冊

110000－3194－0003842　004129
觀楞伽阿跋多羅寶經記四卷　(南朝宋)釋求那跋陀羅譯　(明)釋德清筆記　清道光九年(1829)刻本　八冊

110000－3194－0003843　004130
觀楞伽阿跋多羅寶經記四卷　(南朝宋)釋求那跋陀羅譯　(明)釋德清筆記　清道光九年(1829)刻本　四冊

110000－3194－0003844　004131
大方廣佛新華嚴經合論一百二十卷　(唐)釋實叉難陁譯　(唐)釋李通玄造論　(唐)釋志寧釐經合論　清雍正二年(1724)刻本　二十四冊

110000－3194－0003845　004132
註妙法蓮華經二十卷　(後秦)釋鳩摩羅什譯　(宋)釋守倫註　(明)釋法濟參訂　明崇禎元年(1628)刻本　二十冊

110000－3194－0003846　004133
大方廣佛華嚴經疏鈔懸談二十八卷首一卷　(唐)釋澄觀撰　清光緒三十三年(1907)刻本　八冊

110000－3194－0003847　004134

大方廣佛華嚴經疏鈔懸談二十八卷首一卷 (唐)釋澄觀撰　清光緒三十三年(1907)刻本　八冊

110000－3194－0003848　004165
大方廣佛華嚴經疏鈔懸談二十八卷首一卷 (唐)釋澄觀撰　清光緒三十三年(1907)刻本　八冊

110000－3194－0003849　004135
維摩詰所説經註八卷　(後秦)釋鳩摩羅什譯　(晉)釋僧肇註　清光緒十三年(1887)刻本　二冊

110000－3194－0003850　004136
維摩詰所説經註八卷　(後秦)釋鳩摩羅什譯　(晉)釋僧肇註　清光緒十三年(1887)刻本　二冊

110000－3194－0003851　004137
地藏菩薩本願經三卷　(唐)釋實叉難陁譯　清康熙三十八年(1699)刻本　一冊

110000－3194－0003852　004138
地藏菩薩本願經三卷　(唐)釋實叉難陁譯　清光緒三十年(1904)刻本　一冊

110000－3194－0003853　004139
地藏菩薩本願經三卷　(唐)釋實叉難陁譯　清光緒三十年(1904)刻本　一冊

110000－3194－0003854　004140
地藏菩薩本願經三卷　(唐)釋實叉難陁譯　清光緒十四年(1888)刻本　三冊

110000－3194－0003855　004171
地藏菩薩本願經三卷　(唐)釋法燈譯　清乾隆五十八年(1793)刻本　三冊

110000－3194－0003856　004172
地藏菩薩本願經三卷　(□)□□撰　清嘉慶元年(1796)刻本　三冊

110000－3194－0003857　004141
佛説阿彌陀經義疏不分卷　(宋)釋元照述　清光緒二十四年(1898)刻本　一冊

110000－3194－0003858　004142
占察善惡業報經疏二卷　(明)釋智旭述　清同治七年(1868)刻本　二冊

110000－3194－0003859　004143
占察善惡業報經疏二卷　(明)釋智旭述　清同治七年(1868)刻本　二冊

110000－3194－0003860　004144
三劫三千佛緣起不分卷　(南朝宋)釋畺良耶舍譯　清康熙三十年(1691)刻本　三冊

110000－3194－0003861　004145
觀佛三昧海經十卷　(晉)釋佛陀跋陀羅譯　清光緒十七年(1891)刻本　二冊

110000－3194－0003862　004146
觀佛三昧海經十卷　(晉)釋佛陀跋陀羅譯　清光緒十七年(1891)刻本　二冊

110000－3194－0003863　004147
般舟三昧經二卷　(漢)釋支婁迦讖譯　清宣統三年(1911)刻本　一冊

110000－3194－0003864　004148
思益梵天所問經四卷　(後秦)釋鳩摩羅什譯　清光緒五年(1879)刻本　一冊

110000－3194－0003865　004149
大乘造像功德經二卷　(唐)釋提曇般若等譯　清同治十一年(1872)刻本　一冊

110000－3194－0003866　004150
大乘法界無差别論疏二卷　(唐)釋法藏撰　清光緒二十一年(1895)刻本　一冊

110000－3194－0003867　004151
大乘法界無差别論疏二卷　(唐)釋法藏撰　清光緒二十一年(1895)刻本　一冊

110000－3194－0003868　004152
徑中徑又徑徵義三卷　(清)張師誠輯　(清)徐槐廷徵義　清光緒二十五年(1899)刻本　一冊

110000－3194－0003869　004153
佛説巨力長者所問大乘經三卷　(宋)釋智吉祥等譯　清光緒元年(1875)刻本　一冊

110000－3194－0003870　004154
佛說巨力長者所問大乘經三卷　（宋）釋智吉祥等譯　清光緒元年(1875)刻本　一册

110000－3194－0003871　004155
諸佛要集經二卷　（晉）釋竺法護譯　清光緒二十一年(1895)刻本　一册

110000－3194－0003872　004156
徑中徑又徑四卷　（清）張師誠撰　（清）張祖淳重刊　清光緒二年(1876)刻本　二册

110000－3194－0003873　004157
佛說貝多樹下思惟十二因緣經不分卷　（三國吴）支謙譯　清光緒三年(1877)刻本　一册

110000－3194－0003874　004158
佛說觀無量壽佛經略論不分卷　（南朝宋）釋畺良耶舍譯　清光緒刻本　一册

110000－3194－0003875　004159
大般涅槃經玄義二卷　（唐）釋灌頂撰　清光緒八年(1882)刻本　一册

110000－3194－0003876　004160
大方廣圓覺經大疏十六卷　（唐）釋宗密述　清宣統元年(1909)刻本　二册

110000－3194－0003877　004161
勝鬘師子吼一乘大方便方廣經不分卷　（南朝宋）釋求那跋陀羅譯　清光緒二十二年(1896)刻本　一册

110000－3194－0003878　004162
勝鬘師子吼一乘大方便方廣經不分卷　（南朝宋）釋求那跋陀羅譯　清光緒二十二年(1896)刻本　一册

110000－3194－0003879　004163
大方廣佛華嚴經要解不分卷　（宋）釋戒環集　清同治十一年(1872)刻本　一册

110000－3194－0003880　004164
大方廣佛華嚴經要解不分卷　（宋）釋戒環集　清同治十一年(1872)刻本　一册

110000－3194－0003881　004166
坐禪三昧法門經二卷　（後秦）釋鳩摩羅什譯　（□）僧伽羅剎造　清刻本　一册

110000－3194－0003882　004167
楞伽阿跋多羅寶經四卷　（南朝宋）釋求那跋陀羅譯　清同治九年(1870)刻本　二册

110000－3194－0003883　004168
楞伽阿跋多羅寶經四卷　（南朝宋）釋求那跋陀羅譯　清康熙五年(1666)刻本　一册

110000－3194－0003884　004169
持世經四卷　（後秦）釋鳩摩羅什譯　清康熙五年(1666)刻本　一册

110000－3194－0003885　004170
阿難問事佛吉凶經不分卷　（漢）釋安世高譯　清同治九年(1870)刻本　一册

110000－3194－0003886　004170
十二緣生祥瑞經二卷　（宋）釋施護譯　清光緒三年(1877)刻本　一册

110000－3194－0003887　004173
過去莊嚴劫千佛名經不分卷　（南朝宋）釋畺良耶舍譯　清刻本　三册

110000－3194－0003888　004174
賔頭盧突羅闍為優陀延王說法經一卷　（南朝宋）釋求那跋陀羅　（南朝宋）釋惠簡　（南朝宋）釋僧伽跋摩譯　清刻本　一册

110000－3194－0003889　004175
寂照神變三摩地經不分卷　（唐）釋玄奘譯　清刻本　一册

110000－3194－0003890　004176
大雲輪請雨經二卷　（北齊）釋那連提耶舍譯　清咸豐九年(1859)刻本　二册

110000－3194－0003891　004240
大雲輪請雨經二卷　（唐）釋不空譯　清同治十三年(1874)刻本　一册

110000－3194－0003892　004241
大雲輪請雨經二卷　（唐）釋不空譯　清同治十三年(1874)刻本　一册

110000－3194－0003893　004242
大雲輪請雨經二卷　（唐）釋不空譯　清同治十三年(1874)刻本　一册

110000－3194－0003894　004177
純陽演正警化孚佑帝君降壇批註金剛經八十一章　（唐）孚佑帝君批註　（清）鄧懷琨授述　清光緒十四年至十八年(1888－1892)刻本　一册

110000－3194－0003895　004178
大方等如來藏經不分卷　（晉）釋佛陀跋陀羅　（後秦）釋鳩摩羅什譯　清光緒二十二年至二十三年(1896－1897)刻本　一册

110000－3194－0003896　004179
佛説孝子五王七經　（三國吴）支謙　（晉）釋竺法護譯　清刻本　一册

110000－3194－0003897　004180
佛説出家緣經不分卷　（漢）釋安士高譯　清宣統元年至二年(1909－1910)刻本　一册

110000－3194－0003898　004181
佛説四十二章經不分卷　（漢）釋迦葉摩騰　（漢）釋竺法蘭譯　（宋）真宗趙恆註　清刻本　一册

110000－3194－0003899　004219
佛説四十二章經不分卷　（漢）釋安世高等譯　清乾隆四十九年(1784)刻本　一册

110000－3194－0003900　004182
二十八經同函二十八種　（清）世宗胤禛敕編　清雍正十三年(1735)刻本　三十二册

110000－3194－0003901　004183
大方等大集經三十卷　（十六國）釋曇無讖譯　清雍正二年(1724)刻本　六册

110000－3194－0003902　004184
大方等大集經三十卷　（十六國）釋曇無讖譯　清光緒八年(1882)刻本　八册

110000－3194－0003903　004185
大方等大集經三十卷　（十六國）釋曇無讖譯　清光緒八年(1882)刻本　二册

110000－3194－0003904　004186
大方等大集月藏經十卷　（北齊）釋那連提耶舍譯　清光緒八年(1882)刻本　三册

110000－3194－0003905　004187
大方等大集月藏經十卷　（北齊）釋那連提耶舍譯　清光緒八年(1882)刻本　三册

110000－3194－0003906　004188
大方等大集賢護經四卷　（隋）釋闍那崛多等譯　（清）彭際清重校　清同治十二年(1873)刻本　一册

110000－3194－0003907　004189
金剛深密門九經同本九種　（唐）釋不空等譯　清刻本　一册

110000－3194－0003908　004190
勝天王般若波羅密經七卷　（南朝陳）釋月婆首那譯　清光緒二年(1876)刻本　二册

110000－3194－0003909　004191
大乘入楞伽經七卷　（唐）釋實叉難陀譯　清雍正二年(1724)刻本　二册

110000－3194－0003910　004191
菩薩行方便境界神通變化經三卷　（南朝宋）釋求那跋陀羅譯　清雍正二年(1724)刻本　一册

110000－3194－0003911　004192
大乘入楞伽經七卷　（唐）釋實叉難陀譯　清光緒三十四年(1908)刻本　一册

110000－3194－0003912　004193
大乘入楞伽經七卷　（唐）釋實叉難陀譯　清光緒三十四年(1908)刻本　二册

110000－3194－0003913　004194
大薩遮尼乾子受記經十卷　（唐）釋菩提留支譯　清光緒十九年(1893)刻本　一册

110000－3194－0003914　004195
寶授菩薩菩提行經不分卷　（宋）釋法賢譯　清光緒二十三年(1897)刻本　一册

110000－3194－0003915　004196
佛説彌勒成佛經不分卷　（後秦）釋鳩摩羅什

譯　清同治十年(1871)刻本　一冊

110000－3194－0003916　004197
維摩詰所說經三卷　(後秦)釋鳩摩羅什譯　清同治九年(1870)刻本　一冊

110000－3194－0003917　004198
維摩詰所說經三卷　(後秦)釋鳩摩羅什譯　清同治九年(1870)刻本　一冊

110000－3194－0003918　004199
維摩詰所說經三卷　(後秦)釋鳩摩羅什譯　清雍正十三年(1735)刻本　一冊

110000－3194－0003919　004200
維摩詰所說經三卷　(後秦)釋鳩摩羅什譯　清刻本　四冊

110000－3194－0003920　004201
佛說文殊師利現寶藏經二卷　(晉)釋竺法護譯　清雍正二年(1724)刻本　一冊

110000－3194－0003921　004202
伅真陀羅所問寶如來三昧經三卷　(漢)釋支婁迦讖譯　清雍正二年(1724)刻本　一冊

110000－3194－0003922　004203
解深密經五卷　(唐)釋玄奘譯　清同治十年(1871)刻本　一冊

110000－3194－0003923　004204
解深密經五卷　(唐)釋玄奘譯　清同治十年(1871)刻本　一冊

110000－3194－0003924　004205
金光明最勝王經十卷　(唐)釋義浄譯　清同治十年(1871)刻本　二冊

110000－3194－0003925　004206
金光明最勝王經十卷　(唐)釋義浄譯　清同治十年(1871)刻本　二冊

110000－3194－0003926　004207
金光明經四卷　(十六國)釋曇無讖譯　清同治十年(1871)刻本　一冊

110000－3194－0003927　004208
佛說菩薩念佛三昧經六卷　(南朝宋)釋功德直等譯　清同治十一年(1872)刻本　二冊

110000－3194－0003928　004209
佛說菩薩念佛三昧經六卷　(南朝宋)釋功德直等譯　清同治十一年(1872)刻本　二冊

110000－3194－0003929　004210
金剛般若波羅蜜經破空論不分卷　(後秦)釋鳩摩羅什譯　(明)釋智旭論　清同治十年(1871)刻本　一冊

110000－3194－0003930　004211
千眼千臂觀世音菩薩陀羅尼神咒經不分卷　(唐)釋智通譯　清宣統刻本　一冊

110000－3194－0003931　004212
無量義經不分卷　(北齊)釋曇摩伽陀耶舍譯　清光緒三年(1877)刻本　一冊

110000－3194－0003932　004212
佛說觀普賢菩薩行法經不分卷　(南朝宋)釋曇摩蜜多譯　清光緒七年(1881)刻本　一冊

110000－3194－0003933　004213
佛說四諦經不分卷　(漢)釋安士高譯　清光緒六年(1880)刻本　一冊

110000－3194－0003934　004214
佛說長阿含經二十二卷　(晉)釋佛陀耶舍　(晉)釋竺佛念譯　清光緒十三年(1887)刻本　六冊

110000－3194－0003935　004215
佛說樓炭經六卷　(晉)釋法立　(晉)釋法炬譯　清刻本　二冊

110000－3194－0003936　004216
佛說大淨法門品經不分卷　(晉)釋竺法護譯　清光緒元年(1875)刻本　一冊

110000－3194－0003937　004217
三劫三千佛緣起不分卷　(南朝宋)釋畺良耶舍譯　清光緒元年(1875)刻本　一冊

110000－3194－0003938　004218
大乘密嚴經三卷　(唐)釋不空譯　清光緒二十三年(1897)刻本　一冊

110000－3194－0003939　004220
楞伽阿跋多羅寶經會譯四卷　（南朝宋）釋求那跋陀羅初譯　（明）釋員珂會譯　清光緒三十四年（1908）刻本　四册

110000－3194－0003940　004221
楞伽阿跋多羅寶經會譯四卷　（南朝宋）釋求那跋陀羅初譯　（明）釋員珂會譯　清光緒三十四年（1908）刻本　四册

110000－3194－0003941　004222
佛説七俱胝佛母準提大明陀羅尼經不分卷　（唐）釋金剛智譯　清光緒八年（1882）刻本　一册

110000－3194－0003942　004223
佛説七俱胝佛母準提大明陀羅尼經不分卷　（唐）釋金剛智譯　清光緒八年（1882）刻本　一册

110000－3194－0003943　004224
大藏瑜伽施食儀不分卷　（□）□□撰　清刻本　二册

110000－3194－0003944　004225
佛説守護大千國土經三卷　（宋）釋施護譯　清同治十三年（1874）刻本　一册

110000－3194－0003945　004226
大方廣如來不思議境界經不分卷　（唐）釋實叉難陀等譯　清同治十三年（1874）刻本　一册

110000－3194－0003946　004227
佛華嚴入如來德智不思議境界經不分卷　（隋）釋闍那崛多等譯　清同治十三年（1874）刻本　一册

110000－3194－0003947　004228
妙法蓮華經觀世音菩薩普門品經不分卷　（後秦）釋鳩摩羅什　（隋）釋闍那笈多譯　清光緒刻本　一册

110000－3194－0003948　004229
妙法蓮華經七卷　（後秦）釋鳩摩羅什譯　清刻本　七册

110000－3194－0003949　004230
妙法蓮華經七卷　（後秦）釋鳩摩羅什譯　清刻本　三册

110000－3194－0003950　004231
妙法蓮華經七卷　（後秦）釋鳩摩羅什譯　明崇禎九年（1636）刻本　七册

110000－3194－0003951　004627
妙法蓮華經七卷　（後秦）釋鳩摩羅什譯　清同治十年（1871）金陵刻經處刻本　二册　存二卷（三至四）

110000－3194－0003952　004232
增壹阿含經五十卷　（晉）釋曇摩難提譯　清光緒十二年（1886）刻本　十二册

110000－3194－0003953　004233
雜阿含經五十卷　（南朝宋）釋求那跋陀羅譯　清光緒十四年（1888）刻本　十二册

110000－3194－0003954　004234
雜阿含經五十卷　（南朝宋）釋求那跋陀羅譯　清光緒十四年（1888）刻本　十二册

110000－3194－0003955　004235
佛説觀無量壽佛經附圖頌不分卷　（南朝宋）釋畺良耶舍譯　清光緒三十年（1904）刻本　一册

110000－3194－0003956　004236
千手千眼觀世音菩薩大悲心陀羅尼不分卷　（唐）釋不空譯　清同治七年（1868）刻本　一册

110000－3194－0003957　004237
千手千眼觀世音菩薩大悲心陀羅尼不分卷　（唐）釋不空譯　清道光二十八年（1848）刻本　一册

110000－3194－0003958　004238
千手千眼觀世音菩薩廣大圓滿無礙大悲心陀羅尼經不分卷　（唐）釋伽梵達摩譯　清光緒二十四年（1898）刻本　一册

110000－3194－0003959　004239
佛母大孔雀明王經三卷　（唐）釋不空譯　清

光緒十四年(1888)刻本　一冊

110000－3194－0003960　004247
佛母大孔雀明王經三卷　(唐)釋不空譯　清康熙十八年(1679)刻本　三冊

110000－3194－0003961　004248
佛母大孔雀明王經三卷　(唐)釋不空譯　清光緒六年(1880)刻本　三冊

110000－3194－0003962　004243
佛說造像量度經附續補不分卷　(清)工布查布譯　清同治十三年(1874)刻本　一冊

110000－3194－0003963　004244
大方廣佛華嚴經入不思議解脱境界普賢行願品不分卷　(唐)釋般若譯　清光緒刻本　一冊

110000－3194－0003964　004245
摩訶般若波羅蜜經三十卷　(後秦)釋鳩摩羅什　(南朝宋)釋僧叡譯　清光緒十二年(1886)刻本　八冊

110000－3194－0003965　004246
佛說觀藥王藥上二菩薩經不分卷　(南朝宋)釋畺良耶舍譯　清同治十一年(1872)刻本　一冊

110000－3194－0003966　004249
佛頂心陀羅尼經三卷　(□)□□撰　清康熙三十二年(1693)刻本　一冊

110000－3194－0003967　004250
佛說太陽天子消災延壽波羅蜜經不分卷　(□)□□撰　清光緒二年(1876)刻本　一冊

110000－3194－0003968　004251
妙法蓮華經觀世音菩薩普門品不分卷　(後秦)釋鳩摩羅什譯　清光緒十八年(1892)刻本　一冊

110000－3194－0003969　004253
妙法蓮華經觀世音菩薩普門品不分卷　(□)□□撰　清光緒七年(1881)刻本　一冊

110000－3194－0003970　004252
千手眼大悲心咒行法不分卷　(宋)釋知禮　(清)釋湛祐集　清康熙三十三年(1694)刻本　一冊

110000－3194－0003971　004254
續原教論二卷　(明)沈士榮著　清光緒元年(1875)刻本　一冊

110000－3194－0003972　004255
續原教論二卷　(明)沈士榮著　清光緒元年(1875)刻本　一冊

110000－3194－0003973　004256
佛說阿彌陀經二卷　(三國吳)支謙譯　清光緒五年(1879)刻本　一冊

110000－3194－0003974　004257
佛說阿彌陀經二卷　(三國吳)支謙釋　清光緒五年(1879)刻本　一冊

110000－3194－0003975　004259
消炎延壽藥師懺法三卷　(□)□□撰　清光緒二十七年(1901)刻本　一冊

110000－3194－0003976　004260
穢跡金剛說神通大滿陀羅尼法術靈要門經不分卷　(唐)釋無能勝譯　清光緒二十年(1894)刻本　一冊

110000－3194－0003977　004261
破邪論二卷　(唐)釋法琳撰　清光緒三十四年(1908)刻本　一冊

110000－3194－0003978　004262
佛說觀無量壽佛經疏四卷　(唐)釋善導集　清光緒二十年(1894)刻本　二冊

110000－3194－0003979　004263
佛說觀無量壽佛經疏四卷　(唐)釋善導集　清光緒二十年(1894)刻本　二冊

110000－3194－0003980　004264
佛說觀無量壽佛經疏四卷　(唐)釋善導集　清光緒二十年(1894)刻本　二冊

110000－3194－0003981　004265
佛說胞胎經二卷　(晉)釋竺法護譯　清宣統元年(1909)刻本　一冊

110000－3194－0003982　004266

佛說無量壽經二卷　(三國魏)釋康僧鎧譯　清光緒二十二年(1896)刻本　一册

110000－3194－0003983　004267

佛說大摩里支菩薩經七卷　(宋)釋天息災譯　清光緒刻本　一册

110000－3194－0003984　004268

佛說無量清淨平等覺經三卷　(漢)釋支婁迦讖譯　清同治十年(1871)刻本　一册

110000－3194－0003985　004272

佛說無量清淨平等覺經三卷　(漢)釋支婁迦讖譯　清同治十年(1871)刻本　一册

110000－3194－0003986　004273

佛說無量清淨平等覺經三卷　(漢)釋支婁迦讖譯　清同治十年(1871)刻本　一册

110000－3194－0003987　004269

善住意天子所問經三卷　(北魏)釋毗目智仙等譯　清光緒六年(1880)刻本　一册

110000－3194－0003988　004270

佛說阿閦佛國經三卷　(漢)釋支婁迦讖譯　清光緒刻本　一册

110000－3194－0003989　004271

佛說觀無量壽佛經九種　(南朝宋)釋畺良耶舍譯　清光緒八年(1882)刻本　一册

110000－3194－0003990　004274

淨土經論十四種　(三國吳)支謙等譯　清光緒二十二年(1896)刻本　三册

110000－3194－0003991　004275

佛說阿彌陀經不分卷　(後秦)釋鳩摩羅什譯　清光緒十八年(1892)刻本　一册

110000－3194－0003992　004276

佛說阿彌陀經不分卷　(後秦)釋鳩摩羅什譯　清刻本　一册

110000－3194－0003993　004277

大方便佛報恩經七卷　(□)□□撰　清同治十一年(1872)刻本　二册

110000－3194－0003994　004278

大方便佛報恩經七卷　(□)□□撰　清同治十一年(1872)刻本　二册

110000－3194－0003995　004282

大方便佛報恩經七卷　(□)□□撰　清刻本　七册

110000－3194－0003996　004279

悲華經十卷　(十六國)釋曇無讖譯　清光緒四年(1878)刻本　三册

110000－3194－0003997　004280

分别世王十七經同本不分卷　(晉)釋竺法護譯　清宣統元年(1909)刻本　一册

110000－3194－0003998　004281

無量壽如來會二卷　(唐)釋菩提留支譯　清光緒二十二年(1896)刻本　一册

110000－3194－0003999　004283

佛本行集經六十卷　(隋)釋闍那崛多譯　清光緒三十年(1904)刻本　十二册

110000－3194－0004000　004284

六度集經八卷　(三國吳)釋康僧會譯　清光緒五年(1879)刻本　二册

110000－3194－0004001　004285

六度集經八卷　(三國吳)釋康僧會譯　清光緒五年(1879)刻本　二册

110000－3194－0004002　004286

大方廣佛華嚴經六十卷　(晉)釋佛陀跋陀羅譯　清光緒七年(1881)刻本　四册

110000－3194－0004003　004287

小品般若波羅蜜經十卷　(後秦)釋鳩摩羅什譯　清康熙五十二年(1713)刻本　二册

110000－3194－0004004　004288

般若波羅蜜多心經不分卷　(唐)釋玄奘譯　清光緒元年(1875)刻本　一册

110000－3194－0004005　004289

般若波羅蜜多心經不分卷　(唐)釋玄奘譯　清光緒元年(1875)刻本　一册

110000－3194－0004006　004290

般若波羅蜜多心經不分卷　(唐)釋玄奘譯　清光緒元年(1875)刻本　一册

110000－3194－0004007　004291
光讃般若波羅蜜經十卷　(晉)釋竺法護譯　清康熙五十二年(1713)刻本　二册

110000－3194－0004008　004292
修設瑜伽集要施食壇儀不分卷　(明)釋袾宏補註　清光緒二十五年(1899)刻本　一册

110000－3194－0004009　004293
修設瑜伽集要施食壇儀不分卷　(明)釋袾宏補註　清光緒二十五年(1899)刻本　一册

110000－3194－0004010　004294
修設瑜伽集要施食壇儀不分卷　(明)釋袾宏補註　清光緒二十五年(1899)刻本　一册

110000－3194－0004011　004295
瑜伽燄口施食要集不分卷　(清)定庵基删輯　清光緒三十四年(1908)刻本　一册

110000－3194－0004012　004296
瑜伽燄口施食不分卷　(□)□□撰　清同治十一年(1872)刻本　一册

110000－3194－0004013　004297
日課便蒙旁註略解不分卷　(清)海寬注　清雍正十一年(1733)刻本　一册

110000－3194－0004014　004297
日課便蒙文讃類集不分卷　(清)海寬集　清雍正刻本　一册

110000－3194－0004015　004298
日課便蒙文讃類集不分卷　(清)海寬集　清雍正刻本　一册

110000－3194－0004016　004299
慈悲梁皇寶懺十卷　(□)□□撰　清光緒十五年(1889)刻本　三册

110000－3194－0004017　004300
大佛頂首楞嚴懺悔行法不分卷　(清)釋諦閑撰　清宣統元年(1909)刻本　一册

110000－3194－0004018　004301
依楞嚴究竟事懺二卷　(明)釋禪修述　清刻本　一册

110000－3194－0004019　004302
千手千眼觀世音菩薩廣大圓滿無礙大悲心懺一卷　(□)□□撰　清康熙二十一年(1682)刻本　一册

110000－3194－0004020　004303
千手千眼觀世音菩薩廣大圓滿無礙大悲心懺一卷　(□)□□撰　清刻本　一册

110000－3194－0004021　004304
大方廣佛華嚴經三昧懺法八卷　(元)釋德異集　明萬曆四十年(1612)刻本　八册

110000－3194－0004022　004305
慈悲道場懺法十卷　(□)□□撰　清康熙三十八年(1699)刻本　十册

110000－3194－0004023　004306
慈悲三昧水懺法三卷　(□)□□撰　清康熙九年(1670)刻本　三册

110000－3194－0004024　004307
慈悲水懺法三卷　(□)□□撰　清乾隆四十九年(1784)刻本　三册

110000－3194－0004025　004308
太陽天子普濟金鋮要則儀軌不分卷　(□)□□撰　清光緒二年(1876)刻本　一册

110000－3194－0004026　004308
太陽天子消災延壽金鋮法戒不分卷　(□)□□撰　清光緒刻本　一册

110000－3194－0004027　004309
釋禪波羅蜜次第法門十卷　(隋)釋智者大師說　(唐)釋法慎記　(唐)釋灌頂重編　清光緒三十四年(1908)刻本　四册

110000－3194－0004028　004310
釋禪波羅蜜次第法門十卷　(隋)釋智者大師說　(唐)釋法慎記　(唐)釋灌頂重編　清光緒三十四年(1908)刻本　四册

110000－3194－0004029　004311
大悲心呪持誦簡法不分卷　(□)□□撰　清

光緒刻本　一册

110000－3194－0004030　004312
大悲心呪持誦簡法不分卷　（□）□□撰　清光緒刻本　一册

110000－3194－0004031　004313
永嘉真覺大師證道歌不分卷　（元）釋竺源注　（元）釋德弘編　清光緒三十四年（1908）刻本　一册

110000－3194－0004032　004356
永嘉真覺大師證道歌不分卷　（元）釋竺源注　（元）釋德弘編　清光緒三十四年（1908）刻本　一册

110000－3194－0004033　004314
大乘止觀法門釋要六卷　（明）釋智旭述　清光緒二十二年（1896）刻本　二册

110000－3194－0004034　004315
天台四教儀集註十卷　（元）釋蒙潤集　清光緒三十四年（1908）刻本　四册

110000－3194－0004035　004316
釋摩訶般若波羅密經覺意三昧一卷　（隋）釋智者大師說　（唐）釋灌頂記　清光緒五年（1879）刻本　一册

110000－3194－0004036　004317
教觀綱宗一卷釋義一卷　（明）釋智旭述　清光緒刻本　一册

110000－3194－0004037　004318
摩訶止觀輔行傳弘決四十卷　（隋）釋智者大師說　（唐）釋湛然撰　清光緒刻本　二十册

110000－3194－0004038　004319
四念處四卷　（隋）釋智者大師說　（唐）釋灌頂記　清光緒三年（1877）刻本　一册

110000－3194－0004039　004320
蓮社備覽不分卷　（清）汪善慶注　清同治六年（1867）刻本　一册

110000－3194－0004040　004321
修習止觀坐禪法要二卷　（隋）釋智顗述　清光緒二十九年（1903）刻本　一册

110000－3194－0004041　004322
修習止觀坐禪法要二卷　（隋）釋智顗述　清光緒二十九年（1903）刻本　一册

110000－3194－0004042　004322
童蒙止觀一卷　（隋）釋智者大師說　（隋）陳鍼記　清光緒十八年（1892）刻本　一册

110000－3194－0004043　004323
法顛和尚語錄四卷　（清）釋源活輯　（清）釋性璞校正　清道光四年（1824）刻本　四册

110000－3194－0004044　004324
十不二門指要鈔詳解二卷　（唐）釋湛然籤　（宋）釋可度詳解　（宋）釋知禮鈔　（明）釋正謐分會　清光緒刻本　四册

110000－3194－0004045　004325
紫柏大師法語節錄不分卷　（清）釋靜安輯　清光緒十二年（1886）刻本　一册

110000－3194－0004046　004326
西方路不分卷　（清）釋遠慧参閲　（清）胡衍虞編　清康熙二十四年（1685）刻本　二册

110000－3194－0004047　004327
念佛往生西方公據不分卷　（□）□□撰　清道光二十八年（1848）刻本　一册

110000－3194－0004048　004328
西方公據不分卷　（□）□□撰　清光緒六年至七年（1880－1881）刻本　一册

110000－3194－0004049　004329
念佛往生西方公據不分卷　（□）□□撰　清道光三年（1823）刻本　一册

110000－3194－0004050　004330
樂邦文類五卷　（宋）釋宗曉編次　清光緒刻本　五册

110000－3194－0004051　004331
西歸直指四卷首一卷　（清）周夢顔輯　清光緒十二年（1886）刻本　一册

110000－3194－0004052　004332
萬法歸心錄不分卷　（清）釋祖源撰　清嘉慶二十二年（1817）刻本　一册

110000－3194－0004053　004333
解惑編二卷　(清)釋弘贊編　清道光十一年(1831)刻本　一册

110000－3194－0004054　004334
蓮修必讀不分卷　(清)釋觀如輯　清光緒十二年(1886)刻本　一册

110000－3194－0004055　004335
諸經日誦集要二卷　(明)釋袾宏訂輯　清光緒二十五年(1899)刻本　一册

110000－3194－0004056　004336
淨土晨鐘十卷　(清)周克復纂　清乾隆五十七年(1792)刻本　二册

110000－3194－0004057　004337
黃檗傳心法要二卷　(唐)釋希運撰　清光緒十年(1884)刻本　一册

110000－3194－0004058　004338
西方要決科註二卷　(□)□□撰　清末刻本　一册

110000－3194－0004059　004339
西方要決科註二卷　(□)□□撰　清末刻本　一册

110000－3194－0004060　004340
念佛伽陀不分卷　(清)釋際醒撰　清末刻本　一册

110000－3194－0004061　004341
念佛伽陀不分卷　(清)釋際醒撰　清末刻本　一册

110000－3194－0004062　004342
淨土十疑論一卷　(隋)釋智者大師說　清乾隆四十九年(1784)刻本　一册

110000－3194－0004063　004343
龍舒淨土文十卷首一卷末一卷　(宋)王日休撰　清光緒九年(1883)刻本　一册

110000－3194－0004064　004344
龍舒淨土文十卷首一卷末一卷　(宋)王日休撰　清光緒九年(1883)刻本　一册

110000－3194－0004065　004345
禪關策進不分卷　(明)釋袾宏輯　清光緒二十四年(1898)刻本　一册

110000－3194－0004066　004346
禪關策進不分卷　(明)釋袾宏輯　清光緒二十四年(1898)刻本　一册

110000－3194－0004067　004347
宗鑑法林七十二卷　(清)集雲堂編　清康熙五十一年至五十三年(1712－1714)刻本　十六册

110000－3194－0004068　004348
永嘉禪宗集註二卷　(明)釋傳燈編　清光緒刻本　一册

110000－3194－0004069　004349
宗範八卷首一卷　(清)錢伊庵編輯　清光緒十二年(1886)刻本　三册

110000－3194－0004070　004350
宗範八卷首一卷　(清)錢伊庵編輯　清光緒十二年(1886)刻本　三册

110000－3194－0004071　004351
註心賦四卷　(宋)釋延壽述　清光緒三年(1877)刻本　四册

110000－3194－0004072　004352
註心賦四卷　(宋)釋延壽述　清光緒三年(1877)刻本　四册

110000－3194－0004073　004353
大覺普濟玉林禪師語錄十二卷首一卷　(清)音緯等編　(清)孫超琦彙　清同治十三年(1874)刻本　六册

110000－3194－0004074　004354
大慧普覺禪師宗門武庫不分卷　(宋)釋道謙編　清光緒七年(1881)刻本　一册

110000－3194－0004075　004355
唯心訣一卷　(宋)釋智覺著　清光緒七年(1881)刻本　一册

110000－3194－0004076　004357
禪林寶訓筆說三卷　(清)釋智祥述　清光緒

十九年(1893)刻本　三冊

110000－3194－0004077　004358
御選語錄十九卷　(清)世宗胤禛撰　清光緒四年(1878)刻本　十四冊

110000－3194－0004078　004359
溈山警策句釋記二卷　(清)釋宏贊註　清宣統二年(1910)刻本　一冊

110000－3194－0004079　004360
信心銘闢義解三卷　(元)慈寂進　清同治十二年(1873)刻本　一冊

110000－3194－0004080　004361
了心錄二卷　(清)池上客輯　清乾隆六年(1741)刻本　二冊

110000－3194－0004081　004362
佛祖心燈一卷　(□)□□撰　清光緒十六年(1890)刻本　一冊

110000－3194－0004082　004363
性相通說不分卷　(明)釋德清述　清同治十二年(1873)刻本　一冊

110000－3194－0004083　004364
性相通說不分卷　(明)釋德清述　清同治十二年(1873)刻本　一冊

110000－3194－0004084　004365
法界安立圖三卷　(明)釋仁潮集錄　清道光四年(1824)刻本　二冊

110000－3194－0004085　004366
法界安立圖三卷　(明)釋仁潮集錄　清道光四年(1824)刻本　二冊

110000－3194－0004086　004367
華嚴一乘十玄門一卷　(唐)釋智儼撰　清光緒二十二年(1896)刻本　一冊

110000－3194－0004087　004368
法界宗五祖略記一卷　(清)釋續法輯　清光緒二十二年(1896)刻本　一冊

110000－3194－0004088　004369
華嚴一乘教義分齊章四卷　(唐)釋法藏述　清光緒刻本　一冊

110000－3194－0004089　004370
華嚴一乘教義分齊章四卷　(唐)釋法藏述　清光緒刻本　一冊

110000－3194－0004090　004371
顯密圓通成佛心要集二卷　(宋)釋道𣪍集　清同治十一年(1872)刻本　一冊

110000－3194－0004091　004609
顯密圓通成佛心要集二卷　(宋)釋道𣪍集　清同治十一年(1872)刻本　一冊

110000－3194－0004092　004372
圓頓觀心十法界圖一卷　(□)釋慈雲大師述　清宣統元年(1909)刻本　一冊

110000－3194－0004093　004373
毗尼日用切要一卷　(清)釋讀體彙集　清光緒十八年(1892)刻本　一冊

110000－3194－0004094　004374
毗尼日用切要一卷　(清)釋讀體彙集　清光緒二十五年(1899)刻本　一冊

110000－3194－0004095　004375
華嚴法界玄鏡三卷　(唐)釋澄觀述　清光緒二十一年(1895)刻本　一冊

110000－3194－0004096　004376
華嚴法界玄鏡三卷　(唐)釋澄觀述　清光緒二十一年(1895)刻本　一冊

110000－3194－0004097　004377
解迷顯智成悲十明論不分卷　(唐)釋李通玄撰　清同治八年(1869)刻本　一冊

110000－3194－0004098　004378
肇論略注三卷　(明)釋德清述　清光緒刻本　一冊

110000－3194－0004099　004379
三壇傳戒正範四卷　(清)釋讀體撰　清光緒刻本　三冊

110000－3194－0004100　004380
三壇傳戒正範四卷　(清)釋讀體撰　清光緒

刻本　三冊

110000－3194－0004101　004381
禪門初壇授受三皈五戒經不分卷　(□)□□撰　清抄本　一冊

110000－3194－0004102　004382
三國佛教略史三卷　(日本)島地墨雷　(日本)生田得能著　(清)釋聽雲　(清)釋海秋譯　清宣統三年(1911)石印本　一冊

110000－3194－0004103　004383
八宗綱要二卷　(明)釋凝然大德述　(清)釋淨賢校刊　清宣統三年(1911)刻本　一冊

110000－3194－0004104　004384
佛祖綱目四十一卷首一卷　(明)朱時恩撰　明崇禎七年(1634)刻本　十冊

110000－3194－0004105　004385
重訂教乘法數十二卷　(清)釋超海等訂　清光緒三十年(1904)刻本　六冊

110000－3194－0004106　004393
重訂教乘法數十二卷　(清)釋超海等訂　清光緒三十四年(1908)刻本　六冊

110000－3194－0004107　004394
重訂教乘法數十二卷　(清)釋超海等訂　清光緒三十四年(1908)刻本　六冊

110000－3194－0004108　004386
佛爾雅八卷　(清)周春撰　(清)國學扶輪社校刊　清宣統二年(1910)鉛印本　二冊

110000－3194－0004109　004387
佛爾雅八卷　(清)周春撰　清嘉慶二十一年(1816)刻本　一冊

110000－3194－0004110　004388
佛爾雅八卷　(清)周春撰　清嘉慶二十一年(1816)刻本　一冊

110000－3194－0004111　004389
翻譯名義集二十卷　(宋)釋法雲編　清光緒四年(1878)刻本　六冊

110000－3194－0004112　004390
翻譯名義集二十卷　(宋)釋法雲編　清光緒四年(1878)刻本　六冊

110000－3194－0004113　004391
翻譯名義集二十卷　(宋)釋法雲編　清光緒四年(1878)刻本　六冊

110000－3194－0004114　004392
翻譯名義集二十卷　(宋)釋法雲編　清光緒四年(1878)刻本　六冊

110000－3194－0004115　004395
一切經音義二十五卷　(唐)釋玄應撰　(清)莊炘等校　清同治八年(1869)刻本　四冊

110000－3194－0004116　004396
瑜伽師地論略纂三十四卷　(唐)釋窺基撰　清光緒刻本　十冊

110000－3194－0004117　004397
決定藏論三卷　(南朝梁)釋真諦譯　清康熙五十二年(1713)刻本　一冊

110000－3194－0004118　004397
大乘掌珍論二卷　(□)釋清辯菩薩造　(唐)釋玄奘譯　清康熙五十二年(1713)刻本　一冊

110000－3194－0004119　004398
瑜伽師地論十六卷　(□)釋彌勒菩薩說　(唐)釋玄奘譯　清光緒三十一年(1905)刻本　一冊

110000－3194－0004120　004399
成唯識論十卷　(□)釋護法等菩薩造　(唐)釋玄奘譯　明萬曆四十年至四十二年(1612－1614)刻本　五冊

110000－3194－0004121　004400
成唯識論十卷　(□)釋護法等菩薩造　(唐)釋玄奘譯　清光緒二十二年(1896)刻本　一冊

110000－3194－0004122　004401
大乘阿毗達磨集論七卷　(□)釋無著菩薩造　(唐)釋玄奘譯　清雍正二年(1724)刻本　二冊

110000－3194－0004123　004402
佛地經論七卷　(□)釋親光等菩薩造　(唐)釋玄奘譯　清康熙五十二年(1713)刻本　二册

110000－3194－0004124　004403
彌勒菩薩所問經論七卷　(唐)釋菩提留支譯　清雍正二年(1724)刻本　二册

110000－3194－0004125　004404
分别功德論三卷　(□)□□撰　明崇禎十二年(1639)刻本　三册

110000－3194－0004126　004404
入阿毗達磨論二卷　(唐)釋玄奘譯　明崇禎十二年(1639)刻本　一册

110000－3194－0004127　004405
能斷金剛般若波羅蜜多經論釋三卷　(□)世親菩薩論釋　(唐)釋義净譯　清康熙五十二年(1713)刻本　一册

110000－3194－0004128　004406
十地經論十二卷　(唐)釋菩提留支譯　清康熙五十二年(1713)刻本　三册

110000－3194－0004129　004407
成實論二十卷　(□)釋訶梨跋摩造　(後秦)釋鳩摩羅什譯　清雍正二年(1724)刻本　四册

110000－3194－0004130　004408
大乘起信論科註不分卷　(□)馬鳴菩薩造　(南朝梁)釋真諦譯　清光緒三十年(1904)刻本　一册

110000－3194－0004131　004409
大乘起信論不分卷　(□)馬鳴菩薩造　(南朝梁)釋真諦譯　清光緒二十四年(1898)刻本　一册

110000－3194－0004132　004410
大乘起信論不分卷　(□)馬鳴菩薩造　(唐)釋實叉難陀譯　清光緒二十四年(1898)刻本　一册

110000－3194－0004133　004411
無量壽三經論五卷　(清)彭際清述　清同治十一年(1872)刻本　一册

110000－3194－0004134　004412
無量壽三經論五卷　(清)彭際清述　清同治十一年(1872)刻本　一册

110000－3194－0004135　004413
十二門論不分卷　(□)龍樹菩薩造　(後秦)釋鳩摩羅什譯　清光緒二十一年(1895)刻本　一册

110000－3194－0004136　004414
大乘中觀釋論十卷　(□)安慧菩薩造　(宋)釋惟净等譯　清光緒三十四年(1908)刻本　二册

110000－3194－0004137　004415
大乘中觀釋論十卷　(□)安慧菩薩造　(宋)釋惟净等譯　清光緒三十四年(1908)刻本　二册

110000－3194－0004138　004416
賢聖集伽陀一百頌一卷　(宋)天息災譯　明萬曆二十五年(1597)刻本　一册

110000－3194－0004139　004417
阿毗達磨集異門足論二十卷　(□)釋尊者舍利子說　(唐)釋玄奘譯　清康熙五十二年(1713)刻本　三册

110000－3194－0004140　004418
舍利弗阿毗曇論三十卷　(後秦)釋曇摩崛多　(後秦)釋曇摩耶舍譯　清雍正二年(1724)刻本　六册

110000－3194－0004141　004419
阿毗達磨俱舍論三十卷　(□)尊者世親造　(唐)釋玄奘譯　清雍正二年(1724)刻本　六册

110000－3194－0004142　004420
阿毗達磨品類足論十八卷　(□)尊者世友造　(唐)釋玄奘譯　清康熙五年(1666)刻本　三册

110000－3194－0004143　004421

阿毗達磨識身足論十六卷　(□)提婆設摩阿羅漢造　(唐)釋玄奘譯　明崇禎十一年(1638)本刻本　三冊

110000－3194－0004144　004422
阿毗達磨發智論二十卷　(□)尊者迦多衍尼子造　(唐)釋玄奘譯　清康熙五十二年(1713)刻本　四冊

110000－3194－0004145　004423
阿毗達磨發智論二十卷　(□)尊者迦多衍尼子造　(唐)釋玄奘譯　清康熙五年(1666)刻本　四冊

110000－3194－0004146　004424
阿毗曇八犍度論三十卷　(□)釋迦旃延子造　(晉)釋僧伽提婆　(晉)釋竺佛念譯　清雍正二年(1724)刻本　五冊

110000－3194－0004147　004425
西藏宗教源流考不分卷　(清)張其勤編輯　清宣統二年(1910)鉛印本　一冊

110000－3194－0004148　004426
西藏宗教源流考不分卷　(清)張其勤編輯　清宣統二年(1910)鉛印本　一冊

110000－3194－0004149　004427
西藏宗教源流考不分卷　(清)張其勤編輯　清宣統二年(1910)鉛印本　一冊

110000－3194－0004150　004428
佛教初學課本不分卷　(清)楊文會述　清光緒三十二年(1906)刻本　一冊

110000－3194－0004151　004429
大乘金剛經論不分卷　(□)□□撰　清光緒二十九年(1903)刻本　一冊

110000－3194－0004152　004430
閱藏隨筆二卷　(清)釋元度撰　(清)釋太穆節解　清宣統元年(1909)刻本　二冊

110000－3194－0004153　004431
閱藏隨筆二卷　(清)釋元度撰　(清)釋太穆節解　清宣統元年(1909)刻本　二冊

110000－3194－0004154　004432
牧牛圖頌净修指要合刊不分卷　(□)釋普明等撰　清光緒二十四年(1898)刻本　一冊

110000－3194－0004155　004433
大明太宗文皇帝御製序讚文不分卷　(明)成祖朱棣撰　清刻本　一冊

110000－3194－0004156　004434
古佛應驗明聖經二卷　(□)□□撰　清光緒六年(1880)刻本　一冊

110000－3194－0004157　004435
海南一勺合編内函十卷首二卷外函三十二卷　(清)鶴洞子纂輯　清道光十五年(1835)刻本　十冊

110000－3194－0004158　004436
佛説高王觀世音經不分卷　(□)□□撰　清抄本　一冊

110000－3194－0004159　004437
佛説高王觀世音經不分卷　(□)□□撰　清光緒十二年(1886)刻本　一冊

110000－3194－0004160　004438
高王觀世音經不分卷　(□)□□撰　清光緒二十三年(1897)刻本　一冊

110000－3194－0004161　004439
相宗八要直解八卷　(明)釋智旭撰　清同治刻本　二冊

110000－3194－0004162　004440
相宗八要直解八卷　(明)釋智旭撰　清同治九年(1870)刻本　二冊

110000－3194－0004163　004441
相宗八要解八卷　(唐)釋玄奘譯　(明)釋明昱集釋　清光緒二十八年(1902)刻本　三冊

110000－3194－0004164　004442
相宗八要解八卷　(唐)釋玄奘譯　(明)釋明昱集解　清光緒二十八年(1902)刻本　三冊

110000－3194－0004165　004443
相宗八要解八卷　(唐)釋玄奘譯　(明)釋明昱集解　清嘉慶二年(1797)刻本　三冊

110000－3194－0004166　004445

相宗八要解八卷　（唐）釋玄奘譯　（明）釋明昱集解　清同治刻本　一册　存二卷（五至六）

110000－3194－0004167　004444

淨土四經五卷　（□）□□撰　清同治刻本　一册

110000－3194－0004168　004446

道書十二種　（清）劉一明撰　清嘉慶刻本　二十册

110000－3194－0004169　004447

莊騷讀本不分卷　（清）方人傑評輯　（清）錢樹本參訂　清乾隆三十七年（1772）刻本　四册

110000－3194－0004170　004448

莊子雪三卷　（戰國）莊周撰　（清）陸樹芝輯註　清嘉慶四年（1799）刻本　四册

110000－3194－0004171　004449

莊子因六卷　（戰國）莊周撰　（清）林雲銘評述　清光緒六年（1880）刻本　四册

110000－3194－0004172　004450

老子道德經解二卷首一卷　（明）釋德清著　清光緒十二年（1886）刻本　二册

110000－3194－0004173　004451

老子道德經解二卷首一卷　（明）釋德清撰　清光緒十二年（1886）刻本　二册

110000－3194－0004174　004452

女四書註釋四卷　（清）王相箋註　清光緒七年（1881）刻本　四册

110000－3194－0004175　004453

南華真經解内篇七卷外篇十五卷雜篇十一卷　（清）宣穎撰　清康熙六十年（1721）刻本　六册

110000－3194－0004176　004454

仙佛真傳章句直解四卷　（清）明鏡子編　清同治四年（1865）刻本　四册

110000－3194－0004177　004455

文昌通紀八卷　（清）周廣業輯　清乾隆四十三年（1778）刻本　六册

110000－3194－0004178　004456

文昌帝君大洞仙經不分卷　（□）□□撰　清光緒抄本　一册

110000－3194－0004179　004457

文昌帝君全書二十八卷　（清）劉體恕彙輯　（清）甘雨施增輯　清光緒九年（1883）刻本　十二册

110000－3194－0004180　004458

太上全真功課經二卷　（□）□□撰　清光緒十年（1884）刻本　二册

110000－3194－0004181　004459

純陽呂祖心經不分卷　（□）□□撰　清光緒十四年（1888）刻本　一册

110000－3194－0004182　004460

舊約節錄啓蒙八十一章　（美國）麥耐撰　清光緒二十五年（1899）鉛印本　一册

110000－3194－0004183　004461

至游子二卷　（□）□□撰　清光緒元年（1875）刻本　一册

110000－3194－0004184　004462

文昌訂正雷祖玉樞寶經一卷　（清）劉沅註釋　清宣統三年（1911）鉛印本　一册

110000－3194－0004185　004463

欽定修造吉方立成不分卷　（□）□□撰　清光緒刻本　一册

110000－3194－0004186　004464

欽定修造吉方立成不分卷　（□）□□撰　清光緒刻本　一册

110000－3194－0004187　004465

續指月錄二十卷首一卷附續指月錄尊宿集一卷　（清）聶先編　（清）江湘參訂　清光緒十二年（1886）刻本　六册

110000－3194－0004188　004466

太上玄靈北斗本命延生真經不分卷　（□）□□撰　清康熙二十七年（1688）刻本　一册

110000－3194－0004189　004467
鬼問目連經一卷　(漢)釋安世高譯　清末刻本　一冊

110000－3194－0004190　004468
太上感應篇增訂圖説不分卷　(清)朱日豐輯　清同治十三年(1874)刻本　十二冊

110000－3194－0004191　004469
太上感應篇一卷　(清)惠棟箋注　清同治元年(1862)刻本　二冊

110000－3194－0004192　004470
御註太上感應篇不分卷　(清)世祖福臨撰　清順治十二年(1655)刻本　一冊

110000－3194－0004193　004471
太上寶筏圖説不分卷　(清)黄正元撰　清光緒十八年(1892)石印本　八冊

110000－3194－0004194　004472
陰陽果報圖注不分卷　(清)吴友如繪　清光緒十七年(1891)石印本　一冊

110000－3194－0004195　004473
陰符經發隱一卷　(清)楊文會註　清光緒三十年(1904)刻本　一冊

110000－3194－0004196　004474
陰符經發隱一卷　(清)楊文會註　清光緒三十年(1904)刻本　一冊

110000－3194－0004197　004475
高上玉皇本行集經三卷　(□)□□撰　清刻本　三冊

110000－3194－0004198　004476
濟一子證道秘書十七種　(清)傅金銓輯　清道光二十四年(1844)刻本　二十四冊

110000－3194－0004199　004477
太上黄庭内景玉經不分卷　(□)□□撰　清光緒元年(1875)刻本　一冊

110000－3194－0004200　004478
成唯識論述記六十卷　(唐)釋窺基撰　清光緒二十七年(1901)刻本　二十冊

110000－3194－0004201　004479
淨土聖賢録九卷　(清)彭希涑編　清嘉慶十三年(1808)刻本　四冊

110000－3194－0004202　004480
淨土聖賢録九卷　(清)彭希涑編　清刻本　四冊

110000－3194－0004203　004480
淨土聖賢録續編四卷　(清)彭際清輯　清刻本　二冊

110000－3194－0004204　004481
四教義六卷　(隋)釋智顗撰　清光緒刻本　二冊

110000－3194－0004205　004482
指迷考證四卷　(清)馬退山輯　清同治二年(1863)鉛印本　一冊

110000－3194－0004206　004483
正教真詮二卷　(清)王岱輿撰　清刻本　四冊

110000－3194－0004207　004484
正教真詮二卷首一卷　(清)王岱輿撰　清同治十二年(1873)刻本　五冊

110000－3194－0004208　004485
正教真詮二卷首一卷　(清)王岱輿撰　清同治十二年(1873)刻本　五冊

110000－3194－0004209　004486
正教真詮二卷　(清)王岱輿撰　清刻本　一冊

110000－3194－0004210　004487
醒世箴不分卷　(清)馬復初纂輯　清同治二年(1863)刻本　一冊

110000－3194－0004211　004488
真詮要録二卷　(清)王岱輿著　清同治三年(1864)刻本　二冊

110000－3194－0004212　004489
天方典禮擇要解二十卷　(清)劉智撰　清乾隆五年(1740)刻本　六冊

110000－3194－0004213　004536

天方典禮擇要解二十卷　(清)劉智撰　清同治十年(1871)刻本　六册

110000－3194－0004214　004537

天方典禮擇要解二十卷　(清)劉智撰　清同治十年(1871)刻本　六册

110000－3194－0004215　004490

清真闢異論不分卷　(清)穆之安著　清光緒二十五年(1899)鉛印本　一册

110000－3194－0004216　004491

天方字母解義不分卷　(清)劉智著　清光緒二十年(1894)刻本　一册

110000－3194－0004217　004492

祝天大贊集解不分卷　(清)馬安禮翻譯　清光緒二十三年(1897)刻本　一册

110000－3194－0004218　004493

經漢注講黑廳不分卷　(清)馬玉書注　清光緒十二年(1886)刻本　一册

110000－3194－0004219　004494

經漢注解赫廳不分卷　(清)余昭文校刊　清光緒十三年(1887)刻本　一册

110000－3194－0004220　004495

經漢雜學擇要注解不分卷　(清)馬有林校　清光緒十四年(1888)刻本　一册

110000－3194－0004221　004496

回回原來不分卷　(清)劉三傑撰　清光緒三十年(1904)刻本　一册

110000－3194－0004222　004527

回回原來不分卷　(清)鮑閑廷書　清光緒二十年(1894)抄本　一册

110000－3194－0004223　004497

禮書五功義不分卷　(清)劉智纂　清咸豐元年(1851)刻本　一册

110000－3194－0004224　004500

禮書五功義不分卷　(清)劉智纂　清道光十二年(1832)刻本　一册

110000－3194－0004225　004498

歸真要道譯義四卷首一卷　(元)二卜頓撈吸額補白克爾著　(清)伍遵契譯註　清光緒十七年(1891)鉛印本　四册

110000－3194－0004226　004499

天方性理圖傳五卷首一卷　(清)劉智纂　清同治五年(1866)刻本　六册

110000－3194－0004227　004507

天方性理圖傳五卷首一卷　(清)劉智纂　清同治十年(1871)刻本　六册

110000－3194－0004228　004519

天方性理圖傳五卷首一卷　(清)劉智纂　清同治十年(1871)刻本　六册

110000－3194－0004229　004501

天方詩經三卷　(清)馬安禮譯　清光緒十六年(1890)刻本　三册

110000－3194－0004230　004502

指南要言四卷　(清)馬注纂　清同治三年(1864)刻本　四册

110000－3194－0004231　004503

以麻呢穆直默勒敁蒙淺説不分卷　(清)張時中記　清光緒刻本　一册

110000－3194－0004232　004504

擇要注解雜學二卷　(清)馬有林校正　清光緒十四年(1888)刻本　一册

110000－3194－0004233　004505

真功發微譯文二卷　(清)劉智撰　清光緒十九年(1893)刻本　二册

110000－3194－0004234　004506

真功發微譯文二卷　(清)劉智撰　清光緒十九年(1893)刻本　二册

110000－3194－0004235　004521

真功發微譯文二卷　(清)劉智撰　清光緒十年(1884)刻本　二册

110000－3194－0004236　004611

真功發微譯文二卷　(清)劉智著　清光緒十九年(1893)刻本　一册　存一卷(上)

110000－3194－0004237　004508
四典要會三卷首一卷　(清)馬復初著　清同治二年(1863)刻本　三冊

110000－3194－0004238　004509
四典要會四卷　(清)馬復初撰　清咸豐九年(1859)刻本　四冊

110000－3194－0004239　004538
四典要會六卷　(清)馬復初著　清光緒二十四年(1898)刻本　一冊

110000－3194－0004240　004510
纂譯天方性理本經注釋五卷　(清)黑鳴鳳注釋　清光緒元年(1875)刻本　一冊　存四卷(一至二、四至五)

110000－3194－0004241　004512
纂譯天方性理本經注釋五卷　(清)黑鳴鳳注釋　清光緒元年(1875)刻本　一冊

110000－3194－0004242　004511
回教考不分卷　(清)白銘庵撰　清光緒鉛印本　一冊

110000－3194－0004243　004513
天方至聖實錄二十卷首一卷　(清)劉智撰　清同治十三年至光緒元年(1874－1875)刻本　十冊

110000－3194－0004244　004520
天方至聖實錄二十卷首一卷　(清)劉智撰　清同治十一年(1872)刻本　十冊

110000－3194－0004245　004532
天方至聖實錄二十卷首一卷　(清)劉智撰　清同治十一年(1872)刻本　十冊

110000－3194－0004246　004533
天方至聖實錄二十卷首一卷　(清)劉智撰　清同治十一年(1872)刻本　十冊

110000－3194－0004247　004514
清真指南十卷　(清)馬注撰　清光緒十一年(1885)刻本　十冊

110000－3194－0004248　004522
清真指南十卷　(清)馬注撰　清光緒十一年(1885)刻本　十冊

110000－3194－0004249　004524
清真指南十卷　(清)馬注撰　清光緒十一年(1885)刻本　十冊

110000－3194－0004250　004526
清真指南十卷　(清)馬注撰　清同治九年(1870)刻本　十冊

110000－3194－0004251　004541
清真指南十卷　(清)馬注撰　清同治八年(1869)刻本　九冊

110000－3194－0004252　004546
清真指南十卷　(清)馬注撰　清同治九年(1870)刻本　五冊　存五卷(一至五)

110000－3194－0004253　004547
清真指南十卷　(清)馬注撰　清光緒十一年(1885)刻本　十冊

110000－3194－0004254　004515
教疑捷要不分卷　(清)馬伯良著　清刻本　一冊

110000－3194－0004255　004516
清真居正不分卷　(清)馬自實編　清光緒二十三年(1897)刻本　一冊

110000－3194－0004256　004517
天方三字經注解淺說不分卷　(清)劉智著　(清)袁國祚注　清同治九年(1870)刻本　一冊

110000－3194－0004257　004518
天方三字經幼義不分卷　(清)劉智著　清咸豐八年(1858)刻本　一冊

110000－3194－0004258　004525
歸真要道譯義一卷首一卷　(元)二卜頓撈吸額補白克爾著　(清)伍遵契譯注　清光緒十七年(1891)印本　一冊

110000－3194－0004259　004528
清真釋疑補輯不分卷　(清)金天柱撰　清光緒七年(1881)刻本　四冊

110000－3194－0004260　004529
清真釋疑補輯不分卷　(清)金天柱撰　清光緒七年(1881)刻本　一册

110000－3194－0004261　004530
清真釋疑補輯不分卷　(清)金天柱撰　清光緒七年(1881)刻本　一册

110000－3194－0004262　004531
清真釋疑補輯二卷　(清)金天柱撰　清光緒二十年(1894)刻本　二册

110000－3194－0004263　004534
漢譯道行究竟二卷　(清)馬德新著　清同治九年(1870)刻本　一册

110000－3194－0004264　004535
漢譯道行究竟二卷　(清)馬德新著　清同治九年(1870)刻本　一册

110000－3194－0004265　004523
清真釋疑不分卷　(清)金天柱撰　清光緒三年(1877)刻本　一册

110000－3194－0004266　004539
清真釋疑不分卷　(清)金天柱著　清光緒二年(1876)刻本　一册

110000－3194－0004267　004540
清真釋疑不分卷　(清)金天柱著　清光緒刻本　一册

110000－3194－0004268　004542
清真釋疑補輯二卷　(清)金天柱著　清光緒十一年(1885)刻本　一册

110000－3194－0004269　004543
清真大學不分卷　(清)真回老人(王岱輿)注　清咸豐二年(1852)刻本　一册

110000－3194－0004270　004544
清真大學不分卷　(清)真回老人(王岱輿)注　清咸豐刻本　一册

110000－3194－0004271　004545
清真大學不分卷　(清)真回老人(王岱輿)注　清咸豐二年(1852)刻本　一册

110000－3194－0004272　004544
希真正答不分卷　(清)真回老人(王岱輿)著　清咸豐刻本　一册

110000－3194－0004273　004544
剩語不分卷　(清)真回老人(王岱輿)著　清咸豐刻本　一册

110000－3194－0004274　004548
醒回篇第壹號不分卷　(清)黄鎮磐等著　清宣統鉛印本　一册

110000－3194－0004275　004549
清真解義不分卷　何麗堂著　清光緒二十九年(1903)鉛印本　一册

110000－3194－0004276　004552
聖教通考二卷　(清)類斯田著　清同治十二年(1873)刻本　二册

110000－3194－0004277　004555
古史參箴四卷　(清)沈則寬撰　清光緒二十八年(1902)鉛印本　四册

110000－3194－0004278　004556
集説詮真四卷　(清)黄伯録輯　清光緒五年(1879)刻本　五册

110000－3194－0004279　004557
理窟九卷　(清)李杕著　清光緒二十七年(1901)鉛印本　四册

110000－3194－0004280　004565
五朝小説不分卷　(□)□□撰輯　清刻本　五十二册

110000－3194－0004281　004566
蒿菴閒話二卷　(清)張爾岐撰　清刻本　一册

110000－3194－0004282　004567
稗海七十種　(明)商濬輯　清康熙刻本　一百册

110000－3194－0004283　004568
論衡三十卷　(漢)王充撰　清光緒二十四年(1898)石印本　一册

110000－3194－0004284　004569
聽訓齋語不分卷　(清)張英撰　清宣統三年(1911)石印本　一册

110000－3194－0004285　004570
聽訓齋語不分卷　(清)張英撰　清光绪二年(1876)抄本　一册

110000－3194－0004286　004571
説鈴前集三十七種後集十六種　(清)吳震方輯　清道光五年(1825)刻本　三十二册

110000－3194－0004287　004572
説鈴前集三十七種　(清)吳震方輯　清嘉慶四年(1799)刻本　十册

110000－3194－0004288　004573
説鈴前集三十三種後集十九種續集七種　(清)吳震方輯　清康熙四十四年(1705)刻本　二十四册

110000－3194－0004289　004574
説鈴五十三種　(清)吳震方輯　清同治七年(1868)刻本　二十四册

110000－3194－0004290　004575
説鈴五十三種　(清)吳震方輯　清同治七年(1868)刻本　二十四册

110000－3194－0004291　004576
獸經不分卷　(明)黄省曾撰　清光緒刻本　一册

110000－3194－0004292　004577
雲棲共住規約四卷　(明)釋袾宏撰　清光緒二十五年(1899)刻本　一册

110000－3194－0004293　004578
虎苑二卷　(明)王穉登撰　清刻本　一册

110000－3194－0004294　004579
粹語合刊四卷　(清)崑重輯　清光緒七年(1881)刻本　一册

110000－3194－0004295　004580
粹語合刊四卷　(清)崑重輯　清光緒七年(1881)刻本　一册

110000－3194－0004296　004581
粹語合刊四卷　(清)崑重輯　清光緒七年(1881)刻本　一册

110000－3194－0004297　004582
輟耕錄三十卷　(明)陶宗儀撰　明刻本　六册

110000－3194－0004298　004583
輟耕錄三十卷　(明)陶宗儀撰　明末刻本　八册

110000－3194－0004299　004584
淵鑑類函四百五十卷目錄四卷　(清)張英等編　清康熙四十九年(1710)刻本　一百四十册

110000－3194－0004300　004585
日省錄三卷補遺一卷　(清)梁文科輯　清光緒十七年(1891)刻本　一册

110000－3194－0004301　004586
隋唐嘉話不分卷　(唐)劉餗撰　清刻本　一册

110000－3194－0004302　004587
解怨咒不分卷　(□)□□撰　清光緒至宣統抄本　一册

110000－3194－0004303　004588
孫子十三篇三卷　(清)王廷學校刊　清光緒十二年(1886)刻本　一册

110000－3194－0004304　004589
孫吳武經四卷　(春秋)孫武撰　(戰國)吳起撰　清光緒三十二年(1906)刻本　四册

110000－3194－0004305　004590
臙脂牡丹六卷　(□)□□撰　清道光十九年(1839)刻本　二册

110000－3194－0004306　004591
繡像搜神記二卷　(□)□□撰　清刻本　六册

110000－3194－0004307　004593
古今説海一百四十二卷　(明)陸楫編　清道光元年(1821)刻本　八册

110000－3194－0004308　004595
談屑四卷　(清)馮晟撰　清同治刻本　四册

110000－3194－0004309　004596
太華山紫金鎮兩世修行劉香寶卷全集二卷　(□)□□撰　清刻本　四册

110000－3194－0004310　004598
皇朝經世文編一百二十卷　(清)賀長齡輯　清光緒十三年(1887)鉛印本　四册　存十八卷(一至九、十五至二十三)

110000－3194－0004311　004602
皇朝經世文編一百二十卷　(清)賀長齡輯　清光緒二十八年(1902)鉛印本　二十二册　存一百十卷(一至二十三、三十至四十九、五十四至一百二十)

110000－3194－0004312　004599
皇朝經世文續編一百二十卷　(清)葛士濬輯　清光緒十四年(1888)鉛印本　十四册　存十八卷(五十二至五十六、六十五至六十六、一百十至一百二十)

110000－3194－0004313　005111
皇朝經世文編一百二十卷姓名總目三卷　(清)賀長齡輯　清光緒十二年(1886)石印本　六十册

110000－3194－0004314　005112
皇朝經世文三編八十卷　(清)[陳忠倚]輯　清光緒二十七年(1901)石印本　十六册

110000－3194－0004315　005113
皇朝經世文三編八十卷　(清)陳忠倚輯　清光緒二十七年(1901)石印本　十六册

110000－3194－0004316　005114
皇朝經世文四編五十二卷　(清)何良棟輯　清光緒二十八年(1902)石印本　十二册

110000－3194－0004317　005115
皇朝經世文新編二十一卷　麥仲華輯　清光緒二十七年(1901)石印本　十二册

110000－3194－0004318　005116
皇朝經世文新編三十二卷　麥仲華輯　清光緒二十七年(1901)石印本　十六册

110000－3194－0004319　005117
皇朝經世文新編二十一卷　麥仲華輯　清光緒二十四年(1898)石印本　二十四册

110000－3194－0004320　005120
皇朝經世文統編一百二十卷　(清)慎記書局輯　清光緒二十七年(1901)石印本　三十二册

110000－3194－0004321　004600
初學易解算法四卷　(清)白廣川著　清宣統二年(1910)鉛印本　一册　存一卷(一)

110000－3194－0004322　004601
農話不分卷　(清)陳啟謙編輯　清光緒三十三年(1907)鉛印本　一册

110000－3194－0004323　004603
皇朝經世文三編八十卷　(清)陳忠倚輯　清光緒石印本　二册　存十卷(十一至十五、七十一至七十五)

110000－3194－0004324　004604
管城碩記三十卷　(清)徐文靖著　清乾隆刻本　一册　存四卷(十六至十九)

110000－3194－0004325　004605
益勉齋重刊座右編十八卷　(清)朱潮遠編輯　清道光刻本　一册　存四卷(十二至十五)

110000－3194－0004326　004607
古佛應驗明聖經三卷　(□)□□撰　清光緒六年(1880)刻本　一册　存一卷(上)

110000－3194－0004327　004608
增智囊補二十八卷　(明)馮夢龍輯　清刻本　四册　存十五卷(一至十五)

110000－3194－0004328　004610
清異編珠二卷　(清)福申輯　(清)楊文楷注　清道光刻本　一册　存一卷(二)

110000－3194－0004329　004614
困學紀聞注二十卷　(清)翁元圻輯　清光緒八年(1882)鉛印本　三册　存十卷(一至二、九至十六)

110000－3194－0004330　004615
動物淺說不分卷　(□)□□撰　清宣統三年(1911)鉛印本　一冊

110000－3194－0004331　004616
重鐫地理天機會元三十五卷　(清)顧陵岡彙集　(清)徐試可重編　清道光十二年(1832)刻本　四冊　存二十五卷(一至八、十九至三十五)

110000－3194－0004332　004617
花繪圖畫不分卷　(□)□□繪　清光緒三十四年(1908)石印本　一冊

110000－3194－0004333　004618
圖畫不分卷　(□)□□繪　清光緒石印本　一冊

110000－3194－0004334　004619
養正類編十三卷　(清)張伯行纂　清同治刻本　一冊　存七卷(一至七)

110000－3194－0004335　004623
孔子集語十七卷　(清)孫星衍撰　清光緒二十三年(1897)鉛印本　二冊　存九卷(一至九)

110000－3194－0004336　004624
寶命真經不分卷　(□)□□撰　清光緒石印本　一冊

110000－3194－0004337　004625
學堂講語不分卷　(清)晦齋學人輯　(日本)吳來安譯　清光緒五年(1879)刻本　一冊

110000－3194－0004338　004628
筆算數學全草二卷　(清)張貢九編輯　清光緒三十二年(1906)石印本　六冊

110000－3194－0004339　004629
道德經解不分卷　(唐)純陽子注　(清)劉沅重鐫　清道光二十四年(1844)刻本　一冊

110000－3194－0004340　004810
馬寶記不分卷　(清)徐紹濱撰　清光緒三十年(1904)刻本　一冊

110000－3194－0004341　005801
大佛頂如來密因修證了義諸菩薩萬行首楞嚴經十卷　(唐)釋般剌密諦譯　清刻本　七冊　存七卷(一至四、六至八)

110000－3194－0004342　005802
莊子十卷　(晉)郭象注　(唐)陸德明音譯　清光緒二年(1876)刻本　六冊

110000－3194－0004343　005803
新刻萬法歸宗請仙箕法五卷　(唐)李淳風著　(唐)袁天罡補　清刻本　四冊　存四卷(一至四)

110000－3194－0004344　005804
朱子語類輯略八卷　(清)張伯行輯　清同治五年(1866)刻本　三冊　存六卷(一至六)

110000－3194－0004345　005805
御註道德經二卷　(清)世祖福臨撰　清刻本　二冊

110000－3194－0004346　005806
新鐫淨髮須知二卷　(清)羅真人活計　(清)陳七子家風　吳鐸訂　清光緒三十年(1904)刻本　一冊　存一卷(上)

110000－3194－0004347　005807
更豈有此理四卷　(□)□□撰　清道光刻本　一冊　存一卷(三)

110000－3194－0004348　005808
觚賸八卷　(清)鈕琇輯　清宣統石印本　一冊　存二卷(三至四)

110000－3194－0004349　005809
增刪算法統宗十一卷　(明)程大位編集　(清)梅穀成增刪　(清)梅玕成校字　清光緒刻本　三冊　存八卷(一至八)

110000－3194－0004350　005810
辟邪實錄不分卷　(清)第一傷心人撰　清同治至光緒刻本　一冊

110000－3194－0004351　005811
大智度論一百卷　(後秦)釋鳩摩羅什譯　清光緒九年(1883)刻本　二十三冊　存九十二卷(一至二十、二十五至五十六、六十一至一

百）

110000－3194－0004352　005812
御選語錄十九卷　（清）世宗胤禛撰　清光緒四年（1878）刻本　十四册　存十八卷（一至八、十至十九）

110000－3194－0004353　005814
莊子集釋十卷　（清）郭慶藩輯　清光緒刻本　四册　存五卷（六至十）

110000－3194－0004354　005816
青箱雜記十卷　（宋）吴處厚撰　清乾隆刻本　一册

110000－3194－0004355　005815
傅子三卷　（晉）傅玄撰　**訂證一卷**　葉德輝撰輯　清光緒二十八年（1902）長沙葉氏刻本　一册

110000－3194－0004356　005817
老學庵筆記十卷　（宋）陸游撰　清乾隆刻本　二册

110000－3194－0004357　005818
學齋佔畢纂不分卷　（宋）沈括撰　清乾隆刻本　一册

110000－3194－0004358　005819
雲麓漫抄四卷　（宋）趙彦衛撰　清乾隆刻本　一册

110000－3194－0004359　005820
杜陽雜編三卷　（唐）蘇鶚撰　清乾隆刻本　一册

110000－3194－0004360　005821
游宦紀聞十卷　（宋）張世南撰　清乾隆刻本　一册

110000－3194－0004361　005822
東坡先生志林十二卷　（宋）蘇軾撰　清乾隆刻本　三册

110000－3194－0004362　005822
歸田錄二卷　（宋）歐陽修撰　清乾隆刻本　一册

110000－3194－0004363　005823
獨異志三卷　（唐）李冗撰　清乾隆刻本　一册

110000－3194－0004364　005824
嬾真子五卷　（宋）馬永卿撰　清乾隆刻本　一册

110000－3194－0004365　005825
石林燕語十卷　（宋）葉夢得撰　清乾隆刻本　二册

110000－3194－0004366　005826
因話錄不分卷　（唐）趙璘撰　清乾隆刻本　一册

110000－3194－0004367　005827
儲華谷袪疑說纂一卷　（宋）儲泳撰　清乾隆刻本　一册

110000－3194－0004368　005827
侍兒小名錄拾遺不分卷　（宋）張邦基撰　清乾隆刻本　一册

110000－3194－0004369　005827
補侍兒小名錄一卷　（宋）王銍撰　清乾隆刻本　一册

110000－3194－0004370　005827
續補侍兒小名錄一卷　（宋）温豫撰　清乾隆刻本　一册

110000－3194－0004371　005828
過庭錄不分卷　（宋）范公稱撰　清乾隆刻本　一册

110000－3194－0004372　005829
泊宅編三卷　（宋）方勺撰　清乾隆刻本　一册

110000－3194－0004373　005830
閑窗括異志不分卷　（宋）魯應龍撰　清乾隆刻本　一册

110000－3194－0004374　005831
搜采異聞錄五卷　（宋）永亨撰　清乾隆刻本　一册

110000－3194－0004375　005832
大唐新語十三卷　(唐)劉肅撰　清乾隆刻本　三册

110000－3194－0004376　005833
蒙齋筆談二卷　(宋)鄭景望撰　清乾隆刻本　一册

110000－3194－0004377　005833
畫墁錄一卷　(宋)張舜民撰　清乾隆刻本　一册

110000－3194－0004378　005834
東軒筆錄十五卷　(宋)魏泰撰　清乾隆刻本　三册

110000－3194－0004379　005835
玉泉子一卷　(□)□□撰　清乾隆刻本　四册

110000－3194－0004380　005835
北夢瑣言二十卷　(宋)孫光憲撰　清乾隆刻本　一册

110000－3194－0004381　005836
蠡海集一卷　(宋)王逵撰　清乾隆刻本　一册

110000－3194－0004382　005837
樂善錄二卷　(宋)李昌齡撰　清乾隆刻本　一册

110000－3194－0004383　005838
墨莊漫錄十卷　(宋)張邦基撰　清乾隆刻本　二册

110000－3194－0004384　005839
夢溪筆談二十六卷　(宋)沈括撰　清乾隆刻本　四册

110000－3194－0004385　005840
繪圖蒙學唱歌教科書不分卷　(清)張之洞撰　清光緒三十二年(1906)石印本　一册

110000－3194－0004386　005842
雲棲大師山房雜錄二卷　(明)釋袾宏撰　清光緒刻本　一册　存一卷(一)

110000－3194－0004387　005844
傳家寶四集　(清)石城金撰　清刻本　一册　存一集(三)

110000－3194－0004388　005846
二如亭群芳譜二十八卷首一卷　(明)王象晉輯　明崇禎刻本　十三册　存十四卷(天譜一至三、歲譜一至四、穀譜、蔬譜一至二、果譜一至三,首一卷)

110000－3194－0004389　005847
暮鼓晨鐘不分卷　(清)愛國報館編　清宣統元年(1909)鉛印本　二册　存二卷(二十、二十三)

110000－3194－0004390　005848
山海經十八卷　(晉)郭璞注　(明)蔣應鎬繪圖　明嘉靖刻本　四册

110000－3194－0004391　005850
禮拜箴規不分卷　(□)□□撰　清光緒十五年(1889)刻本　一册

110000－3194－0004392　005851
養正圖解不分卷　(明)焦竑撰　清光緒二十一年(1895)刻本　六册

110000－3194－0004393　005852
欽定元承華事略補圖六卷　(元)王惲撰　(清)徐郙等補　清光緒影印本　二册

110000－3194－0004394　005853
女子家庭模範十章　蘇完瓜爾佳籛年輯　清宣統二年(1910)石印本　一册

110000－3194－0004395　005854
明夷待訪錄糾謬一卷　李滋然撰　清宣統三年(1911)鉛印本　一册

110000－3194－0004396　005855
勇廬閒詰不分卷　(清)趙之謙撰　清光緒六年(1880)鉛印本　一册

110000－3194－0004397　000068
得一山房詩集二卷　(清)唐懋功撰　清光緒十九年(1893)刻本　一册

110000－3194－0004398　000205

江陵張文忠公全集四十七卷　(明)張居正著　明萬曆四十年(1612)刻本　十六册

110000－3194－0004399　000210
坡仙集十六卷　(宋)蘇軾著　明萬曆二十八年(1600)刻本　八册

110000－3194－0004400　000211
羅月軒詩抄一卷　(清)玉保著　(清)瑞英校　清乾隆五十九年(1794)稿本　一册

110000－3194－0004401　000212
元氏長慶集六十卷補遺六卷　(唐)元稹著　(明)馬元調校　明萬曆三十二年(1604)刻本　四册

110000－3194－0004402　000213
陸宣公集二十二卷　(唐)陸贄著　(清)年羹堯重訂　清雍正元年(1723)年氏刻本　六册

110000－3194－0004403　000215
樂何如齋詩稿不分卷　(清)增齡著　清光緒至宣統抄本　一册

110000－3194－0004404　000216
御製避暑山莊詩二卷　(清)聖祖玄燁著　(清)揆敘等注　清康熙五十年(1711)刻本　一册

110000－3194－0004405　000220
御製避暑山莊詩二卷　(清)聖祖玄燁著　(清)揆敘等注　清乾隆六年(1741)武英殿刻本　四册

110000－3194－0004406　000217
居易堂詩稿不分卷　(清)耆齡撰　清末抄本　二册

110000－3194－0004407　000218
心史六卷　(宋)鄭思肖著　明崇禎十三年(1640)刻本　四册

110000－3194－0004408　000219
楚辭後語六卷　(宋)朱熹撰　明刻本　一册

110000－3194－0004409　000221
容臺集不分卷　(清)鐵保著　清末抄本　二册

110000－3194－0004410　000222
霽月堂先生集七卷附錄一卷　(朝鮮)宋奎濂撰　清光緒五年(1879)活字印本　四册

110000－3194－0004411　000223
夏園詩鈔不分卷　(朝鮮)鄭芝潤著　清咸豐四年(1854)刻本　一册

110000－3194－0004412　000225
存古堂集四卷　存古堂主人撰　周起予錄　清宣統元年(1909)抄本　二册

110000－3194－0004413　000226
敬庵先生文集六卷　(朝鮮)許默輯　清光緒三十三年(1907)活字印本　二册

110000－3194－0004414　000228
唐音十五卷　(元)楊士弘編　(明)顧璘批點　明嘉靖四十四年(1565)刻本　六册

110000－3194－0004415　000229
高江村全集七十八卷　(清)高士奇撰　清康熙三十九年(1700)刻本　十二册

110000－3194－0004416　000230
佩文齋詠物詩選四百八十六卷　(清)蔡升元等編　清康熙四十六年(1707)內府刻本　三十六册

110000－3194－0004417　000231
詞致錄十六卷目錄一卷　(明)李天麟輯　明萬曆十五年(1587)刻本　十册

110000－3194－0004418　000232
鐵梅花館懷古集不分卷　(清)慶珍著　清光緒刻本　一册

110000－3194－0004419　000232
鐵梅花館悶翠詩不分卷　(清)慶珍著　清光緒刻本　一册

110000－3194－0004420　000233
古今振雅雲箋六卷目錄六卷　(明)徐渭纂輯　明刻本　六册

110000－3194－0004421　000235
南宋禖事詩七卷　(清)沈嘉轍等撰　清宣統元年(1909)抄本　四册

110000－3194－0004422　000237
隨軺紀游吟草不分卷　(清)彥愷著　清抄本　一冊

110000－3194－0004423　000239
大名府屬藝文不分卷　(明)石星等撰　清末抄本　一冊

110000－3194－0004424　000240
西江風雅十二卷補編一卷　(清)金德瑛選　(清)沈瀾編　清乾隆十八年(1753)刻本　四冊

110000－3194－0004425　000241
新鐫古今大雅南宮詞紀六卷　(明)陳所聞選　(明)陳邦泰輯次　明萬曆三十三年(1605)刻本　七冊

110000－3194－0004426　000241
新鐫古今大雅北宮詞紀六卷　(明)陳所聞選　(明)陳邦泰輯次　明萬曆三十二年(1604)刻本　七冊

110000－3194－0004427　000242
舊鈔北平俗曲不分卷　煦園改訂　清抄本　一冊

110000－3194－0004428　000243
類編箋釋續選草堂詩餘二卷　(明)錢允治箋釋　(明)陳仁錫校閱　明萬曆刻本　一冊

110000－3194－0004429　000243
類編箋釋國朝詩餘二卷　(明)錢允治編　(明)陳仁錫釋　明萬曆刻本　一冊

110000－3194－0004430　000244
瓊林雅韻不分卷　(□)□□撰　清抄本　一冊

110000－3194－0004431　000245
秦漢文鈔十二卷　(明)馮有翼輯　明萬曆十一年(1583)刻本　十二冊

110000－3194－0004432　000247
羅司勳文集八卷首一卷外集一卷附録一卷　(明)羅虞臣撰　清末刻本　三冊

110000－3194－0004433　000248
鄉賢逸詩不分卷　(清)張和編　清抄本　一冊

110000－3194－0004434　000250
廣雅碎金四卷附録一卷　(清)張之洞撰　清光緒二十三年(1897)抄本　二冊

110000－3194－0004435　000251
匠門書屋文集三十卷　(清)張大受著　清雍正八年(1730)刻本　四冊

110000－3194－0004436　000252
臺灣外記三十卷　(清)江日昇輯　清康熙五十二年(1713)求無不獲齋活字印本　十六冊

110000－3194－0004437　000238
靜一齋詩存二卷附試帖不分卷　(清)蘊秀編　清咸豐七年(1857)刻本　一冊

110000－3194－0004438　005237
臺灣外記三十卷　(清)江日昇撰　清光緒四年(1878)鉛印本　六冊

110000－3194－0004439　000255
越風三十卷　(清)商盤輯　清乾隆三十七年(1772)刻本　十冊

110000－3194－0004440　000257
新鐫繪圖第一奇書鍾情傳六卷　(□)□□撰　清光緒三十一年(1905)石印本　六冊

110000－3194－0004441　000258
繡像狐狸緣全傳六卷　(清)醉月山人著　清光緒十四年(1888)刻本　六冊

110000－3194－0004442　001207
松石齋詩集六卷　(明)趙用賢撰　清光緒二十二年(1896)刻本　一冊

110000－3194－0004443　001214
凌忠介公詩集二卷　(明)凌義渠著　清光緒四年(1878)刻本　二冊

110000－3194－0004444　003844
映旭齋增訂北宋三遂平妖全傳十八卷　(明)羅貫中撰　(明)馮夢龍補　清刻本　六冊

110000－3194－0004445　003845

增評補像全圖金玉緣一百二十回首一卷 （清）曹雪芹（曹霑）撰　清光緒三十四年（1908）石印本　十六冊

110000－3194－0004446　003847
濟顛大師醉菩提全傳二十回　（清）墨浪子撰　清光緒六年（1880）刻本　六冊

110000－3194－0004447　003848
繪圖增像第五才子書水滸傳七十回　（元）施耐庵撰　（清）金聖嘆評釋　清光緒至宣統石印本　十冊

110000－3194－0004448　003849
新刻二度梅奇説全集六卷四十四回　（清）［槐蔭堂主人］編輯　清光緒刻本　六冊

110000－3194－0004449　003850
增評補像全圖金玉緣不分卷　（清）曹霑撰　清光緒十五年（1889）石印本　二冊

110000－3194－0004450　003862
繪圖平金川四卷三十二回　（清）張小山撰　清光緒三十三年至三十四年（1907－1908）石印本　二冊

110000－3194－0004451　003863
增像全圖加批西遊記八卷　（明）［吳承恩］撰　（清）陳士斌詮解　清光緒三十三年（1907）石印本　八冊

110000－3194－0004452　003865
廿載繁華夢四十回　（清）黃小配撰　清光緒三十三年（1907）石印本　二冊

110000－3194－0004453　003866
雙鳳奇緣傳八卷八十回　（清）雪樵主人撰　清咸豐十年（1860）刻本　八冊

110000－3194－0004454　003867
原本海公大紅袍傳六十卷六十回　（□）□□撰　清同治六年（1867）刻本　六冊

110000－3194－0004455　003868
繡像昇仙演義傳八卷五十六回　（□）□□撰　清宣統二年（1910）石印本　四冊

110000－3194－0004456　003869
新刻繪圖粉妝樓全傳六卷八十回　（清）竹溪山人撰　清光緒二十六年（1900）石印本　六冊

110000－3194－0004457　003870
新刻繪圖粉妝樓全傳六卷八十回　（清）竹溪山人撰　清宣統三年（1911）石印本　六冊

110000－3194－0004458　003871
新刻繪圖粉妝樓全傳十二卷八十回　（清）竹溪山人撰　清光緒二十五年（1899）石印本　六冊

110000－3194－0004459　003872
四大奇書第一種六十卷一百二十回　（清）金聖嘆批點　（清）毛宗崗評　清光緒五年（1879）刻本　十九冊

110000－3194－0004460　003873
鏡花緣二十卷一百回　（清）李汝珍撰　（清）謝葉梅繪　清道光二十一年（1841）刻本　二十四冊

110000－3194－0004461　003874
圖像鏡花緣二十卷一百回　（清）李汝珍撰　（清）謝葉梅繪　清光緒二十三年（1897）石印本　六冊

110000－3194－0004462　003875
四大奇書第一種十九卷一百二十回　（清）毛宗崗評　清末刻本　二十冊

110000－3194－0004463　003876
增像全圖東周列國志二十七卷一百八十回　（清）蔡奡評點　清光緒三十四年（1908）鉛印本　十六冊

110000－3194－0004464　003877
東周列國全志二十七卷一百八十回　（清）蔡奡評點　清光緒十九年（1893）刻本　二十冊

110000－3194－0004465　003878
東周列國志二十七卷一百八十回　（清）蔡奡評點　清光緒十八年（1892）石印本　八冊

110000－3194－0004466　003879
兒女英雄傳十九卷四十回　（清）燕北閒人著

清光緒十四年(1888)刻本　二十册

110000－3194－0004467　003880
新刻三寶太監西洋記通俗演義二十卷一百回　(明)羅懋登編　清光緒七年(1881)石印本　十册

110000－3194－0004468　003881
忠烈俠義傳一百二十回　(清)石玉崑述　清光緒五年(1879)刻本　十六册

110000－3194－0004469　003884
類林新咏三十六卷　(清)姚之駰撰　清康熙四十七年(1708)刻本　十六册

110000－3194－0004470　003917
聯珠集一卷　(清)張天祈撰　清康熙三十八年(1699)刻本　一册

110000－3194－0004471　004000
西齋淨土詩四卷　(明)釋梵琦撰　清光緒刻本　一册

110000－3194－0004472　004592
新齊諧五卷續集三卷　(清)袁枚編　清宣統元年(1909)石印本　八册

110000－3194－0004473　004630
楚辭十七卷　(漢)劉向編　(漢)王逸注　清嘉慶六年(1801)刻本　四册

110000－3194－0004474　005265
楚辭十七卷　(漢)劉向編　(漢)王逸注　明萬曆刻本　五册　存十六卷(二至十七)

110000－3194－0004475　004631
楚辭集注八卷總評一卷　(宋)朱熹撰　清刻本　十二册

110000－3194－0004476　004632
楚辭六卷　(清)姚培謙節注　清乾隆六年(1741)刻本　四册

110000－3194－0004477　004633
楚辭後語六卷附楚辭辯證二卷　(宋)[朱熹]撰　清刻本　一册

110000－3194－0004478　004634
楚辭集注八卷附楚辭後語六卷楚辭辯證二卷　(宋)朱熹集注　清宣統三年(1911)石印本　四册

110000－3194－0004479　004635
陶淵明文集十卷　(晉)陶潛撰　清光緒五年(1879)刻本　三册

110000－3194－0004480　004640
陶淵明文集十卷　(晉)陶潛撰　清光緒十三年(1887)石印本　二册

110000－3194－0004481　004636
陶集四種　(清)養節山房主人書　清光緒二十二年(1896)刻本　一册

110000－3194－0004482　004637
陶集四種　(清)養節山房主人書　清光緒二十二年(1896)刻本　一册

110000－3194－0004483　004638
靖節先生集十卷首一卷末一卷　(清)陶澍集注　清光緒九年(1883)刻本　四册

110000－3194－0004484　004641
曹子建集十卷　(三國魏)[曹植]撰　明萬曆刻本　四册

110000－3194－0004485　004642
庾子山集十六集　(北周)庾信撰　(清)倪璠注　清刻本　八册

110000－3194－0004486　004643
白香山詩集四十卷附舊唐書本傳白香山年譜白香山年譜舊本一卷　(唐)白居易撰　(清)汪立名編　清刻本　十册

110000－3194－0004487　004644
昌黎先生集四十卷　(唐)韓愈撰　(唐)李漢編　清宣統二年(1910)石印本　十二册

110000－3194－0004488　004645
重刊五百家注音辯昌黎先生文集四十卷　(唐)韓愈撰　清乾隆四十九年(1784)刻本　十六册

110000－3194－0004489　004646
重刊五百家注音辯昌黎先生文集四十卷

(唐)韓愈撰　清乾隆四十九年(1784)刻本　十二册

110000－3194－0004490　004647
李太白文集三十六卷　(唐)李白撰　(清)王琦輯注　清乾隆二十四年(1759)刻本　十六册

110000－3194－0004491　004648
杜工部集二十卷首一卷　(唐)杜甫撰　(明)王世貞等評　清道光十四年(1834)刻本　八册

110000－3194－0004492　004649
御選妙覺普度和聖寒山大士詩不分卷　(唐)釋寒山撰　清光緒十一年(1885)刻本　一册

110000－3194－0004493　004650
孫可之文集二卷　(唐)孫樵撰　清宣統二年(1910)活字印本　二册

110000－3194－0004494　004651
宋岳忠武王集八卷末一卷　(宋)岳飛撰　清同治四年(1865)刻本　二册

110000－3194－0004495　004652
元豐類稿五十卷　(宋)曾鞏撰　清康熙四十九年(1710)刻本　八册

110000－3194－0004496　004653
鶴山文鈔三十二卷　(宋)魏了翁撰　清同治刻本　十二册

110000－3194－0004497　004654
西山先生真文忠公文集一百八十五卷　(宋)真德秀撰　清同治四年(1865)刻本　一百册

110000－3194－0004498　004655
深寧先生文鈔八卷　(宋)王應麟撰　清道光九年(1829)刻本　五册

110000－3194－0004499　004656
周益國文忠公集二百卷首一卷　(宋)周必大撰　清道光二十八年(1848)刻本　四十册

110000－3194－0004500　004657
重刊明成化本東坡七集一百十卷附校記二卷　(宋)蘇軾撰　清光緒三十四年至宣統元年(1908－1909)刻本　四十册

110000－3194－0004501　004659
東坡先生全集七十五卷　(宋)蘇軾撰　明萬曆刻本　三十册

110000－3194－0004502　004660
司馬文正公傳家集八十卷目錄二卷年譜一卷附錄一卷　(宋)司馬光撰　(清)陳弘謀重訂　清乾隆六年(1741)刻本　十二册

110000－3194－0004503　004661
司馬文正公傳家集八十卷目錄二卷年譜一卷附錄一卷　(宋)司馬光撰　(清)陳弘謀重訂　清乾隆六年(1741)刻本　十二册

110000－3194－0004504　004662
河南先生文集二十七卷附錄一卷　(宋)尹洙撰　清宣統二年(1910)活字印本　四册

110000－3194－0004505　004663
陸象山先生全集三十六卷　(宋)陸九淵撰　(清)李紱點次　(清)周毓齡重校　清宣統二年(1910)鉛印本　八册

110000－3194－0004506　004664
黃詩全集五十七卷附錄一卷　(宋)黃庭堅撰　(清)任淵注　清乾隆五十四年(1789)刻本　十六册

110000－3194－0004507　004665
覆瓿集十二種　(清)張文虎撰　清同治十三年至光緒十九年(1874－1893)刻本　十二册

110000－3194－0004508　004666
後山居士詩話不分卷　(宋)陳師道撰　清刻本　一册

110000－3194－0004509　004667
金陵百詠不分卷　(宋)曾極撰　清光緒二十九年(1903)刻本　一册

110000－3194－0004510　004668
元張文忠公歸田類稿二十卷附錄一卷　(元)張養浩撰　(清)周永年等校刊　清乾隆刻本　六册

110000－3194－0004511　004669

雁門集六集附卷一卷補遺一卷倡和錄一卷別集錄一卷　(元)薩都剌著　(清)薩龍光輯　(清)薩嘉曦校刊　清宣統二年(1910)刻本　四册

110000－3194－0004512　004670
雁門集十四集附卷一卷倡和錄一卷　(元)薩都剌著　(清)薩龍光編注　清嘉慶十二年(1807)刻本　三册

110000－3194－0004513　004671
元遺山先生集四十卷附年譜二卷新樂府四卷續夷堅志四卷遺山先生集附錄一卷遺山先生集補載一卷　(元)元好問撰　(元)張德輝　(清)凌廷堪編　(清)張穆校　清光緒八年(1882)刻本　十六册

110000－3194－0004514　004672
元遺山先生集四十卷附錄一卷　(元)元好問撰　(元)張德輝編　(清)李鎔經重栞　清道光二十七年(1847)刻本　八册

110000－3194－0004515　004673
太史升菴全集八十一卷目錄二卷　(明)楊慎著　(明)楊有仁輯　(清)周參元重刊　清乾隆六十年(1795)刻本　二十册

110000－3194－0004516　004679
太史升菴全集八十一卷目錄二卷　(明)楊慎著　(明)楊有仁輯　(清)周參元重刊　清乾隆六十年(1795)刻本　二十二册

110000－3194－0004517　004674
青螺公遺書合編三十五卷首一卷　(明)郭子章撰　(清)郭子仁輯　清光緒八年(1882)刻本　十六册

110000－3194－0004518　004675
左忠毅公集二卷　(明)左光斗著　清道光十八年(1838)刻本　二册

110000－3194－0004519　004676
雲棲大師遺稿三卷　(明)釋祩宏撰　清光緒二十五年(1899)刻本　二册

110000－3194－0004520　004677
雲棲大師遺稿三卷　(明)釋祩宏撰　清光緒二十五年(1899)刻本　二册

110000－3194－0004521　004678
甫田集三十五卷附錄一卷　(明)文徵明撰　清宣統三年(1911)鉛印本　十二册

110000－3194－0004522　004679
升菴外集一百卷　(明)楊慎著　(明)焦竑編　(明)顧起元校　清道光二十四年(1844)刻本　二十二册

110000－3194－0004523　004703
升菴外集一百卷　(清)楊慎撰　清道光二十四年(1844)刻本　二十四册

110000－3194－0004524　004679
太史升菴遺集二十六卷　(明)楊慎著　(明)楊金吾輯　(明)王象乾校　清道光二十四年(1844)刻本　四册

110000－3194－0004525　004680
瞿忠宣公集十卷　(明)瞿式耜撰　清光緒十三年(1887)刻本　四册

110000－3194－0004526　004681
方孩未先生集十六卷　(明)方震孺著　(清)李兆洛編　清同治七年(1868)刻本　六册

110000－3194－0004527　004682
增訂徐文定公集六卷首二卷　(明)徐光啟撰　清宣統元年(1909)鉛印本　四册

110000－3194－0004528　004683
李文莊公全集十卷　(明)李騰芳著　清光緒二年(1876)刻本　十册

110000－3194－0004529　004684
[高文襄公集]十一種　(明)高拱著　清康熙二十五年至二十八年(1686－1689)刻本　三十二册

110000－3194－0004530　004685
韞山堂文集八卷　(清)管世銘撰　清光緒十七年(1891)刻本　四册

110000－3194－0004531　004686
明大司馬盧公集十二卷首一卷　(明)盧象昇

撰　(清)任啟運校　清光緒元年(1875)刻本　八冊

110000－3194－0004532　004687
擔公遺詩一卷　(明)釋普荷撰　李根源錄刊　清宣統二年(1910)鉛印本　一冊

110000－3194－0004533　004688
眉庵詩集不分卷　(明)楊基撰　清光緒三十四年(1908)影印本　二冊

110000－3194－0004534　004689
震川先生集三十卷別集十卷　(明)歸有光撰　(清)錢謙益選定　清康熙十四年(1675)刻本　十冊

110000－3194－0004535　004690
小山類稿選二十卷　(明)張岳撰　清刻本　十冊

110000－3194－0004536　004691
苑洛集二十二卷　(明)韓邦奇撰　清道光八年(1828)刻本　十冊

110000－3194－0004537　004692
李宮保湘洲先生集十卷別集二卷　(明)李騰芳著　清刻本　十二冊

110000－3194－0004538　004693
熊襄愍公尺牘四卷　(明)熊廷弼撰　清光緒二十二年(1896)刻本　四冊

110000－3194－0004539　004694
鹿忠節公集二十一卷　(明)鹿善繼著　清刻本　六冊

110000－3194－0004540　004695
張忠敏公遺集十卷首一卷附錄五卷　(明)張國維撰　清光緒五年(1879)刻本　五冊

110000－3194－0004541　004696
史忠正公集四卷首一卷末一卷　(明)史可法著　(清)史山清輯　清咸豐六年(1856)刻本　二冊

110000－3194－0004542　004697
楊忠愍公集不分卷　(明)楊繼盛著　清光緒十六年(1890)刻本　一冊

110000－3194－0004543　004698
返生香一卷　(明)葉小鸞著　清光緒二十二年(1896)刻本　四冊

110000－3194－0004544　004699
四六寶露類選八卷　(明)何偉然纂　(明)胡正言校　清刻本　十六冊

110000－3194－0004545　004700
王文成公全集十六卷目錄二卷　(明)王守仁撰　清道光六年(1826)刻本　十六冊

110000－3194－0004546　004701
弇州山人四部稿一百七十四卷目錄十二卷　(明)王世貞撰　明萬曆五年(1577)刻本　九十二冊

110000－3194－0004547　004702
王陽明先生全集二十卷首一卷　(明)王守仁撰　(清)俞嶙編　清康熙十二年(1673)刻本　十八冊

110000－3194－0004548　004704
太史升菴遺集二十六卷目錄一卷　(明)楊慎撰　清道光二十四年(1844)刻本　四冊

110000－3194－0004549　004705
漢魏六朝百三名家集一百三種　(明)張溥輯　清光緒刻本　一百冊

110000－3194－0004550　004706
隨園全集廿三種　(清)袁枚撰　清嘉慶十三年(1808)刻本　七十四冊

110000－3194－0004551　004707
鬱華閣遺集四卷　(清)[盛昱]撰　清光緒二十八年(1902)刻本　一冊

110000－3194－0004552　004899
鬱華閣遺集四卷　(清)盛昱撰　清光緒三十一年(1905)石印本　一冊

110000－3194－0004553　004708
匡庵詩集六卷　(清)馬世俊著　(清)馬敬培重校　清光緒二十一年(1895)刻本　二冊

110000－3194－0004554　004709
御製全韻詩五卷　(清)[高宗弘曆]撰　清抄

本　五册

110000－3194－0004555　004710

吴可讀文集四卷　（清）吴可讀著　（清）楊慶生箋注　清光緒三十四年（1908）鉛印本　一册

110000－3194－0004556　004711

世澤堂古近詩文遺稿不分卷　（清）多羅果敏貝勒著　清光緒十五年（1889）刻本　三册

110000－3194－0004557　004712

弢園尺牘十二卷　（清）王韜著　清光緒六年（1880）鉛印本　四册

110000－3194－0004558　004713

陶廬箋牘四卷　王樹枏撰　清光緒三十四年（1908）刻本　二册

110000－3194－0004559　004714

陶廬箋牘四卷　王樹枏撰　清光緒三十四年（1908）刻本　二册

110000－3194－0004560　004715

古微堂集三卷外集七卷　（清）魏源著　清光緒四年（1878）刻本　四册

110000－3194－0004561　004716

古微堂集三卷外集七卷　（清）魏源著　清光緒四年（1878）刻本　四册

110000－3194－0004562　004717

文賦三種　（□）□□撰　清抄本　一册

110000－3194－0004563　004718

香雪齋雁字回文詩不分卷　（清）張玉德書　清末拓本　十册

110000－3194－0004564　004719

味靈華館詩六卷　（清）商廷焕撰　清宣統二年（1910）石印本　一册

110000－3194－0004565　004781

味靈華館詩六卷　（清）商廷焕撰　清宣統二年（1910）石印本　一册

110000－3194－0004566　004720

雙魚罌齋録何子貞紹基集爭坐位稿字不分卷　（清）雙魚罌齋輯　清同治十三年（1874）刻本　一册

110000－3194－0004567　004721

惆悵詞不分卷　（清）吴弢園撰　清宣統二年（1910）石印本　一册

110000－3194－0004568　004980

惆悵詞不分卷　（清）吴弢園撰　清宣統二年（1910）石印本　一册

110000－3194－0004569　004722

尚絅堂試帖輯註不分卷　（清）劉嗣綰著　（清）張熙宇輯評　（清）王植桂輯註　清光緒刻本　一册

110000－3194－0004570　004723

斯未信齋文編八卷　（清）徐宗幹撰　清同治刻本　四册

110000－3194－0004571　004724

息養廬文集十一卷　（清）徐錦華撰　清光緒二十五年（1899）刻本　六册

110000－3194－0004572　004725

桑榆夕照録四卷　（清）蕭震萬撰　清光緒十二年（1886）刻本　二册

110000－3194－0004573　004726

求自得之室文鈔十二卷　（清）吴嘉賓撰　清同治五年（1866）刻本　五册

110000－3194－0004574　004727

十二硯齋隨録四卷　（清）汪鋆撰　清同治十一年（1872）刻本　一册

110000－3194－0004575　004728

千金裘二十七卷二集二十六卷　（清）蔣義彬纂　清咸豐三年（1853）刻本　八册

110000－3194－0004576　004729

學聚堂初稿記六卷　（清）姚祖泰撰　清光緒二十四年（1898）活字印本　二册

110000－3194－0004577　004730

省吾齋古文集十二卷　（清）［竇光鼐］撰　清嘉慶六年（1801）刻本　四册

110000－3194－0004578　004731
仰蕭樓文集一卷　（清）張星鑑撰　清光緒六年(1880)刻本　一冊

110000－3194－0004579　004732
雙白燕堂文集二卷外集八卷　（清）陸耀遹撰　清光緒四年(1878)刻本　四冊

110000－3194－0004580　004733
思補齋文集四卷　（清）劉星煒撰　清光緒二十年(1894)刻本　四冊

110000－3194－0004581　004734
楓南山館遺集七卷末一卷　（清）莊受祺撰　清同治十三年至光緒元年(1874－1875)刻本　二冊

110000－3194－0004582　004735
文貞公集十二卷　（清）張玉書撰　清乾隆五十七年(1792)刻本　六冊

110000－3194－0004583　004736
文貞公集十二卷首一卷　（清）張玉書撰　清光緒二十七年(1901)刻本　十二冊

110000－3194－0004584　004737
寶綸堂文鈔八卷　（清）齊召南撰　清嘉慶二年(1797)刻本　四冊

110000－3194－0004585　004738
何端簡公集十二卷首一卷　（清）何世璂撰　清道光二十四年(1844)刻本　六冊

110000－3194－0004586　004739
攀古小廬文不分卷　（清）許瀚撰　清光緒元年(1875)刻本　一冊

110000－3194－0004587　004740
壯悔堂文集十卷　（清）侯方域撰　清嘉慶十九年(1814)刻本　四冊

110000－3194－0004588　004741
曾惠敏公遺集十七卷　（清）曾紀澤撰　清光緒十九年(1893)鉛印本　八冊

110000－3194－0004589　004742
葆真齋集六卷　（清）賈洪詔撰　清光緒十三年(1887)刻本　六冊

110000－3194－0004590　004743
續刻受祺堂文集四卷　（清）李因篤撰　清道光十年(1830)刻本　四冊

110000－3194－0004591　004744
味經書屋詩存不分卷　（清）寶珣撰　清光緒二十七年(1901)刻本　二冊

110000－3194－0004592　004956
味經書屋詩存不分卷　（清）寶珣撰　清光緒二十七年(1901)刻本　二冊

110000－3194－0004593　004745
唐確慎公集十卷首一卷末一卷　（清）唐鑑撰　清光緒元年(1875)刻本　六冊

110000－3194－0004594　004746
吞松閣集四十卷　（清）鄭虎文撰　（清）馮敏昌編　清嘉慶十三年(1808)刻本　十四冊

110000－3194－0004595　004747
西亭文鈔十二卷首一卷末一卷　（清）王原撰　清光緒十七年至十八年(1891－1892)刻本　五冊

110000－3194－0004596　004748
佩蘅詩鈔二卷　（清）寶鋆撰　清咸豐九年(1859)刻本　一冊

110000－3194－0004597　004749
寶奎堂文集十二卷　（清）陸錫熊撰　清道光二十九年(1849)刻本　四冊

110000－3194－0004598　004750
種竹山房稿五卷　（清）岳禮撰　清乾隆五十九年(1794)刻本　四冊

110000－3194－0004599　004751
晉齋詩存二卷　（清）昇寅撰　清咸豐四年(1854)刻本　二冊

110000－3194－0004600　004972
晉齋詩存二卷　（清）昇寅撰　清咸豐四年(1854)刻本　二冊

110000－3194－0004601　004752
詒晉齋集八卷後集一卷隨筆一卷　（清）永瑆撰　清道光二十八年(1848)刻本　四冊

110000－3194－0004602　004753
詒晉齋集八卷後集一卷隨筆一卷　(清)永瑆撰　清道光二十八年(1848)刻本　五册

110000－3194－0004603　004754
知足知不足齋詩存不分卷　(清)寶琳撰　清光緒二十七年(1901)刻本　一册

110000－3194－0004604　004755
春融堂集六十八卷　(清)王昶撰　清嘉慶十二年(1807)刻本　十九册

110000－3194－0004605　004756
道古堂全集四十八卷　(清)杭世駿撰　清光緒十四年(1888)刻本　十六册

110000－3194－0004606　004757
蘋香書屋紀略七卷　(清)鄒文柏撰　清光緒三十四年(1908)活字印本　六册

110000－3194－0004607　004758
復堂類集二十六卷　(清)譚獻撰　清光緒十三年(1887)刻本　八册

110000－3194－0004608　004759
頤綵堂文集三十二卷　(清)沈叔埏撰　清光緒九年至十年(1883－1884)刻本　九册

110000－3194－0004609　004759
聖禾鄉農詩鈔四卷　(清)沈珏撰　清光緒九年至十年(1883－1884)刻本　一册

110000－3194－0004610　004760
陶文毅公全集六十四卷首一卷末一卷　(清)陶澍撰　清道光二十年(1840)刻本　二十二册

110000－3194－0004611　004761
陶文毅公全集六十四卷首一卷末一卷　(清)陶澍撰　清道光二十年(1840)刻本　二十四册

110000－3194－0004612　004762
葆淳閣全集二十四卷附年譜易説二卷　(清)王傑撰　(清)阮元編　清嘉慶二十年(1815)刻本　十二册

110000－3194－0004613　004763
沈文忠公集十卷附年譜一卷　(清)沈兆霖撰　清同治八年(1869)刻本　八册

110000－3194－0004614　004764
榮文忠公集四卷　(清)榮禄撰　清光緒二十九年(1903)石印本　一册

110000－3194－0004615　004765
玉芝堂文集六卷詩集三卷　(清)邵齊壽撰　清光緒五年(1879)刻本　四册

110000－3194－0004616　004766
思無邪室遺集四卷　(清)顧蒓撰　清咸豐六年(1856)刻本　二册

110000－3194－0004617　004767
思無邪室遺集四卷　(清)顧蒓撰　清咸豐六年(1856)刻本　二册

110000－3194－0004618　004768
紀文達公遺集十六卷　(清)紀昀撰　(清)紀樹馨編　清嘉慶十七年(1812)刻本　二十二册

110000－3194－0004619　004769
籀經堂類稿二十四卷坿齊侯罍銘通釋二卷　(清)陳慶鏞撰　清光緒九年(1883)刻本　十二册

110000－3194－0004620　004770
鮚埼亭集三十八卷首一卷　(清)全祖望撰　(清)史夢蛟校　(清)董秉純輯　清嘉慶九年(1804)刻本　六册

110000－3194－0004621　004770
全謝山先生經史問答十卷　(清)全祖望撰　(清)史夢蛟校　清嘉慶九年(1804)刻本　二册

110000－3194－0004622　004771
知止齋遺編三卷附知止齋外編一卷　(清)任重光著　(清)徐葆辰編　清光緒十八年(1892)刻本　四册

110000－3194－0004623　004772
江忠烈公遺集二卷首一卷附錄一卷行狀一卷　(清)江忠源　(清)左宗棠撰　清同治十二

年(1873)刻本　三册

110000－3194－0004624　004773
寶奎堂文集十二卷　(清)陸錫熊撰　清道光二十九年(1849)刻本　四册

110000－3194－0004625　004774
德蔭堂集十六卷附年譜一卷　(清)阿克敦撰　(清)那彦成編　清嘉慶二十一年(1816)刻本　四册

110000－3194－0004626　004775
德蔭堂集十六卷首一卷　(清)阿克敦撰　(清)那彦成編　清嘉慶二十一年(1816)刻本　四册

110000－3194－0004627　004776
哀生閣集四卷續稿三卷　(清)王大經撰　清光緒十一年(1885)刻本　六册

110000－3194－0004628　004777
毋自欺室文集十卷　(清)王炳燮撰　清光緒十一年(1885)刻本　四册

110000－3194－0004629　004778
板橋集六卷　(清)鄭燮撰　清刻本　二册

110000－3194－0004630　004779
補學軒文集四卷　(清)鄭獻甫撰　清光緒八年(1882)刻本　三册

110000－3194－0004631　004780
泰雲堂集二十五卷　(清)孫爾準撰　清光緒三十二年(1906)刻本　四册

110000－3194－0004632　004782
衎石齋記事稾十卷續稾十卷刻楮集四卷旅逸小稾二卷　(清)錢儀吉撰　清光緒六年(1880)刻本　十二册

110000－3194－0004633　004783
躬恥齋文鈔二十卷後編六卷　(清)宗稷辰撰　清咸豐至同治刻本　十册

110000－3194－0004634　004784
香樹齋全集八十七卷　(清)錢陳群撰　清同治至光緒刻本　二十四册

110000－3194－0004635　004785
胡文忠公遺集八十六卷首一卷　(清)胡林翼撰　(清)曾國荃　(清)鄭敦謹編輯　清同治六年(1867)刻本　三十二册

110000－3194－0004636　004881
胡文忠公遺集八十六卷首一卷　(清)胡林翼撰　(清)曾國荃纂輯　(清)胡鳳丹重編　清光緒二十七年(1901)鉛印本　八册

110000－3194－0004637　004786
受恒受漸齋集十二卷　(清)沈曰富撰　清咸豐九年(1859)刻本　五册

110000－3194－0004638　004787
嶺南集七卷山左集一卷　(清)羅含章撰　清道光元年(1821)刻本　六册

110000－3194－0004639　004788
實事求是齋遺稿四卷續集一卷　(清)汪廷珍撰　清光緒八年(1882)刻本　五册

110000－3194－0004640　004789
笥河文集十六卷首一卷詩集二十卷　(清)朱筠撰　(清)朱錫賡編　清嘉慶二十年(1815)刻本　十四册

110000－3194－0004641　004790
詒晉齋後集一卷隨筆一卷　(清)永瑆撰　清光緒九年(1883)刻本　二册

110000－3194－0004642　004791
朱杜谿先生集十二卷　(清)朱書著　清道光三十年(1850)刻本　四册

110000－3194－0004643　004791
遊歷記存一卷　(清)朱書著　(清)汪桂月重刊　清道光二十九年(1849)刻本　一册

110000－3194－0004644　004792
裘文達公文集六卷　(清)裘曰修撰　清同治十一年(1872)刻本　八册

110000－3194－0004645　004794
莘齋詩鈔七卷詩餘一卷　(清)宦懋庸撰　清光緒二十年(1894)刻本　四册

110000－3194－0004646　004795

悔廬文鈔五卷首一卷　(清)張崇蘭撰　清光緒二十三年(1897)刻本　十冊

110000－3194－0004647　004796
越縵堂駢體文四卷　(清)李慈銘撰　清光緒二十三年(1897)刻本　四冊

110000－3194－0004648　004797
西陂類稿五十卷首一卷　(清)宋犖撰　清康熙五十年(1711)刻本　二十冊

110000－3194－0004649　004798
陳迦陵文集六卷　(清)陳維崧撰　清康熙二十九年(1690)刻本　十二冊

110000－3194－0004650　004799
鈍翁前後類稾六十二卷鈍翁續稾五十六卷　(清)汪琬撰　清乾隆三十六年(1771)刻本　三十二冊

110000－3194－0004651　004800
存研樓文集十六卷　(清)儲大文撰　(清)儲廷棻　(清)儲廷槐重校　清光緒元年(1875)刻本　八冊

110000－3194－0004652　004801
西江文稿三十二卷附編一卷　(清)王家振著　清光緒三十四年(1908)活字印本　六冊

110000－3194－0004653　004801
西江詩稿二十八卷續編一卷　(清)王家振著　清光緒三十四年(1908)活字印本　六冊

110000－3194－0004654　004802
陶園全集　(清)張九鉞撰　清道光七年(1827)刻本　十冊

110000－3194－0004655　004803
梅庵詩鈔五卷　(清)鐵保撰　清嘉慶十年(1805)刻本　八冊

110000－3194－0004656　004804
弇山堂別集一百卷　(明)王世貞撰　清光緒刻本　二十冊

110000－3194－0004657　004805
有懷堂詩藁六卷文藁二十二卷　(清)韓菼撰　清康熙四十二年(1703)刻本　十二冊

110000－3194－0004658　004806
寶韋齋類稿一百卷　(清)李桓撰　清光緒六年(1880)刻本　三十八冊

110000－3194－0004659　004807
俞俞齋文稿初集四卷詩稿初集二卷俞俞齋詩餘一卷　(清)史念祖撰　清光緒三十二年(1906)刻本　六冊

110000－3194－0004660　004808
養晦堂文集十卷詩集二卷附思辨錄疑義一卷　(清)劉蓉著　清光緒三年(1877)刻本　六冊

110000－3194－0004661　004809
陳清端公文集八卷　(清)陳瑸撰　清乾隆三十年(1765)刻本　四冊

110000－3194－0004662　004811
大鶴山房全書二十八卷　(清)鄭文焯撰　清光緒末刻本　八冊

110000－3194－0004663　004812
敬孚類稿十六卷　(清)蕭穆撰　清光緒三十二年至三十三年(1906－1907)刻本　二冊

110000－3194－0004664　004813
悔廬文鈔五卷詩鈔三卷蔓溪櫂謳二卷悔廬文補一卷　(清)張崇蘭著　清光緒二十三年(1897)刻本　七冊

110000－3194－0004665　004814
延釐堂集九卷　(清)孫玉庭著　清同治刻本　八冊

110000－3194－0004666　004815
重編留青新集二十四卷　(清)馮善長編　清光緒三十四年(1908)鉛印本　十二冊

110000－3194－0004667　004816
重編留青新集二十四卷　(清)馮善長編　清光緒三十四年(1908)鉛印本　十二冊

110000－3194－0004668　004817
適可齋記言四卷適可齋記行六卷　(清)馬建忠撰　清光緒二十二年(1896)刻本　四冊

110000－3194－0004669　004818
樊榭山房集十卷續集十卷文集八卷　(清)厲

鶚撰　清光緒七年(1881)刻本　六册

110000－3194－0004670　004819
尊聞居士集八卷遺稿一卷　(清)羅有高撰　清光緒七年(1881)刻本　四册

110000－3194－0004671　004820
靈石山房詩草不分卷　(清)貴成撰　清光緒七年(1881)刻本　二册

110000－3194－0004672　004821
御製文集二卷　(清)文宗奕詝撰　清光緒刻本　二册

110000－3194－0004673　004822
御製文集二卷　(清)文宗奕詝撰　清光緒刻本　二册

110000－3194－0004674　004823
綴學堂初稿四卷　(清)陳漢章撰　清光緒刻本　二册

110000－3194－0004675　004824
順天鄉試硃卷(同治癸酉科)　(清)鐵齡撰　清同治十二年(1873)刻本　一册

110000－3194－0004676　004825
庚獻集不分卷　(清)奕訢撰　清同治元年(1862)刻本　一册

110000－3194－0004677　004826
正誼書屋試帖詩存二卷　(清)奕訢撰　清同治六年(1867)刻本　二册

110000－3194－0004678　004827
絜香吟館小草不分卷　(清)齡文撰　清光緒十三年(1887)刻本　一册

110000－3194－0004679　004828
御製文初集十卷　(清)宣宗旻寧撰　(清)曹振鏞等輯　清道光十一年(1831)刻本　六册

110000－3194－0004680　004829
御製文初集十卷餘集六卷目錄一卷　(清)宣宗旻寧撰　(清)曹振鏞等輯　清光緒五年(1879)鉛印本　八册

110000－3194－0004681　004848
御製文初集十卷首一卷　(清)仁宗顒琰撰　(清)慶桂等輯　清嘉慶十年(1805)刻本　八册

110000－3194－0004682　004830
御製文四集　(清)聖祖玄燁撰　清光緒五年(1879)鉛印本　四十四册

110000－3194－0004683　004832
御製文四集　(清)高宗弘曆撰　清光緒五年(1879)鉛印本　二十六册

110000－3194－0004684　004831
世宗憲皇帝御製文集三十卷總目四卷　(清)世宗胤禛撰　清光緒五年(1879)鉛印本　十六册

110000－3194－0004685　004833
御製文二集　(清)仁宗顒琰撰　清光緒五年(1879)鉛印本　十六册

110000－3194－0004686　004834
嘉定錢氏潛研堂全書二十四種　(清)錢大昕撰　清光緒十年(1884)刻本　六十四册

110000－3194－0004687　004835
瑤華詩鈔不分卷　(清)[弘旿]輯　清咸豐二年至光緒七年(1852－1881)刻本　一册

110000－3194－0004688　004836
御製詩集六卷　(清)穆宗載淳撰　清光緒刻本　二册

110000－3194－0004689　004837
朔風吟略十一卷　(清)劉秉琳著　清光緒二年至三年(1876－1877)刻本　二册

110000－3194－0004690　004838
環翠堂詩草不分卷　(清)蔣重申著　清光緒六年(1880)刻本　一册

110000－3194－0004691　004839
鐵笛仙館從戎草二卷　(清)柏春撰　清咸豐至同治刻本　一册

110000－3194－0004692　004839
鐵笛仙館後從戎草二卷　(清)柏春撰　清同治二年(1863)刻本　一册

110000－3194－0004693　004839
鐵篴仙館宦游草六卷　(清)柏春撰　清咸豐十一年(1861)刻本　二冊

110000－3194－0004694　004840
渠亭山人半部稿四刻　(清)張貞撰　清康熙刻本　八冊

110000－3194－0004695　004841
匡庵文集不分卷　(清)馬世俊撰　清光緒二十一年(1895)活字印本　四冊

110000－3194－0004696　004865
匡庵文集不分卷　(清)馬世俊撰　清光緒活字印本　一冊　存(學庸、孟子)

110000－3194－0004697　004842
持雅堂文集五卷詩集二卷　(清)尚鎔著　清同治七年(1868)刻本　六冊

110000－3194－0004698　004843
犢山類稿六卷　(清)周鎬撰　清光緒十年(1884)刻本　六冊

110000－3194－0004699　004844
慎其餘齋文集二十卷　(清)王贈芳撰　清咸豐四年(1854)刻本　六冊

110000－3194－0004700　004845
澹靜齋文鈔八卷　(清)龔景瀚著　清道光二十年(1840)刻本　六冊

110000－3194－0004701　004846
梅村家藏稿五十八卷補遺一卷年譜四卷　(清)吳偉業撰　清宣統三年(1911)刻本　八冊

110000－3194－0004702　004849
樂道堂文鈔五卷樂道堂文續一卷　(清)奕訢撰　清同治六年(1867)刻本　六冊

110000－3194－0004703　004850
陶廬文集二卷　王樹枏撰　清光緒二十八年(1902)刻本　一冊

110000－3194－0004704　004851
順所然齋文集二卷　張雲錦撰　清光緒三十四年(1908)刻本　二冊

110000－3194－0004705　004852
斯未錄二卷　(清)強望泰撰　清同治四年(1865)刻本　一冊

110000－3194－0004706　004853
御製古稀說不分卷　(清)高宗弘曆撰　清乾隆刻本　一冊

110000－3194－0004707　004855
殿試策不分卷　(清)譚鑫振撰　清光緒刻本　一冊

110000－3194－0004708　004856
天岳山館文鈔四十卷　(清)李元度撰　清光緒六年(1880)刻本　十六冊

110000－3194－0004709　004857
存我軒偶錄不分卷　(□)□□撰　清光緒二十七年(1901)刻本　一冊

110000－3194－0004710　004858
與舍弟書十六通　(清)鄭燮撰　清刻本　一冊

110000－3194－0004711　004859
策軒文編六卷　(清)蔣寶誠著　清宣統元年(1909)活字印本　二冊

110000－3194－0004712　004860
黃學廬雜述三卷　(清)陳士芑撰　清宣統元年(1909)鉛印本　一冊

110000－3194－0004713　004861
篤素堂文集四卷　(清)張英著　(清)張紹文重鐫　清光緒六年(1880)刻本　一冊

110000－3194－0004714　004862
寒松堂全集十二卷　(清)魏象樞著　清康熙四十七年(1708)刻本　十二冊

110000－3194－0004715　004907
寒松堂奏疏四卷附庸言一卷　(清)魏象樞著　清光緒二十五年(1899)刻本　五冊

110000－3194－0004716　004863
恪靖侯盾鼻餘瀋不分卷　(清)[左宗棠]撰　(清)柳葆元　(清)易策謙錄刊　清光緒七年(1881)刻本　一冊

110000－3194－0004717　004864
補學軒制藝四卷　(清)鄭獻甫撰　清同治十年(1871)刻本　四冊

110000－3194－0004718　004866
愛日齋集二卷　(清)綿愉撰　清同治十年(1871)刻本　二冊

110000－3194－0004719　004867
小倉山房文集三十五卷詩集三十七卷續補詩集二卷　(清)袁枚撰　清刻本　二十四冊

110000－3194－0004720　004868
成哲親王遺翰二卷　(清)永瑆摹鐫　清光緒十六年(1890)刻本　二冊

110000－3194－0004721　004869
成哲親王遺翰二卷　(清)永瑆摹鐫　清光緒十六年(1890)刻本　二冊

110000－3194－0004722　004871
心白日齋集六卷　(清)尹耕雲撰　清光緒十年(1884)刻本　四冊

110000－3194－0004723　004884
心白日齋集六卷　(清)尹耕雲撰　清光緒十年(1884)刻本　三冊

110000－3194－0004724　004885
心白日齋集六卷　(清)尹耕雲撰　清光緒十年(1884)刻本　三冊

110000－3194－0004725　004872
敘德書情集不分卷　(清)吳嵩梁選錄　清道光十九年(1839)刻本　一冊

110000－3194－0004726　004873
介石山房遺文二卷　(清)朱培源撰　清宣統二年(1910)刻本　二冊

110000－3194－0004727　004874
養知書屋遺集五十五卷　(清)郭嵩燾撰　清光緒十八年(1892)刻本　二十八冊

110000－3194－0004728　004875
曝書亭集八十卷附錄一卷　(清)朱彝尊撰　清康熙五十三年(1714)刻本　十一冊

110000－3194－0004729　004876
龔定盦全集六種十五卷　(清)龔自珍撰　清光緒二十三年(1897)刻本　六冊

110000－3194－0004730　004883
龔定盦全集六種十五卷　(清)龔自珍撰　清光緒二十三年(1897)刻本　六冊

110000－3194－0004731　004877
倭文端公遺書十一卷首二卷　(清)倭仁撰　清同治刻本　八冊

110000－3194－0004732　004878
儀顧堂集十二卷　(清)陸心源撰　清同治至光緒刻本　四冊

110000－3194－0004733　004879
鐵橋漫稿八卷　(清)嚴可均撰　清光緒十一年(1885)刻本　四冊

110000－3194－0004734　004880
鐵橋漫稿八卷　(清)嚴可均撰　清光緒十一年(1885)刻本　四冊

110000－3194－0004735　004882
謝梅莊先生遺集八卷　(清)謝濟世撰　清光緒三十四年(1908)鉛印本　二冊

110000－3194－0004736　004886
秋根書室詩文集十四卷西行紀程二卷西征集一卷　(清)孟傳鑄撰　清宣統二年(1910)鉛印本　八冊

110000－3194－0004737　004887
左文襄公文集五卷　(清)左宗棠撰　清光緒十八年(1892)刻本　三冊

110000－3194－0004738　004888
御製詩餘集六卷御製文餘集二卷目錄一卷　(清)仁宗顒琰撰　清光緒五年(1879)鉛印本　六冊

110000－3194－0004739　004889
御製詩集八卷御製文集二卷　(清)文宗奕詝撰　清光緒五年(1879)鉛印本　六冊

110000－3194－0004740　004890
兼濟堂文集選二十卷　(清)魏裔介撰　清龍

江書院刻本　十六册

110000－3194－0004741　004893
養正書屋全集定本四十卷目錄四卷　(清)宣宗旻寧撰　清道光二年(1822)刻本　二十四册

110000－3194－0004742　004895
養正書屋全集定本四十卷目錄四卷　(清)宣宗旻寧撰　清光緒五年(1879)鉛印本　二十四册

110000－3194－0004743　004894
樂善堂全集定本三十卷首一卷目錄一卷　(清)高宗弘曆撰　清光緒五年(1879)鉛印本　十二册

110000－3194－0004744　004896
味餘書室全集定本四十卷味餘書室隨筆二卷目錄四卷　(清)仁宗顒琰撰　清光緒五年(1879)鉛印本　三十二册

110000－3194－0004745　004897
武陵山人遺書不分卷　(清)顧觀光撰　清光緒九年(1883)刻本　八册

110000－3194－0004746　004898
天山賦不分卷　(清)歐陽鎰撰　清嘉慶三年(1798)刻本　一册

110000－3194－0004747　004900
明詩別裁集十二卷　(清)沈德潛　(清)周準輯　清乾隆四年(1739)刻本　四册

110000－3194－0004748　004901
海山存稿二十卷　(清)周煌撰　清乾隆五十八年(1793)刻本　四册

110000－3194－0004749　004902
湯子遺書十卷首一卷附錄一卷　(清)湯斌著　清同治九年(1870)刻本　十六册

110000－3194－0004750　004902
潛菴先生擬明史稿二十卷湯子遺書續編二卷　(清)湯斌撰　(清)田蘭芳評　清同治九年(1870)刻本　十四册

110000－3194－0004751　004902
洛學編五卷　(清)湯斌輯　清同治九年(1870)刻本　二册

110000－3194－0004752　004903
嶺南遺書六集五十九種　(清)伍崇曜輯　清同治二年(1863)刻本　九十册

110000－3194－0004753　004904
賭棋山莊所著書二十四種　(清)謝章鋌撰　清光緒十年至三十年(1884－1904)刻本(有補配)　三十三册

110000－3194－0004754　004906
王文成公全書三十八卷　(明)王守仁撰　清刻本　二十四册

110000－3194－0004755　004908
楊勇慤公遺集十六卷首一卷　(清)楊岳斌撰　清光緒二十一年(1895)刻本　十七册

110000－3194－0004756　004909
食舊德齋雜著二卷　(清)劉嶽雲撰　清光緒二十二年(1896)刻本　二册

110000－3194－0004757　004910
食舊德齋雜著二卷　(清)劉嶽雲撰　清光緒八年(1882)刻本　四册

110000－3194－0004758　004911
食舊德齋雜著二卷　(清)劉嶽雲撰　清光緒二十二年(1896)刻本　二册

110000－3194－0004759　004912
食舊德齋雜著二卷　(清)劉嶽雲撰　清光緒八年(1882)刻本　二册

110000－3194－0004760　004913
漁洋山人精華錄十卷　(清)王士禛撰　(清)林佶編　清康熙三十九年(1700)刻本　四册

110000－3194－0004761　005019
漁洋山人精華錄十卷　(清)王士禛撰　(清)林佶編　清宣統二年(1910)石印本　六册

110000－3194－0004762　004914
容甫先生遺詩五卷補遺一卷　(清)汪中撰　清光緒十一年(1885)活字印本　二册

110000－3194－0004763　004915
御製詩初集二十四卷目錄四卷　(清)宣宗旻寧撰　清道光九年(1829)刻本　八冊

110000－3194－0004764　004923
御製詩初集二十四卷目錄四卷　(清)宣宗旻寧撰　清道光九年(1829)刻本　十六冊

110000－3194－0004765　004916
萬壽詩一卷　(清)世祖福臨撰　清順治十三年(1656)刻本　一冊

110000－3194－0004766　004917
養拙山房紀事詩不分卷　(清)養拙山房撰　清咸豐至宣統刻本　一冊

110000－3194－0004767　004918
庸書内篇二卷外篇二卷　(清)陳熾撰　清光緒二十二年(1896)刻本　四冊

110000－3194－0004768　004919
退復軒文二卷　(清)錫縝撰　清光緒刻本(卷端卷尾為手抄)　二冊

110000－3194－0004769　004920
御製全韻詩五卷　(清)高宗弘曆撰　清乾隆刻本　五冊

110000－3194－0004770　004921
御製全韻詩五卷　(清)高宗弘曆撰　清乾隆刻本　五冊

110000－3194－0004771　004922
小倉山房尺牘六卷附牘外餘言一卷　(清)袁枚撰　清刻本　二冊

110000－3194－0004772　004924
御製詩二集六十四卷目錄八卷　(清)仁宗顒琰撰　清嘉慶十六年(1811)刻本　四十冊

110000－3194－0004773　004925
御製詩二集九十卷目錄十卷　(清)高宗弘曆撰　清乾隆刻本　四十冊

110000－3194－0004774　004926
御製詩初集四十四卷目錄四卷　(清)高宗弘曆撰　清乾隆十四年(1749)刻本　二十四冊

110000－3194－0004775　004927
御製詩集八卷目錄一卷　(清)文宗奕詝撰　清同治刻本　四冊

110000－3194－0004776　005012
御製詩集八卷　(清)文宗奕詝撰　清同治刻本　二冊

110000－3194－0004777　004928
御製詩初集四十四卷目錄四卷　(清)高宗弘曆撰　清光緒五年(1879)鉛印本　二百三十冊

110000－3194－0004778　004929
御製詩初集四十八卷目錄六卷　(清)仁宗顒琰撰　清光緒五年(1879)鉛印本　十二冊

110000－3194－0004779　004950.
御製詩初集四十八卷目錄六卷　(清)仁宗顒琰撰　(清)慶桂等編　清嘉慶八年(1803)刻本　十四冊

110000－3194－0004780　004931
御製詩初集二十四卷目錄四卷餘集十二卷　(清)宣宗旻寧撰　(清)曹振鏞等編　清光緒五年(1879)鉛印本　二十冊

110000－3194－0004781　004932
御製詩五集一百卷目錄十二卷　(清)高宗弘曆撰　清乾隆六十年(1795)刻本　六十二冊

110000－3194－0004782　004930
揭半齋遺書二十六卷　(清)揭暄撰　清咸豐九年(1859)刻本　十六冊

110000－3194－0004783　004933
御製嗣統述聖詩二卷　(清)慶桂等編　清嘉慶刻本　二冊

110000－3194－0004784　004934
交輝園遺稿一卷續刻一卷　(清)胤祥撰　清乾隆四年(1739)刻本　一冊

110000－3194－0004785　004935
芸香館遺詩二卷　(清)那遜蘭保著　清同治十三年(1874)刻本　一冊

110000－3194－0004786　004936

芸香館遺詩二卷　(清)那遜蘭保著　清同治十三年(1874)刻本　一冊

110000－3194－0004787　004937
適齋居士集四卷　(清)舒敏撰　清道光二十二年(1842)刻本　二冊

110000－3194－0004788　004938
適齋居士集四卷　(清)舒敏撰　清道光二十二年(1842)刻本　二冊

110000－3194－0004789　004939
適齋居士集四卷　(清)舒敏撰　清道光二十二年(1842)刻本　一冊

110000－3194－0004790　004940
松花菴逸草一卷　(清)吳鎮撰　清乾隆五十一年(1786)刻本　一冊

110000－3194－0004791　004941
松花菴遊草一卷　(清)吳鎮撰　清乾隆五十年(1785)刻本　一冊

110000－3194－0004792　004942
綏服紀略圖詩不分卷　(清)松筠著　(清)程振甲校刊　清嘉慶元年(1796)刻本　一冊

110000－3194－0004793　004943
綏服紀略圖詩不分卷　(清)松筠著　(清)程振甲校刊　清嘉慶元年(1796)刻本　一冊

110000－3194－0004794　004944
獨善堂詩鈔不分卷　(清)玉斌撰　清道光二十年(1840)刻本　一冊

110000－3194－0004795　004946
佩蘅詩鈔八卷　(清)寶鋆撰　清咸豐九年(1859)刻本　四冊

110000－3194－0004796　004947
念初堂詩集四卷　(清)張翽撰　清嘉慶六年(1801)刻本　一冊

110000－3194－0004797　004947
壎篪集十卷　(清)[劉沅]撰　清嘉慶刻本　一冊　存三卷(四至六)

110000－3194－0004798　004948
澹靜齋詩鈔六卷　(清)龔景瀚撰　清道光刻本　二冊

110000－3194－0004799　004949
御製詩集十卷御製詩二集十卷御製詩三集八卷　(清)聖祖玄燁撰　(清)高士奇編　(清)宋犖校刊　清康熙四十二年(1703)刻本　六冊

110000－3194－0004800　004951
選夢樓詩鈔八卷　(清)豫本撰　清道光八年(1828)刻本　四冊

110000－3194－0004801　004952
逸蒨閣遺詩不分卷　(清)多敏撰　清光緒十九年(1893)刻本　一冊

110000－3194－0004802　004953
養志書屋詩存二卷　(清)崇佑撰　(清)崇禮編　清同治十二年(1873)刻本　一冊

110000－3194－0004803　004954
倚香閣詩鈔不分卷　(清)俞鏡秋撰　清光緒三十一年(1905)石印本　一冊

110000－3194－0004804　004955
娛素主人詩鈔不分卷　(清)鐵鼎撰　清刻本　一冊

110000－3194－0004805　004957
白華前稿六十卷　(清)吳省欽撰　清乾隆四十八年(1783)刻本　十冊

110000－3194－0004806　004958
白華詩鈔六種　(清)吳省欽撰　清刻本　四冊

110000－3194－0004807　004959
缾水齋詩集十七卷別集二卷詩話一卷　(清)舒位撰　清光緒十二年至十三年(1886－1887)刻本　八冊

110000－3194－0004808　004960
香南居士集六卷　(清)崇恩撰　清道光二十二年(1842)刻本　二冊

110000－3194－0004809　004961
楚遊草六卷　(清)蓉溪外史著　清咸豐十一

年(1861)刻本　六冊

110000－3194－0004810　004962
七家試帖輯註彙鈔九卷　(清)王植桂等輯　清光緒十一年(1885)刻本　八冊

110000－3194－0004811　004963
松風閣詩鈔二十六卷　(清)彭蘊章撰　清同治七年(1868)刻本　四冊

110000－3194－0004812　004964
來蝶軒詩一卷　(清)延清著　清光緒三十一年(1905)刻本　一冊

110000－3194－0004813　004965
溫飛卿詩集九卷　(唐)溫庭筠撰　(明)曾益原注　(明)顧予咸補注　(清)顧嗣立重校　清宣統二年(1910)影印本　四冊

110000－3194－0004814　004966
溫飛卿詩集九卷　(唐)溫庭筠撰　(明)曾益原注　(明)顧予咸補注　(清)顧嗣立重校　清宣統二年(1910)影印本　四冊

110000－3194－0004815　004967
豳風詠一卷　(清)奕訢著　清咸豐七年(1857)刻本　一冊

110000－3194－0004816　004968
保心堂詩鈔一卷　(清)恩成著　清同治十三年(1874)刻本　一冊

110000－3194－0004817　004969
海國勝遊草不分卷　(清)斌椿撰　清同治七年至八年(1868－1869)刻本　一冊

110000－3194－0004818　004970
知足知不足齋詩存一卷　(清)寶琳撰　清光緒二十七年(1901)刻本　一冊

110000－3194－0004819　004971
樂循理齋詩稿八卷　(清)西園主人著　清同治八年(1869)刻本　五冊

110000－3194－0004820　004973
御製用白居易新樂府成五十章並效其體不分卷　(清)高宗弘曆撰　清乾隆刻本　四冊

110000－3194－0004821　004974
雲左山房詩鈔八卷附一卷　(清)林則徐撰　清光緒十二年(1886)刻本　二冊

110000－3194－0004822　004975
夢甦齋詩集六卷　(清)江國霖撰　清咸豐十年(1860)刻本　二冊

110000－3194－0004823　004976
杜詩論文五十六卷　(唐)杜甫撰　(清)吳見思注　(清)吳興祚定　清康熙十一年(1672)刻本　十冊

110000－3194－0004824　004977
金源紀事詩八卷　(清)湯運泰撰　(清)湯顯業註　清同治十二年(1873)刻本　四冊

110000－3194－0004825　004978
練浦攀轅圖詩不分卷　(清)王國佐編　清道光十九年(1839)刻本　一冊

110000－3194－0004826　004979
多歲堂詩集四卷多歲堂詩載庚集二卷　(清)成書撰　清道光刻本　四冊

110000－3194－0004827　004981
磨綺室詩存一卷壽梅山房詩存一卷西垣詩鈔二卷坿黔苗竹枝詞一卷　(清)丁蓉綬　(清)李謨　(清)毛貴銘撰　清光緒十年(1884)刻本　一冊

110000－3194－0004828　004982
惠園詩鐘錄不分卷　(清)叔和等撰　清光緒三十一年(1905)鉛印本　一冊

110000－3194－0004829　004983
西垣詩鈔二卷附黔苗竹枝詞一卷　(清)毛貴銘著　清光緒十年(1884)刻本　一冊

110000－3194－0004830　004984
賞春吟不分卷　(清)徐琪撰　清宣統二年(1910)石印本　一冊

110000－3194－0004831　004985
榮及甫先生遺詩二卷　(清)榮棣撰　清光緒五年(1879)刻本　一冊

110000－3194－0004832　004986

漁洋山人古詩選三十二卷　(清)王士禛選　清同治五年(1866)刻本　八册

110000－3194－0004833　004987
百哀詩詞合鈔二卷　(清)周天麟撰　清光緒二十七年(1901)刻本　一册

110000－3194－0004834　004988
感遇百韻詩草不分卷　(清)汪崇貴著　清光緒鉛印本　一册

110000－3194－0004835　004989
岣嶁仿古不分卷　(清)曠敏本撰　清乾隆刻本　一册

110000－3194－0004836　004990
試帖箋林八卷　(清)秦錫淳評　清乾隆二十三年(1758)刻本　四册

110000－3194－0004837　004991
永明石屋幻居詩不分卷　(清)海天精舍弟子編　(清)釋悟開等撰　清光緒十一年(1885)刻本　一册

110000－3194－0004838　004992
冬心居士吟草不分卷　(清)黄春齡撰　清光緒二十年(1894)刻本　一册

110000－3194－0004839　004993
心太平室詩鈔不分卷　(清)薩迎阿撰　清道光十三年(1833)刻本　一册

110000－3194－0004840　004994
龍州述古吟一卷　(清)張懿田著　清嘉慶十六年(1811)刻本　一册

110000－3194－0004841　004995
丁文誠公遺稿二卷　(清)丁寶楨撰　清光緒二十年(1894)刻本　一册

110000－3194－0004842　004996
假之鳴軒唫草不分卷　(清)汪崇貴著　清同治十一年(1872)鉛印本　三册

110000－3194－0004843　004997
東洋神戸日本竹枝詞不分卷　(清)浮槎客著　清光緒十一年(1885)刻本　一册

110000－3194－0004844　004998
青海奉使集二卷　(清)闊普通武撰　清光緒二十六年(1900)鉛印本　二册

110000－3194－0004845　004999
石村詩稿不分卷　(清)鍾珊撰　清同治九年(1870)刻本　一册

110000－3194－0004846　005000
碧腴齋詩存八卷　(清)胡德琳著　清刻本　一册

110000－3194－0004847　005001
冬心先生集四卷　(清)金農撰　清宣統二年(1910)石印本　四册

110000－3194－0004848　005002
棲香閣詩賦合刻三卷　(清)夏菊初著　(清)顧薕塘評點　清光緒八年(1882)刻本　一册

110000－3194－0004849　005079
棲香閣詩賦合刻三卷　(清)夏菊初著　(清)顧薕塘評點　清光緒八年(1882)刻本　一册

110000－3194－0004850　005003
樓居小草一卷　(清)袁杼等著　清光緒十八年(1892)鉛印本　一册

110000－3194－0004851　005004
有正味齋駢體文二十四卷　(清)吳錫麒著　(清)王廣業箋　(清)葉聯芬注　清光緒十五年(1889)石印本　四册

110000－3194－0004852　005005
適軒尺牘八卷　(清)徐菊生撰　清光緒元年(1875)刻本　四册

110000－3194－0004853　005006
紅香館詩草不分卷　(清)惲珠撰　清宣統三年(1911)石印本　一册

110000－3194－0004854　005007
四松草堂詩略四卷　(清)宗韶撰　清光緒三十年(1904)鉛印本　四册

110000－3194－0004855　005008
御製巡幸盛京詩不分卷　(清)宣宗旻寧撰　清刻本　一册

110000－3194－0004856　005009
奉使三音諾彥記程草不分卷　(清)寶鋆撰　清咸豐九年(1859)刻本　一册

110000－3194－0004857　005010
補學軒詩集十二卷　(清)鄭獻甫撰　清光緒五年(1879)刻本　三册

110000－3194－0004858　005011
古歡堂詩集四卷　(清)胡濤撰　清道光三年(1823)刻本　一册

110000－3194－0004859　005013
天外歸帆草不分卷　(清)斌椿撰　清同治七年(1868)刻本　一册

110000－3194－0004860　005014
樂道堂古近體詩二卷　(清)奕訢撰　清同治六年(1867)刻本　二册

110000－3194－0004861　005015
大小雅堂詩集不分卷　(清)承齡撰　清光緒十八年(1892)刻本　二册

110000－3194－0004862　005016
黄溪書屋吟草三卷　(清)劉德儀撰　清光緒三十年(1904)鉛印本　一册

110000－3194－0004863　005017
秋桐山館詩集二卷　(清)裕光撰　清光緒十四年(1888)刻本　一册

110000－3194－0004864　005018
一飛詩鈔不分卷　(清)文沖撰　清道光二十二年(1842)刻本　一册

110000－3194－0004865　005020
類聯集錦八卷　(清)張宗濤輯　清乾隆五十年(1785)刻本　二册

110000－3194－0004866　005021
增廣尺牘句解初集三卷末一卷二集三卷末一卷　(清)桃花館主編　清光緒三十一年(1905)鉛印本　四册

110000－3194－0004867　005022
依樣葫蘆四卷　(清)畏壘山人稿　(清)香湖居士錄　清嘉慶十四年(1809)刻本　四册

110000－3194－0004868　005023
雙魚罌齋錄唐詩甫李杜集禊敘字聯不分卷　(清)張世準錄　清光緒刻本　一册

110000－3194－0004869　005024
三義堂韻對五七言千家詩輯鈔四卷　(清)王汝麒　善成堂輯　清刻本　二册

110000－3194－0004870　005025
胡曾兩公集要略三卷　(清)張瑛輯　清光緒十一年(1885)石印本　一册

110000－3194－0004871　005026
初學行文語類四卷　(清)孫埏輯　清乾隆刻本　二册

110000－3194－0004872　005027
古文快筆貫通解三卷　(清)杭永年輯　清刻本　三册

110000－3194－0004873　005028
五十名家書札不分卷　(清)陸心源輯　清光緒十九年(1893)影印本　四册

110000－3194－0004874　005029
謝疊山先生文章軌範七卷　(元)謝枋得輯　清光緒二十一年(1895)刻本　二册

110000－3194－0004875　005031
謝疊山先生文章軌範七卷　(元)謝枋得輯　清光緒三十一年(1905)石印本　四册

110000－3194－0004876　005030
古文喈鳳新編八卷　(清)汪基輯　清雍正十二年(1734)刻本　八册

110000－3194－0004877　005032
歸樸龕叢稿十二卷續編四卷年譜一卷　(清)彭蘊章撰　清同治刻本　六册

110000－3194－0004878　005033
述本堂詩集十六種　(清)方觀承等輯　清乾隆二十年(1755)刻本　六册

110000－3194－0004879　005034
詩雋類函一百五十卷　(明)俞安期纂　(明)梅鼎祚增定　明萬曆三十七年(1609)刻本　四十八册

110000－3194－0004880　005035
古謠諺一百卷　(清)杜文瀾輯　清咸豐十一年(1861)刻本　二十册

110000－3194－0004881　005036
古謠諺一百卷　(清)杜文瀾輯　清咸豐十一年(1861)刻本　二十册

110000－3194－0004882　005037
欽定全唐文一千卷目錄三卷　(清)董誥等編　清嘉慶二十三年(1818)刻本　三百二十册

110000－3194－0004883　005038
紹聞堂增訂古文覺斯讀本十卷　(清)過珙評選　清康熙四十一年(1702)刻本　十二册

110000－3194－0004884　005039
文苑英華一千卷　(宋)李昉輯　明刻本　二百册

110000－3194－0004885　005040
文選六十卷　(南朝梁)蕭統選　(唐)李善注　清刻本　十二册

110000－3194－0004886　005041
全唐詩話六卷　(明)毛晉訂　清宣統三年(1911)石印本　六册

110000－3194－0004887　005042
近代名臣詩鈔不分卷　(□)□□編　清宣統油印本　一册

110000－3194－0004888　005043
隨園續同人集四卷　(清)袁枚輯　清刻本　六册

110000－3194－0004889　005044
南宋雜事詩七卷　(清)沈嘉轍撰　清同治十一年(1872)刻本　四册

110000－3194－0004890　005129
南宋雜事詩七卷　(清)沈嘉轍等撰　清同治十一年(1872)刻本　四册

110000－3194－0004891　005045
泰山堂重訂古文釋義新編八卷　(清)余誠評注　清光緒三十年(1904)刻本　八册

110000－3194－0004892　005067
古文釋義新編八卷　(清)余誠註　清刻本　四册

110000－3194－0004893　005046
道咸同光四朝詩史一斑錄補遺不分卷　(清)孫雄輯　清光緒三十四年(1908)油印本　一册

110000－3194－0004894　005048
道咸同光四朝詩史一斑錄二卷　(清)孫雄輯　清光緒三十四年(1908)油印本　二册

110000－3194－0004895　005047
道咸同光四朝詩史一斑錄續編二卷　(清)孫雄輯　清光緒三十四年(1908)油印本　二册

110000－3194－0004896　005049
道咸同光四朝詩史一斑錄三編二卷　(清)孫雄輯　清光緒三十四年(1908)油印本　二册

110000－3194－0004897　005050
道咸同光四朝詩史一斑錄四編二卷　(清)孫雄輯　清光緒三十四年(1908)油印本　二册

110000－3194－0004898　005051
道咸同光四朝詩史一斑錄五編二卷　(清)孫雄輯　清宣統元年(1909)油印本　二册

110000－3194－0004899　005052
唐詩掞藻八卷　(清)高士奇編　清康熙三十二年(1693)刻本　四册

110000－3194－0004900　005053
文選集腋二卷　(清)胥斌纂輯　清光緒十七年(1891)鉛印本　二册

110000－3194－0004901　005054
詳註七家詩七卷　(清)王庭紹等著　(清)張熙宇等評　清光緒十八年(1892)鉛印本　四册

110000－3194－0004902　005055
國朝文錄八十二卷　(清)姚椿輯　清光緒二十六年(1900)石印本　十六册

110000－3194－0004903　005056
古文拾級八卷　(清)李杕輯　清宣統元年

(1909)鉛印本　二冊

110000－3194－0004904　005057

評選古詩源四卷　(清)沈德潛選　清光緒二十年(1894)鉛印本　四冊

110000－3194－0004905　005058

古文觀止十二卷　(清)吴乘權　(清)吴大職評選　清光緒三十二年(1906)刻本　六冊

110000－3194－0004906　005059

古文觀止十二卷　(清)吴乘權　(清)吴大職評選　清光緒十三年(1887)刻本　六冊

110000－3194－0004907　005060

歷代經濟文統三十二卷　(清)顧炎武輯　清光緒二十七年(1901)石印本　十六冊

110000－3194－0004908　005061

增補重訂千家詩註解二卷　(元)謝枋得選　(清)王相註　清刻本　一冊

110000－3194－0004909　005062

大三昧齋喜讀詩錄二卷　(清)裕光編　清光緒二十一年(1895)刻本　二冊

110000－3194－0004910　005063

古詩源十四卷　(清)沈德潛選　清光緒十七年(1891)刻本　四冊

110000－3194－0004911　005064

宋金元詩永二十卷附補遺二卷　(清)吴綺輯　清康熙十七年(1678)刻本　十冊

110000－3194－0004912　005065

宋元明詩約鈔三百首二卷　(清)朱梓　(清)冷昌言輯　清道光二十一年(1841)刻本　二冊

110000－3194－0004913　005086

宋元明詩約鈔三百首不分卷　(清)朱梓　(清)冷昌言編輯　清光緒三年(1877)刻本　二冊

110000－3194－0004914　005066

三家宮詞三卷二家宮詞二卷　(明)毛晉輯　清同治十二年(1873)刻本　一冊

110000－3194－0004915　005068

增補天下才子必讀書十五卷　(清)陳枚輯　清康熙十六年(1677)刻本　四冊

110000－3194－0004916　005069

重訂文選集評十五卷首一卷末一卷　(清)于光華編　清光緒十五年(1889)刻本　十六冊

110000－3194－0004917　005070

文選六十卷　(南朝梁)蕭統撰　(唐)李善注　(清)何焯評　(清)葉樹藩訂　清乾隆三十七年(1772)刻本　十二冊

110000－3194－0004918　005071

西山先生真文忠公文章正宗二十四卷首一卷　(宋)真德秀輯　(清)李開鄴　(清)盛符升評述　清康熙刻本　十二冊

110000－3194－0004919　005072

宋文鑑一百五十卷目錄三卷　(宋)呂祖謙輯　明刻本　六十冊

110000－3194－0004920　005073

金文最六十卷首一卷　(清)張金吾輯　清光緒二十一年(1895)刻本　十六冊

110000－3194－0004921　005074

新刊名世文宗三十卷　(明)[胡時化]輯　明萬曆刻本　十二冊

110000－3194－0004922　005075

湖海詩傳四十六卷　(清)王昶輯　清嘉慶八年(1803)刻本　十二冊

110000－3194－0004923　005076

御選唐詩三十二卷目錄三卷附補編一卷　(清)聖祖玄燁選　(清)陳廷敬編　清康熙五十二年(1713)刻本　十五冊

110000－3194－0004924　005077

全蜀藝文志六十四卷　(明)楊慎輯　清光緒十五年(1889)刻本　十四冊

110000－3194－0004925　005078

文選六十卷文選考略十卷　(南朝梁)蕭統撰　(唐)李善注　清嘉慶十四年(1809)刻本　二十四冊

110000－3194－0004926　005080

文選李善注六十卷 (南朝梁)蕭統撰 (唐)李善注 清同治八年(1869)刻本 二十冊

110000－3194－0004927 005080
文選考異十卷 (清)胡克家撰 清同治八年(1869)刻本 四冊

110000－3194－0004928 005081
文選李善注六十卷 (南朝梁)蕭統撰 (唐)李善注 清同治八年(1869)刻本 二十冊

110000－3194－0004929 005081
文選考異十卷 (清)胡克家撰 清同治八年(1869)刻本 四冊

110000－3194－0004930 005082
古文淵鑒六十四卷 (清)徐乾學等編注 清康熙二十四年(1685)刻本 二十四冊

110000－3194－0004931 005083
古文瀾編二十卷 (明)王志堅編輯 清康熙五十五年(1716)刻本 四十冊

110000－3194－0004932 005084
歷代名人書札二卷 吳曾祺纂 清宣統二年(1910)鉛印本 二冊

110000－3194－0004933 005085
古文輯註八卷 (清)朱良玉編訂 清雍正十三年(1735)刻本 四冊

110000－3194－0004934 005087
唐詩絕句五卷 (宋)趙蕃 (宋)韓淲精選 (元)謝枋得注解 清光緒三十四年(1908)鉛印本 一冊

110000－3194－0004935 005088
六朝唐賦讀本不分卷 (清)馬傳賡選注 清同治十三年(1874)刻本 一冊

110000－3194－0004936 005089
六朝唐賦約編不分卷 (清)華文模 (清)華文棫輯 清咸豐二年(1852)刻本 一冊

110000－3194－0004937 005090
新鐫五言千家詩箋註二卷 (清)王相選註 清刻本 一冊

110000－3194－0004938 005091
斯文精萃不分卷 (清)尹繼善輯 清乾隆二十九年(1764)刻本 十二冊

110000－3194－0004939 005092
長安宮詞一卷 (清)胡延撰 清光緒二十八年(1902)刻本 一冊

110000－3194－0004940 005093
八代文粹二百二十卷目錄十八卷 (清)簡彙 (清)陳崇哲編 清光緒十一年(1885)刻本 八十冊

110000－3194－0004941 005094
遼文存六卷附錄二卷 繆荃孫輯 清光緒二十二年(1896)刻本 二冊

110000－3194－0004942 005095
遼文存六卷 繆荃孫輯 清光緒二十二年(1896)刻本 一冊

110000－3194－0004943 005096
欽定熙朝雅頌集一百六卷首集二十六卷餘集二卷 (清)鐵保輯 清嘉慶九年(1804)刻本 三十二冊

110000－3194－0004944 005097
皇朝文典七十四卷 (清)李兆洛輯 清嘉慶二十年(1815)刻本 二十四冊

110000－3194－0004945 005098
八旗文經五十六卷作者考三卷敘錄一卷 (清)盛昱編 清光緒二十八年(1902)刻本 十二冊

110000－3194－0004946 005102
八旗文經五十六卷作者考三卷敘錄一卷 (清)盛昱撰 清光緒二十七年(1901)刻本 十二冊

110000－3194－0004947 005099
御定歷代題畫詩類一百二十卷 (清)陳邦彥輯 清康熙四十六年(1707)刻本 二十四冊

110000－3194－0004948 005100
廣四時讀書樂詩試帖不分卷 (清)奕訢撰 清咸豐六年(1856)刻本 一冊

110000－3194－0004949　005101
會試硃卷不分卷　(清)續緜撰　清光緒二十年(1894)刻本　一冊

110000－3194－0004950　005103
金文雅十六卷　(清)莊仲方編　清光緒十七年(1891)刻本　四冊

110000－3194－0004951　005104
金文雅十六卷　(清)莊仲方編　清道光二十一年(1841)刻本　八冊

110000－3194－0004952　005105
塵海妙品十四卷　陳琰編　清宣統三年(1911)石印本　四冊

110000－3194－0004953　005106
近科館課分韻詩二集　王先謙編　清光緒十五年(1889)石印本　二冊

110000－3194－0004954　005107
同人集十二卷　(清)冒襄輯　清道光五年至六年(1825－1826)刻本　十二冊

110000－3194－0004955　005108
皇清文穎續編一百八卷首五十六卷目錄十卷　(清)董誥等編輯　清嘉慶十五年(1810)刻本　八十冊　存一百八十三卷(一至一百八、首二至五十六、目錄十卷)

110000－3194－0004956　005109
御訂全金詩增補中州集七十二卷首二卷　(元)元好問編　(清)郭元釪補輯　清康熙五十年(1711)刻本　二十冊

110000－3194－0004957　005110
御訂全金詩增補中州集七十二卷首二卷　(元)元好問編　(清)郭元釪補輯　清乾隆五十四年(1789)刻本　二十冊

110000－3194－0004958　005118
李長吉集四卷外卷一卷　(唐)李賀撰　(明)黃淳耀評本　(清)黎簡批點　清宣統元年(1909)石印本　二冊

110000－3194－0004959　005119
分類詩腋八卷　(清)李楨編　(清)黃永綸鑒定　清嘉慶二十二年(1817)刻本　四冊

110000－3194－0004960　005121
皇朝經濟文新編六十一卷　(清)宜令室主人輯　清光緒二十七年(1901)石印本　二十四冊

110000－3194－0004961　005122
莫愁湖風雅集三卷　(清)釋恒峰輯　清嘉慶二十年(1815)刻本　二冊

110000－3194－0004962　005123
唐律賦鈔不分卷　(清)楊泗孫編　清光緒二年(1876)刻本　一冊

110000－3194－0004963　005124
柳營詩傳四卷　(清)三多輯　清光緒十七年(1891)刻本　一冊

110000－3194－0004964　005125
同人詩錄初編十卷　(清)嫏嬛別館輯校　清同治十一年(1872)刻本　六冊

110000－3194－0004965　005126
普天忠憤全集十四卷首一卷　(清)魯陽生編　清光緒二十一年(1895)石印本　十二冊

110000－3194－0004966　005127
中晚唐詩叩彈續集三卷　(清)杜詔　(清)杜庭珠集　清康熙刻本　一冊

110000－3194－0004967　005128
十國雜事詩十七卷敘目二卷　(清)饒智元撰　清光緒十七年(1891)刻本　四冊

110000－3194－0004968　005130
國朝閨秀正始集二十卷　(清)惲珠輯　清道光十六年(1836)刻本　十冊

110000－3194－0004969　005131
近科館課分韻詩初集不分卷　王先謙編　清光緒十五年(1889)石印本　四冊

110000－3194－0004970　005132
蝶仙小史彙編六卷首一卷　(清)延清輯　清光緒二十五年(1899)刻本　三冊

110000－3194－0004971　005133

天下名山圖詠四卷 (清)沈錫齡輯 清光緒二十一年(1895)石印本 二冊

110000－3194－0004972 005134
百美新詠一卷圖傳一卷集詠一卷 (清)顏希源輯 清嘉慶九年(1804)刻本 四冊

110000－3194－0004973 005135
百美新詠一卷圖傳一卷集詠一卷 (清)顏希源輯 清嘉慶十年(1805)刻本 四冊

110000－3194－0004974 005137
詩品不分卷 (唐)司空圖撰 清光緒五年(1879)刻本 一冊

110000－3194－0004975 005138
隨園詩話十六卷補遺十卷 (清)袁枚撰 清同治八年(1869)刻本 六冊

110000－3194－0004976 005139
隨園詩話十六卷 (清)袁枚撰 清刻本 八冊

110000－3194－0004977 005279
隨園詩話十六卷 (清)袁枚著 清道光刻本 四冊 存八卷(一至四、七至十)

110000－3194－0004978 005140
分類緘腋四卷 (清)涂謙撰 清道光二十九年(1849)刻本 四冊

110000－3194－0004979 005141
六紅詩話四卷 (清)呂善報撰 清道光二十四年(1844)刻本 四冊

110000－3194－0004980 005142
詩話集錦不分卷 潘齡皋書 清宣統二年(1910)石印本 一冊

110000－3194－0004981 005143
詩話集錦不分卷 潘齡皋書 清宣統二年(1910)石印本 一冊

110000－3194－0004982 005145
應試詩法淺說六卷 (清)葉葆評注 清光緒十九年(1893)刻本 四冊

110000－3194－0004983 005146
詩義問對串珠二卷 (清)石滮撰 清光緒十七年(1891)刻本 二冊

110000－3194－0004984 005147
蓉湖草堂贈言錄不分卷 (清)麟慶編 清道光十六年(1836)刻本 二冊

110000－3194－0004985 005148
眉山詩案廣證六卷 (清)張鑑撰 清刻本 四冊

110000－3194－0004986 005149
玉谿生詩詳注三卷首一卷 (唐)李商隐撰 (清)馮浩編訂 清乾隆四十五年(1780)刻本 四冊

110000－3194－0004987 005150
御定歷代賦彙正集一百四十卷外集二十卷逸句二卷補遺二十二卷目錄二卷 (清)陳元龍輯 清康熙四十五年(1706)刻本 四十二冊

110000－3194－0004988 005151
皇朝駢文類苑十四卷首一卷 (清)姚燮輯 (清)張壽榮校刊 清光緒九年(1883)刻本 二十冊

110000－3194－0004989 005152
全唐詩九百卷目錄十二卷 (清)曹寅輯 清康熙四十六年(1707)刻本 一百二十冊

110000－3194－0004990 005153
全唐詩一百二十卷 (清)曹寅輯 清康熙四十六年(1707)刻本 一百十六冊 存一百十六冊(一至三十九、四十一至九十九、一百十一至一百十八、一百十至一百十九)

110000－3194－0004991 005154
全唐詩三十二卷 (清)曹寅輯 清光緒十三年(1887)石印本 三十二冊

110000－3194－0004992 005155
唐詩別裁集十卷 (清)沈德潛 (清)陳培脉選 清康熙五十六年(1717)刻本 十冊

110000－3194－0004993 005156
古唐詩合解十二卷 (清)王堯衢注 清刻本 六冊

110000－3194－0004994　005157

平定苗疆聯句二卷　(清)高宗弘曆等撰　清拓本　二册

110000－3194－0004995　005158

遼文萃七卷　(清)王仁俊輯　清光緒三十年(1904)鉛印本　一册

110000－3194－0004996　005159

遼文萃七卷　(清)王仁俊輯　清光緒三十年(1904)鉛印本　一册

110000－3194－0004997　005160

遼文萃七卷　(清)王仁俊輯　清光緒三十年(1904)鉛印本　一册

110000－3194－0004998　005161

遼文萃七卷　(清)王仁俊輯　清光緒三十年(1904)鉛印本　一册

110000－3194－0004999　005162

唐詩金粉十卷　(清)沈炳震纂輯　清雍正二年(1724)刻本　四册

110000－3194－0005000　005163

畹香樓詩稿二卷鐵盉居士詩稿五卷據梧吟館詩存二卷桐花吟館詩一卷　(清)梁蘭漪等撰　清光緒二十一年(1895)石印本　七册

110000－3194－0005001　005164

臺灣雜詠合刻不分卷　(清)何澂編　清光緒七年至八年(1881－1882)刻本　一册

110000－3194－0005002　005165

閩詩錄甲集六卷乙集四卷丙集二十三卷丁集一卷戊集七卷　(清)鄭杰輯　陳衍補訂　清宣統三年(1911)刻本　八册

110000－3194－0005003　005166

國朝山左詩鈔六十卷　(清)盧見曾撰　清乾隆二十一年至二十三年(1756－1758)刻本　二十册

110000－3194－0005004　005167

國朝名人書札二卷　吴曾祺輯　清宣統二年(1910)鉛印本　四册

110000－3194－0005005　005168

項城袁氏家集六種　(清)丁振鐸輯　清宣統三年(1911)鉛印本　五十六册

110000－3194－0005006　005169

湖南文徵一百三十六卷首四卷目錄六卷　(清)羅汝懷輯　清同治十年(1871)刻本　一百册

110000－3194－0005007　005170

名賢手札八卷　(清)郭慶藩輯　清光緒二十九年(1903)石印本　二册

110000－3194－0005008　005171

管注秋水軒尺牘四卷　(清)許思湄撰　(清)婁世瑞注　(清)管斯駿補注　清光緒十一年(1885)刻本　四册

110000－3194－0005009　005172

尺牘初桄二卷　(清)子虚氏輯　清光緒十二年(1886)刻本　二册

110000－3194－0005010　005173

合肥三家詩錄二卷　(清)譚獻輯　清光緒十二年(1886)刻本　一册

110000－3194－0005011　005174

播雅二十四卷　(清)鄭珍輯　清宣統三年(1911)鉛印本　八册

110000－3194－0005012　005175

貴池二妙集五十一卷目錄一卷　劉世珩輯　清光緒二十七年(1901)刻本　十二册

110000－3194－0005013　005176

蛟川先正文存二十卷　(清)劉繼聰等輯　清光緒八年(1882)刻本　十册

110000－3194－0005014　005177

奏摺譜不分卷　(清)饒旬宣撰　清光緒九年(1883)鉛印本　一册

110000－3194－0005015　005178

湖北文徵二卷　(清)單懋謙等撰　清末抄本　二册

110000－3194－0005016　005179

楚辭集注八卷　(宋)朱熹集注　清刻本　六册

110000－3194－0005017　005180
淮安藝文志十卷　(□)□□撰　清同治十二年(1873)刻本　八册

110000－3194－0005018　005181
淮安藝文志十卷　(□)□□撰　清同治十二年(1873)刻本　八册

110000－3194－0005019　005182
山陽藝文志八卷　(□)□□輯　清宣統刻本　八册

110000－3194－0005020　005183
廣陵思古編二十九卷　(清)汪廷儒編　清道光二十九年(1849)刻本　十册

110000－3194－0005021　005184
學海堂集初集十六卷二集二十二卷　(清)吳蘭修編　清道光五年至十八年(1825－1838)刻本　十六册

110000－3194－0005022　005184
學海堂集三集二十四卷　(清)吳蘭修編　(清)張維屏等輯　清咸豐九年(1859)刻本　八册

110000－3194－0005023　005184
學海堂集四集二十八卷　(清)吳蘭修編　(清)張維屏等輯　清光緒十二年(1886)刻本　十六册

110000－3194－0005024　005185
千叟宴詩三十四卷首二卷　(□)□□撰　清嘉慶武英殿刻本　三十六册

110000－3194－0005025　005186
楊忠武侯宣勤積慶圖不分卷　(清)楊光圻輯　清光緒十一年(1885)石印本　一册

110000－3194－0005026　005187
宋詩紀事補遺一百卷　(清)陸心源輯　清光緒十九年(1893)刻本　二十四册

110000－3194－0005027　005188
白山詩介十卷　(清)鐵保輯　清嘉慶五年(1800)刻本　四册

110000－3194－0005028　005189
黔詩紀略後編三十卷紀略補三卷　(清)莫庭芝　(清)黎汝謙輯　(清)陳田傳證　清宣統三年(1911)刻本　八册

110000－3194－0005029　005190
黔詩紀略三十三卷　(清)黎兆勳輯　(清)莫友芝注　清同治十二年(1873)刻本　八册

110000－3194－0005030　005191
國朝詩人徵略六十卷二編六十四卷　(清)張維屏輯　清道光二十二年(1842)刻本　十六册

110000－3194－0005031　005192
宋詩紀事一百卷　(清)厲鶚　(清)馬曰琯輯　清乾隆十一年(1746)刻本　三十二册

110000－3194－0005032　005193
明詩紀事十籤一百八十七卷　(清)陳田輯　清光緒二十五年(1899)刻本　二十八册

110000－3194－0005033　005194
靜志居詩話二十四卷　(清)朱彝尊著　(清)扶荔山房輯　清嘉慶二十四年(1819)刻本(卷二十四有補刻)　十四册

110000－3194－0005034　005195
射鷹樓詩話二十四卷　(清)林昌彝輯　清咸豐元年(1851)刻本　六册

110000－3194－0005035　005196
杜工部詩話不分卷　(清)劉鳳誥著　清宣統石印本　一册

110000－3194－0005036　005197
味肪草堂證仙詩話不分卷　(清)味肪主人撰　清光緒二十四年(1898)刻本　一册

110000－3194－0005037　005198
南濠詩話不分卷　(明)都穆撰　清乾隆三十八年(1773)刻本　一册

110000－3194－0005038　005199
仰止子詳考古今名家潤色詩林正宗十八卷　(明)余象斗輯　(清)李廷機校正　清同治八年(1869)刻本　十册

110000－3194－0005039　005200

藝苑名言八卷首一卷　(清)蔣瀾纂輯　清乾隆四十一年(1776)刻本　八冊

110000－3194－0005040　005252
藝苑名言八卷首一卷　(清)蔣瀾纂輯　清乾隆四十一年(1776)刻本　四冊

110000－3194－0005041　005201
有正味齋詞集八卷　(清)吳錫麒撰　清宣統元年(1909)石印本　三冊

110000－3194－0005042　005202
御選唐詩題解類編二十八卷　(清)黃承煦編輯　清光緒十五年(1889)刻本　八冊

110000－3194－0005043　005203
文章潤色九卷　(清)朱惺園輯　清光緒十一年(1885)影印本　一冊

110000－3194－0005044　005204
榕園詞韻一卷　(清)吳寧編　清乾隆四十九年(1784)刻本　二冊

110000－3194－0005045　005205
篋中詞今集六卷今集續四卷　(清)譚獻錄　清光緒八年(1882)刻本　五冊

110000－3194－0005046　005206
歷朝名人詞選十三卷　(清)夏秉衡選　清宣統元年(1909)石印本　六冊

110000－3194－0005047　005207
白山詞介五卷　楊鍾羲錄　清宣統二年至三年(1910－1911)刻本　二冊

110000－3194－0005048　005208
納蘭詞五卷補遺一卷　(清)納蘭性德撰　清光緒六年(1880)刻本　二冊

110000－3194－0005049　005209
玉可盦詞存一卷詞補一卷　(清)徐琪撰　清光緒十三年(1887)刻本　一冊

110000－3194－0005050　005210
詞律二十卷拾遺八卷補遺一卷　(清)萬樹論次　(清)杜文瀾編　(清)徐本立拾遺　清同治十二年至光緒二年(1873－1876)刻本　十六冊

110000－3194－0005051　005211
東坡詞一卷　(宋)蘇軾撰　清宣統元年(1909)石印本　二冊

110000－3194－0005052　005212
安陸集一卷曾樂軒稿一卷復古編二卷　(宋)張先等撰　清嘉慶七年(1802)刻本　一冊

110000－3194－0005053　005213
白香詞譜箋四卷　(清)舒夢蘭輯　(清)謝朝徵箋　清光緒十一年(1885)刻本　二冊

110000－3194－0005054　005216
白香詞譜箋四卷　(清)舒夢蘭輯　(清)謝朝徵箋　清光緒十一年(1885)刻本　二冊

110000－3194－0005055　005214
絕妙好詞箋七卷續鈔二卷　(宋)周密輯　(清)查為仁　(清)厲鶚箋　清光緒石印本　四冊

110000－3194－0005056　005215
笙月詞五卷花影詞一卷　(清)王詒壽撰　(清)孫從添著　清光緒十五年(1889)刻本　一冊

110000－3194－0005057　005217
綴白裘新集合編十二集　(清)玩月主人輯　(清)錢德蒼增輯　清乾隆四十七年(1782)刻本(六、二十三、三十冊為補配)　四十八冊

110000－3194－0005058　005218
綴白裘新集合編十二集　(清)玩月主人輯　(清)錢德蒼增輯　清嘉慶十五年(1810)刻本　四十八冊

110000－3194－0005059　005219
新造楊文廣平南蠻十八洞三十八卷　(□)李萬利輯　清末刻本　六冊

110000－3194－0005060　005220
懷永堂繪像第六才子書八卷　(元)[王實甫]撰　清康熙五十九年(1720)刻本　六冊

110000－3194－0005061　005221
清源妙道顯聖真君一了真人護國佑民忠孝二郎寶卷二卷　(□)□□撰　明嘉靖四十一年

(1562)刻本　二册

110000－3194－0005062　005222
御製悦心集四卷　(清)世宗胤禛輯　清雍正四年(1726)刻本　四册

110000－3194－0005063　005223
雲水道情不分卷　(□)□□撰　清刻本　一册

110000－3194－0005064　005224
洄溪道情不分卷　(清)徐大椿撰　清同治刻本　一册

110000－3194－0005065　005225
納書楹曲譜正集四卷續集四卷外集二卷補遺四卷牡丹亭全譜八卷　(清)葉堂訂譜　清乾隆五十七年至五十九年(1792－1794)刻本　二十二册

110000－3194－0005066　005226
納書楹曲譜正集四卷續集四卷外集二卷補遺四卷　(清)葉堂訂譜　清乾隆五十七年(1792)刻本　十四册

110000－3194－0005067　005227
繡像宋史奇書十二卷　(□)□□撰　清光緒三十二年(1906)石印本　六册

110000－3194－0005068　005228
繪像第七才子書六卷　(清)毛宗崗評　清光緒十八年(1892)石印本　六册

110000－3194－0005069　005229
八僊讃孤魂呪後代雜耍不分卷　(□)李倓贖抄　清末抄本　一册

110000－3194－0005070　005230
岔曲本不分卷　(□)□□撰　清末抄本　一册

110000－3194－0005071　005231
新刻唱白時調沉香閣初集二十四集　(□)□□撰　清刻本　六册

110000－3194－0005072　005232
桃花扇傳奇二卷　(清)孔尚任編　清康熙四十七年(1708)刻本　四册

110000－3194－0005073　005233
吳吳山三婦合評牡丹亭還魂記二卷　(明)湯顯祖撰　清刻本　六册

110000－3194－0005074　005234
草船借箭不分卷　(□)□□撰　清末抄本　一册

110000－3194－0005075　005235
長生殿傳奇四卷　(清)洪昇填詞　(清)舒鳧論文　清光緒十六年(1890)鉛印本　四册

110000－3194－0005076　005236
如是山房增訂金批西廂四卷首一卷末一卷　(元)王實甫撰　(清)金聖嘆批點　清光緒二年(1876)刻本　六册

110000－3194－0005077　005238
今古奇觀四十卷　(明)抱甕老人輯　清光緒刻本　十一册　存三十六卷(一至三十二、三十七至四十)

110000－3194－0005078　005239
紅樓夢廣義不分卷　(清)青山山農撰　清石印本　一册

110000－3194－0005079　005241
九品蓮臺二卷　(清)蓮航居士編　清末刻本　二册

110000－3194－0005080　005242
歷代史略鼓詞不分卷　(明)木皮散客撰　清光緒三十四年(1908)鉛印本　一册

110000－3194－0005081　005243
廿一史彈詞注十一卷　(明)楊慎撰　(清)張三異增定　(清)張仲璜注　清乾隆五十一年(1786)刻本　八册

110000－3194－0005082　005244
陸放翁全集六種　(宋)陸遊撰　明刻本　四十八册

110000－3194－0005083　005245
紅樓夢賦不分卷　(清)沈謙撰　清光緒三年(1877)活字印本　一册

110000－3194－0005084　005246
周武壯公遺書九卷首一卷外集三卷別集一卷

附錄一卷 （清）周盛傳撰 （清）周家駒編輯 清光緒三十一年(1905)刻本 十册

110000－3194－0005085 005247
李長吉歌詩四卷首一卷外集一卷 （唐）李賀撰 （清）王琦彙解 清光緒四年(1878)刻本 四册

110000－3194－0005086 005248
各省課藝匯海不分卷 （清）擷雲腴山館主人輯 清光緒十五年(1889)石印本 十二册

110000－3194－0005087 005249
仙居集二十四卷 （清）[王棻]輯 清光緒活字印本 八册

110000－3194－0005088 005251
談藝珠叢四十四卷 （清）王啟原輯 清光緒十一年(1885)刻本 十一册

110000－3194－0005089 005253
漁洋詩話三卷 （清）王貽上撰 清乾隆十三年(1748)刻本 三册

110000－3194－0005090 005254
飛燕外傳一卷漢雜事秘辛一卷 （漢）伶玄撰 清末刻本 一册

110000－3194－0005091 005255
策學總纂大成四十六卷目錄二卷 （清）蔡壽祺撰 清光緒刻本(卷端卷尾為手抄) 三册 存七卷(三十一至三十七)

110000－3194－0005092 005256
詩鐘錄不分卷 （清）王以慜編 清光緒十一年(1885)刻本 一册

110000－3194－0005093 005257
徐騎省集三十卷附校徐集札記一卷補遺一卷 （宋）徐鉉撰 清光緒十七年(1891)刻本 五册 存二十九卷(四至三十、札記一卷、補遺一卷)

110000－3194－0005094 005258
尺牘初桄四卷 （清）南窗侍者輯 清光緒十二年(1886)鉛印本 二册

110000－3194－0005095 005259
百美新詠圖傳不分卷 （清）袁枚鑒定 （清）顏希源撰 清乾隆五十五年(1790)刻本 一册

110000－3194－0005096 005260
尺牘入門一卷 （□）沈雲輯 （□）江通校 清刻本 一册 存一卷(三)

110000－3194－0005097 005261
詩料類林摘要四卷 （□）□□撰 清刻本 一册 存二卷(三至四)

110000－3194－0005098 005262
海忠介公集六卷 （明）海瑞撰 清同治八年(1869)刻本 三册 存四卷(三至六)

110000－3194－0005099 005263
詩畸八卷外編二卷 （清）唐景崧撰 清光緒刻本 一册 存二卷(三至四)

110000－3194－0005100 005264
麝塵蓮寸集四卷末一卷 （清）汪淵集詞 （清）程淑校注 清光緒刻本 一册 存三卷(三至四、末一卷)

110000－3194－0005101 005266
陽明先生文集十六卷年譜二卷 （明）王守仁撰 （明）李贄輯 清道光六年(1826)刻本 六册 存七卷(九至十一、十三至十四、十六，年譜下)

110000－3194－0005102 005267
萃錦唫八卷 （清）奕訢撰 清光緒十一年(1885)刻本 八册

110000－3194－0005103 005268
揚州鼓吹詞序不分卷 （清）吳綺著 清光緒至宣統石印本 一册

110000－3194－0005104 005269
國朝閨秀正始續集十卷附錄一卷補遺一卷 （清）惲珠撰 （清）妙蓮保輯 清道光十六年(1836)刻本 三册 存八卷(一至三、八至十，附錄一卷，補遺一卷)

110000－3194－0005105 005270
國朝閨秀正始集二十卷附錄一卷補遺一卷

(清)惲珠撰　清道光十一年(1831)刻本　五冊　存十九卷(四至二十、附錄一卷、補遺一卷)

110000－3194－0005106　005271

倭文端公遺書八卷首二卷末一卷倭文端公遺書續刊四卷　(清)倭仁撰　清光緒刻本　五冊　存十三卷(遺書八卷、末一卷、續刊四卷)

110000－3194－0005107　005272

閨麗艷情尺牘二卷附閨秀手札一卷　(□)□□撰　清光緒至宣統刻本　一冊

110000－3194－0005108　005273

補學軒文集駢體二卷　(清)鄭獻甫撰　清咸豐十一年(1861)刻本　一冊　存一卷(一)

110000－3194－0005109　005274

左文襄公書牘二十六卷　(清)左宗棠撰　清光緒十八年(1892)刻本　二十一冊　存二十一卷(一至八、十一至十九、二十二至二十五)

110000－3194－0005110　005275

御製文四集　(清)聖祖玄燁撰　清光緒鉛印本　四冊　存三集(一至二、四)

110000－3194－0005111　005276

冷齋夜話十卷　(宋)釋惠洪撰　清乾隆刻本　一冊

110000－3194－0005112　005277

唐宋八大家文鈔十九卷　(清)張伯行輯　清同治刻本　一冊　存三卷(十三至十五)

110000－3194－0005113　005278

香山詩鈔二十卷　(唐)白居易著　(清)楊大鶴選　清康熙四十年(1701)刻本　五冊　存十七卷(一至五、九至二十)

110000－3194－0005114　005280

嶺南即事十集　(清)何惠群撰　清光緒二十五年(1899)刻本　二冊　存四集(一至二、七至八)

110000－3194－0005115　005281

小倉山房四六八卷　(清)袁枚撰　清刻本　三冊

110000－3194－0005116　005282

紅豆村人詩稿十四卷　(清)袁樹撰　清乾隆二十七年(1762)刻本　三冊

110000－3194－0005117　005284

論說入門四集　(清)程宗啟編　清宣統元年(1909)石印本　十二冊

110000－3194－0005118　005285

師鄭堂中國文學講義不分卷　(清)孫雄編輯　清光緒三十四年(1908)鉛印本　一冊

110000－3194－0005119　005841

後聊齋志異圖說十二卷　(清)王韜撰　清光緒石印本　七冊　存十一卷(一至三、五至十二)

110000－3194－0005120　000185

三才圖會一百六卷　(明)王圻編　明萬曆刻本　一冊　存三卷(十二至十四)

110000－3194－0005121　000186

唐類函二百卷目錄二卷　(明)俞安期撰　明萬曆四十六年(1618)刻本　六十四冊

110000－3194－0005122　000187

重增釋義徽郡世事通考元龍雜字四卷　(□)□□撰　清刻本　二冊

110000－3194－0005123　000188

事類賦三十卷　(宋)吳淑撰　(明)華麟祥校勘　明嘉靖十一年(1532)刻本　四冊

110000－3194－0005124　003927

事類賦三十卷　(宋)吳淑撰注　清康熙刻本　四冊

110000－3194－0005125　000189

群書備考六卷續二三場群書備考三卷　(明)袁黃著　(明)袁儼註釋　明萬曆三十八年(1610)刻本　四冊

110000－3194－0005126　000190

博物典匯二十卷　(明)黃道周撰　明崇禎八年(1635)刻本　六冊

110000－3194－0005127　000253

陷虜記四卷　(□)□□撰　清末抄本　一冊

110000－3194－0005128　003812
事類賦補遺十四卷　(清)張均撰　清嘉慶十六年(1811)刻本　六册

110000－3194－0005129　003885
佩文韻府一百六卷　(清)張玉書等編　清康熙五十年(1711)刻本　九十五册

110000－3194－0005130　003887
經濟類編一百卷　(明)馮琦纂　明萬曆三十二年(1604)刻本(第一、三十五册為墨筆抄配)　六十四册

110000－3194－0005131　003888
類腋四部五十五卷補遺一卷　(清)姚培謙輯　(清)張翰純補遺　清刻本　十册

110000－3194－0005132　003889
小學紺珠十卷　(宋)王應麟撰　清刻本　五册

110000－3194－0005133　004626
小學紺珠十卷　(宋)王應麟撰　清康熙刻本　一册　存二卷(五至六)

110000－3194－0005134　003890
小知錄十二卷　(清)陸鳳藻輯　清同治十二年(1873)刻本　四册

110000－3194－0005135　003891
靈檀碎金六十八卷附錄一卷　(清)郎玉銘著　清光緒八年(1882)鉛印本　十册

110000－3194－0005136　003892
子史輯要詩賦題解四卷　(清)胡本淵編輯　清刻本　二册

110000－3194－0005137　003892
子史輯要題解續編四卷　(清)胡本淵編輯　清刻本　二册

110000－3194－0005138　003893
子史輯要題解合編四卷　(清)胡本淵編輯　清道光二十二年(1842)刻本　四册

110000－3194－0005139　003894
古事比五十二卷　(清)方中德著　(清)王梓校　清光緒二十一年(1895)石印本　十六册

110000－3194－0005140　003895
古事比五十二卷　(清)方中德著　(清)王梓校　清康熙四十七年(1708)刻本　十六册

110000－3194－0005141　003896
鑄史駢言十二卷　(清)孫玉田撰　清光緒十一年(1885)石印本　二册

110000－3194－0005142　003897
均藻五卷　(明)楊慎編輯　(清)李調元校　清刻本　一册

110000－3194－0005143　003898
錦字箋四卷　(清)黄澐纂　清康熙二十八年(1689)刻本　四册

110000－3194－0005144　003900
增補注釋故事白眉十卷　(清)許以忠集　清康熙八年(1669)刻本　六册

110000－3194－0005145　003901
初學記三十卷　(唐)徐堅撰　清光緒十四年(1888)刻本　十六册

110000－3194－0005146　003902
玉海二百四卷附刻十三種　(宋)王應麟撰　清嘉慶十一年(1806)刻本　六十四册

110000－3194－0005147　003903
佩文韻府一百六卷　(清)張玉書輯　(清)蔡升元輯　清刻本　十五册

110000－3194－0005148　003908
四字類賦二十七卷　(清)張師載撰　清道光二十九年(1849)刻本　四册

110000－3194－0005149　003909
萬卷讀餘五卷　(清)康基淵纂　清光緒十五年(1889)刻本　四册

110000－3194－0005150　003910
册府元龜一千卷目錄十卷　(宋)王欽若撰　清乾隆十九年(1754)刻本　二百四十册

110000－3194－0005151　003912
山堂肆考二百四十卷　(明)彭大翼著　明萬曆二十三年至二十五年(1595－1597)刻本　八十册

110000－3194－0005152　003914
六藝通考一百卷首一卷　(清)孫璧文輯　清光緒二十七年(1901)刻本　四十八册

110000－3194－0005153　003917
廣彙全書四卷　(清)劉順　(清)桑格編輯　清康熙四十一年(1702)刻本　四册

110000－3194－0005154　003918
藝文類聚一百卷　(唐)歐陽詢撰　(明)王元貞校　清光緒五年(1879)刻本　四十册

110000－3194－0005155　003919
類書纂要三十三卷　(清)周魯輯　清康熙三年(1664)刻本　二十四册

110000－3194－0005156　003920
四六纂組十卷　(清)胡吉豫輯　清康熙十八年(1679)刻本　四册

110000－3194－0005157　003921
御定駢字類編二百四十卷　(清)張廷玉編　清雍正六年(1728)刻本　一百三十册

110000－3194－0005158　003922
潛確居類書一百二十卷　(明)陳仁錫輯　明崇禎刻本　六十册

110000－3194－0005159　003923
壹是紀始二十二卷補遺一卷　(清)魏崧著　清光緒十七年(1891)刻本　六册

110000－3194－0005160　003924
淵鑑類函纂要四卷　(日本)藤江浩纂輯　清光緒十三年(1887)石印本　四册

110000－3194－0005161　003925
廣事類賦四十卷　(清)華希閔著　清乾隆五十四年(1789)刻本　十册

110000－3194－0005162　003926
廣事類賦四十卷　(清)華希閔著　清康熙三十八年(1699)刻本　八册

110000－3194－0005163　003928
典昉十一卷　(清)王權撰　清宣統二年(1910)刻本　八册

110000－3194－0005164　003929
稱謂錄三十二卷　(清)梁章鉅撰　清光緒十年(1884)刻本　八册

110000－3194－0005165　003930
藝苑零珠六卷首一卷　(清)李象梓撰　(清)李家焯編　清光緒十五年(1889)刻本　四册

110000－3194－0005166　003931
增補事類統編鈔不分卷　(□)□□撰　清刻本　一册

110000－3194－0005167　003967
北堂書鈔一百六十卷　(唐)虞世南撰　(清)孔廣陶校註　清光緒十四年(1888)刻本　二十册

110000－3194－0005168　003968
太平御覽一千卷目錄十五卷　(宋)李昉等纂　清嘉慶二十三年(1818)刻本　一百册

110000－3194－0005169　003969
太平御覽一千卷目錄十五卷　(宋)李昉等纂　清光緒十八年(1892)刻本　一百册

110000－3194－0005170　003970
事類統編九十三卷首一卷　(清)味經堂林氏彙刊　(清)林敬昭重校　清道光二十四年(1844)刻本　四十八册

110000－3194－0005171　003971
事類統編九十三卷首一卷　(清)味經堂林氏彙刊　(清)林敬昭重校　清道光二十四年(1844)刻本　四十八册

110000－3194－0005172　003972
增補事類統編九十三卷首一卷　(清)黄葆真增輯　清光緒十四年(1888)石印本　十二册

110000－3194－0005173　003973
增補事類統編九十三卷首一卷　(清)黄葆真增輯　清光緒十四年(1888)石印本　十二册

110000－3194－0005174　003974
事物異名錄四十卷　(清)厲荃原輯　(清)關槐增纂　清乾隆五十三年(1788)刻本　八册

110000－3194－0005175　003975

俯拾即是十五卷　(清)董業卿輯　清宣統抄本　十五冊

110000－3194－0005176　003976

小瑯嬛山館彙刊類書十二種　(□)□□輯　清同治九年(1870)刻本　七冊　存九種(一至九)

110000－3194－0005177　003977

重訂增補陶朱公致富全書四卷　(清)石巖逸叟增定　清康熙十七年(1678)刻本　一冊

110000－3194－0005178　003978

表異錄二十卷　(明)王志堅輯　清光緒二年(1876)刻本　二冊

110000－3194－0005179　003979

表異錄二十卷　(明)王志堅輯　清雍正刻本　四冊

110000－3194－0005180　003980

讀書紀數略五十四卷　(清)宮夢仁輯　清康熙四十六年(1707)刻本　十六冊

110000－3194－0005181　003981

子史精華一百六十卷　(清)允祿等編　清光緒十年(1884)石印本　八冊

110000－3194－0005182　003982

子史精華一百六十卷　(清)允祿等纂　清雍正五年(1727)刻本　三十二冊

110000－3194－0005183　003983

子史精華一百六十卷　(清)允祿等纂　清乾隆五十五年(1790)刻本　六十三冊

110000－3194－0005184　004612

初學記三十卷校勘一卷　(唐)徐堅撰　清光緒十四年(1888)刻本　十四冊　存二十八卷(一至九、十一至十六、十九至三十,校勘一卷)

110000－3194－0005185　004613

初學記三十卷補遺一卷　(唐)徐堅撰　清光緒十四年(1888)刻本　二冊　存四卷(十六至十七、二十二至二十三)

110000－3194－0005186　004620

古今圖書集成一萬卷目錄三十二卷　(清)陳夢雷　(清)蔣廷錫等編　清光緒鉛印本　二冊　存九卷(一百八十二至一百八十七、六百四十一至六百四十三)

110000－3194－0005187　004622

新纂氏族箋釋八卷　(清)熊峻運著　清刻本　三冊　存六卷(三至八)

110000－3194－0005188　004793

安靜子集五種　(清)安致遠撰　清同治二年(1863)刻本　六冊

110000－3194－0005189　005283

隨園三十八種　(清)袁枚著　清乾隆四十三年(1778)刻本　六冊　存十四種二十一卷(南園詩選二卷、筱雲詩集二卷、粲花軒詩稿二卷、盈書閣遺稿一卷、樓居小草一卷、素文女子遺稿一卷、飲水詞鈔二卷、箏船詞一卷、捧月樓詞二卷、綠秋草堂詞一卷、玉山堂詞一卷、崇睦山房詞一卷、過雲精舍詞二卷、碧梧山館詞二卷)

110000－3194－0005190　005345

湖北叢書三十一種　(清)趙尚輔輯　清光緒十七年(1891)刻本　一百冊

110000－3194－0005191　005346

張氏叢書三十六種　(清)張澍編輯　清道光元年(1821)刻本　八冊

110000－3194－0005192　005347

張氏叢書三十六種　(清)張澍編輯　清道光元年(1821)刻本　十二冊

110000－3194－0005193　005348

臺州叢書二集七種　(清)宋世犖輯　清嘉慶刻本　十八冊

110000－3194－0005194　005349

蟄廬叢書三種　(清)陳虬撰　清光緒十九年至二十年(1893－1894)石印本　六冊

110000－3194－0005195　005350

别下齋叢書二十八種　(清)蔣生沐編　清光緒影印本　四十八冊

110000－3194－0005196　005351
嘯園叢書　（清）葛元煦輯　清光緒九年(1883)刻本　三十六册

110000－3194－0005197　005352
三長物齋叢書二十五種二百五十九卷　（清）黄本驥輯　清光緒四年(1878)刻本　八十册

110000－3194－0005198　005353
增訂漢魏叢書九十六種　（清）王謨輯　清宣統三年(1911)石印本　三十二册

110000－3194－0005199　005354
張氏適園叢書七種　（清）張鈞衡編　清宣統三年(1911)鉛印本　十册

110000－3194－0005200　005355
聚學軒叢書五集六十種　劉世珩校刊　清光緒刻本　一百册

110000－3194－0005201　005356
惜陰軒叢書三十四種續編一種　（清）李錫齡校刊　清咸豐八年(1858)刻本　一百二十四册

110000－3194－0005202　005357
讀畫齋叢書八集　（清）顧修輯　清嘉慶刻本　六十四册

110000－3194－0005203　005358
巽書四種　（清）申報館輯　清光緒二年(1876)鉛印本　三册

110000－3194－0005204　005359
宜稼堂叢書七種　（清）郁松年輯　清道光二十一年(1841)刻本　六十四册

110000－3194－0005205　005360
守山閣叢書四集一百十二種　（清）錢熙祚輯　清光緒十五年(1889)石印本　一百册

110000－3194－0005206　005361
昭代叢書十集四百九十九種　（清）張潮輯　（清）沈楙德校　清光緒二年(1876)刻本　一百七十册

110000－3194－0005207　005362
昭代叢書十集四百九十九種　（清）張潮輯　（清）沈楙德校　清光緒二年(1876)刻本　一百十七册　缺六十四卷（丁集補四至十三、戊集一至二、壬集四十一至四十七、癸集六至五十）

110000－3194－0005208　005363
靈峰草堂叢書六種　（清）陳矩撰輯　清光緒二十二年(1896)刻本　三册

110000－3194－0005209　005364
守約篇叢書三集六十三種　（清）李光廷輯　清同治十三年(1874)刻本　四十六册

110000－3194－0005210　005365
雅雨堂叢書十三種　（清）盧見曾輯　清乾隆二十一年(1756)刻本　二十二册

110000－3194－0005211　005366
玉函山房輯佚書五百九十四種　（清）馬國翰輯　清光緒九年(1883)刻本　九十六册

110000－3194－0005212　005367
鄦齋叢書二十種　徐乃昌校刊　清光緒二十六年(1900)刻本　十六册

110000－3194－0005213　005368
硯雲甲編八帙乙編八帙　（清）金忠淳輯　清光緒鉛印本　六册

110000－3194－0005214　005369
古逸叢書二十六種　（清）黎庶昌編　清光緒十年(1884)刻本　四十册

110000－3194－0005215　005370
粟香室叢書五種　金武祥輯　清光緒二十年(1894)刻本　一册

110000－3194－0005216　005371
琴志樓叢書十八種　易順鼎撰　清光緒十年(1884)刻本　八册

110000－3194－0005217　005372
功順堂叢書十八種　（清）潘祖蔭輯　清光緒十一年(1885)刻本　三十二册

110000－3194－0005218　005373
新民叢報彙編　梁啟超編　清光緒三十二年(1906)石印本　十二册

110000－3194－0005219　005374
榿園四種　(清)龔禮著　清咸豐五年(1855)刻本　七册

110000－3194－0005220　005375
古今說部叢書五集　(清)國學扶輪社輯　清宣統二年至三年(1910－1911)鉛印本　三十册

110000－3194－0005221　005376
淵鑑類函四百五十卷　(清)張英等纂　清光緒二十三年(1897)石印本　十册

110000－3194－0005222　005377
二思堂叢書六種五十一卷　(清)梁章鉅撰　清同治十二年(1873)刻本　十四册

110000－3194－0005223　005378
炳燭齋雜著五種七卷　(清)江藩著　清抄本　二册

110000－3194－0005224　005379
小四書五卷　(宋)方逢辰撰　清雍正十一年(1733)刻本　四册

110000－3194－0005225　005380
小四書五卷　(宋)方逢辰撰　清康熙三十二年(1693)刻本　四册

110000－3194－0005226　005381
十種古逸書　(清)茆泮林輯　清道光二十二年(1842)刻本　六册

110000－3194－0005227　005382
秘書廿一種　(清)汪士漢輯　清康熙七年(1668)刻本　八册　存十六種(博物志十卷、續博物志十卷、桂海虞衡志一卷、博異記一卷、高士傳二卷、劍俠傳四卷、楚史檮杌不分卷、晉史乘不分卷、竹書紀年二卷、古今注三卷、三墳不分卷、集異記不分卷、續齊諧記不分卷、風俗通義四卷、列仙傳二卷、中華古今注三卷)

110000－3194－0005228　005383
劉武慎公遺書二十五卷年譜三卷　(清)劉長佑撰　清光緒二十六年(1900)鉛印本　二十八册

110000－3194－0005229　005384
亭林先生遺書彙輯二十三種六十三卷附錄三種四卷　(清)顧炎武撰　清光緒十四年(1888)刻本　二十四册

110000－3194－0005230　005385
正覺樓叢刻二十五種　(清)［李瀚章］輯　清刻本　三十六册

110000－3194－0005231　005386
西堂全集　(清)尤侗撰　清康熙刻本　八册　存三十卷(一至三十)

110000－3194－0005232　005387
說郛一百二十種續集四十種　(明)陶宗儀纂　(明)陶珽纂　清順治四年(1647)刻本　一百六十册

110000－3194－0005233　005388
如皋冒氏叢書一百五十五卷　(清)冒廣生輯　清光緒二十六年(1900)刻本　四十二册

110000－3194－0005234　005389
式訓堂叢書二集三十六種　(清)章壽康輯　清光緒三年(1877)刻本　二十二册

110000－3194－0005235　005390
粵雅堂叢書三編三十集　(清)伍崇曜輯　清光緒刻本　四百册

110000－3194－0005236　005391
玉簡齋叢書二集二十二種　羅振玉輯　清宣統二年(1910)刻本　二十册

110000－3194－0005237　005392
武英殿聚珍版書一百三十七種　(□)□□撰　清同治十年(1871)刻本　七百六十九册　缺十種(御纂周易述義一、欽定四庫全書考證十五至二十九、絜齋集十三至二十四、琉球國志略一至十六、閩政領要一至三、唐書直筆一至四、恥堂存稿一至八、浮沚集一至九、欽定三禮、康熙字典)

110000－3194－0005238　005393
小萬卷樓叢書十七種七十二卷　(清)錢培名編　清光緒四年(1878)刻本　十六册

110000－3194－0005239　005394
結一廬朱氏賸餘叢書四種　(清)朱澂輯　清光緒刻本　二十二冊

110000－3194－0005240　005395
積學齋叢書二十種　徐乃昌輯　清光緒十九年(1893)刻本　十六冊

110000－3194－0005241　005396
後知不足齋叢書十六種　(清)鮑廷爵輯　清光緒十年刻本(1884)(有補修)　三十二冊

110000－3194－0005242　005397
風雨樓叢書二十三種　(清)鄧實輯　清宣統二年至三年(1910－1911)鉛印本(有補配)　五十冊

110000－3194－0005243　005398
平津館叢書十集四十二種　(清)孫星衍輯　清光緒十一年(1885)刻本　六十四冊

110000－3194－0005244　005399
知不足齋叢書三十集　(清)鮑廷博輯　清刻本　二百四十冊

110000－3194－0005245　005436
知不足齋叢書三十集　(清)鮑廷博輯　清光緒刻本　五十四冊

110000－3194－0005246　005400
連筠簃叢書十三種　(清)楊尚文輯　清道光二十七年至二十九年(1847－1849)刻本　三十二冊

110000－3194－0005247　005401
集虛草堂叢書甲集十種　李國松輯　清光緒三十年至三十二年(1904－1906)刻本　二十四冊

110000－3194－0005248　005402
觀古堂彙刻書二集廿一種　葉德輝輯　清光緒刻本　十五冊

110000－3194－0005249　005403
觀古堂所著書二集十七種　葉德輝輯　清光緒至宣統刻本　十三冊

110000－3194－0005250　005404
正誼堂全書六十三種　(清)張伯行輯　清同治五年(1866)刻本　一百四十冊

110000－3194－0005251　005405
藝海珠塵八集一百六十四種　(清)吳省蘭輯　(清)戴殿泗校　清刻本　六十四冊

110000－3194－0005252　005406
海山僊館叢書五十六種　(清)潘仕成輯　清道光二十九年(1849)刻本　一百二十八冊

110000－3194－0005253　005407
南菁書院叢書八集四十一種　王先謙輯　清光緒十四年(1888)刻本　三十二冊

110000－3194－0005254　005408
韓門綴學五卷續編一卷　(清)汪師韓撰　清刻本　三冊

110000－3194－0005255　005408
詩學纂聞一卷談書錄一卷　(清)汪師韓撰　清刻本　一冊

110000－3194－0005256　005408
上湖紀歲詩編四卷附續編一卷分類文編一卷　(清)汪師韓撰　清刻本　三冊

110000－3194－0005257　005409
槐廬叢書五編四十六種　(清)朱記榮輯　清光緒十三年(1887)刻本　六十冊

110000－3194－0005258　005410
龍威秘書十集　(清)馬俊良輯　清乾隆五十九年(1794)刻本　八十冊

110000－3194－0005259　005411
龍威秘書十集　(清)馬俊良輯　清乾隆五十九年(1794)刻本　八十冊

110000－3194－0005260　005412
壬寅新民叢報全編二十五卷　(清)新民叢報社編　清光緒二十九年(1903)石印本　十六冊

110000－3194－0005261　005413
函海一百五十九種　(清)李調元撰　清光緒八年(1882)刻本　一百六十冊

110000－3194－0005262　005414
左海全集十種　(清)陳壽祺撰　清道光十四年(1834)刻本　二十冊

110000－3194－0005263　005415
紹興先正遺書四集十五種　(清)徐友蘭輯　清光緒十八年(1892)刻本　四十八冊

110000－3194－0005264　005416
閏竹居叢書二十八種　(清)觀頮道人輯　清刻本　二冊　存十四種(連山歸藏逸文、焦氏易林吉語、造化經綸圖、孔壁書序、武王克殷日記、詩經世本目、三百篇鳥獸草本記、笙詩補亡、聯莊、聯騷、抱朴子駢言、說文凝錦錄、事物紀原、玉海祥瑞錄)

110000－3194－0005265　005417
楊氏全書五種三十六卷　(清)楊名時撰　清乾隆五十九年(1794)刻本　八冊

110000－3194－0005266　005418
西漚全集十卷外集八卷　(清)李惺撰　(清)童棫編輯　清同治七年(1868)刻本　十六冊

110000－3194－0005267　005419
李文忠公全集六種一百六十五卷　(清)李鴻章撰　(清)吳汝綸編　清光緒三十四年(1908)刻本　一百冊

110000－3194－0005268　005420
求益齋全集五種二十卷　(清)強汝詢撰　清光緒二十四年(1898)刻本　八冊

110000－3194－0005269　005421
番禺陳氏東塾叢書初函五種三十四卷　(清)陳澧撰　清光緒十年(1884)刻本　八冊

110000－3194－0005270　004905
授經堂重刊遺集二十三種　(清)洪亮吉撰　(清)呂培等編　清光緒十五年(1889)刻本　八十四冊

110000－3194－0005271　005422
授經堂重刊遺集二十三種二百二十二卷　(清)洪亮吉撰　清光緒三年至十五年(1877－1889)刻本　八十冊

110000－3194－0005272　005423
西堂全集二十種　(清)尤侗撰　清康熙十八年(1679)刻本　二十四冊

110000－3194－0005273　005424
惜抱軒全集十種八十八卷　(清)姚鼐撰　清同治五年(1866)刻本　二十冊

110000－3194－0005274　005425
西河合集二集　(清)毛奇齡撰　清乾隆三十五年(1770)刻本(文集第十四種序、一至六為補配)　九十二冊

110000－3194－0005275　005426
竹柏山房十五種　(清)林春溥撰　清咸豐五年(1855)刻本　二十四冊

110000－3194－0005276　005427
竹柏山房十五種　(清)林春溥撰　清咸豐五年(1855)刻本　四十冊

110000－3194－0005277　005428
壁勤襄公遺書三種合刻　(清)壁昌撰　清咸豐九年(1859)刻本　三冊

110000－3194－0005278　005429
如諫果室叢刻四種　(清)王延釗撰　清宣統二年(1910)鉛印本　一冊

110000－3194－0005279　005430
海嶽軒叢刻九種十七卷　(清)[杜俞]撰　清光緒三十三年(1907)鉛印本　八冊

110000－3194－0005280　005431
新化鄒氏斆蓺齋遺書十七卷　(清)鄒漢勛撰　清光緒五年(1879)刻本　六冊

110000－3194－0005281　005432
棣懷堂隨筆十一卷首一卷末一卷　(清)李象鵾撰　清同治十三年(1874)刻本　七冊

110000－3194－0005282　005433
毘陵謝氏叢書六種　(清)謝蘭生撰輯　清光緒十三年(1887)活字印本　五冊

110000－3194－0005283　005434
丹徒戴氏叢刻五種　(清)戴肇辰等撰　清同治六年至十年(1867－1871)刻本　五冊

110000－3194－0005284　005435
左海全集十種　(清)陳壽祺撰　清嘉慶至道光刻本　八冊　存六種(一至六)

110000－3194－0005285　005437
新民叢報彙編　(□)□□編　清光緒三十二年(1906)石印本　十一冊

110000－3194－0005286　005438
鹿洲全集八種　(清)藍鼎元著　清光緒六年(1880)刻本　十九冊　存五種(鹿洲初集、鹿洲公案、棉陽學準、東征集、女學)

110000－3194－0005287　005439
香艷叢書二十集　(清)蟲天子輯　清宣統二年(1910)鉛印本　四十三冊　存十集(一至十)

110000－3194－0005288　005440
唐類函二百卷目錄二卷　(明)俞安期撰　明萬曆刻本　五十三冊　存一百三十卷(二至十二、十六至二十三、二十六至四十、六十五至一百、一百二十一至一百四十、一百六十一至二百)

110000－3194－0005289　005441
函海一百六十種　(清)李調元撰　清道光五年(1825)刻本　八十一冊　存六十七種(一至六十七)

110000－3194－0005290　005442
漢魏叢書三十八種　(明)程榮輯　清乾隆刻本　十九冊　存二十一卷(一至二十一)

110000－3194－0005291　005443
昭代叢書甲集五十卷乙集五十卷　(清)張潮輯　清康熙三十六年(1697)刻本　十四冊　存五十七卷(甲集五十卷、乙集六至十二)

110000－3194－0005292　004847
左文襄公全集一百八卷首一卷　(清)左宗棠撰　清光緒十六年至十八年(1890－1892)刻本　一百十八冊

110000－3194－0005293　005443
左文襄公全集一百八卷首一卷　(清)左宗棠撰　清光緒十六年(1890)刻本　一冊　存一卷(首一卷)

110000－3194－0005294　005445
秘書廿十八種　(清)汪士漢輯　清嘉慶十六年(1811)刻本　十七冊　存二十五種(一至五、七至二十一、二十三至二十四、二十六至二十八)

110000－3194－0005295　005446
國粹學報不分卷　(□)□□編　清光緒三十四年(1908)鉛印本　一冊

110000－3194－0005296　005447
國粹學報不分卷　(□)□□編　清光緒三十二年(1906)鉛印本　一冊

110000－3194－0005297　005448
陸子全書七種　(清)陸隴其撰　清道光二十二年(1842)刻本　六冊

110000－3194－0005298　005449
述古叢鈔初集　(清)劉晚榮編　清同治十年(1871)刻本　十二冊

110000－3194－0005299　005450
述古叢鈔二集　(清)劉晚榮編　清同治十三年(1874)刻本　十二冊

110000－3194－0005300　005451
述古叢鈔四集　(清)劉晚榮編　清光緒五年(1879)刻本　六十八冊

110000－3194－0005301　005452
振綺堂叢書初集　(清)汪康年輯　清宣統三年(1911)鉛印本　六冊

110000－3194－0005302　005453
振綺堂叢書二集　(清)汪康年輯　清光緒二十年(1894)刻本　八冊

110000－3194－0005303　005454
晨風閣叢書二十三種　沈宗畸輯　清宣統元年(1909)刻本　十六冊

110000－3194－0005304　005455
經訓堂叢書二十一種　(清)畢沅輯　清乾隆四十八年(1783)刻本　三十六冊

110000－3194－0005305　005456
麗廋叢書八種十六卷　葉德輝輯　清光緒三十三年(1907)刻本　六册

110000－3194－0005306　005457
師伏堂叢書十一種六十四卷　(清)皮錫瑞撰　清光緒三十四年(1908)刻本　二十二册

110000－3194－0005307　005458
佚存叢書六帙十五種　(日本)林衡輯　清光緒八年(1882)活字印本　十八册

110000－3194－0005308　005459
借月山房彙鈔十六集一百三十五種　(清)張海鵬輯　清嘉慶十七年(1812)刻本　十六册

110000－3194－0005309　005460
知服齋叢書五集二十四種　(清)龍鳳鑣輯　清光緒二十二年(1896)刻本　二十二册

110000－3194－0005310　005461
□園叢書七卷　(清)張慎儀輯　清宣統三年(1911)刻本　三册

110000－3194－0005311　005462
鐵華館叢書六種　(清)蔣鳳藻輯　清光緒九年至十一年(1883－1885)刻本　十册

110000－3194－0005312　005463
藕香零拾三十九種　繆荃孫輯　清光緒二十二年至宣統二年(1896－1910)刻本　三十二册

110000－3194－0005313　005464
靈鶼閣叢書六集五十六種　(清)江標輯　清光緒二十三年(1897)刻本　四十八册

110000－3194－0005314　005465
滂喜齋叢書五十種　(清)潘祖蔭輯　清光緒九年(1883)刻本　三十二册

110000－3194－0005315　005466
端溪叢書廿一種　梁鼎芬輯　清光緒二十五年(1899)刻本　十八册

110000－3194－0005316　005467
中西學門徑書七種　梁啟超輯　清光緒二十四年(1898)石印本　三册

110000－3194－0005317　005813
潛確居類書一百二十卷　(明)陳仁錫輯　明崇禎刻本　六十八册　存一百七卷(一至六、十四至七十八、八十一至八十三、八十八至一百二十)

110000－3194－0005318　005845
宋稗類鈔八卷　(清)潘永因輯　清宣統鉛印本　七册　存七卷(二至八)

110000－3194－0005319　004550
洋務新論六卷　(英國)李提摩太著　(清)仲英輯　清光緒二十四年(1898)石印本　四册

110000－3194－0005320　004551
初等心理學四章　(日本)廣島秀太郎著　(清)田吳炤譯　清光緒二十八年(1902)刻本　一册

110000－3194－0005321　004553
民種學二卷　(德國)哈伯蘭著　(英國)魯威原譯　林紓　魏易譯　清光緒二十九年(1903)鉛印本　一册

110000－3194－0005322　004554
天擇篇不分卷　(英國)達爾文著　(清)馬君武譯　清光緒二十八年(1902)石印本　一册

110000－3194－0005323　004558
政治一斑四卷　(日本)檜前保人等著　(清)出洋學生編譯所譯　清光緒二十八年(1902)鉛印本　二册

110000－3194－0005324　004559
穆勒名學不分卷　(英國)穆勒約翰撰　嚴復譯　清光緒二十八年(1902)鉛印本　一册

110000－3194－0005325　004560
西學略述十卷　(英國)艾約瑟譯撰　清光緒十二年(1886)刻本　一册

110000－3194－0005326　004561
敦煌石室真跡錄五卷　(清)王仁俊編　清宣統元年(1909)石印本　三册

110000－3194－0005327　004562
敦煌石室真跡錄五卷　(清)王仁俊編　清宣

統元年(1909)石印本　三冊

110000－3194－0005328　004563
新輯時務匯通一百八卷　(清)李作棟輯　清光緒二十九年(1903)石印本　三十二冊

110000－3194－0005329　004564
西學考二卷　(美國)丁韙良著　清光緒二十四年(1898)鉛印本　四冊

110000－3194－0005330　005849
歷史哲學前後篇二卷　(美國)威爾遜撰　(美國)羅伯雅譯　清光緒二十九年(1903)鉛印本　二冊

書名筆畫字頭索引

一畫

二畫

三畫

四畫

五畫

六畫

七畫

八畫

九畫

十畫

十一畫

十二畫

十三畫

十四畫

十五畫

十六畫

十七畫

十八畫

十九畫

二十畫

二十一畫

二十二畫

二十三畫

二十四畫

二十六畫

二十九畫

其他

書名筆畫索引

一畫

二畫

三畫

四畫

五畫

六畫

七畫

八畫

九畫

十畫

十一畫

十二畫

十三畫

十四畫

十五畫

十六畫

十七畫

十八畫

十九畫

二十畫

二十一畫

二十二畫

二十三畫

二十四畫

二十六畫

二十九畫

其他